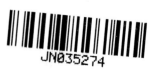

札幌圏索引図

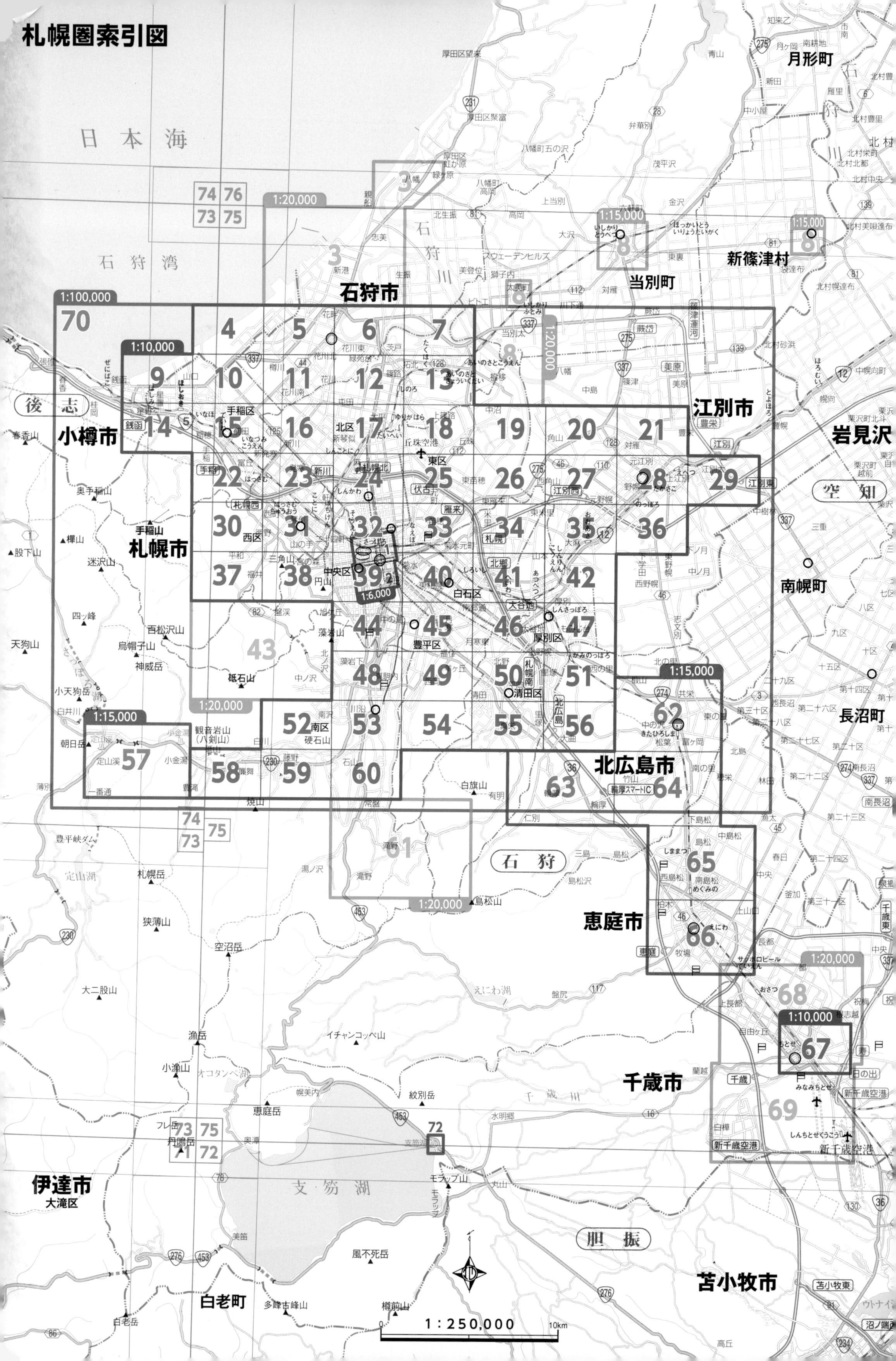

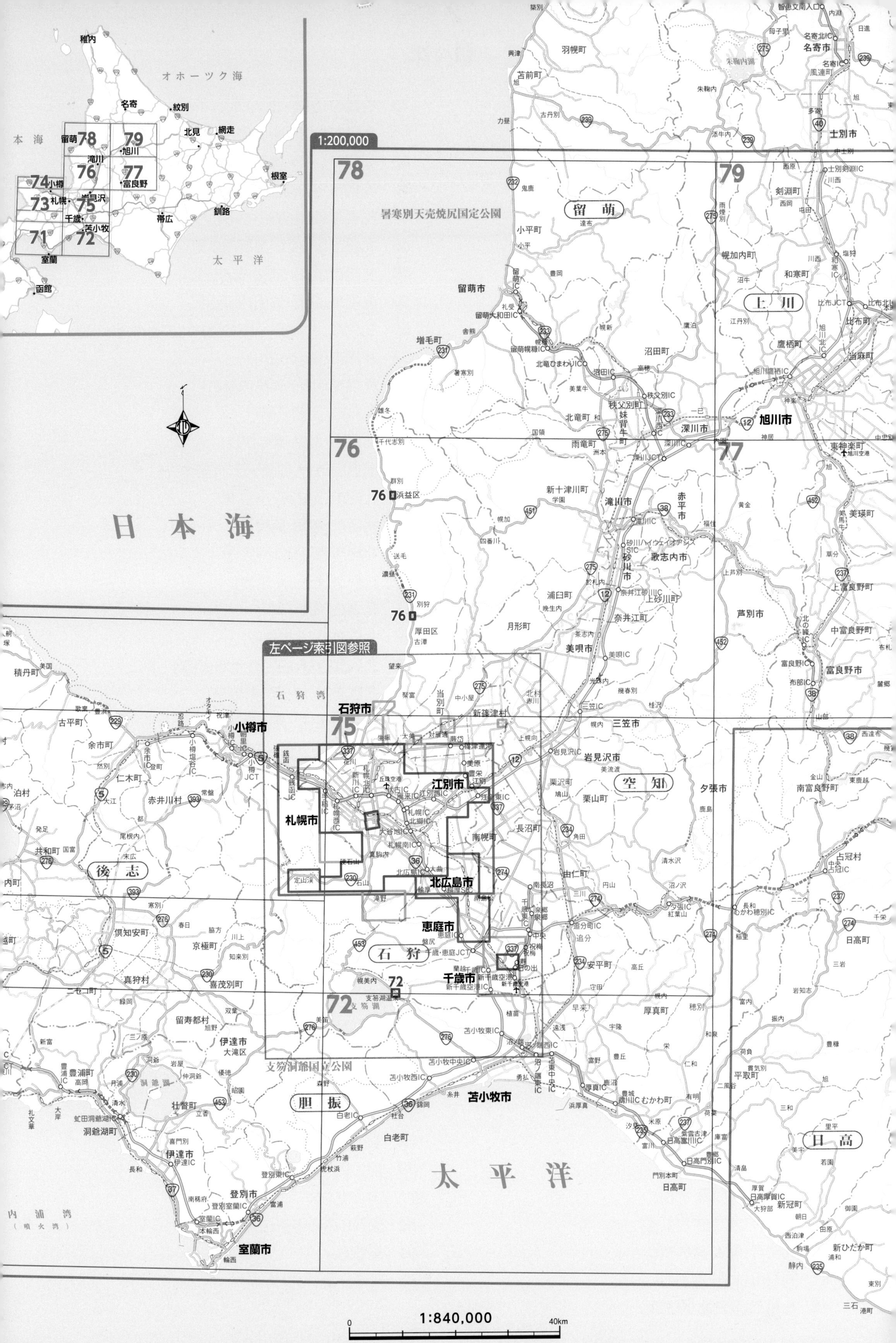

1:200,000
78
79
76
77
75
72
74
73
71
稚内
名寄
紋別
留萌
旭川
北見
網走
滝川
小樽
岩見沢
富良野
札幌
千歳
苫小牧
帯広
根室
釧路
室蘭
函館
オホーツク海
本海
太平洋
日本海
暑寒別天売焼尻国定公園
留萌
上川
空知
後志
石狩
胆振
日高
羽幌町
苫前町
留萌市
増毛町
小平町
沼田町
秩父別町
北竜町
雨竜町
妹背牛町
深川市
旭川市
名寄市
士別市
剣淵町
幌加内町
和寒町
比布町
鷹栖町
当麻町
東神楽町
美瑛町
上富良野町
中富良野町
富良野市
新十津川町
滝川市
赤平市
芦別市
砂川市
歌志内市
浦臼町
上砂川町
奈井江町
月形町
美唄市
三笠市
岩見沢市
石狩市
当別町
新篠津村
小樽市
札幌市
江別市
北広島市
恵庭市
千歳市
南幌町
長沼町
栗山町
由仁町
夕張市
南富良野町
占冠村
安平町
厚真町
むかわ町
平取町
日高町
苫小牧市
白老町
登別市
室蘭市
伊達市
壮瞥町
洞爺湖町
豊浦町
真狩村
喜茂別町
京極町
倶知安町
ニセコ町
留寿都村
仁木町
余市町
古平町
積丹町
共和町
赤井川村
泊村
新冠町
新ひだか町
左ページ索引図参照
支笏洞爺国立公園
石狩湾
内浦湾
（噴火湾）
1:840,000
0
40km

目　次

詳細図凡例

- E5 有料・高速道路
- E60 高規格道路
- 5 国道
- 100 主要道道
- 200 一般道道
- 主要道路
- 一般道路
- その他の道路
- 建設中の道路
- 山道・小道
- 一方通行

建物

- 公共施設
- 商用施設
- 病院・医院
- その他
- 公園
- 防風林
- グラウンド
- 湿地

地下鉄

- 北海道新幹線
- JR線
- 市電
- 出入口
- 地上部分
- (南北線)
- (東西線)
- (東豊線)

- 市町村界
- 区界
- 町・大字界
- 条・丁目界
- 5-3 5条3丁目 条丁目(省略表記)
- 8 街区符号(整理地番)
- 123 地番
- 5 棟番号

住所表記について

●本地図は煩雑さをさけるため、一部を除き条丁目を省略して表記しています。

省略前: 北5条西3丁目 / 北5条西2丁目 / 北4条西3丁目 / 北4条西2丁目

省略後: 5-3 / 5-2 / 4-3 / 4-2

●住居表示の実施されている地域では街区符号(8:地図上では水色の小数字)を表記しています。

●住居表示の実施されていない地域では地番(123:地図上では黒色の小数字)を表記しています。

記号

道庁	金融機関	温泉
総合振興局・振興局	寺院	空港
市役所	神社	港湾
区役所	教会	ゴルフ場
町村役場・支所等	変電所	スキー場
警察署	工場	キャンプ場
交番	燈台	駐車場
郵便局	電波塔	トイレ
消防署	墓地	三角点等 (545.8 標高(単位 m))
裁判所	記念碑	
自衛隊	名勝・旧跡	病院
官公署	滝	医院・診療所
高校・大学	幼稚園	認定こども園
小・中学校	保育園	専門学校
特別養護老人ホーム	老人ホーム	介護老人保健施設
地域包括支援センター(高齢者支援センター)		

バス停について

●バス会社名は以下のように省略して表記してあります。

東茨戸1条1(中) ― 停留所名 / バス会社名

- (中) 北海道中央バス
- (JR) ジェイ・アール北海道バス
- (定) じょうてつバス
- (夕) 夕鉄バス
- (盤) ばんけいバス
- (あつま) あつまバス
- (相) 千歳相互観光バス

避難所 ※札幌市内のその他の指定避難所は市立小中学校のグラウンド及び全ての公園

- 広域避難場所
- 避難所兼緊急避難場所
- 緊急避難場所
- 避難所

その他の記号

飲食店	マンション	その他のコンビニ	団地(道営住宅)
飲食店(焼肉)	銭湯	パークゴルフ	団地(市営住宅)
飲食店(寿司)	パチンコ	ゲートボール	団地(町営住宅)
ホテル・旅館	カラオケ	テニス	UR都市機構
民宿	アミューズメント	野球	ビル(中心部)
ペンション	その他のスーパー	サッカー	

スーパー等

アークス	西友	ホクレンショップ
イオン	ダイイチ	マックスバリュ
イトーヨーカドー	東光ストア	ラッキー
コープさっぽろ	トライアル	ラルズストア
ザ・ビッグ	ビッグハウス	ラルズマート
ジョイ	フードセンター	ホーマック

コンビニ

- セブンイレブン
- セイコーマート
- ハマナスクラブ
- ローソン
- ファミリーマート

ガソリンスタンド

- ENEOS
- コスモ
- キグナス
- アポロステーション
- ホクレン
- その他のGS

ファストフード

- マクドナルド
- ロッテリア
- ミスタードーナツ
- モスバーガー
- ケンタッキーフライドチキン
- スターバックス

ドラッグストア

- ツルハ
- サツドラ
- サンドラッグ

書店

- 書店
- ツタヤ
- ゲオ

観光図・広域図凡例

- E5 高速道路
- E60 高規格道路
- 5 一般国道 (舗装 ※未改良)
- 100 主要道道 (舗装 ※未改良)
- 500 一般道道 (舗装 ※未改良) ※広域図のみ表示
- その他の幹線道路
- 4.1 / 3.0 区間距離
- 振興局界
- 郡・市界
- 町・村界
- 北海道新幹線
- JR線
- その他の鉄道

道庁	温泉	牧場	ユースホステル
総合振興局・振興局	スキー場	紅葉の名所	駐車公園
市役所	ゴルフ場	桜の名所	道の駅
町村役場	オートキャンプ場	遊覧船	冬期間通行止 12~5月(令和3年3月現在)
空港	キャンプ場	ボート	
港湾	海水浴場	サイクリングロード	
名勝旧跡	燈台	国民宿舎	

20万分の1 国道走行時間について

●20万分の1(71図~79図)のページ上部に表記している走行時間は、異常気象時等の通行規制が無い夏期の道路条件で、標準的な走行をした場合を想定し、独自の計算方法により算出したものです。

国道番号 → 36
総距離 → 132.8km
総時間 → 約3時間20分

札幌 29.5 1:00 恵庭 9.1 0:12 千歳 337号交点 18.0 0:27 沼の端 234号交点 8.7 0:16

← 区間距離
← 区間時間(時:分)
← 通過地点

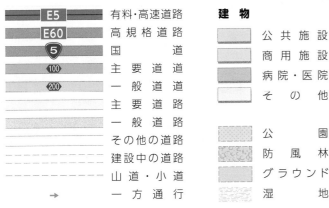

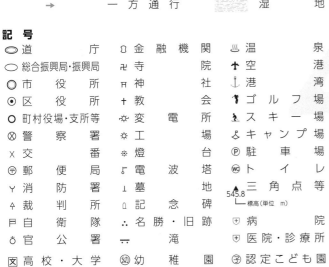

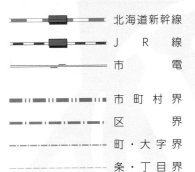

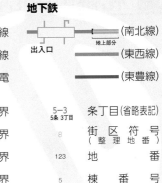

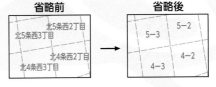

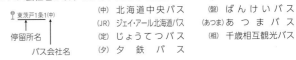

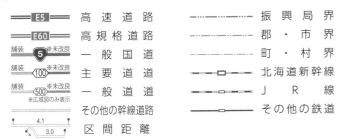

札幌市中心部（札幌駅～大通）

A B C D
32 39 2

北11条西14丁目
北11条西11丁目
11-10 11-9 11-8 11-7 11-6 11-5
教育学部
情報基盤センター
理学部
総合博物館
北海道大学
文学部
市立札幌病院
環境科学部
低温科学研究センター
ゲノムダイナミクス研究センター
総合教育研究棟
10-11 10-10 10-8 10-7 10-6 10-5
北10条西9丁目
スラブ・ユーラシア研究センター
北区
北11条西13丁目
法学部
図書館
消防局救急ワークステーション
札幌市立大学桑園キャンパス
百年記念会館
11-15
中央区
パワーセンター
経済学部
北大マルシェCafé&Labo
市立札幌病院
看護婦宿舎
9-11
北大インターナショナルハウス北8条
国際食資源学院
古河記念講堂
桑園自動車学校
未来屋
9-13
イオン札幌桑園
農学部
9-9 9-10 9-8 9-7
北9条西6丁目
本部事務局
クラーク像
北8条西11丁目
函館本線・札沼線（学園都市線）
道道下手稲札幌線
石山通
ポプラ会館
南門
学術交流会館
インフォメーションセンター「エルムの森」
8-13
札幌キリスト教会
生物生産工学実験棟
8-10 8-9 8-8 8-7 8-6 8-5
クリーンリバーフィネス桑園南
8-12
大学文書館
クラーク会館
北大生協会館
新和
そば処みず木
札幌桑園教会
サニー北7条
トーワ北7条
北7条赤い実公園
北7条13
7-13
塚本5号館
7-12
学生クラブ会館
北8条通
北7西8
ストライプ札幌
クリスチャンセンター
赤倉内科
ジンギスカン義経
札幌はこぶね
7-10
アパガーデンパレス札幌駅西
清華亭
7-6 7-5
北7条西7丁目
7-8
北光
北7条局
札幌北スカイ
北翠寮
7-11
7-9
北大中央第二公務員宿舎
宮部記念緑地
鉄工団地通
ふきのとう文庫
6-12
大原医療福祉専
大原法律公務員専
6-7
6-9
朝日プラザ偕楽園
6-6 6-5
ヨドバシカメラ
北6条西13丁目
北6条西11丁目
パナソニックLSテクノサービス
高架側道2号線
6-8
大原簿記情報専
北海道自治労会館
北海道青年会館
駿台予備校
京阪札幌
光伸真珠
6-10
偕楽園町内会館
リブマックス
札幌ハウス
北5条局
札幌情報未来専
ベルックス北5
まいばすけっと
シャンボール植物園第2
ジェミス
北5条西9丁目
JRイン札幌
JR55 SAPPORO
紀伊國屋
ライオンズ植物園
北5西13
5-8
ラ・トゥール札幌伊藤ガーデン
京王プラザホテル
5-7
京王プラザ札幌
北5条中局
札幌5-6センター
5-5
JR北海道西
5-13 5-12 5-11 5-10
コープさっぽろ
ライオンズ札幌植物園前
三井ガーデン
センチュリーロイヤル
アートチャイルドケア札幌桑園
信金中央金庫
北5条・手稲通
北5西10
北5西7
北5条7
北都交通
ルートイン札幌北四条
スーパー札幌・北5条通
ダイアパレスアヴェニュー植物園
北農健保会館
HBA
六花亭
タイムズ
ビッグシャイン88
北部市税（事）
アステイ45
リッチ植物園
ダイアパレス植物園
北5西10
4-7 4-6 4-5
北4条西13丁目
パークハウス北4条公園通
4-12
ほくろう
4-11
シャンボール植物園
4-10 4-9
北4条西8丁目
緑苑木下
緑苑第2
斗南病院
ポールスター札幌
毎日札幌会館
日本生命北門館
大樹生命札幌共同
ソラリア西鉄札幌
日高信金
北海道自治会館
北4条通
天理教北海分教会
ダイアパレス植物園通
札幌西年金（事）
北大植物園
道庁別館西棟
道銀
石狩振興局
道庁別館
西7丁目通
北海道庁内局
北洋銀
労金
北海道庁
住宅金融支援機構
3-13
3-12
3-11
明治
北3条西10丁目
3-9
博物館
宮部金吾記念館
3-8
3-7
緑苑
北海道水産
中村屋
第2水産
3-6
3-5
ダイアパレス北3条
土屋ファーストルネス植物園
栗林
札幌パーク
竹栄
松風
パークハイム植物園
管理棟
北方民族資料室
北海道庁旧本庁舎（赤レンガ）
大韓民国総領事館
札幌大通高校
中央
第一会計
北2西12
北2条西12丁目
ライフプラザ北2条
2-13
2-11
2-10
植物園グランドハイツ
北2条西9丁目
2-8
温室
かでる2・7
北海道警察本部
2-7
道議会議事堂
2-6
2-5
道庁正門
K2
ONSEN RYOKAN 由縁
稚内信金
三和シャッター
ユーネット
中央区
STVアネックス
プレスト1・7
中小企業会館
札幌ガーデンパレス
HBC
タケダ
北1条西13丁目
1-10
1-8
1-7
1-6
1-5
ロイトン札幌
ベストアメニティ
原田
NHK札幌放送局
1-9
ヤマダ電機
STV
ホンダ札幌
CARP
アーバンネット札幌
赤十字会館
中央警察署
北菓楼
札幌北一条教会
北1条局
弁護士会館
ロイトン札幌
北1西12
道道宮の沢北1条線
北1条・宮の沢通
230
北1西12
北1西11
北1西7
札幌市教育文化会館
1-12
札幌第3合同庁舎
1-11
札幌高等地方裁判所合同庁舎
札幌第2合同庁舎
ザ・ライオンズ大通公園タワー
札幌観光ブライダル・製菓北海道どうぶつ・医療札幌デザイナー学院
みたけ
ベストウェスタン札幌大通公園
住友商事・フカミヤ
北1条中局
第一生命
空知信金
損保ジャパン日本興亜札幌
日本銀行
労金
興銀
大五
電通恒産
札幌家庭裁判所
札幌簡易裁判所
キタコーセンター
エムズ大通
コムウェア
大通公園
大通丸一
札幌市資料館
大通西13丁目
西12
西11
西11丁目駅前
西10
大通西9丁目
西8
大通公園
西7
西6
大通西5丁目
リソルトリニティ札幌
山一
第2大通藤井
あいおいニッセイ同和損保
西11丁目
地下鉄東西線
アセット
プランニング
医師会館
昭和

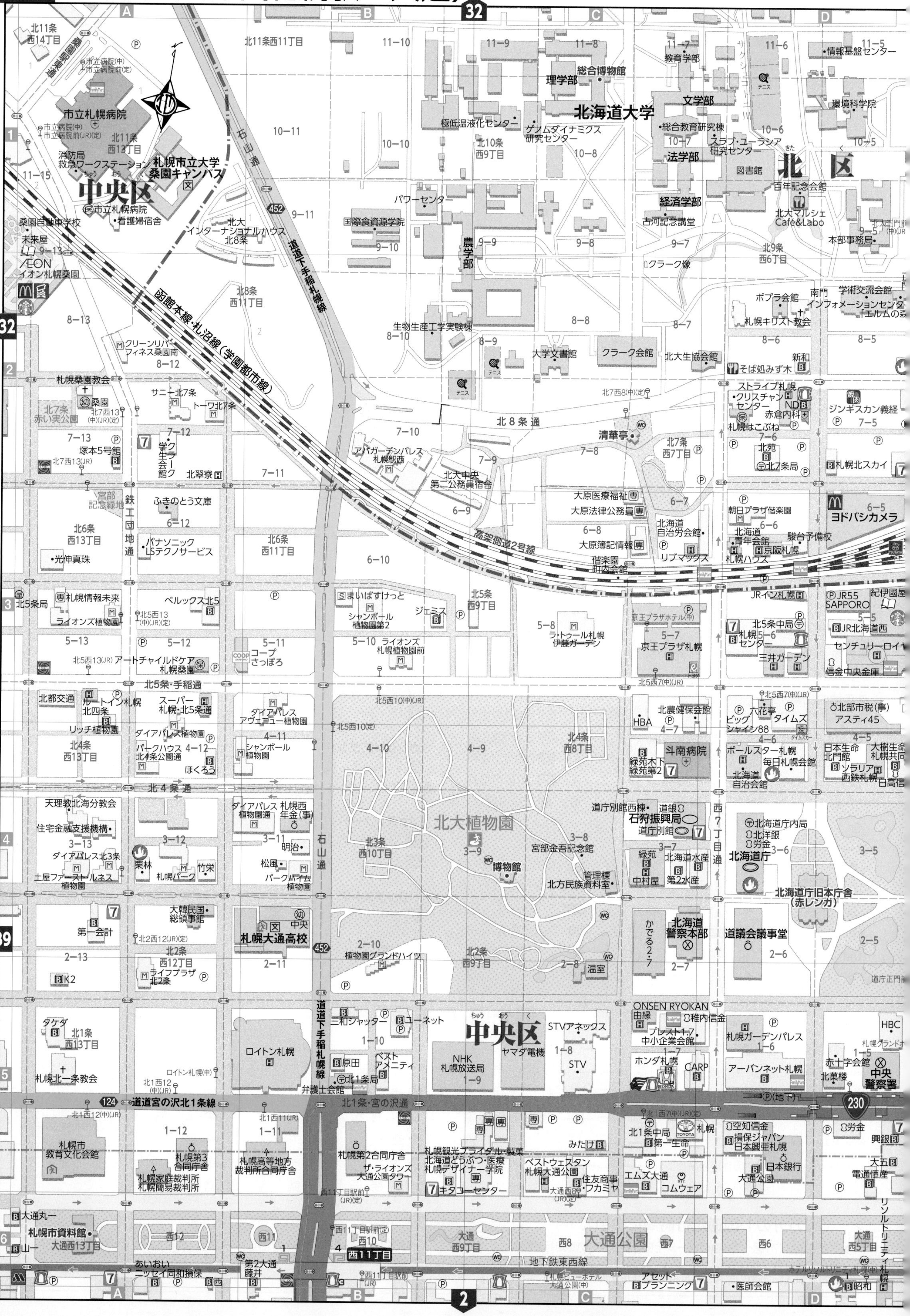

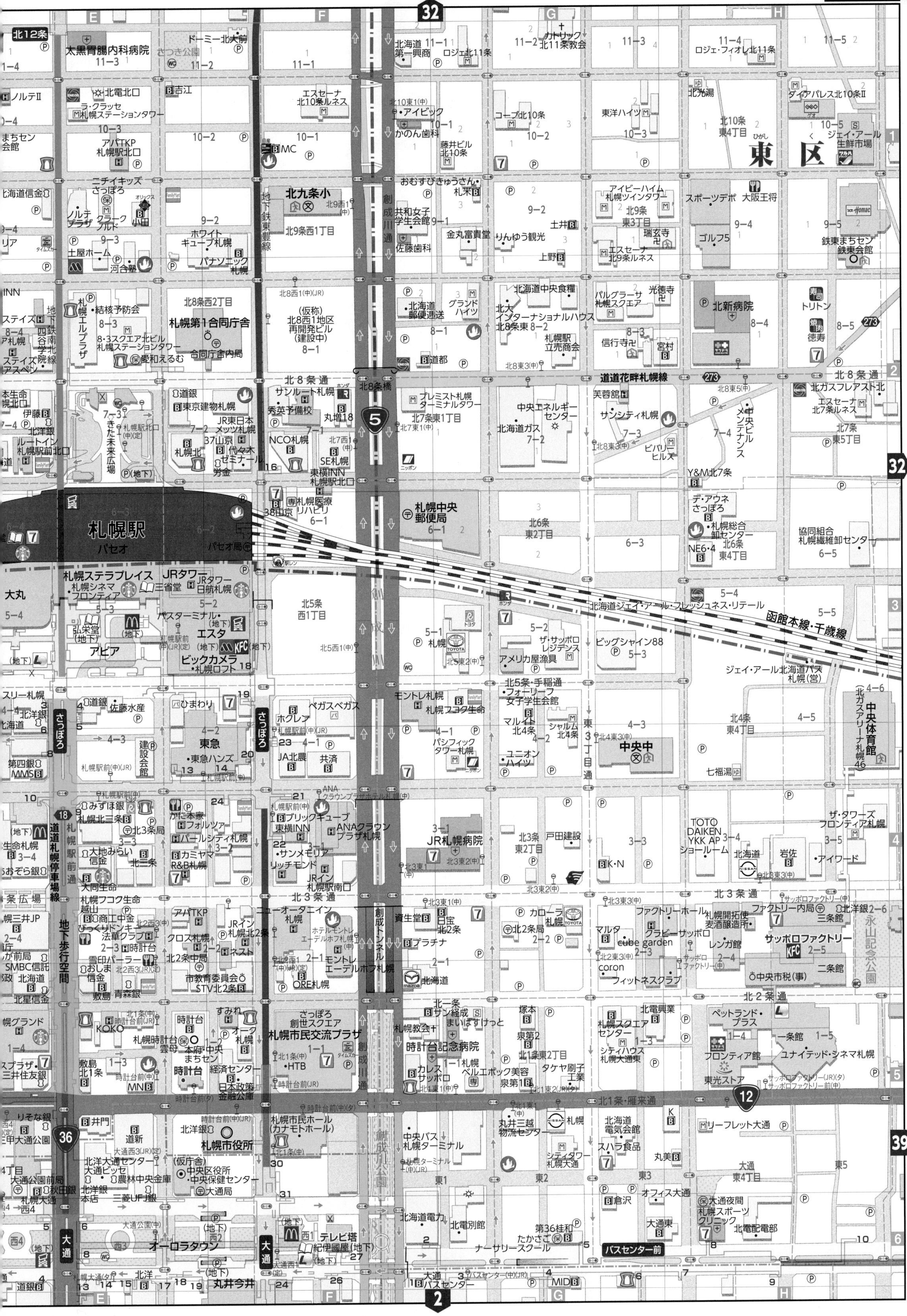
東区
札幌駅
パセオ
北九条小
札幌第1合同庁舎
北8条通
北8条橋
創成川通
札幌中央郵便局
札幌ステラプレイス
JRタワー
大丸
アピア
エスタ
ビックカメラ
東急
函館本線・千歳線
北海道ジェイ・アール・フレッシュネス・リテール
ジェイ・アール北海道バス札幌(営)
中央体育館
中央中
JR札幌病院
サッポロファクトリー
北3条通
北2条通
北1条・雁来通
札幌市民交流プラザ
時計台
時計台記念病院
札幌市役所
札幌市民ホール（カナモトホール）
中央バス札幌ターミナル
テレビ塔
オーロラタウン
丸井今井
バスセンター前
北新病院
札幌総合卸センター
協同組合札幌繊維卸センター
永山記念公園
地下歩行空間
道道札幌停車場線
北8条西1地区再開発ビル（建設中）
東3丁目通
ユナイテッド・シネマ札幌
北海道電力
北電別館
北12条
11-1
11-2
11-3
11-4
11-5
10-1
10-2
10-3
10-5
9-1
9-2
9-3
9-4
9-5
8-1
8-2
8-3
8-4
8-5
7-1
7-2
7-3
7-4
6-1
6-2
6-3
6-5
5-1
5-2
5-3
5-4
5-5
4-1
4-2
4-3
4-5
4-6
3-1
3-2
3-3
3-4
3-5
2-1
2-2
2-3
2-4
2-5
2-6
1-1
1-3
1-4
1-5

2 札幌市中心部(大通〜すすきの)

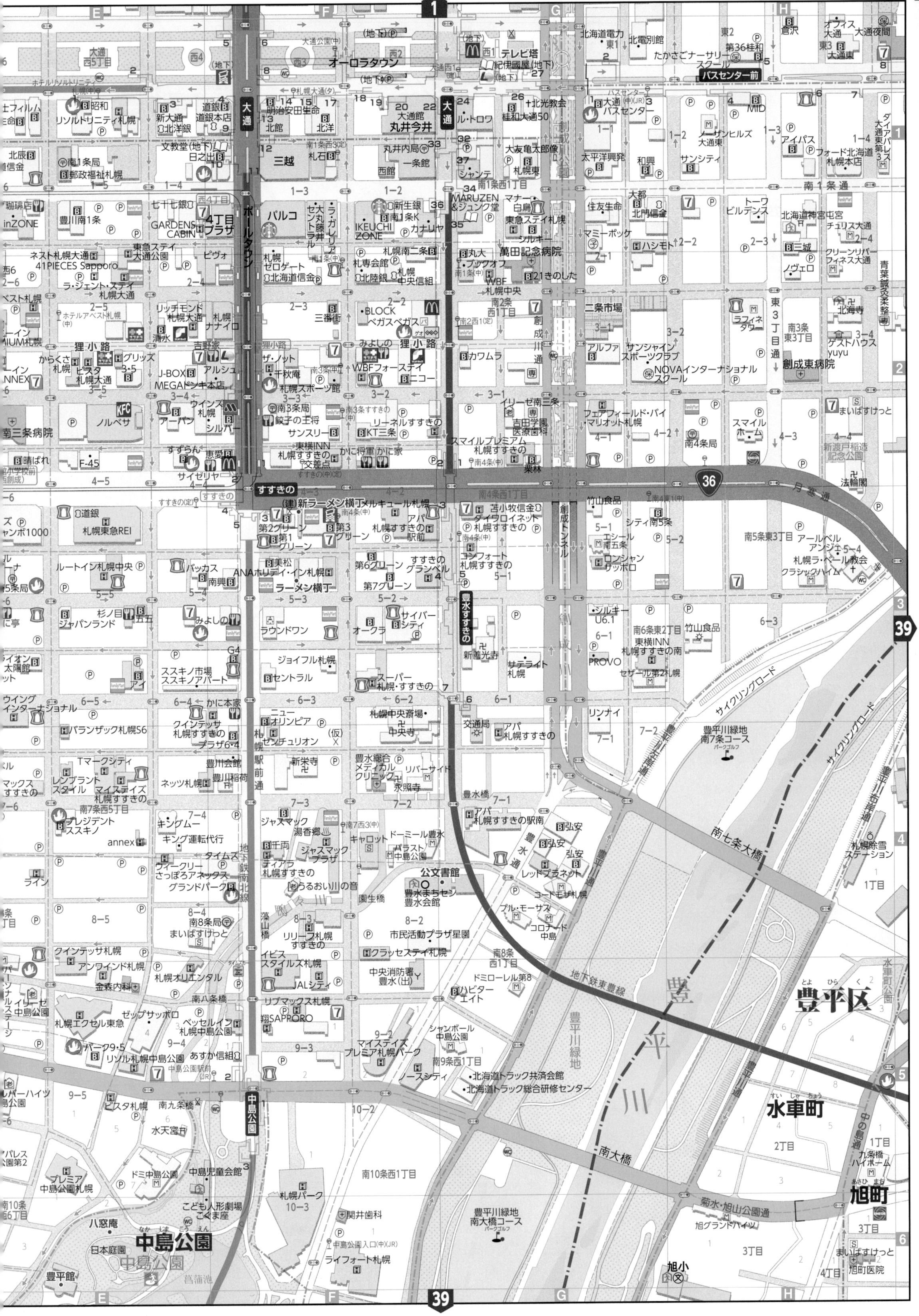
大通
オーロラタウン
テレビ塔
バスセンター前
丸井今井
三越
パルコ
ポールタウン
4丁目プラザ
狸小路
すすきの
新ラーメン横丁
ラーメン横丁
豊水すすきの
創成川通
二条市場
創成東病院
南1条通
月寒通
サイクリングロード
豊平川緑地 南7条コース
南七条大橋
地下鉄東豊線
豊平川
豊平区
水車町
旭町
南大橋
菊水・旭山公園通
豊平川緑地 南大橋コース
中島公園
八窓庵
日本庭園
豊平館
菖蒲池
中島公園駅
札幌パーク
南10条西1丁目
公文書館
豊水まちセン 豊水会館
市民活動プラザ星園
中央消防署 豊水(出)
北海道トラック共済会館
北海道トラック総合研修センター
旭小
旭町医院
すすきの市場 ススキノアパート
札幌中央斎場
新善光寺
ジョイフル札幌
ANAホリデイ・イン札幌
札幌東急REI
ルートイン札幌中央
豊川稲荷
札幌エクセル東急
中島児童会館
こども人形劇場 こぐま座
ドミ中島公園
プレミア中島公園札幌
リソル札幌中島公園
北洋銀
道銀本店
文教堂(地下)
紀伊國屋(地下)
大通西1
大通東1
大友亀太郎像
北光教会
ノーザンヒルズ大通東
サンシティ
フォード北海道札幌本店
北海道神宮宅宮
萬田記念病院
吉田学園医療歯科
NOVAインターナショナルスクール
サンシャインスポーツクラブ
新渡戸稲造記念公園
アールベルアンジェ札幌
札幌ラ・ペール教会
竹山食品
シティ南5条
東横INN札幌すすきの南
PROVO
リンナイ
コロナード中島
札幌除雪ステーション
九条通ハイホーム
旭グランドハイツ
39
36

石狩市（新港中央・新港東・親船町）

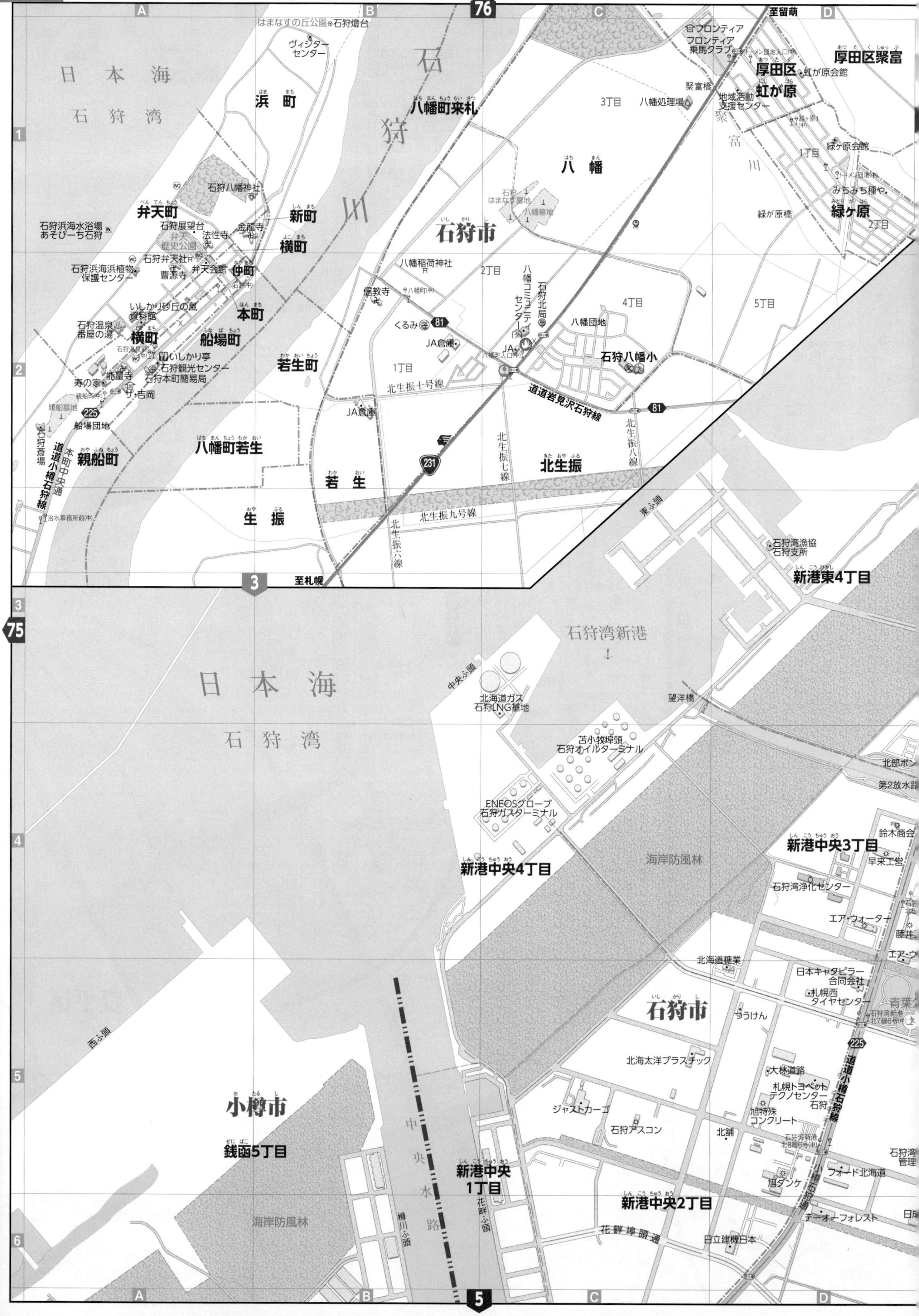

1：20,000

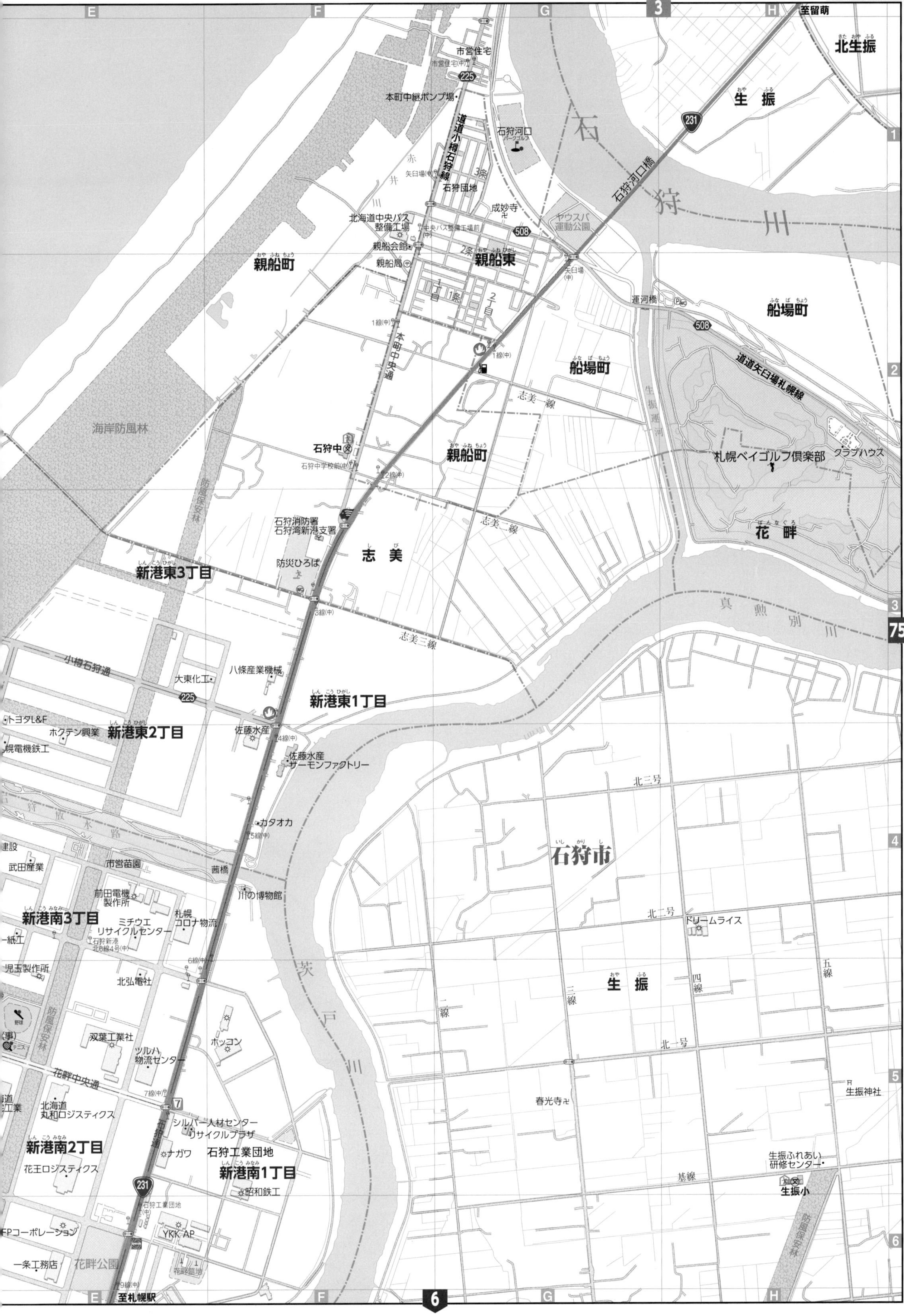
0 500 1000m
至留萌
北生振
生振
石狩川
石狩河口橋
231
石狩河口
市営住宅
本町中継ポンプ場
道道小樽石狩線
225
矢臼場
石狩団地
成妙寺
ヤウスバ運動公園
北海道中央バス整備工場
親船会館
親船局
親船町
親船東
508
矢臼場
運河橋
船場町
道道矢臼場札幌線
本町中央通
船場町
志美一線
生振運河
海岸防風林
石狩中
親船町
札幌ベイゴルフ倶楽部
クラブハウス
防風保安林
石狩消防署
石狩湾新港支署
志美二線
花畔
志美
防災ひろば
新港東3丁目
真勲別川
志美三線
小樽石狩通
八條産業機械
大東化工
新港東1丁目
トヨタL&F
ホクテン興業
新港東2丁目
佐藤水産
佐藤水産サーモンファクトリー
北三号
石狩放水路
カタオカ
武田産業
市営苗圃
茜橋
石狩市
川の博物館
前田電機製作所
新港南3丁目
ミチウエ リサイクルセンター
札幌コロナ物流
北二号
ドリームライス
児玉製作所
北弘電社
茨戸川
生振
三線
四線
五線
一線
防風保安林
双葉工業社
ホッコン
ツルハ物流センター
北一号
花畔中央通
春光寺
生振神社
北海道丸和ロジスティクス
シルバー人材センター リサイクルプラザ
石狩通
新港南2丁目
ナガワ
石狩工業団地
新港南1丁目
花王ロジスティクス
生振ふれあい研修センター
基線
生振小
昭和鉄工
石狩工業団地
FPコーポレーション
YKK AP
一条工務店
花畔公園
至札幌駅
防風保安林

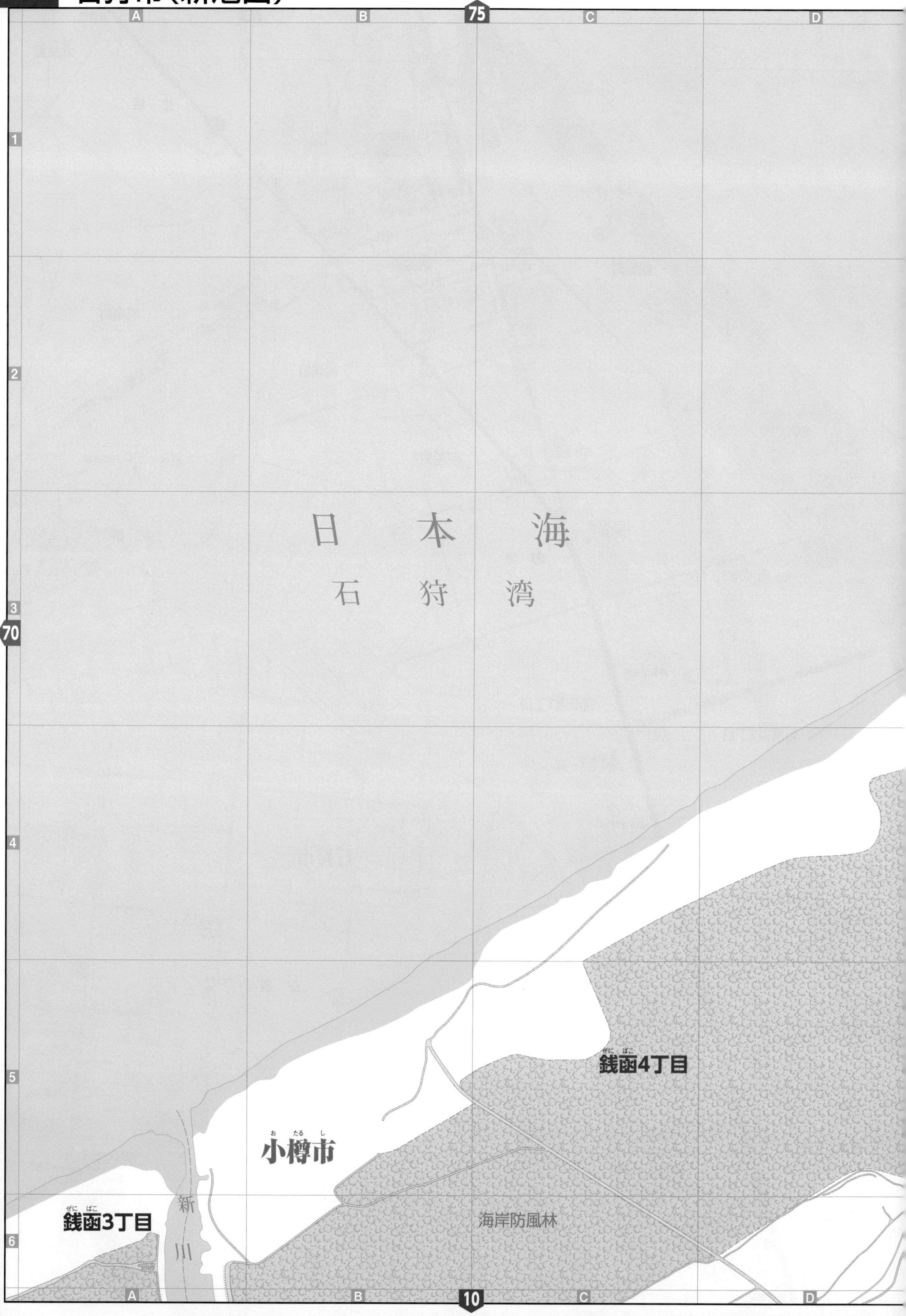

A
B
C
D
75
70
10
1
2
3
4
5
6
日本海
石狩湾
銭函4丁目
小樽市
銭函3丁目
新川
海岸防風林

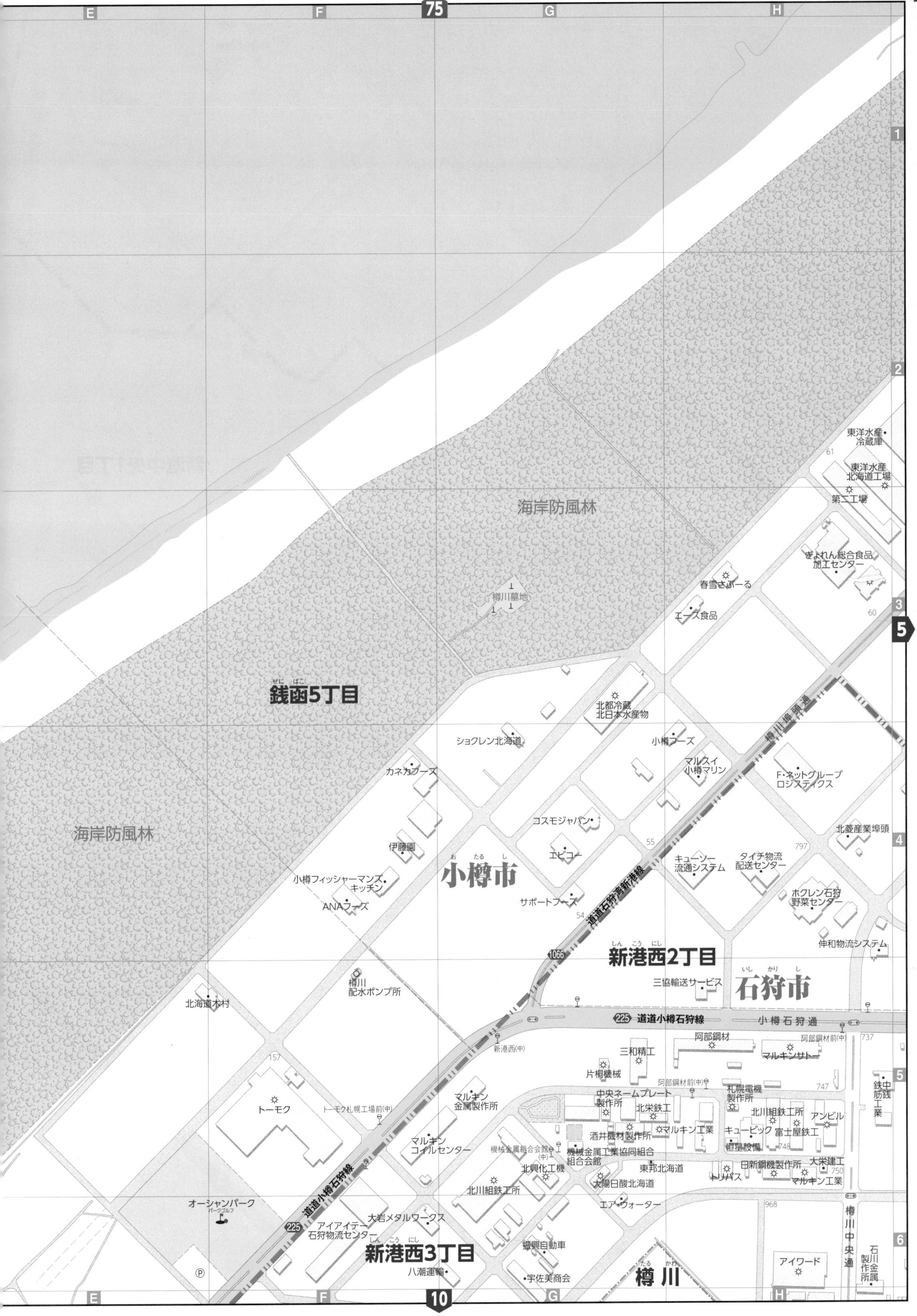
E
F
75
G
H
1
2
3
4
5
6
5
海岸防風林
樽川墓地
銭函5丁目
海岸防風林
東洋水産・冷蔵庫
東洋水産北海道工場
第二工場
ぎょれん総合食品加工センター
春雪さぷーる
エース食品
北都冷蔵
北日本水産物
ショクレン北海道
小樽フーズ
マルスイ小樽マリン
カネカフーズ
F・ネットグループロジスティクス
樽川埠頭通
コスモジャパン
北菱産業埠頭
伊藤園
小樽市
エピコー
キューソー流通システム
タイチ物流配送センター
小樽フィッシャーマンズ・キッチン
ANAフーズ
サポートフーズ
道道石狩湾新港線
ホクレン石狩野菜センター
伸和物流システム
1066
新港西2丁目
石狩市
樽川配水ポンプ所
三協輸送サービス
北海道木村
225
道道小樽石狩線
小樽石狩通
新港西(中)
三和精工
阿部鋼材
阿部鋼材前(中)
マルキンサトー
片桐機械
阿部鋼材前(中)
札幌電機製作所
鉄中筋鉄工業
トーモク
トーモク札幌工場前(中)
マルキン金属製作所
中央ネームプレート製作所
北栄鉄工
北川組鉄工所
アンビル
酒井農材製作所
マルキン工業
キュービック
富士屋鉄工
マルキンコイルセンター
機械金属組合会館(中)
機械金属工業協同組合組合会館
旭星設備
北興化工機
東邦北海道
日新鋼機製作所
大栄建工
トリパス
マルキン工業
北川組鉄工所
大陽日酸北海道
オーシャンパーク
パークゴルフ
道道小樽石狩線
エア・ウォーター
大岩メタルワークス
225
アイアイテー石狩物流センター
樽川中央通
新港西3丁目
堰興自動車
アイワード
石川製作所
八潮運輸
宇佐美商会
樽川
E
F
10
G
H
61
60
55
797
54
157
737
747
748
750
968

石狩市(新港西・花畔)

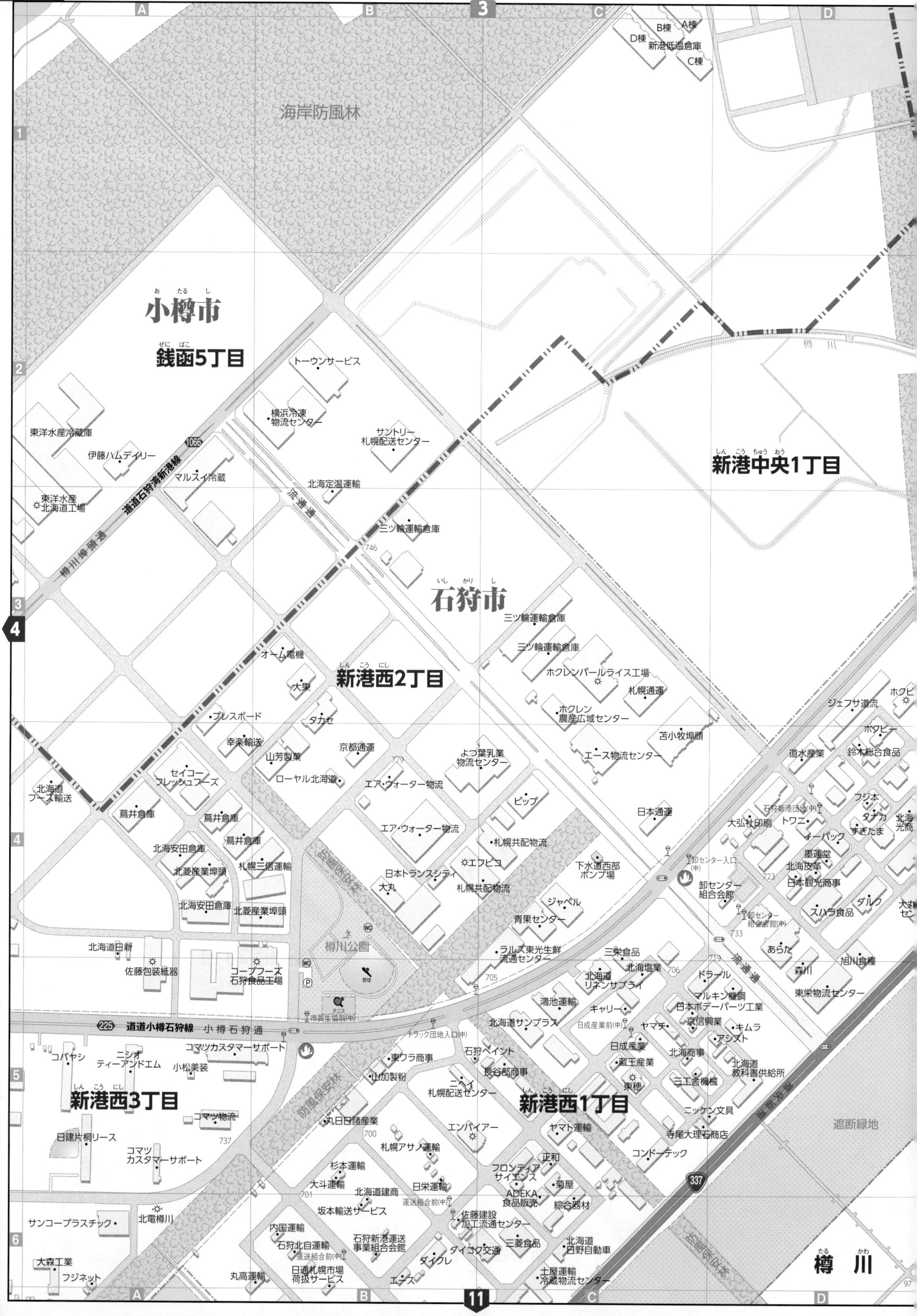
海岸防風林
小樽市
銭函5丁目
東洋水産冷蔵庫
伊藤ハムデイリー
東洋水産北海道工場
マルスイ冷蔵
道道石狩湾新港線
樽川埠頭通
トーウンサービス
横浜冷凍物流センター
サントリー札幌配送センター
北海定温運輸
流通通
三ツ輪運輸倉庫
新港中央1丁目
石狩市
新港低温倉庫
A棟
B棟
C棟
D棟
三ツ輪運輸倉庫
三ツ輪運輸倉庫
ホクレンパールライス工場
札幌通運
ホクレン農産広域センター
苫小牧埠頭
エース物流センター
日本通運
オーム電機
大果
新港西2丁目
プレスボード
タカセ
幸楽輸送
京都通運
山芳製菓
よつ葉乳業物流センター
ローヤル北海道
エア・ウォーター物流
セイコーフレッシュフーズ
北海道フーズ輸送
蔦井倉庫
蔦井倉庫
蔦井倉庫
ピップ
エア・ウォーター物流
札幌共配物流
北海安田倉庫
札幌三信運輸
北菱産業埠頭
日本トランスシティ
エフピコ
大丸
札幌共配物流
下水道西部ポンプ場
北海安田倉庫
北菱産業埠頭
防風保安林
ジャペル
青果センター
樽川公園
北海道日新
佐藤包装紙器
コープフーズ石狩食品工場
ラルズ東光生鮮流通センター
三栄食品
北海塩業
北海道リネンサプライ
鴻池運輸
キャリー
北海道サンプラス
市民生協前
道道小樽石狩線
小樽石狩通
トラック団地入口
コマツカスタマーサポート
コバヤシ
ニシオティーアンドエム
小松美装
新港西3丁目
コマツ物流
日建片桐リース
コマツカスタマーサポート
東ワラ商事
山加製粉
石狩ペイント
長谷部商事
ニヘイ札幌配送センター
新港西1丁目
丸日日諸産業
エンパイアー
ヤマト運輸
札幌アサノ運輸
杉本運輸
大斗運輸
日栄運輸
北海道建商
坂本輸送サービス
運送組合前
フロンティアサイエンス
正和
菊屋
ADEKA食品販売
綜合器材
佐藤建設加工流通センター
内国運輸
石狩北自運輸
運送組合前
石狩新港運送事業組合会館
ダイコク交通
三菱食品
北海道日野自動車
ダイクレ
土屋運輸冷蔵物流センター
丸高運輸
日通札幌市場荷扱サービス
エース
サンコープラスチック
北電樽川
大森工業
フジネット
日成産業前
ヤマチ
日成産業
蔵王産業
東穂
北海商事
三工舎機械
ニッケン文具
寺尾大理石商店
コンドーテック
ドラール
マルキン機鋼
日本ボデーパーツ工業
京信興業
キムラ
アシスト
北海道教科書供給所
遮断緑地
樽川
ジェフサ道流
ホクビー
ホクビ
道水産業
鈴木総合食品
石狩新港団地
大弘社印刷
トワニ
フジ本
タナカ
すぎたま
北海光商
イーパック
墨運堂
北海攻学
日本観光商事
卸センター入口
卸センター組合会館
卸センター組合会館
ダルク
スバラ食品
大丸セン
あらた
森川
旭川食糧
東栄物流センター
流通通
樽川
1066
746
779
705
706
719
723
733
737
700
701
225
337
97

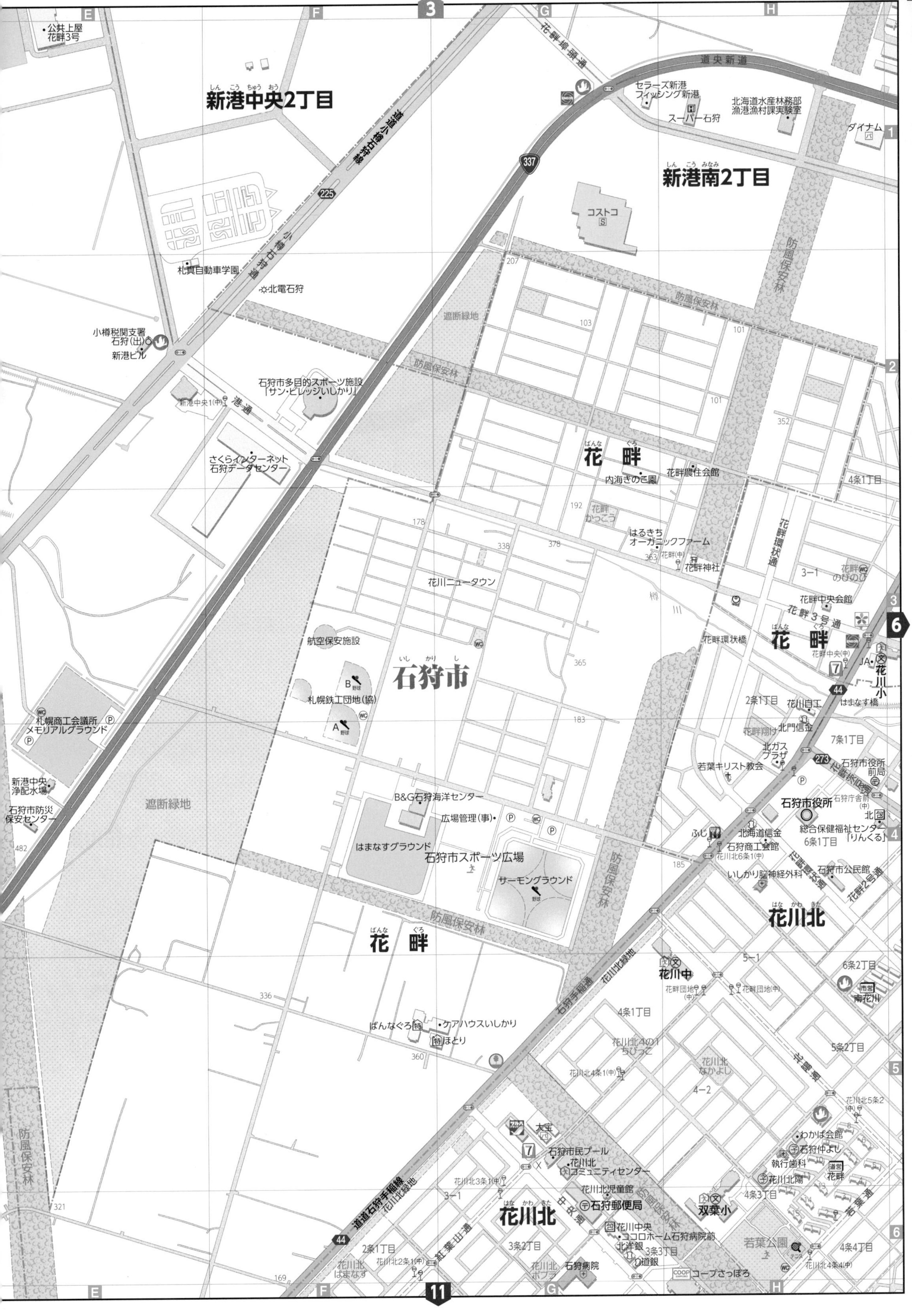
新港中央2丁目
新港南2丁目
花畔
石狩市
花川北
公共上屋
花畔3号
道央新道
セラーズ新港
フィッシング新港
スーパー石狩
北海道水産林務部
漁港漁村課実験室
ダイナム
コストコ
札真自動車学園
北電石狩
小樽税関支署
石狩(出)
新港ビル
石狩市多目的スポーツ施設
「サン・ビレッジいしかり」
新港中央1(中)
港通
さくらインターネット
石狩データセンター
遮断緑地
防風保安林
花畔農住会館
内海きのこ園
花畔かっこう
はるきち
オーガニックファーム
花畔(中)
花畔神社
花畔環状通
花川ニュータウン
航空保安施設
札幌鉄工団地(協)
札幌商工会議所
メモリアルグラウンド
新港中央
浄配水場
石狩市防災
保安センター
B&G石狩海洋センター
広場管理(事)
はまなすグラウンド
石狩市スポーツ広場
サーモングラウンド
ばんなぐろ
ケアハウスいしかり
ほとり
花畔のびのび
花畔中央会館
花畔3号通
花畔環状橋
花畔中央(中)
JA
花川小
はまなす橋
4条1丁目
3-1
2条1丁目
花川自工
北門信金
花畔翔け
北ガス
プラザ
若葉キリスト教会
7条1丁目
石狩市役所
前局
石狩庁舎前(中)
石狩市役所
北図
総合保健福祉センター
「りんくる」
6条1丁目
ふじ
北海道信金
石狩商工会館
花川北6条1(中)
いしかり脳神経外科
石狩市公民館
花畔2号通
5-1
花川中
花畔団地(中)
6条2丁目
南花川
4条1丁目
花川北4の1
ちびっこ
花川北
なかよし
花川北4条1(中)
4-2
5条2丁目
花川北5条2
大宝
石狩市民プール
花川北
コミュニティセンター
わかば会館
石狩仲よし
執行歯科
道営花畔
花川北陽
花川北3条1(中)
3-1
花川北児童館
石狩郵便局
花川北
双葉小
4条3丁目
花川中央
ココロホーム石狩病院前
北洋銀
道銀
3条3丁目
若葉公園
4条4丁目
花川北4条4(中)
2条1丁目
花川北2条1(中)
花川北
はまなす
3条2丁目
花川北
ポプラ
石狩病院
コープさっぽろ
道道石狩手稲線
花川北緑地
中央通
紅葉山通
若葉通
道道小樽石狩線
防風保安林
482
321
169
336
360
207
103
101
352
192
178
338
378
363
365
183
185
337
225
44
273
3
6
11
E
F
G
H
1
2
3
4
5
6

新港南1丁目
新港南2丁目
双葉工業社
昭和木材
東洋ガラス工業
栄和サインシステム
丸善木材
札幌インテリアタウン団地
丸愛ファニチャー
札幌開建花畔除雪ステーション
花畔公園
ヨコハマタイヤサービス
イワクラプレカットシステム
丸高建設工業
日本建機サービス販売
サテライト石狩 Aiba石狩
道央新道
花畔大橋
サイクルオート安保
道道石狩手稲線
生振
生振第一組合集会所
一線
石狩市
茨戸川
花畔
花畔さわやか
はまなす医院
アートウォーム
もちづき歯科
立江寺
花川小
こども未来館 あいぽーと
学校給食センター
石狩市民図書館
焼肉の大福
北海道江別保健所石狩支所
サスイシリの森
総合保健福祉センター「りんくる」
石狩幸惺会病院
センターコート花川
ベルコ石狩シティホール
立石クリニック
南花川
東京航空局札幌航空標識場
石狩中央会館
花畔茨戸通
道道花畔札幌線
花川北
うらた歯科
竹花歯科
陸上自衛隊紅葉山演習場
三津橋産業
茨戸水再生プラザ
花川東
石狩翔陽高校
花川東会館
三菱ふそうトラック・バス
平山製菓
山福
ヤマト運輸
札幌トヨタ
ダイハツ近藤オート
ウッドペッカー工芸
北海道中央バス石狩(営)
多田コンクリート資材センター
ヒロキ
三協輸送サービス
花畔北四号線
紅葉山茨戸通
南花畔通
北陽通

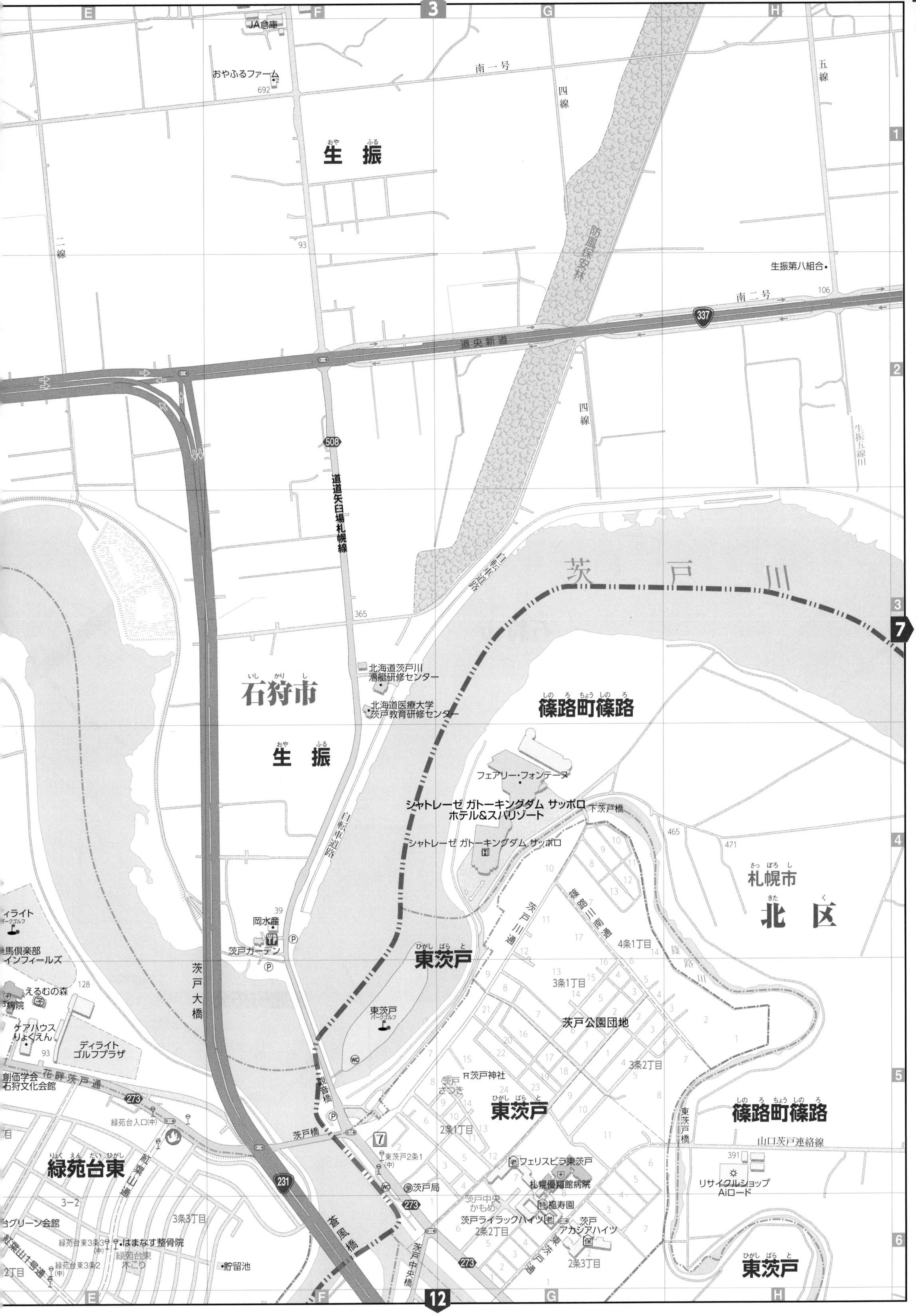
3
E
F
G
H
JA倉庫
おやふるファーム
692
南一号
五線
四線
生振
1
二線
93
防風保安林
生振第八組合
106
南二号
337
道央新道
2
四線
生振五線川
508
道道矢臼場札幌線
茨戸川
自転車道路
365
3
7
北海道茨戸川漕艇研修センター
北海道医療大学茨戸教育研修センター
石狩市
篠路町篠路
生振
フェアリー・フォンテーヌ
シャトレーゼ ガトーキングダム サッポロ ホテル&スパリゾート
下茨戸橋
シャトレーゼ ガトーキングダム サッポロ
465
471
4
札幌市
北区
39
岡水産
茨戸ガーデン
茨戸大橋
東茨戸
篠路三股通
茨戸川通
4条1丁目
3条1丁目
篠路川
128
えるむの森
ケアハウスりょくえん
ディライトゴルフプラザ
93
東茨戸パークゴルフ
茨戸公園団地
3条2丁目
茨戸神社
5
創価学会石狩文化会館
花畔茨戸通
273
観音橋
東茨戸
篠路町篠路
緑苑台入口
茨戸橋
2条1丁目
東茨戸橋
山口茨戸連絡線
7
東茨戸2条1
フェリスビラ東茨戸
391
緑苑台東
紅葉山通
231
茨戸局
札幌優翔館病院
リサイクルショップ Aiロード
273
茨戸中央
福寿園
3-2
3条3丁目
茨戸ライラックハイツ
茨戸アカシアハイツ
2条2丁目
緑苑台東3条3
はまなす整骨院
蒼風橋
緑苑台東3条2
緑苑台東 木こり
貯留池
茨戸中央橋
273
東茨戸通
2条3丁目
紅葉山1号通
2丁目
6
東茨戸
E
F
12
G
H

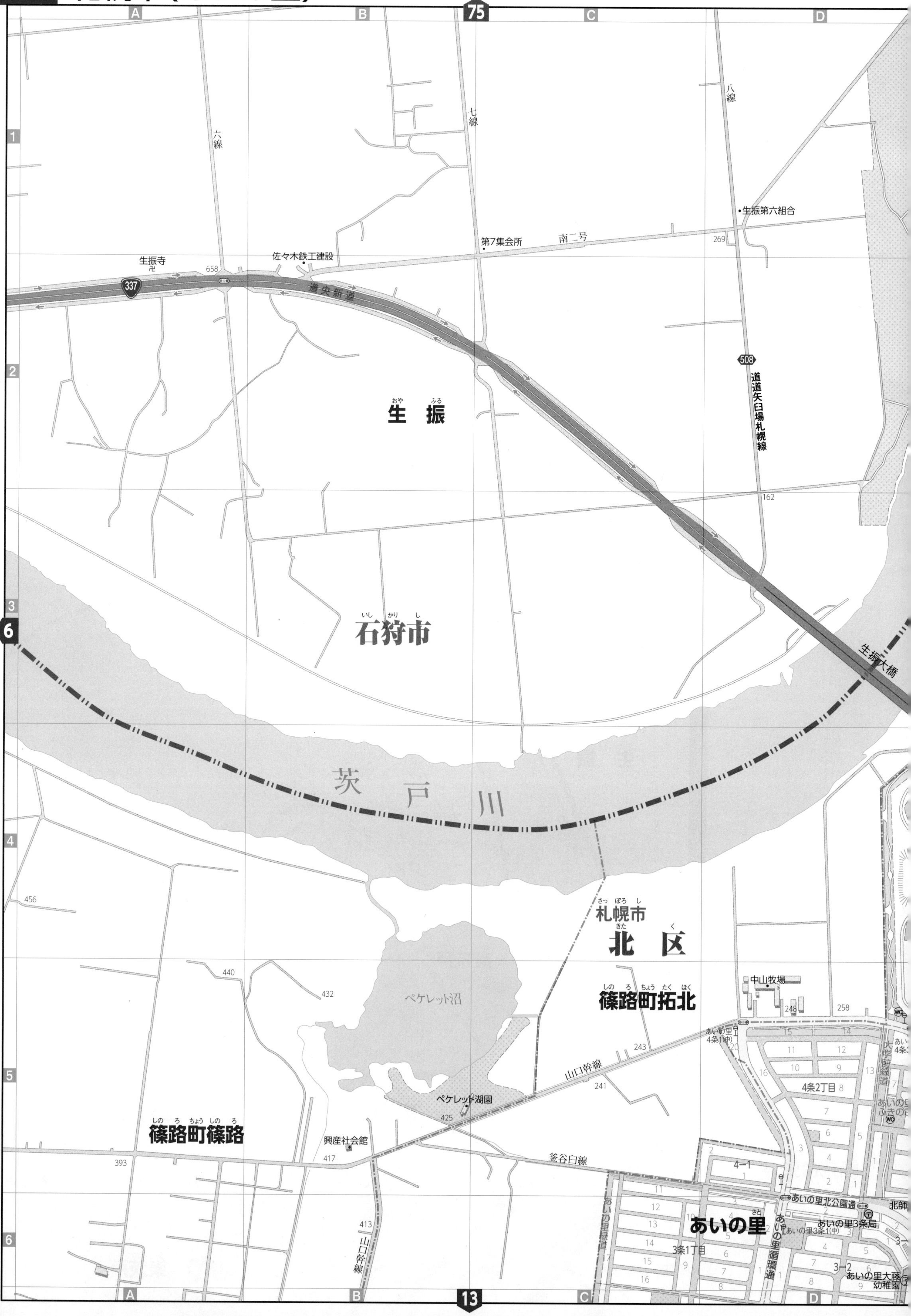

75
13
6
A
B
C
D
1
2
3
4
5
6
六線
七線
八線
生振寺
佐々木鉄工建設
658
337
道央新道
第7集会所
南二号
生振第六組合
269
508
道道矢臼場札幌線
生振
162
石狩市
生振大橋
茨戸川
456
札幌市
北区
中山牧場
篠路町拓北
440
432
ペケレット沼
258
248
243
山口幹線
241
ペケレット湖園
425
篠路町篠路
興産社会館
393
417
釜谷臼線
4-1
4条2丁目
あいの里4条1(中)
あいの里北公園通
あいの里
あいの里3条1(中)
あいの里3条局
3条1丁目
あいの里循環通
あいの里大藤幼稚園
413
山口幹線
3-2
北師

1：10,000 0 500m

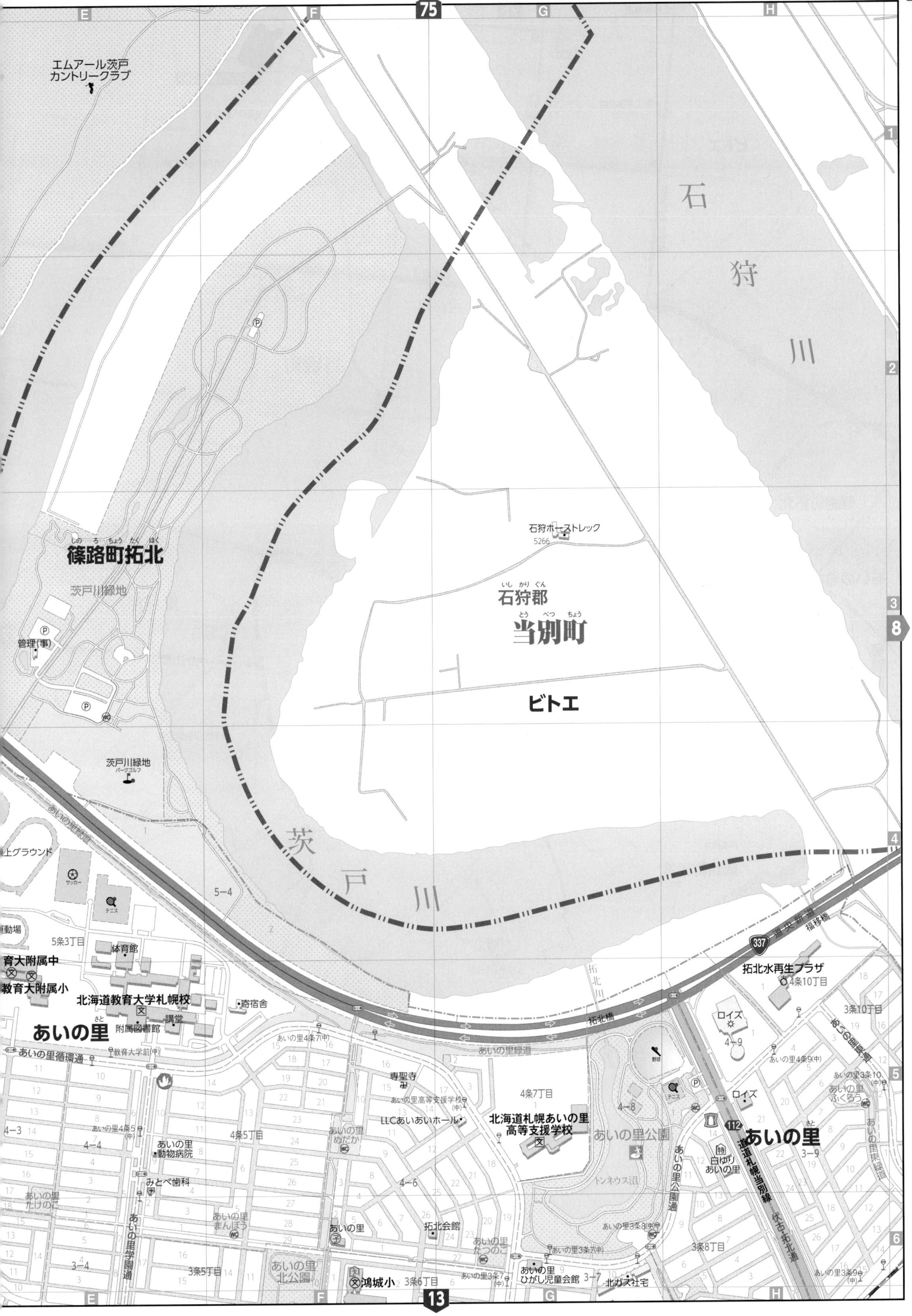

エムアール茨戸カントリークラブ
石狩川
篠路町拓北
茨戸川緑地
管理(事)
茨戸川緑地 パークゴルフ
石狩ホーストレック
5266
石狩郡
当別町
ビトエ
茨戸川
陸上グラウンド
5−4
5条3丁目
体育館
教育大附属中
教育大附属小
北海道教育大学札幌校
寄宿舎
講堂
附属図書館
あいの里
あいの里循環通
教育大学前(中)
あいの里4条7(中)
あいの里緑道
拓北橋
拓北川
道央新道
337
福移橋
拓北水再生プラザ
4条10丁目
3条10丁目
ロイズ
4−9
あいの里4条9(中)
あいの里3条10(中)
あいの里ふくろう
専聖寺
あいの里高等支援学校(中)
LLCあいあいホール
4条7丁目
北海道札幌あいの里高等支援学校
4−8
あいの里公園
トンネウス沼
ロイズ
112
あいの里
道道札幌当別線
伏古拓北通
白ゆり あいの里
3−9
あいの里4条5(中)
4−3
4−4
あいの里動物病院
4条5丁目
あいの里めだか
4−6
みとべ歯科
あいの里たけのこ
あいの里まんぼう
あいの里学園通
あいの里
拓北会館
あいの里たつのこ
あいの里公園通
あいの里3条8(中)
あいの里3条7(中)
3条8丁目
あいの里3条9(中)
あいの里東緑道
3−4
3条5丁目
あいの里北公園
鴻城小
3条6丁目
あいの里3条7(中)
あいの里ひがし児童会館
3−7
北ガス社宅

1：20,000

至当別市街
美登江会館
南二号
十三線
ビトエ東部会館
十四線
ビトエ
愛里苑
ロイズ
十五線
道道札幌当別線
札沼線（学園都市線）
ロイズタウン駅
（令和4年4月開業予定）
専聖寺
遊遊公園
西当別神社
太美南
右ページ当別町（太美）
JA生産資材センター
当別太会館
南三号
昭和サッシグループ工業
当別太
トヨペリ川
十六線
十七線
防風保安林
十八線
十九線
南四号
道央新道
トヨペリ橋
北欧の風道の駅とうべつ
美登江跨線橋
文学碑「石狩川」
札幌大橋
当別町
太美排水機場
南五号
石狩川公園
至小樽
篠路町拓北
3-10
あいの里
石狩川
当別川
川下
八幡第一排水機場
廃棄物最終処分場
八幡
江別市環境クリーンセンター
江別市
北区
萩中牧場
高嶋牧場
酪農団地
篠路町福移
道道札幌北広島環状線
札幌市動物管理センター福移支所
篠路破砕工場
アクティビティセンター
あいのさとサポートセンター
札幌倶楽部福移の杜コース
ごみ資源化工場
福移小・中
福移公民館
札幌市
東区
中沼墓地
豊平川
サイクリングロード
角山
RP東プラ
北海道ペットボトルリサイクル
札幌バイオフードリサイクル
中沼資源選別センター
雑がみ選別センター
白樺団地
中沼町
北五線

当別町

1：15,000

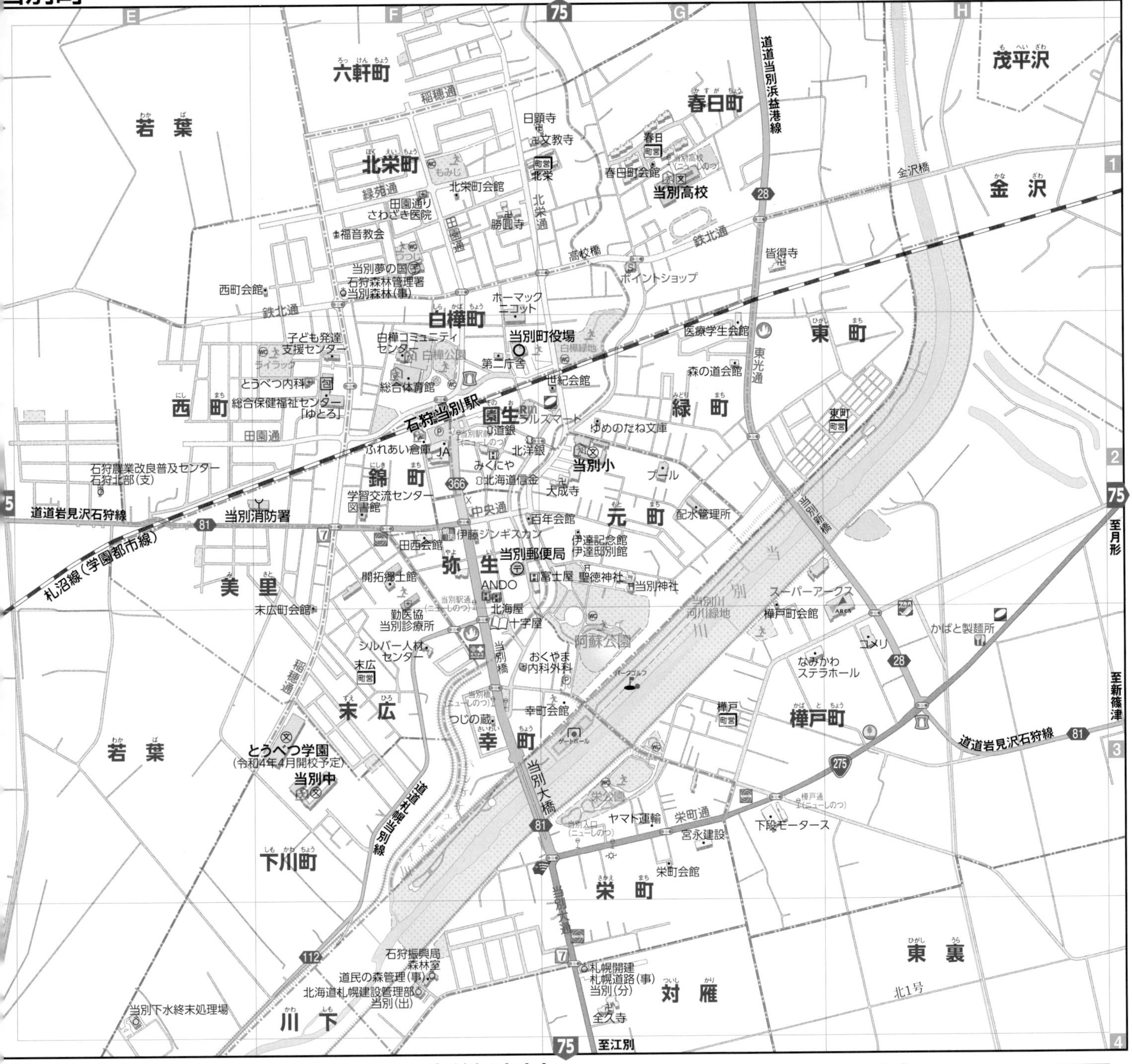

当別町(太美)

1：20,000

新篠津村

1：15,000

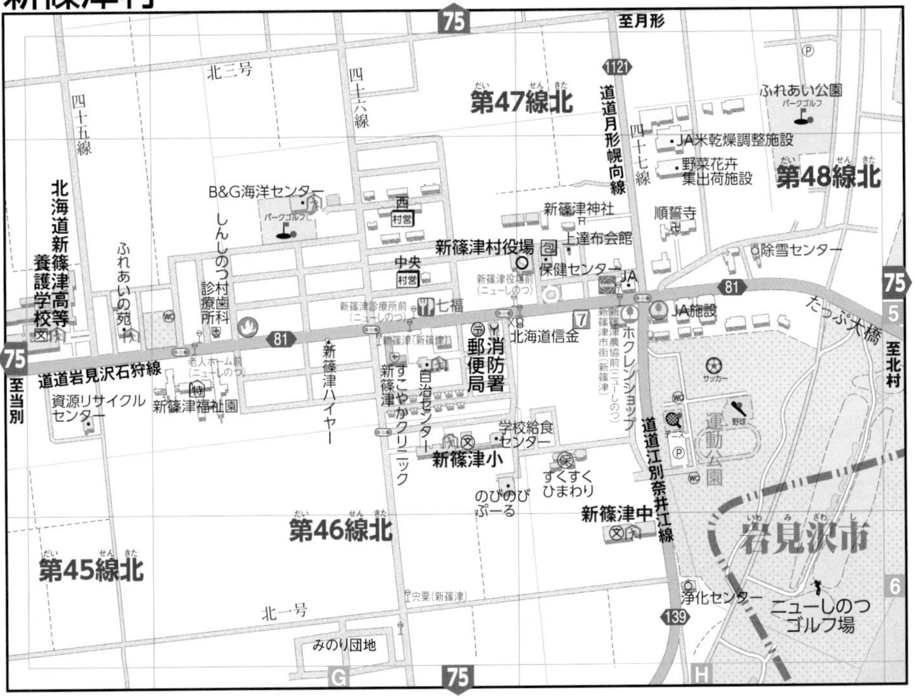

札幌市(手稲山口・星置)

日本海
石狩湾
おたるドリームビーチ
サンセットビーチ銭函
望洋橋
銭函3丁目
小樽カントリー倶楽部
(旧コース)
銭函ヨットハーバー
ルナコースト
銭函下水終末処理場
はまなす
コース
つつじ
コース
銭函パークゴルフ場(中)
銭函海水浴場(中)
銭函海岸線
パック物流センター
小さな旅の博物館
丸一北川食品
銭函
ヤマザキ
職業能力開発大前(中)
クラブハウス
あおぞら
銭函3ちょうめ
カヤノ鉄工
北央電機工業
あかしやタウン
小樽市
道道小樽石狩線
そば処春別
札幌総菜センター
銭函3(中)
宮下橋
和弘食品
北一化学工業
協和木工
共和紙業
北海道デイリーライス
北海道職業能力開発大学校
デリカ
オーエス
マシナリー
ワコー
木野商事
ホクプ
西條産業
和弘食品
御膳水通
銭函運河線
北海道職業能力開発
大学校大浜寮
産鋼スチール
札幌山水
東北木材
協和商事
共栄食肉
丸進工業
星置川
ショクセン
理研興業
道央新道
井原水産
甘糟化学産業
一正蒲鉾
下手稲通
銭函中央公園
ポンナイ川
ヤマト運輸
日清食材
小樽ビール
洋菓子工房
ぺんぺや
星函橋
三和運輸
佐川急便
サンダイヤ
協同組合
札幌木工センター
東洋化工
星置
ほしみ
3-9
玉よし
北斗ゴム製作所
星観緑地
星置
西通
みちした
札幌油脂
星置会館
北海道フレーム工業
千歳工業
函館本線
吉田ハム
極東高分子
銭函高架橋
サンエス
手稲星置
星置西公園
札樽病院
北海紙工業
玉井環境システム
北海道ハートパス
2条9丁目

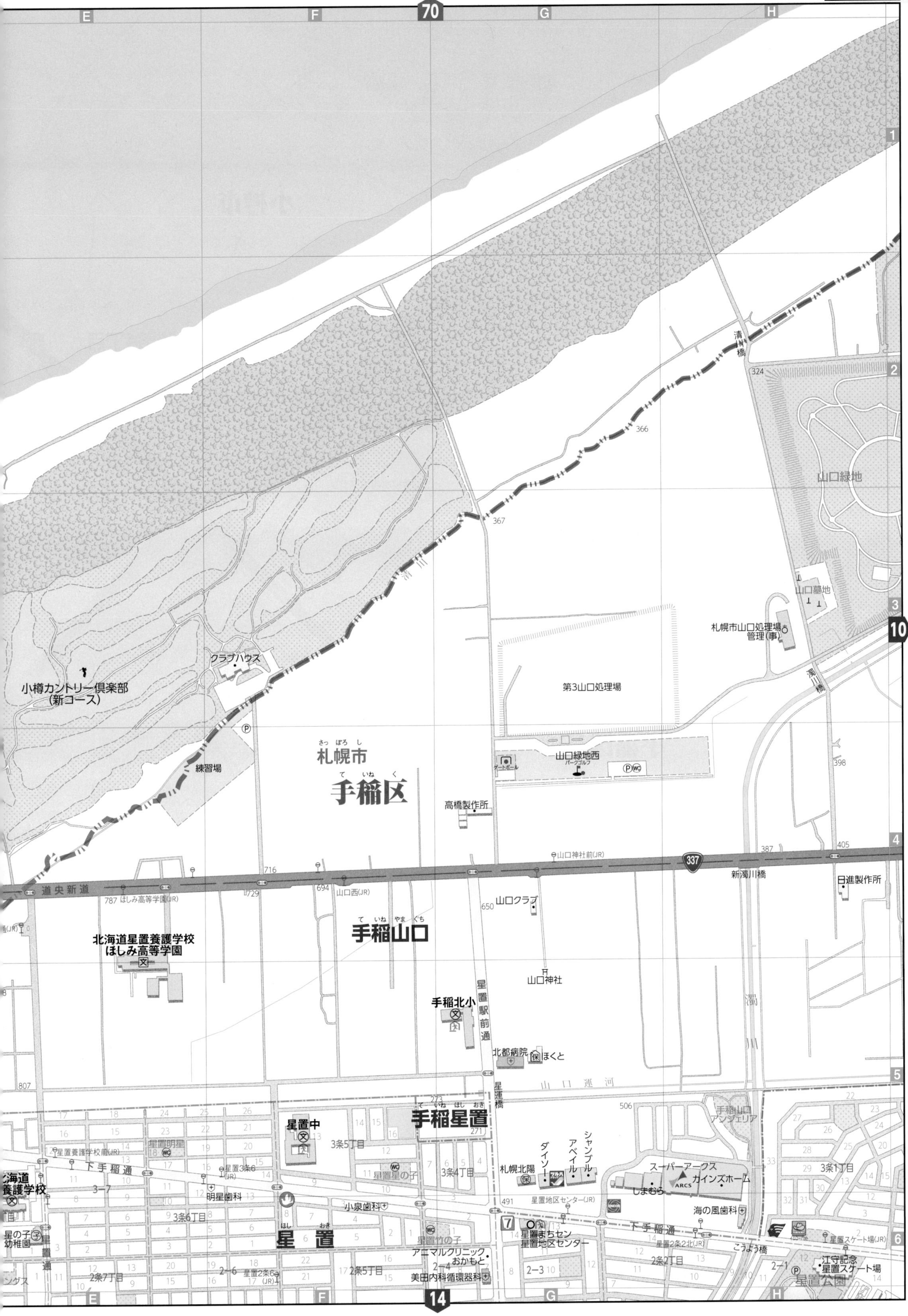
70
E
F
G
H
1
2
3
4
5
6
10
14
清川橋
324
366
367
山口緑地
山口墓地
札幌市山口処理場
管理(事)
濁川橋
クラブハウス
小樽カントリー倶楽部
(新コース)
第3山口処理場
山口緑地西
パークゴルフ
ゲートボール
398
練習場
さっぽろし
札幌市
ていねく
手稲区
高橋製作所
山口神社前(JR)
387
405
337
716
新濁川橋
日進製作所
道央新道
787 ほしみ高等学園(JR)
729
694
山口西(JR)
650
山口クラブ
ていねやまぐち
手稲山口
北海道星置養護学校
ほしみ高等学園
山口神社
星置駅前通
手稲北小
濁
北都病院
ほくと
807
山口運河
星運橋
273
ていねほしおき
手稲星置
506
手稲山口
アンツエリア
星置中
3条5丁目
271
シャンプル
アベイル
ダイソー
札幌北陽
スーパーアークス
ARCS
カインズホーム
しまむら
3条1丁目
星置養護学校前(JR)
星置明星
下手稲通
星置3条6(JR)
3条4丁目
星置星の子
明星歯科
小泉歯科
491
星置地区センター(JR)
海の風歯科
3条6丁目
ほしおき
星置
星置竹の子
7
星置まちセン
星置地区センター
下手稲通
星置2条2北(JR)
こうよう橋
星置スケート場(JR)
星の子
幼稚園
星置通
アニマルクリニック
おかもと
2条7丁目
2-6
星置2条6(JR)
2条5丁目
2-4
2-3
2条2丁目
2-1
江守記念
星置スケート場
美田内科循環器科
星置公園

札幌市（明日風・手稲前田）

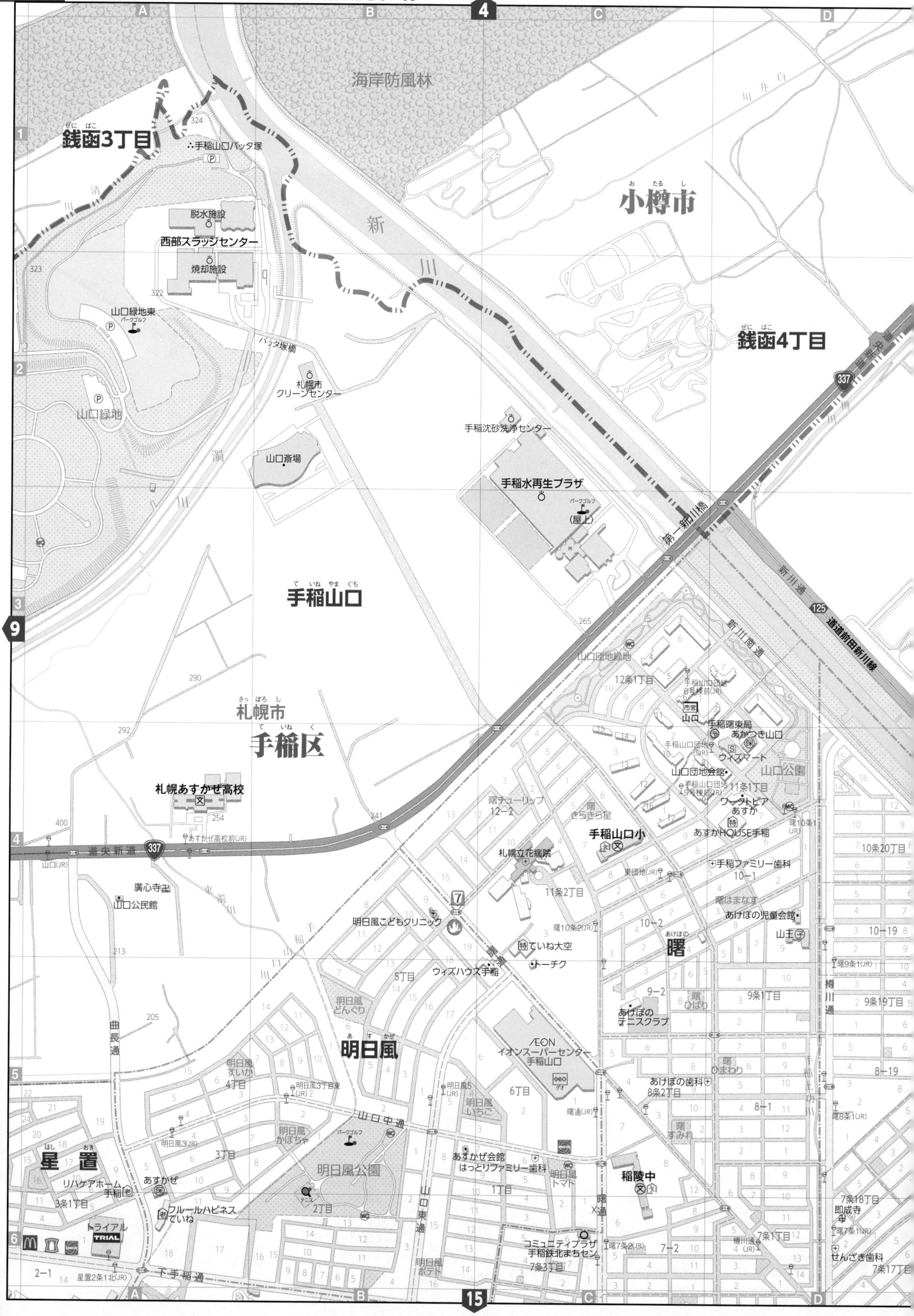
4
9
15
海岸防風林
銭函3丁目
手稲山口バッタ塚
脱水施設
西部スラッジセンター
焼却施設
山口緑地東
パークゴルフ
山口緑地
バッタ塚橋
札幌市
クリーンセンター
新
川
小樽市
銭函4丁目
手稲沈砂洗浄センター
手稲水再生プラザ
(屋上)
山口斎場
第一新川橋
新川通
道道前田新川線
337
125
手稲山口
札幌市
手稲区
山口団地緑地
12条1丁目
手稲山口団地6号棟前(JR)
山口
手稲曙東局
あかつき山口
手稲山口団地(JR)
ウィズマート
山口団地会館
手稲山口団地19号棟前(JR)
11条1丁目
山口公園
ワークトピアあすか
あすかHOUSE手稲
曙チューリップ
12-2
曙きらきら星
手稲山口小
札幌立花病院
札幌あすかぜ高校
あすかぜ高校前(JR)
道央新道
山口(JR)
廣心寺
山口公民館
東団地(JR)
手稲ファミリー歯科
10-1
11条2丁目
曙はまなす
あけぼの児童会館
10-2
曙10条2(JR)
明日風こどもクリニック
ていね大空
トーチク
ウィズハウス手稲
曙
山王
5丁目
明日風どんぐり
9-2
曙ひばり
9条1丁目
あけぼのテニスクラブ
曙10条1(JR)
10条20丁目
10-19
曙9条1(JR)
樽川通
9条19丁目
曲長通
明日風
明日風4丁目
明日風3丁目東(JR)
イオンスーパーセンター手稲山口
明日風5(JR)
明日風いちご
6丁目
曙通(JR)
あけぼの歯科
8条2丁目
曙ひまわり
8-1
8-19
曙8条1(JR)
山口中通
明日風3(JR)
3丁目
明日風かぼちゃ
明日風公園
パークゴルフ
曙すみれ
星置
リハケアホーム手稲
3条1丁目
あすかぜ
あすかぜ会館
はっとりファミリー歯科
明日風トマト
稲陵中
1丁目
曙通
山口東通
2丁目
フルールハピネスていね
トライアル
コミュニティプラザ
手稲鉄北まちセン
曙7条2(JR)
7-2
7条3丁目
明日風ポテト
樽川通4(JR)
7条1丁目
7条18丁目
即成寺
曙7条1(JR)
せんざき歯科
7条17丁目
2-1
星置2条1北(JR)
下手稲通

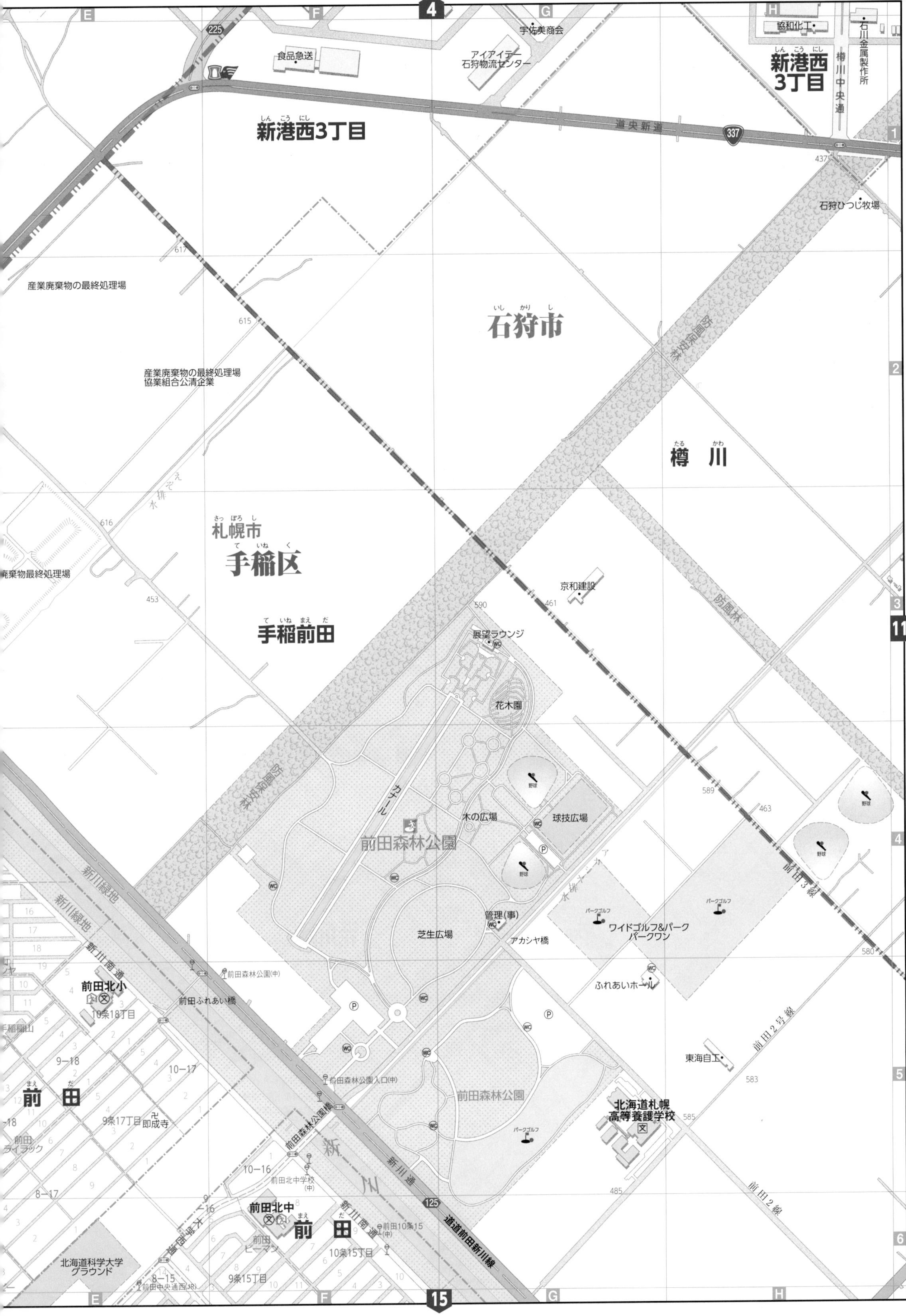
4
宇佐美商会
協和化工
石川金属製作所
食品急送
アイアイテー
石狩物流センター
新港西3丁目
樽川中央通
新港西3丁目
道央新道
337
225
石狩ひつじ牧場
産業廃棄物の最終処理場
石狩市
防風保安林
産業廃棄物の最終処理場
協業組合公清企業
樽 川
水排ぞえ
札幌市
手稲区
廃棄物最終処理場
京和建設
防風林
手稲前田
展望ラウンジ
花木園
11
カナール
木の広場
球技広場
前田森林公園
野球
新川緑地
管理(事)
芝生広場
アカシヤ橋
ワイドゴルフ&パーク
パークワン
パークゴルフ
前田3線
新川通
前田森林公園(中)
前田北小
10条18丁目
前田ふれあい橋
ふれあいホール
前田2号線
9-18
10-17
東海自工
前田森林公園入口(中)
前田
9条17丁目
即成寺
前田森林公園
北海道札幌
高等養護学校
前田ライラック
前田森林公園橋
新川
10-16
前田北中学校(中)
8-17
前田2線
前田北中
前田
前田10条15
道道前田新川線
125
前田ヒーマン
10条15丁目
北海道科学大学
グラウンド
8-15
前田中央通西(JR)
9条15丁目
15

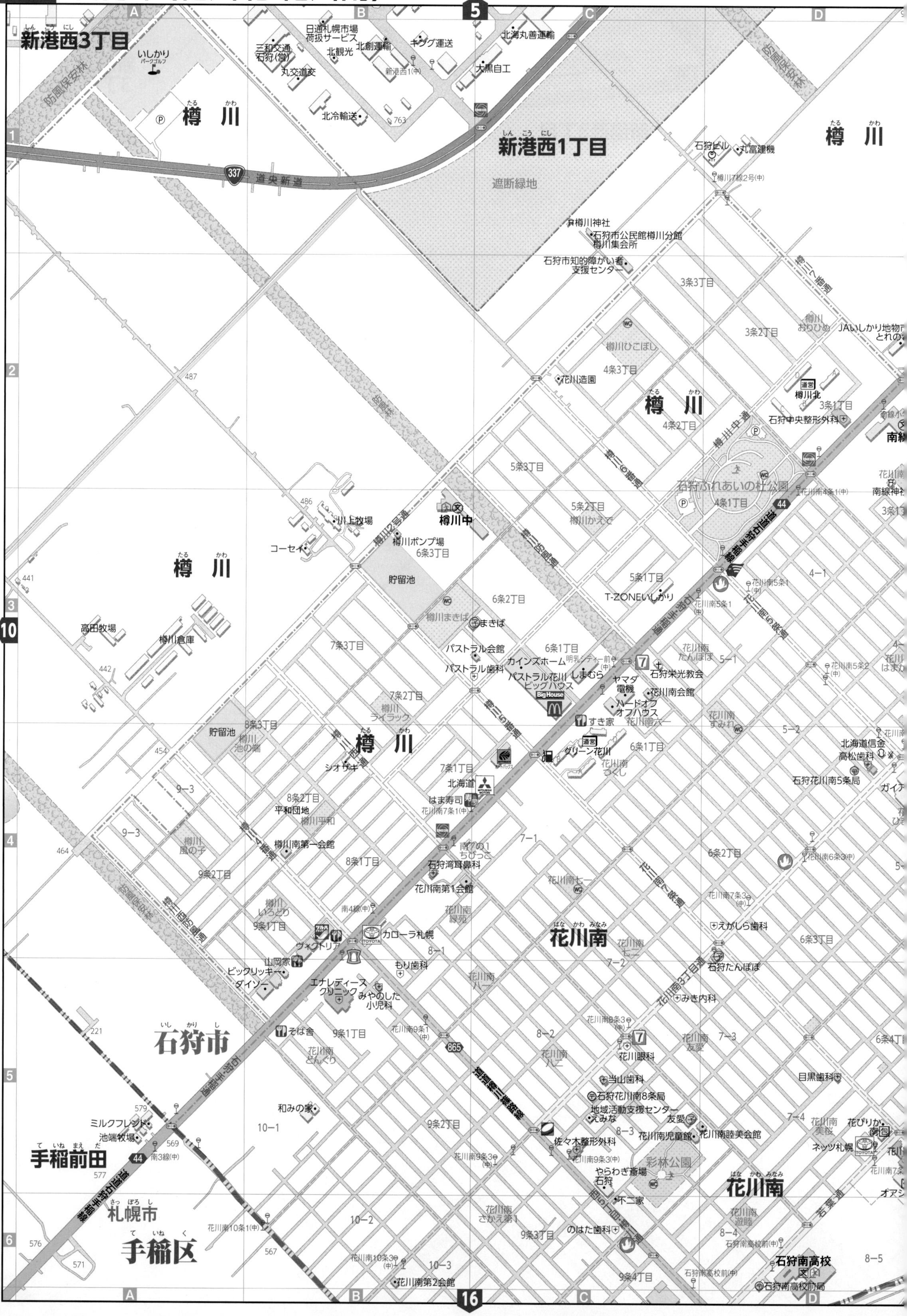

5
A
B
C
D
新港西3丁目
いしかり パークゴルフ
防風保安林
樽川
日通札幌市場荷扱サービス
三和交通石狩(営)
北観光
北創運輸
キング運送
北海丸善運輸
丸交道交
大黒自工
新港西1(中)
北冷輸送
763
337
道央新道
新港西1丁目
遮断緑地
樽川
石狩ビル
丸富建機
樽川7線2号(中)
樽川神社
石狩市公民館樽川分館
樽川集会所
石狩市知的障がい者支援センター
3条3丁目
3条2丁目
樽川おりひめ
JAいしかり地物市とれの市
樽川ひこぼし
4条3丁目
花川造園
樽川
4条2丁目
樽川北
3条1丁目
石狩中央整形外科
487
防風林
5条3丁目
樽川中通
石狩ふれあいの杜公園
4条1丁目
花川南4条1(中)
南線神社
5条2丁目
樽川かえで
486
川上牧場
樽川中
樽川12号通
樽川ポンプ場
6条3丁目
コーセイ
樽川
441
貯留池
5条1丁目
T-ZONEいしかり
花川南5条1
花川南5条1(中)
4-1
6条2丁目
樽川まきば
まきば
高田牧場
樽川倉庫
7条3丁目
パストラル会館
6条1丁目
カインズホーム
明乳シティー前(中)
パストラル歯科
パストラル花川
しまむら
ビッグハウス
石狩栄光教会
花川南たんぽぽ
5-1
花川南5条2(中)
442
7条2丁目
ヤマダ電機
花川南会館
樽川ライラック
ハードオフ オフハウス
すき家
花川南六
花川南すみれ
5-2
貯留池
8条3丁目
樽川池の端
樽川
グリーン花川
6条1丁目
北海道信金
高松歯科
454
シオザキ
7条1丁目
花川南つくし
石狩花川南5条局
9-3
北海道
はま寿司
花川南7条1(中)
8条2丁目
平和団地
樽川平和
9-3
樽川南第一会館
南7の1 ちびっこ
7-1
6条2丁目
花川南6条3(中)
464
樽川風の子
8条1丁目
石狩湾耳鼻科
9条2丁目
花川南七
花川南第1会館
花川南7条3(中)
樽川いろどり
南4線(中)
花川南緑苑
えがしら歯科
9条1丁目
カローラ札幌
6条3丁目
ヴィクトリア
8-1
花川南
花川南七
7-2
山岡家
もり歯科
ビッグリッキー
ダイソー
エナレディース クリニック
みやのした小児科
花川南八
石狩たんぽぽ
みき内科
221
石狩市
そば舎
9条1丁目
花川南9条1(中)
865
花川南8条3(中)
8-2
花川南友愛
7-3
花川南どんぐり
花川南八二
花川眼科
6条4丁目
当山歯科
目黒歯科
石狩花川南8条局
地域活動支援センター えみな
友愛
和みの家
579
10-1
9条2丁目
8-3
花川南児童館
花川南睦美会館
7-4
花川南美桜
花ぴりか
ミルクフレンド
池端牧場
佐々木整形外科
ネッツ札幌
569
花川南9条3(中)
花川南9条3(中)
彩林公園
手稲前田
44
南3線(中)
577
やらわぎ斎場石狩
花川南
若葉通
オアシス
札幌市
不二家
花川南遊睦
576
花川南10条1(中)
10-2
花川南さかえ第1
9条3丁目
のはた歯科
8-4
石狩南高校前(中)
手稲区
571
567
花川南10条3(中)
10-3
石狩南高校
8-5
9条4丁目
石狩南高校前(中)
石狩南高校前局
花川南第2会館
16
10

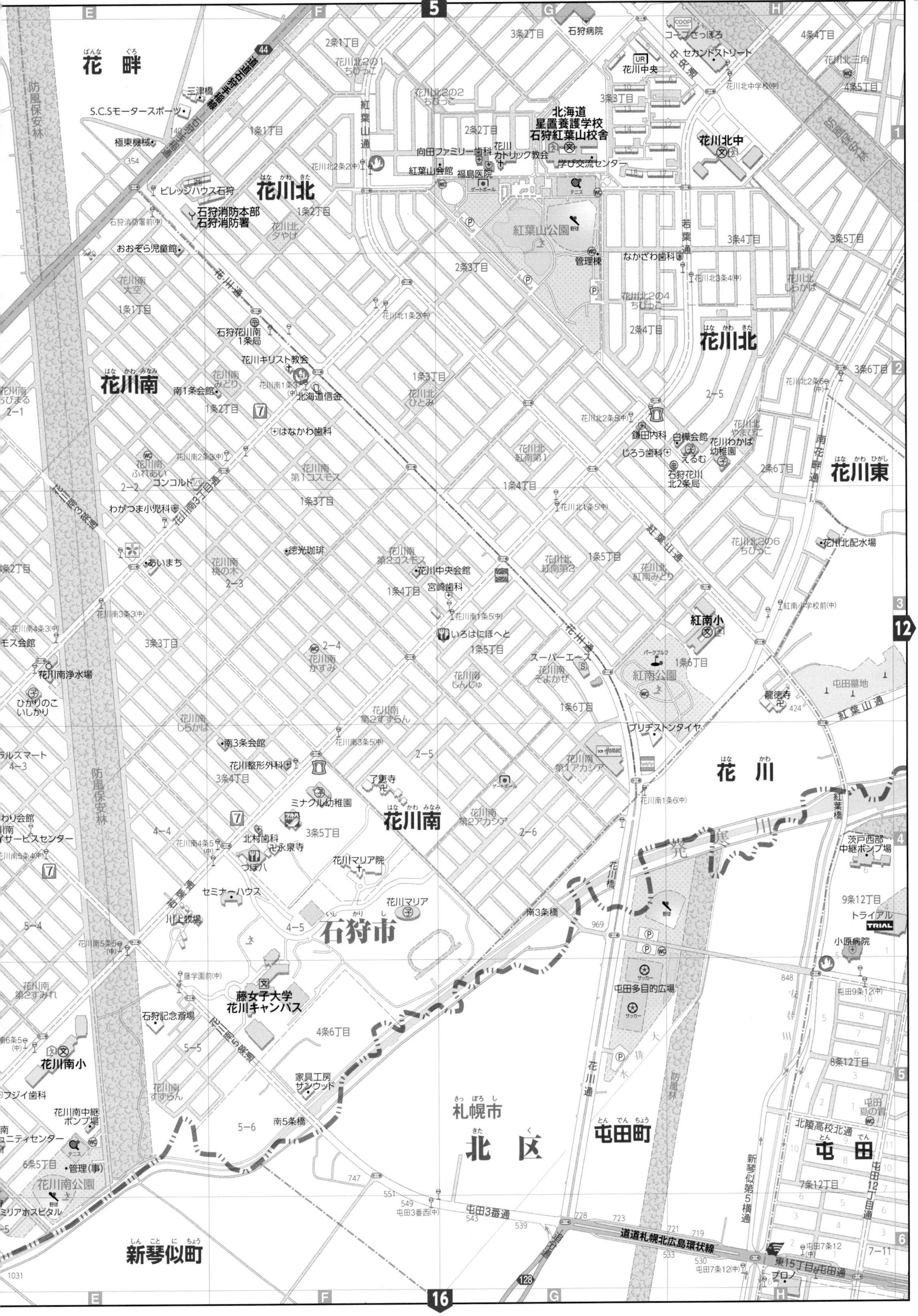
5
16
12
花畔
花川北
花川南
花川東
花川
石狩市
札幌市
北区
屯田町
屯田
新琴似町
防風保安林
防風林
石狩病院
コープさっぽろ
セカンドストリート
花川中央
北海道
星置養護学校
石狩紅葉山校舎
花川北中
花川北中学校(中)
向田ファミリー歯科
花川カトリック教会
学び交流センター
紅葉山会館
福島医院
紅葉山公園
管理棟
なかざわ歯科
三津橋
S.C.Sモータースポーツ
極東機械
ビレッジハウス石狩
石狩消防本部
石狩消防署
石狩消防署前(中)
おおぞら児童館
石狩花川南1条局
花川キリスト教会
北海道信金
南1条会館
はなかわ歯科
コンコルド
わがつま小児科
あいまち
徳光珈琲
花川中央会館
宮崎歯科
いろはにほへと
スーパーエース
紅南公園
紅南小
鎌田内科
白樺会館
じろう歯科
えるむ
花川わかば幼稚園
石狩花川北2条局
花川北配水場
龍徳寺
屯田墓地
ブリヂストンタイヤ
南3条会館
花川整形外科
了恵寺
ミナクル幼稚園
北村歯科
永泉寺
つぼ八
花川マリア院
セミナーハウス
花川マリア
川上牧場
藤女子大学
花川キャンパス
石狩記念斎場
家具工房サンウッド
花川南小
花川南中継ポンプ場
花川南公園
管理(事)
花川南浄水場
ひかりのこいしかり
モス会館
屯田多目的広場
茨戸西部中継ポンプ場
トライアル
小原病院
屯田9条12(中)
屯田7条12
プロノ
道道札幌北広島環状線
屯田3番通
屯田3番西(中)
南5条橋
南3条橋
花川橋
紅葉橋
発寒川
安春川
大排水
花川通
紅葉山通
紅南山通
中央通
若葉通
新琴似第5横通
北陵高校北通
屯田12丁目通
東15丁目屯田通
道道石狩手稲線
花川南3丁目通
第二四〇号線
花川北2条6(中)
紅南小学校前(中)
花川南1条6(中)
藤学園前(中)
花川南5条5(中)
花川南4条5(中)
花川南3条5(中)
花川南1条5(中)
花川北1条5(中)
花川北1条2(中)
花川北2条5(中)
花川南1条3(中)
花川南2条2(中)
花川南3条3(中)
44
128

A
B
C
D
6
11
17
1
2
3
4
5
6
石狩はまなす館
4条5丁目
花川北
花川北4の5
ちびっこ
南花畔通
平山設備
3−5
花川東
石狩市
花川北
花川北3の6
ちびっこ
3条6丁目
紅葉山通
屯田墓地
472
645
652
654
紅葉山砂川通
緑苑台
緑苑台東
緑苑台東
アンデルセン
1条2丁目
緑苑台小学校
緑苑台小
紅葉山東通
1丁目
緑苑台中央
イオンスーパーセンター
石狩緑苑台
ÆON
2丁目
3丁目
紅葉山中央通
紅葉山南公園
イオン緑苑台SC
緑苑台
パークゴルフ
緑苑台浄水場
西茨戸橋
花川東
緑苑台西
1条3丁目
新琴似通
サイクリングロード
篠路仁昌通
緑苑台西
2条3丁目
発寒6号橋
第1遊水池
野鳥観察デッキ
東屯田川遊水池
第2遊水池
東屯田川遊水池
パークゴルフ
発寒川
1003
1048
1015
990
札幌市
北区
屯田町
北清掃事務所
防風林
防風林南通
防風林
9−12
屯田あおば
屯田こもれび
屯田川雨水貯留池コース
パークゴルフ
屯田秋の風
季実の里
北海道有朋高校
9−11
9条10丁目
屯田
札幌未来
七色の風
屯田紅葉山通
9−9
9−8
9−7
屯田市営季実の里
9条6丁目
屯田北6丁目通
屯田北中
清明庵
札幌北翔そとこど
太陽ここ
屯田メディカルモール
カーサグランデージ
屯田12丁目通
屯田9条10
わたべデンタルクリニック
8−11
ホクレンショップフードファーム
屯田川北四番橋
屯田11丁目通
屯田4番通
屯田紅葉山通
8−9
セリア
ヴェラス・クオーレ札幌北
屯田9丁目通
8−8
有朋高校
西松屋
屯田第2排水通
屯田第2横通
ロイズ
東屯田川北四番橋
ガーデンセンター
季実の里B
屯田店
屯田さつき
8条10丁目
屯田北公園
屯田わかば
屯田公園
8条6丁目
ジョイフルエーケー
北海市場
屯田店前
北陵高校北通
屯田川7号橋
屯田北児童会館
8−7
8−5
8−4
屯田8条局
アリス歯科
イトーヨーカドー
アイプ
本光寺
屯田大藤
7−11
屯田とんぼ
7条10丁目
7−9
北電屯田
屯田ふるさと
7条8丁目
北海道札幌北陵高校
7−7
7−6
7−5
7−4
屯田
8条3丁目
東屯田川7号橋
屯田やよい
ユニクロ
屯田わかくさ
ぽらりす屯田
新琴似通
道道札幌北広島環状線
屯田10条3
10条3
屯田9条3
屯田北
屯田春の風
128

6
東茨戸
東茨戸
ドリームキッズ
伏籠橋
伏籠川右岸通
茨戸小
道道花畔札幌線
1条2丁目
茨戸排水機場
茨戸・福移通
道道札幌北広島環状線
茨戸・福移通
篠路橋
茨戸メリー幼稚園
篠路町篠路
創成川通
西茨戸
発寒二号橋
静園寺
茨戸耕北橋
創成排水機場
北電茨戸
フルールパピネス
しのろ
ロイヤルモーター
つばさ
電気保安協会
あさひ会館
横山内科
篠路あおぞら
篠路あさひ
第三伏籠橋
五稜会病院
篠路
北商橋
札幌豊明高等支援学校
篠路通
篠路みどり公園
やわらぎ斎場篠路
マルコストアー
札幌しらかば台篠路病院
篠路こまどり会館
道道花畔札幌線
山口歯科
上茨戸西橋
上茨戸ライラック
西茨戸
石狩街道
木村デンタルクリニック
篠路とらちゃん
明王院
篠路駅前東
サンクパール幼稚園
アグリー・ダック
篠路西児童会館
篠路山田歯科
篠路西中
爽風館しのろ
太陽グループ少年
上茨戸中間橋
篠路こまどり
こまどり団地
篠路西小
シューホーフラワーサービス
札幌中央信組
吉田医院
篠路駅前中央
篠路駅前団地福祉会館
篠路整形外科
太陽
カローラ札幌
篠路駅前西公園
主要市道真駒内篠路線
篠路
篠路駅前団地
池田ファミリー歯科
篠路神社
篠路出張所
篠路茨戸まちセン
トドック・札幌北センター
横新道
北五番橋
篠路西部会館
箱木歯科
グランマドレ
ラッキー
しのろ駅前医院
篠路高洋
篠路駅西通
篠路駅前局
篠路駅東通
篠路駅
荒木病院
プリンス札幌
クラブJ
北電
吉野家
北五番橋
北洋銀
篠路郵便局
りょうちゃん福祉タクシー
ダイアパレス
ひまわり
道道花畔札幌線
屯田
創成川通
メディコア篠路
北門信金
道銀
札幌
ビッグローヤル
MOE内科循環器クリニック
北消防署篠路(出)
マルコストアー
篠路平川歯科
浄土寺
砂山歯科
屯田東2番通
常禅寺
篠路公園通
篠路わかば
イリーゼ
倉田内科
屯田ひがし公園
たかすぎ腎泌尿器科
とんでん
篠路
にしやま歯科
太平小
横新道会館
札沼線(学園都市線)
篠路
屯田創成の里記念会館
札幌トヨペット
篠路グリーン
ベルコユアホールしのろ
ばんどう歯科
屯田4番通
キャッツアイ
横新道二条会館
学田通
ネッツ札幌
北四番橋
MEGAドン・キホーテ
北区土木センター
太平百合が原地区センター
篠路双葉
太平
太平公園
あかつき篠路
太平高山内科
17
13

篠路町拓北

あいの里西公園

あいの里すぎのこ

あいの里宿循環通

あいの里2条1丁目

あいの里

拓北小

プラットホーム保

北海道札幌英藍高校

道道札幌北広島環状線

茨戸・福移通

拓北8条1丁目

8条1丁目

8-2

拓北小学校

8条3丁目

8-4

三晃化学

8-5

篠路町篠路

拓　北

7条1丁目

7-2

7-3

7-4

7条5丁目

1条3丁目

あいの里児童会館

篠路中

新生教会

シティマーケット

拓北ひまわり会館

6-2

6条3丁目

6-4

6-5

あいの里きのこ

めばえこども
クリニック

らくら拓北

6条1丁目

ひまわり

ひまわり内科小児科

北陸銀

いしざき歯科

あいの里
耳鼻咽喉科

道道花畔札幌線

札沼線（学園都市線）

5条1丁目

5-2

リーフ歯科

5条3丁目

5-4

市宮 拓北

5条5丁目
拓北公園

北海道拓北
養護学校

3丁目

伏籠川左岸通

みどり
会館
8-6

札幌三育小

4条1丁目

拓北4条1

4-2

拓北4条3

4条3丁目

拓北
ひまわり

4-4

興産社橋

篠路拓北中

カーサヴェール

ヴィラクレアール
8-7

篠路アンダーパス

拓北
いきいき公園

グリンピア篠路北
3-1

ソレイユ

3条2丁目

3-3

拓　北

3-4

拓北
くるみ

拓北パレス
町内会館

大野地第1中通

木田製粉

7条7丁目

禅燈寺

ニコ小児歯科

2-2

2条3丁目

2-4

拓北3条3

宝路寺

パーソナルハイツ
篠路公園

篠路通

5-10

5-9

篠路7条

1-1

1条3丁目

拓北1条3

1-4

あけぼの団地

しのろ三清荘

5条8丁目

札幌しらかば台篠路病院
（建設中）

篠路伏籠橋

拓北1条2

篠路・拓北通

4条8丁目

上篠路公園

4-9

道道花畔札幌線

篠路小

篠路児童会館

ポンプ場前

茨戸中部中継
ポンプ場

3条8丁目

篠路はまなす
クリニック

篠路サクラ

篠路駅東通

4条10丁目

篠路光真

篠路町拓北

北伸工業

篠路コミュニティ
センター

スーパーアークス

ARCS

おおみや歯科

篠　路

小鳩団地入口

五ノ戸の森緑地

銀次郎

しまむら

北海道信金

3条10丁目

JA

いとが整形外科

小鳩団地

児童養護施設
和泉荘

グリンピア
しのろ会館

2-9

しのろ
ファミリークリニック

コミュニティ
センター口

天理教潮見台分教会

グリンピア
篠路中央

2-10

東栄金属塗装工業

第一伏籠橋

池本工業

篠路町上篠路

前ステンレス製作所

札幌篠路
自動車学校

北電篠路

JA農産物貯蔵庫

7
E
F
G
H
あいの里北公園
あいの里スイミングスクール
鴻城小
あいの里チャペル
鈴木外科循環器科
カフェヒュッテ
3条4丁目
あいの里北公園通
3−5
あいの里せせらぎ緑道
あいの里小
学園通り教会
あいの里駅前緑道
コロナード あいの里
あいの里中央通
ネオシティ あいの里
3−6
コロナード あいの里Ⅱ
あいの里3条7
あいの里東小
あいの里きづつき
3条8丁目
あいの里公園駅
あいの里跨線橋
3条7丁目
あいあい歯科
いけだクリニック
本間皮ふ科
2−8
ウエルネス スクエア札幌
あいの里公園駅
あいの里東中
あいの里せせらぎ
あいの里東公園
あいの里東通
あいの里せせらぎ緑道
2−5
2条4丁目
あいの里
北海道医療大学病院
北地区リサイクルセンター
北海道医療大学 あいの里キャンパス
やわらぎ斎場 あいの里
2−6
中銀ヴェルデシティ
あいの里循環通
2条7丁目
札沼線（学園都市線）
篠路町拓北
茨戸・福移通
にいで歯科
北洋銀
コープさっぽろ
道銀
ブックオフ
1−5
1−6
ビバホーム
東光ストア
ネオシティ あいの里
あいの里 エスパシオ
1条4丁目
1条7丁目
札幌ファミリー歯科
あいの里 かっこう
道道札幌北広島環状線
128
あいの里・福移跨線橋
あいの里局
あいの里整形外科
拓北・あいの里まちセン
拓北・あいの里地区センター
あいの里第2協働
あいの郷
鉄道沿中央緑道
鉄道沿西緑道
あいの里教育大駅
あいの里 ひよこ
拓北
道道札幌当別線
伏古・拓北通
112
白ゆり 南あいの里
南あいの里通
あいの里協働
4丁目
5丁目
6丁目
7丁目
南あいの里
南あいの里中央通
ふれあいの里 南あいの里
南あいの里 こもれび
札幌あいの里温泉 なごみ
南あいの里公園
興産社大野地通
日免オートシステム
新日本通信電設
北電拓北
大野地第3中線
大野地第4中線
北区
モリ住建
ワーケン
篠路町拓北
篠路町福移
拓北大野地会館
日栄車輌
双葉工業社
カーショップ中條
札幌保健医療大学 総合グラウンド
中沼町
横田牧場
高見牧場
テクノファクトリー
幌南運輸
雁来篠路連絡線
大野地四の橋
大野地幹線
363
東区
18
1
2
3
4
5
6
8

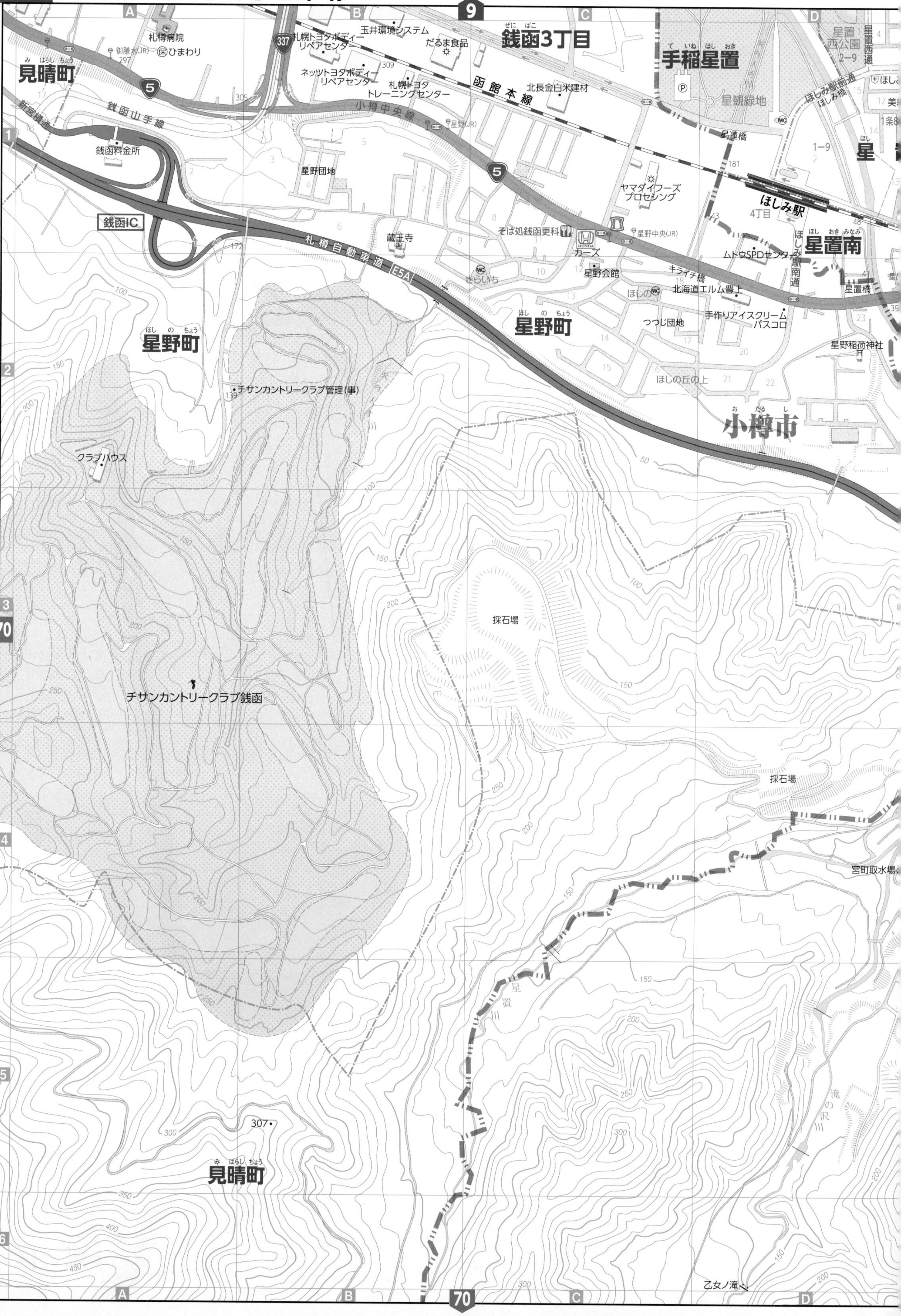
銭函3丁目
手稲星置
見晴町
札樽病院
御膳水(JR)
ひまわり
玉井環境システム
札幌トヨタボディー リペアセンター
だるま食品
ネッツトヨタボディー リペアセンター
札幌トヨタ トレーニングセンター
函館本線
北長金白米建材
星観緑地
星置西公園
星置西通
ほしみ駅前通
ほしみ橋
新宮樽道
銭函山手線
小樽中央線
星野(JR)
銭函料金所
星野団地
星連橋
ヤマダイフーズ プロセシング
ほしみ駅
銭函IC
札樽自動車道
E5A
蔵王寺
そば処銭函更科
カーズ
星野中央(JR)
星野会館
きらいち
キライチ橋
ムトウSPDセンター
星置南
ほしみ駅南通
星置橋
北海道エルム豊上
つつじ団地
手作りアイスクリーム パスコロ
星野町
ほしの丘の上
星野稲荷神社
小樽市
チサンカントリークラブ管理(事)
クラブハウス
採石場
チサンカントリークラブ銭函
宮町取水場
星置川
滝の沢川
見晴町
乙女ノ滝

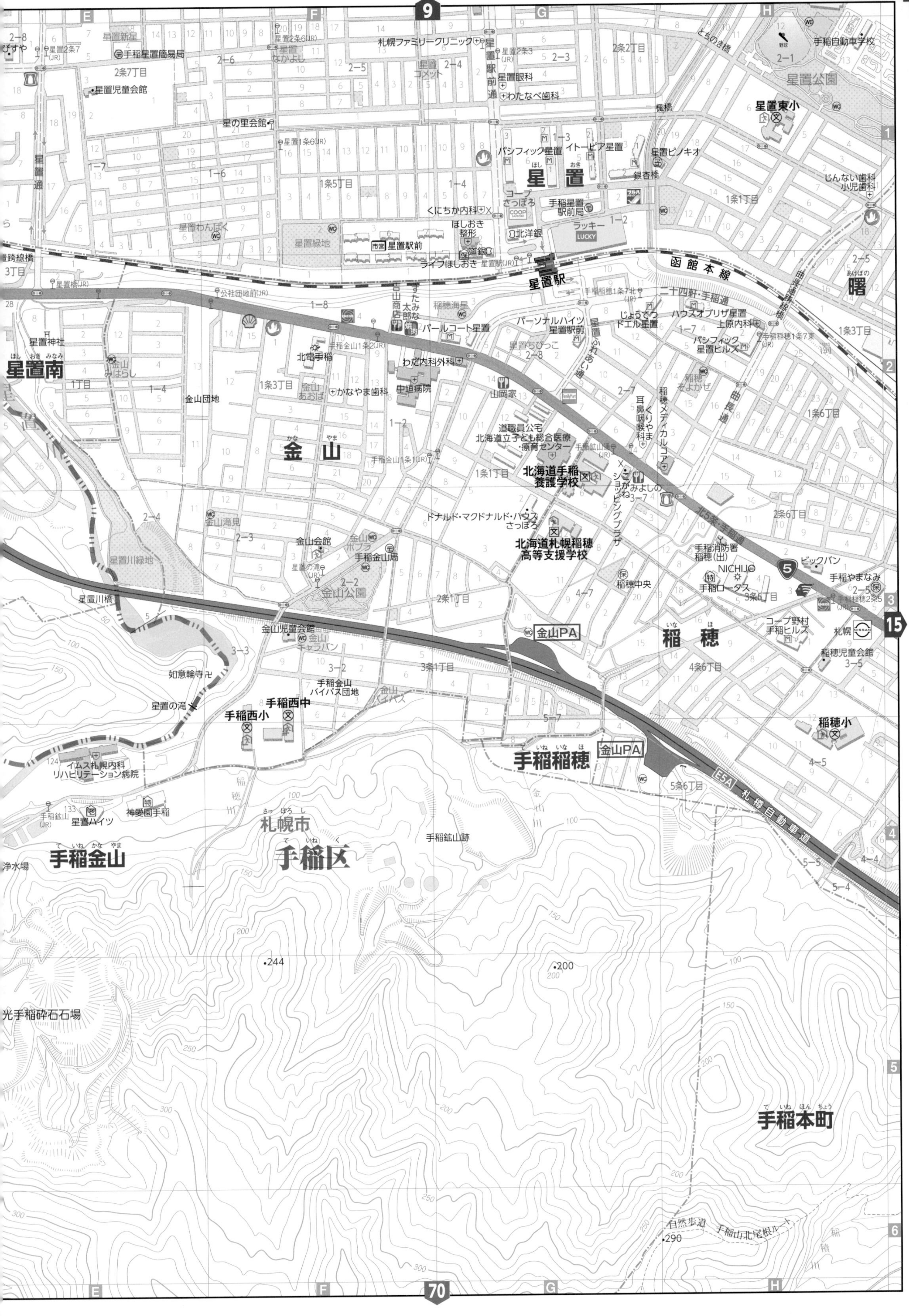
星置
金山
稲穂
星置南
曙
手稲稲穂
手稲金山
手稲本町
札幌市
手稲区
星置駅
函館本線
星置東小
手稲西小
手稲西中
稲穂小
北海道手稲養護学校
北海道札幌稲穂高等支援学校
北海道立子ども総合医療・療育センター
道職員公宅
星置公園
金山公園
星置緑地
星置川緑地
手稲自動車学校
手稲星置簡易局
手稲星置駅前局
手稲金山局
星置児童会館
金山児童会館
稲穂児童会館
星の里会館
金山会館
金山団地
手稲金山バイパス団地
星置ハイツ
神愛園手稲
イムス札幌内科リハビリテーション病院
中垣病院
わだ内科外科
かなやま歯科
くにちか内科
ほしおき整形
じんない歯科小児歯科
上原内科
手稲ファミリークリニック
星置眼科
わたなべ歯科
パシフィック星置
イトーピア星置
コープさっぽろ
ラッキー
北洋銀
道銀
ライフほしおき
パーソナルハイツ星置駅前
じょうてつドエル星置
ハウスオブリザ星置
パシフィック星置ヒルズ
パールコート星置
稲穂メディカルコア
耳鼻咽喉科くりやま
ショッピングプラザこがね
ドナルド・マクドナルド・ハウスさっぽろ
手稲消防署稲穂(出)
手稲ロータス
コープ野村手稲ヒルズ
ビッグバン
手稲やまなみ
札幌
金山PA
如意輪寺
星置の滝
星置川橋
手稲鉱山跡
光手稲砕石石場
浄水場
自然歩道 手稲山北尾根ルート
札樽自動車道
E5A
北5条・手稲通
二十四軒・手稲通
曲長通
星置通
星置駅前通
星置ふれあい通
由仁道路線橋
とちのき橋
楓橋
銀杏橋
星置2条7丁目
2条7丁目
1条5丁目
1条3丁目
1条1丁目
1条6丁目
2条6丁目
2条1丁目
3条1丁目
3条6丁目
4条6丁目
5条6丁目
•244
•200
•290

10
22
14
A
B
C
D
1
2
3
4
5
6
星置
アークシティ星置
曲長通
星置公園
北海道急行運輸
手稲区土木センター
極東機械
カナモト
曙西緑地
手稲山口軽工業団地
太平洋レミコン
新日本フエザーコア
曙
NICHIJO
運転免許試験場(JR)
札幌運転免許試験場
下手稲通
5条4丁目
5条3丁目
ファミーユあけぼの
きゅう歯科
曙通
曙第七町内会館
手稲あけぼのレディースクリニック
あけぼのの湯
いろはにほへと
北洋銀
夢パン工房
手稲区第2
さわらび
創価学会手稲文化会館
北海道信金
札幌市稲寿園
ふれあいの郷
手稲山クリニック
ていねあすなろ
樽川通
樽川橋
やわらぎ斎場手稲
手稲土功川
佐藤印刷
エイチケイエム紙商事
北海道サンプラス
タマテック
ドリーム観光バス
コシツネ食品
ヤマトウ商事
龍文堂印刷
総合パッケージ
DICグラフィックス
プラス化成工業
綜合パッケージ
大信工業
成田産業
新明和製作所
田原鉄筋工業
国際農機
手稲ガラス
トドック手稲センター
4条3丁目
おちあい内科消化器内科
3条3丁目
ここ歯科
手稲曙通局
新谷歯科
曙第一会館
ヤマト運輸
千秋庵
手稲前田局
手稲消防署曙(出)
手稲前田教会
手稲カトリック教会
JR社員研修センター
函館本線
稲穂駅
JR札幌運転所車庫
JR札幌運転所総合庁舎
1条3丁目
1条5丁目
手稲育英
稲穂公園
コロナード稲穂公園
2条3丁目
きかんし印刷
手稲工業団地
東京ステンレス研磨興業
高新木材
小島工業
リ・フィールド
東邦木材
竹内歯科
ロイヤルシャトー手稲曙
グレースコミュニティ
西成病院
手稲区体育館
手稲老人福祉センター
曙図書館
手稲曙温水プール
水道局曙ポンプ場
徳永歯科
生涯医療クリニックさっぽろ
コメダ珈琲店
北電前田
島田内科小児科
手稲渓仁会クリニック
手稲渓仁会病院
ニチイケアセンター手稲
稲穂
稲穂金山まちセン稲穂会館
手稲稲穂中商易局
手稲いなほ外科整形外科
ダイナム
インテルメイクトーヨー
ジェイ・アール北海道バス手稲(営)
タイヤ館
1条2丁目
1条1丁目
曙跨線橋
手稲あけぼのゴルフセンター
あけぼのテニスクラブ
わたなべ小児科・アレルギー科
曙第一町内会館
サーム手稲弐番館
サーム手稲参番館
ペルル稲穂
手稲稲穂2条局
お宝万代
国際交通
鹿島道路
真宗寺
祥龍寺
KEIZ
はだ産婦人科
北5条・手稲通
十四軒・手稲通
マルハン
2条2丁目
3条2丁目
2条5丁目
手稲駅前局
手稲駅
いなほ高台緑地
光照寺
稲穂中
手稲区
見晴台西
手稲消防署
カーサ手稲本町
手稲中央
ラポール手稲駅前
手稲ステーション
幸寿園
手稲メディカルビル
手稲桃の花
北海道信金
遠成寺
稲穂ひだまり公園
手稲墓地
4条2丁目
4条4丁目
手稲本町
手稲神社
兼正寺
北央信組
ラ・ナシカていね
テイネメディカルビルディング
手稲本町局
手稲中央会館
見晴台東
札幌日産
手稲ロータス会
手稲あんじゅ園
5条2丁目
5条4丁目
6条4丁目
札樽自動車道
E5A
自然歩道 手稲山北尾根ルート
札幌稲雲高校
手稲脳神経外科
保育・子育て支援センター ちあふる・ていね
手稲中央小
千代ケ丘西
ていねやまのは緑地
手稲まちセン手稲コミセン
千代ケ丘中央
3条7丁目
118.6
手稲本町

1：10,000 0 500m

稲前田
手稲前田
北海道札幌手稲高校
北海道科学大学
北海道科学大学短期大学部
前田中央小
前田中
前田小
前田
手稲区
北区
新川西
新発寒
前田
稲積中
稲積小
富丘
富丘小
手稲稲積公園
前田公園
前田西公園
下手稲公園
手稲区役所
手稲郵便局
トライアル
ザ・ビッグ
ドン・キホーテ
函館本線
道道前田新川線
道道石狩手稲線
道道下手稲札幌線
サイクリングロード

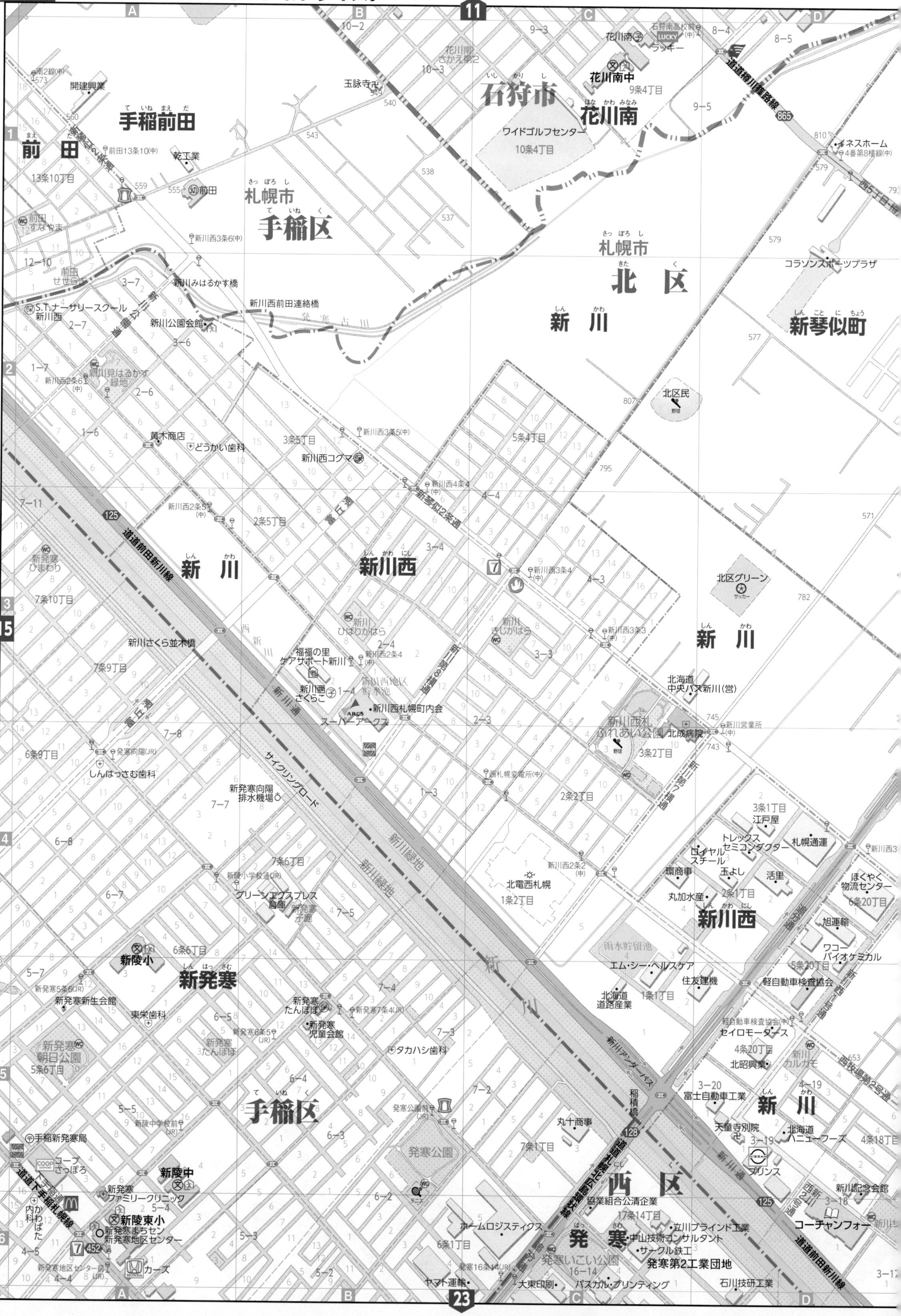
11
15
23
石狩市
花川南
花川南中
石狩南高校前(中)
LUCKY ラッキー
ワイドゴルフセンター
10条4丁目
9条4丁目
玉詠寺
道道樽川篠路線
865
イネスホーム
4番第8横線(中)
西5丁目
札幌市
北区
新川
新琴似町
コラソンスポーツプラザ
北区民 野球
北区グリーン サッカー
手稲前田
前田
前田13条10(中)
乾工業
開建興業
南2線(中)
13条10丁目
前田
札幌市
手稲区
前田すなやま
前田せせらぎ
新川西3条6(中)
新川みはるかす橋
新川西前田連絡橋
発寒川
S.T.ナーサリースクール新川西
新川公園会館
新川公園通
新川見はるかす緑地
新川西2条6(中)
蕒木商店
どうかい歯科
3条5丁目
新川西3条5(中)
新川西コグマ
新川西4条4(中)
新琴似12条通
5条4丁目
新川西2条5(中)
2条5丁目
富丘通
道道前田新川線
125
新川
新川西
新川西3条4(中)
新川きじがはら
新川西3条3(中)
新川ひばりがはら
福祉の里ケアサポート新川
新川西2条4(中)
新川西さくらこ
新川西地区資水池
ARCS スーパーアークス
新川西札幌町内会
新川さくら並木橋
7条9丁目
7条10丁目
新発寒ひまわり
新川通
サイクリングロード
新発寒向陽(JR)
しんはっさむ歯科
6条9丁目
新発寒向陽排水機場
新川緑地
西札幌変電所(中)
北海道中央バス新川(営)
新川営業所
新川西札ふれあい公園
北成病院
3条2丁目
2条2丁目
新川第二横線
新川第三横線
3条1丁目
江戸屋
トレックスセミコンダクター
ロイヤルスチール
札幌通運
環商事
玉よし
活里
ほくやく物流センター
6条20丁目
丸加水産
2条1丁目
新川西
旭運輸
ワコーバイオケミカル
5条20丁目
軽自動車検査協会
新川西2条2(中)
北電西札幌
1条2丁目
雨水貯留池
エム・シー・ヘルスケア
住友建機
1条1丁目
北海道道路産業
セイロモータース
4条20丁目
新川カルガモ
北昭興業
西友環状2号通
3-20 富士自動車工業
新川
天童寺別院
北海道ハニューフーズ
4条18丁目
NISSAN プリンス
新川記念会館
コーチャンフォー
新川アンダーパス
稲積橋
128
道道札幌北広島環状線
西区
協業組合公清企業
17条14丁目
立川ブラインド工業
中山技術コンサルタント
サークル鉄工
発寒
発寒第2工業団地
発寒いこい公園
発寒16条14(JR)
大東印刷
パスカル・プリンティング
石川技研工業
ヤマト運輸
道道前田新川線
新陵小学校前(JR)
7条6丁目
グリーンエクスプレス倉庫
新発寒子鹿
6条7丁目
新陵小
新発寒
新発寒5条6(JR)
新発寒新生会館
東栄歯科
新発寒たんぽぽ
新発寒7条4(JR)
新発寒児童会館
新発寒6条5(JR)
新発寒たんぽぽ
タカハシ歯科
新発寒朝日公園
5条6丁目
新陵中学校前(JR)
手稲区
発寒公園前(JR)
発寒公園
丸十商事
7条1丁目
手稲新発寒局
コープさっぽろ
新陵中
道道下手稲札幌線
新発寒ファミリークリニック
内かわばた科
新陵東小
新発寒まちセン
新発寒地区センター
新発寒地区センター前(JR)
ホームロジスティクス
6条1丁目
HONDA カーズ
452

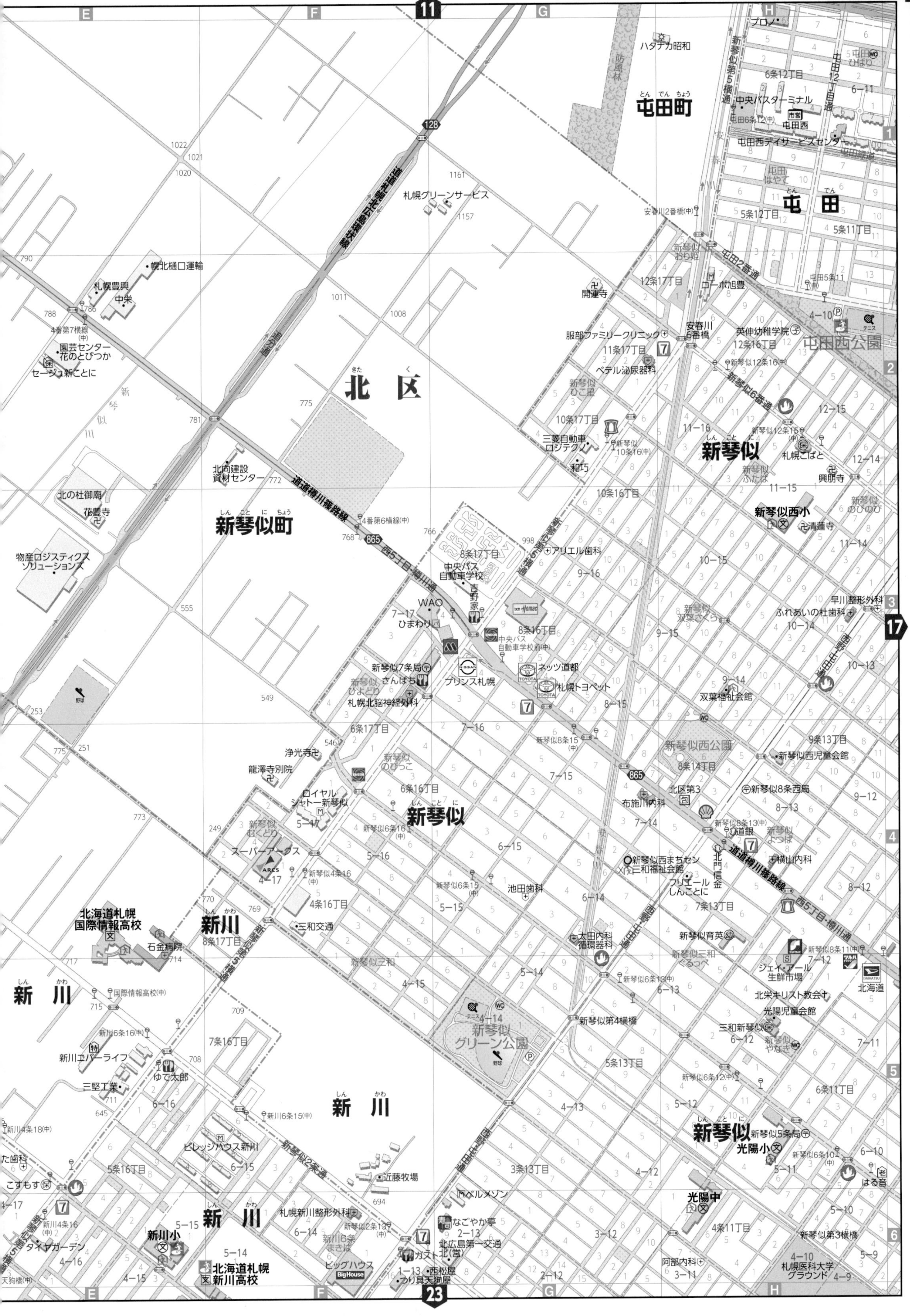

11
23
17
E
F
G
H
北区
屯田町
屯田
新琴似町
新琴似
新川
ハタナカ昭和
防風林
プロノ
新琴似第5横通
中田12丁目通
6条12丁目
中央バスターミナル
屯田西
屯田西デイサービスセンター
安春川2番橋(中)
5条12丁目
5条11丁目
屯田2番通
屯田5条11
開運寺
12条17丁目
コーポ旭豊
安春川6番橋
屯田西公園
英伸幼稚学院
12条16丁目
服部ファミリークリニック
11条17丁目
ベテル泌尿器科
新琴似12条16(中)
新琴似6番通
新琴似ひご星
10条17丁目
三菱自動車ロジテクノ
和巧
新琴似10条16(中)
11-16
12-15
12-14
新琴似12条15(中)
札幌こばと
興朋寺
新琴似ふたば
11-15
10条16丁目
新琴似西小
清蓮寺
新琴似のびのび
11-14
998
アリエル歯科
8条17丁目
中央バス自動車学校
吉野家
9-16
10-15
WAO
7-17
ひまわり
8条16丁目
中央バス自動車学校前(中)
新琴似双葉さくら
9-15
10-14
早川整形外科
ふれあいの杜歯科
新琴似7条局
さんぱち
新琴似ひよどり
札幌北脳神経外科
プリンス札幌
ネッツ道都
札幌トヨペット
8-15
9-14
双葉福祉会館
10-13
6条17丁目
7-16
新琴似8条15(中)
新琴似西公園
8条14丁目
9条13丁目
新琴似西児童会館
浄光寺
龍澤寺別院
新琴似のびっこ
7-15
865
北区第3
布施川内科
新琴似8条西局
9-12
8-13
ロイヤルシャトー新琴似
6条16丁目
新琴似むくどり
5-17
新琴似6条16(中)
新琴似8条13(中)
道銀
北門信金
新琴似よつば
横山内科
7-14
6-15
新琴似西まちセン
三和福祉会館
フリエールしんことに
道道樽川篠路線
西5丁目・樽川通
スーパーアークス
5-16
4-17
新琴似4条16
新琴似6条15(中)
池田歯科
6-14
7条13丁目
8-12
北海道札幌国際情報高校
石金病院
新川
8条17丁目
4条16丁目
三和交通
5-15
太田内科循環器科
新琴似育英
新琴似三和ぐるっぺ
新琴似8条11(中)
7-12
ジェイ・アール生鮮市場
北海道
新琴似三和
4-15
5-14
新琴似6条13(中)
6-13
北栄キリスト教会
光陽児童会館
国際情報高校(中)
新川6条16(中)
新川エバーライフ
ゆで太郎
7条16丁目
新琴似グリーン公園
新琴似第4横通
5条13丁目
三和新琴似
6-12
新琴似やなぎ
7-11
三堅工業
6-16
4-14
新琴似6条12(中)
6条11丁目
新川6条15(中)
4-13
5-12
新琴似5条局
光陽小
新琴似6条10(中)
6-10
5-11
はる音
新川4条18(中)
ビレッジハウス新川
5条16丁目
6-15
近藤牧場
3条13丁目
4-12
こすもす
4-17
新川4条16(中)
ダイヤガーデン
新川小
5-15
札幌新川整形外科
新琴似2条13(中)
6-14
新川6条まきば
ベルメゾン
なごやか亭
2-13
北広島第一交通
光陽中
4条11丁目
3-12
5-10
新琴似第3横通
4-16
4-15
5-14
北海道札幌新川高校
ビッグハウス
ガスト
1-13
西松屋
つり具天狗屋
2-12
阿部内科
3-11
4-10
札幌医科大学グラウンド
5-9
4-9
天狗橋(中)
新琴似2条通
1022
1021
1020
1161
1157
790
788
1011
1008
786
4番第7横線(中)
園芸センター花のとびつか
セージュ新ことに
札幌豊興
中栄
幌北樋口運輸
札幌グリーンサービス
775
781
北向建設資材センター
772
北の杜御廟
花園寺
4番第6横線(中)
768
766
物産ロジスティクスソリューションズ
555
549
253
251
546
773
249
770
769
717
714
715
709
708
711
645
694
128

札幌市(屯田・太平・百合が原)

12

屯田
北区
新琴似
屯田中央中
屯田小
屯田西小
屯田南小
新琴似緑小
新琴似北中
新琴似北小
屯田西公園
屯田みずほ西公園
屯田みずほ東公園
新琴似中央公園
新琴似北公園
道道札幌北広島環状線
東15丁目・屯田通
屯田2番通
新琴似通
西野屯田通
防風林
札沼線(学園都市線)
道道樽川篠路線
麻生町

16

24

12
24
18
太平
太平
百合が原
百合が原
栄町
屯田
東区
太平公園
百合が原公園
太平中
太平南小
百合が原小
栄緑小
栄北小
栄中
栄東小
太平駅
百合が原駅
札沼線（学園都市線）
主要市道 真駒内篠路線
東8丁目篠路線
石狩街道
創成川通
太平中央通
太平横8号通
百合が原駅前通
百合が原公園通
東15丁目・屯田通
琴似・栄町通
篠路公園通
北46条通
太平団地
太平ゴルフセンター
北海道マイホームセンター
スーパースポーツゼビオ
ビッグハウス
カーズ
創成川通整形外科
太平あずさ保育園
渡辺歯科
ドッグテック
太平商工会館
安達内科
太平斎場
札幌北部教会
太平局
こすみ歯科
三好歯科
太平歯科
内外太平会館
太平会館
太平百合が原まちセンター
太平百合が原地区会館
太平児童会館
第4太平会館
弘徳寺
アカシキ交通
札幌交通・百合が原（営）
ゆりがはら内科ケア＆クリニック
京都スペーサー
北海車輌商会
北雄自動車
烈々布会館
パークサイドステーション
オニオンコート
百合が原児童会館
たんぽぽハイツ
クルーザーバレー百合が原
管理（事）
緑のセンター
リリートレインン駅舎
世界の百合広場
世界の庭園
アートチャイルドケア札幌百合が原
ら・せれな
六花亭
札幌心臓血管クリニック
ホクレンショップフードファーム
カローラ札幌
クレストール
交通局栄町
エクセルナガタ
ハウスオブリザ
北43条局
ヴィルヌーブ栄町
チュリス栄町
ファミール栄町
北門信金
栄町
イオン
AEON
北50条局
町内会会館
足立外科
東禅寺
はま寿司
ガスト
北海道信金
ラッキー
文教堂
栄新和町内会館
石丸眼科
ぷちショップ
流通センター
札幌心臓血管・透析クリニック
栄北会館
ドルフィン
ライラック交通
北海道中央バス北（営）
ドミール赤坂
フレグランス三島
札幌共立病院
若林
栄西児童会館
たいやき柳屋
栄町局
栄福音キリスト教会
さかえまち西診療所
ジェイアール生鮮市場
栄西公園
北栄寺
北栄寺会館
喜多の湯
禎心会北44条クリニック
メゾンドゥヴェール
瑞芳寺
あかしや
東消防署栄（出）
あおい栄町館
スイートデコレーション・あおぞら
パーソナルハイツ太平駅前
萬行寺
てんぱん斎場
新琴似跨線橋
太平跨線橋
ヤマト運輸
すたみな太郎
ドンキ
山岡家
フィッシュランド
愛五番館
メゾンドルチェ二十番館
なかお歯科
むら歯科
北海道

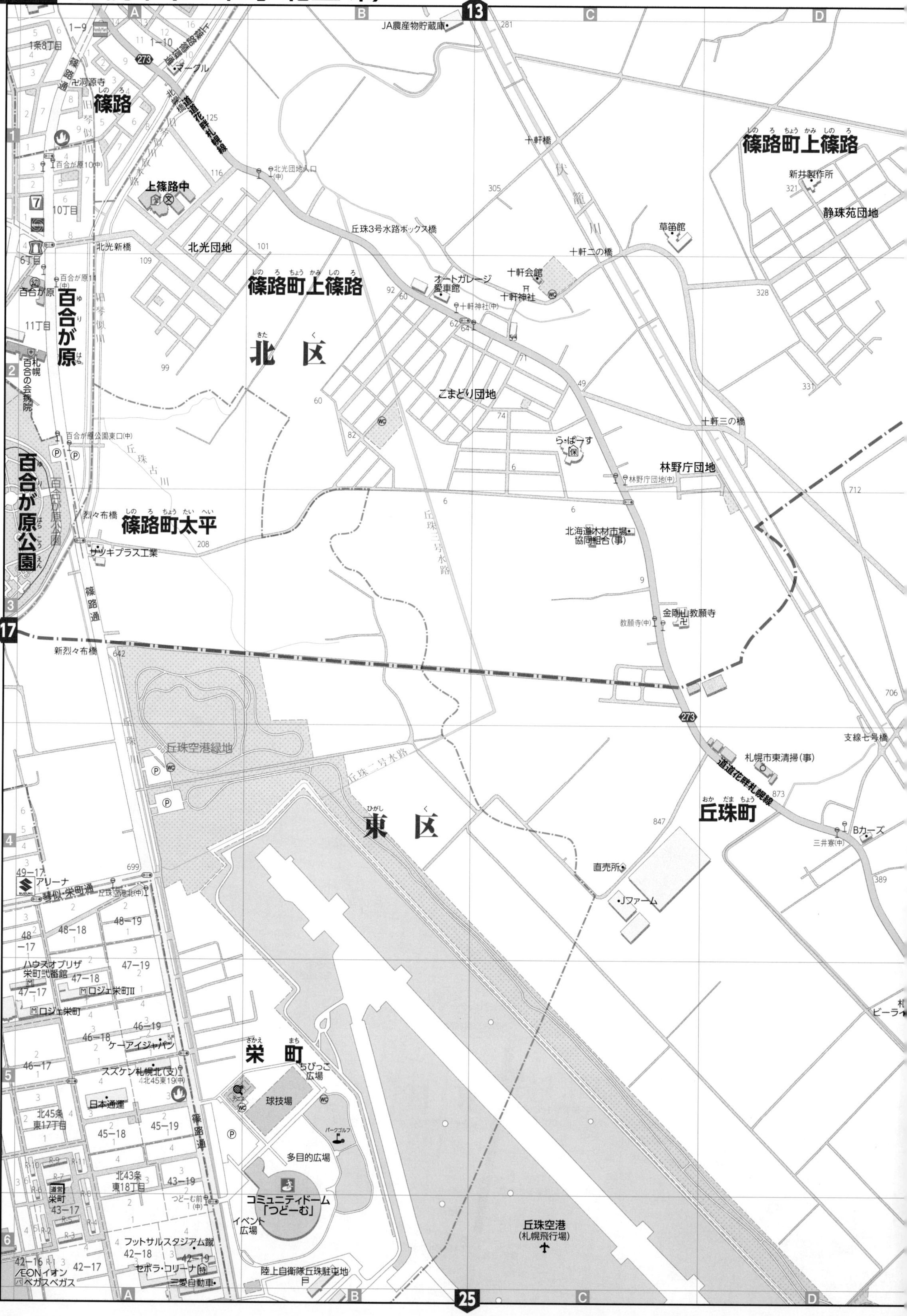
13
25
17
JA農産物貯蔵庫
篠路
洞源寺
上篠路中
北光団地入口(中)
北光新橋
北光団地
百合が原10(中)
10丁目
6丁目
11丁目
百合が原11(中)
百合が原
札幌百合の会病院
百合が原公園
百合が原公園東口(中)
篠路町上篠路
北区
丘珠3号水路ボックス橋
オートガレージ愛車館
十軒神社(中)
十軒会館
十軒神社
十軒橋
十軒二の橋
十軒三の橋
草笛館
新井製作所
静珠苑団地
こまどり団地
ら・ぱーす
林野庁団地
林野庁団地(中)
北海道木材市場協同組合(事)
金剛山教願寺
教願寺(中)
烈々布橋
篠路町太平
サツキプラス工業
篠路通
新烈々布橋
伏籠川
丘珠古川
丘珠二号水路
丘珠空港緑地
東区
丘珠町
札幌市東清掃(事)
支線七号橋
道道花畔札幌線
三井寮(中)
Bカーズ
直売所
Jファーム
アリーナ
琴似・栄町通
丘珠空港北(中)
ハウスオブリザ栄町弐番館
ロジェ栄町II
ロジェ栄町
ケーアイジャパン
スズケン札幌北(支)
北45東19(中)
日本通運
北45条東17丁目
北43条東18丁目
栄町
つどーむ前(中)
栄町
ちびっこ広場
球技場
パークゴルフ
多目的広場
コミュニティドーム「つどーむ」
イベント広場
フットサルスタジアム蹴
セボラ・コリーナ
三愛自動車
陸上自衛隊丘珠駐屯地
丘珠空港(札幌飛行場)
イオン
ベガスベガス
ビーラ

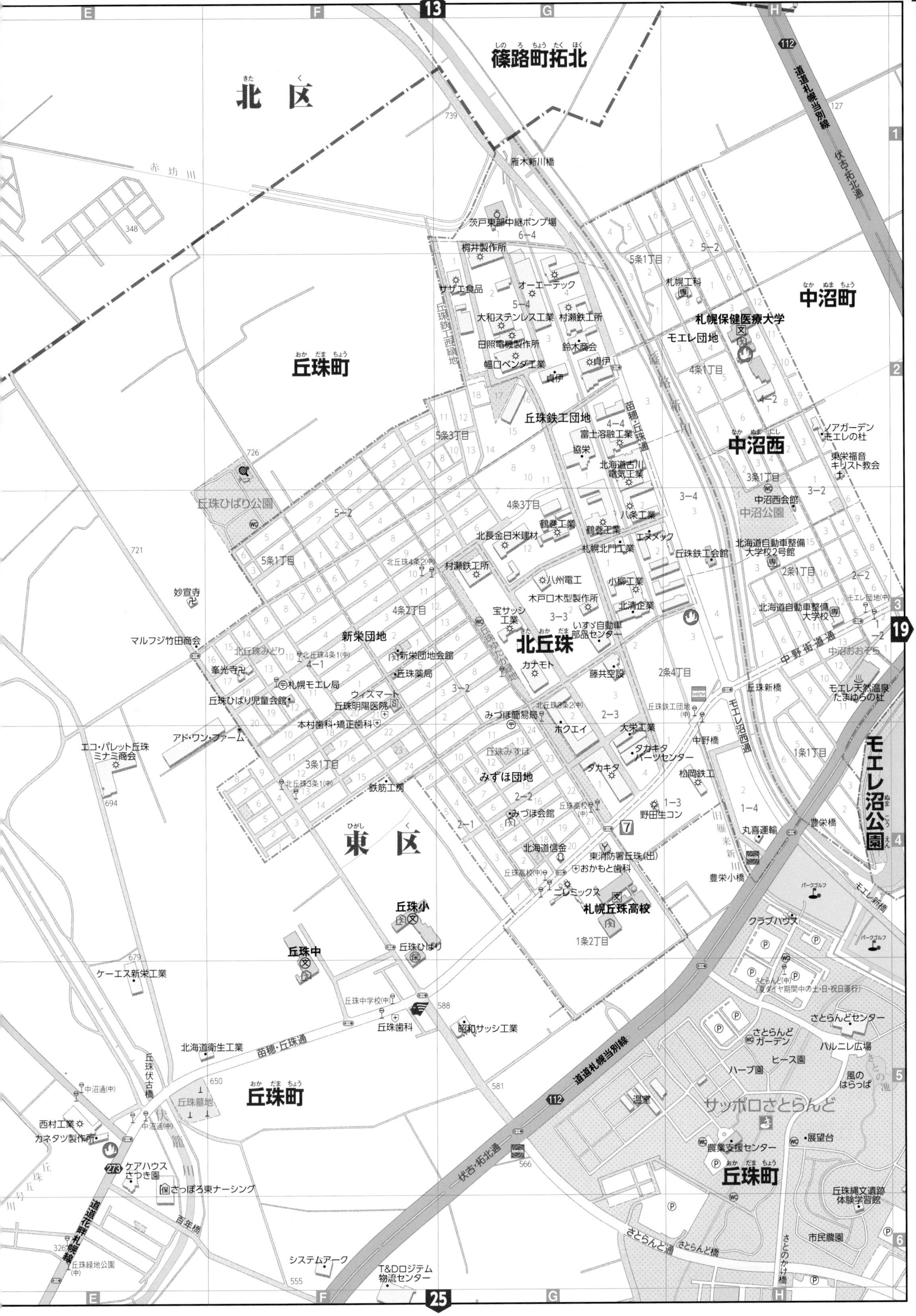

0   500m

13

E   F   G   H

篠路町拓北

北 区

赤坊川

雁木新川橋

348

茨戸東部中継ポンプ場 6-4
桐井製作所

サザエ食品 オーエーテック
5-1
大和ステンレス工業 村瀬鉄工所
日照電機製作所 鈴木商会
幅口ベンダ工業 貞伊 貞伊

丘珠町 丘珠鋼工西緑地

5条3丁目 丘珠鉄工団地 4-4
富士溶融工業株 苗穂丘珠通
協栄
北海道古川 電気工業

4条3丁目 鶴巻工業 八条工業
北長金日米建材 鶴巻工業 エヌメック
札幌北門工業

丘珠ひばり公園 5-2 八州電工
村瀬鉄工所 木戸口木型製作所
4条2丁目 北清企業

妙宣寺 宝サッシ工業 3-3
いすゞ自動車
部品センター
新栄団地
マルフジ竹田商会 北丘珠みどり 北丘珠4条2（中） カナモト
峯光寺 新栄団地会館 藤共空設 2条4丁目
丘珠ひばり児童会館 丘珠薬局
札幌モエレ局 3-2 北丘珠3条2（中）
ウィスマート ホクエイ 2-3
丘珠明陽医院 みづほ簡易局 大栄工業
本村歯科・矯正歯科 タカキタ
エコ・パレット丘珠 アド・ワン・ファーム 丘珠みずほ パーツセンター
ミナミ商会 3条1丁目 松岡鉄工
694 北丘珠3条1（中） みずほ団地
鉄筋工房 2-2 1-3
2-1 みづほ会館 野田生コン
北海道信金 丘珠高校（中）
東 区 7
丘珠小 東消防署丘珠（出）
おかもと歯科
1-2
丘珠中 丘珠ひばり
679 ニレミックス
ケーエス新栄工業 札幌丘珠高校
丘珠中学校（中） 1条2丁目
588
丘珠歯科
昭和サッシ工業
北海道衛生工業 苗穂・丘珠通

丘珠伏古橋
650 道道札幌当別線
丘珠墓地 581
丘珠町
112
西村工業
カネタツ製作所 566
273 ケアハウス さやき園
さっぽろ東ナーシング
丘珠緑地公園（中）
3267
システムアーク
555
T&Dロジテム 物流センター

739

中沼町

5-2 5条1丁目 5-2
札幌工科
5条1丁目
札幌保健医療大学
モエレ団地
4条1丁目 4-2

中沼西
ノアガーデン モエレの杜
3条1丁目 東栄福音 キリスト教会
3-4 3-2
中沼西会館 中沼公園
北海道自動車整備 大学校2号館
丘珠鉄工会館 2条1丁目 2-2
北海道自動車整備 大学校 モエレ団地（中）
2-1
中野街道通 中沼おおぞら **19**
丘珠新橋 モエレ天然温泉 たまゆらの杜
中野橋
モエレ沼西通
1条1丁目
旧雁来新川 モエレ沼新橋
1-4 豊栄橋
丸喜運輸
豊栄小橋

モエレ沼公園

パークゴルフ
クラブハウス
パークゴルフ
さとらんど（中）
（夏ダイヤ期間中の土・日・祝日運行）
さとらんどセンター
さとらんど ガーデン ハルニレ広場
ヒース園
ハーブ園 風のはらっぱ
サッポロさとらんど
温室 農業支援センター 展望台

丘珠町

丘珠縄文遺跡 体験学習館
市民農園

さとらんど通 さとのかけ橋
さとらんど橋

25

127
道道札幌当別線
伏古拓北通
1

2

3

19

4

5

6

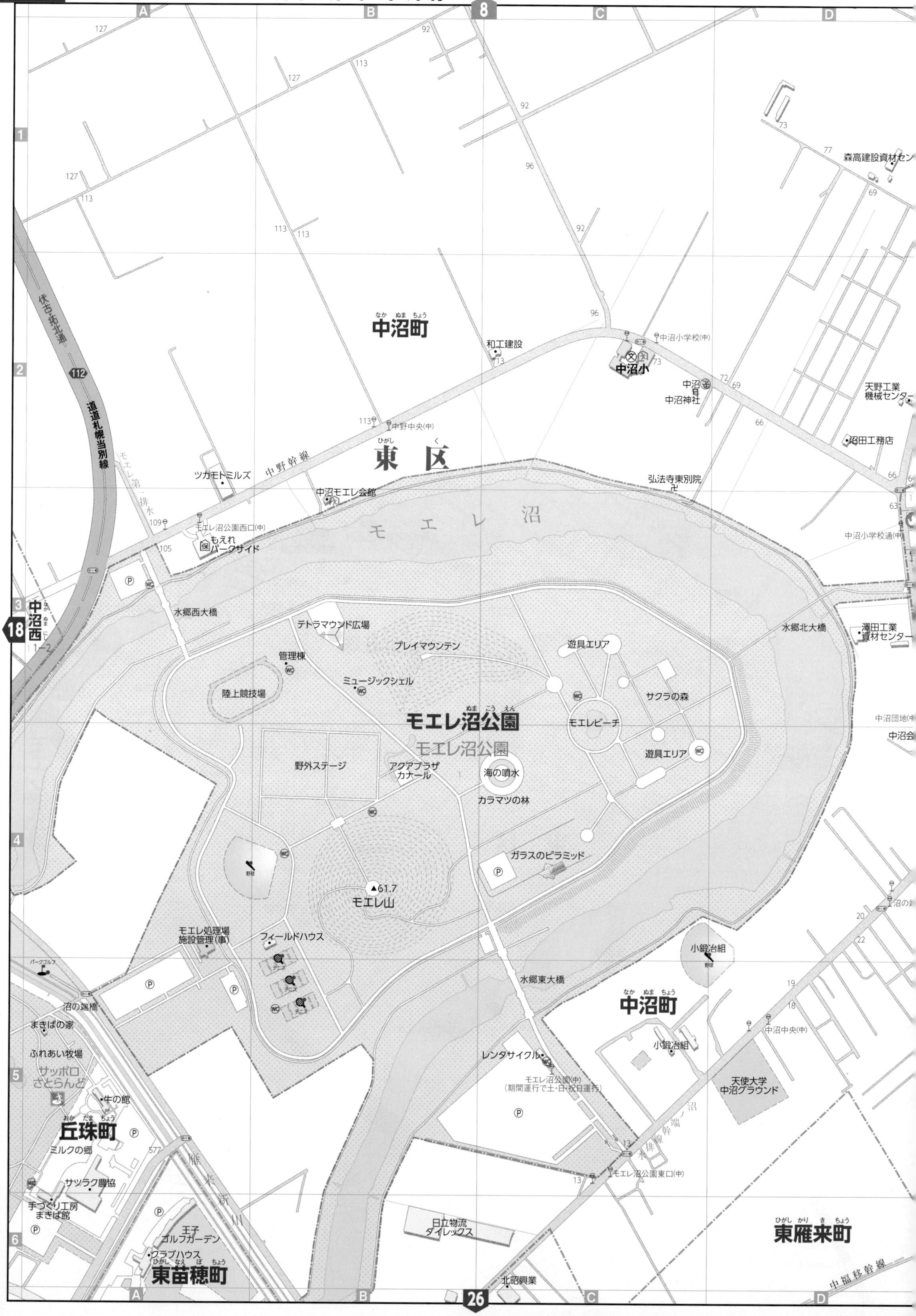
8
18
26
中沼町
東区
モエレ沼
モエレ沼公園
中沼小
中沼神社
和工建設
中沼小学校(中)
中野中央(中)
中野幹線
ツガモトミルズ
中沼モエレ会館
モエレ沼公園西口(中)
もえれパークサイド
伏古拓北通
道道札幌当別線
中沼西
森高建設資材セン
天野工業機械センター
沼田工務店
弘法寺東別院
中沼小学校通(中)
水郷西大橋
水郷北大橋
澤田工業資材センター
テトラマウンド広場
プレイマウンテン
遊具エリア
管理棟
ミュージックシェル
陸上競技場
サクラの森
モエレビーチ
中沼団地(中)
中沼会
野外ステージ
アクアプラザ
カナール
海の噴水
カラマツの林
ガラスのピラミッド
モエレ山
▲61.7
モエレ処理場施設管理(事)
フィールドハウス
小鍛冶組
水郷東大橋
沼の端橋
まきばの家
ふれあい牧場
サッポロさとらんど
牛の館
丘珠町
ミルクの郷
サツラク農協
手づくり工房まきば館
王子ゴルフガーデン
クラブハウス
東苗穂町
レンタサイクル
モエレ沼公園(中)
(期間運行で土・日・祝日運行)
天使大学中沼グラウンド
中沼中央(中)
モエレ沼公園東口(中)
日立物流ダイレックス
北昭興業
東雁来町
中福移幹線
雁来新川

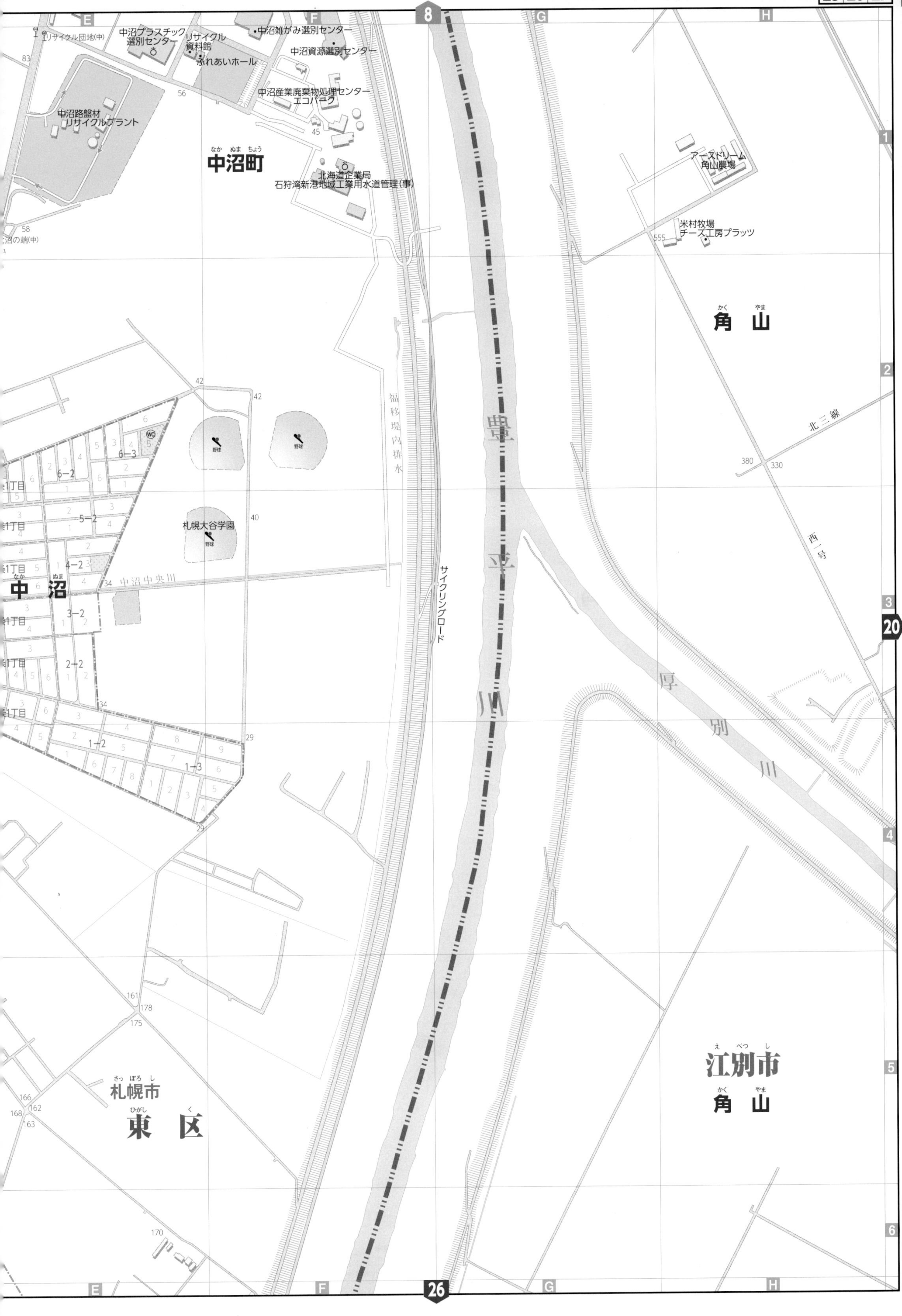
8
E
F
G
H
リサイクル団地(中)
中沼プラスチック
選別センター
リサイクル
資料館
ふれあいホール
中沼雑がみ選別センター
中沼資源選別センター
中沼産業廃棄物処理センター
エコパーク
中沼路盤材
リサイクルプラント
中沼町
北海道企業局
石狩湾新港地域工業用水道管理(事)
沼の端(中)
83
56
45
58
アースドリーム
角山農場
米村牧場
チーズ工房プラッツ
555
角山
福移堤内排水
豊平川
北三線
380
330
西一号
厚別川
サイクリングロード
野球
札幌大谷学園
中沼中央川
中沼
42
40
34
29
6−3
6−2
5−2
4−2
3−2
2−2
1−2
1−3
1丁目
江別市
角山
札幌市
東区
161
178
175
166
162
168
163
170
1
2
3
4
5
6
20
26

70
19
27
A
B
C
D
1
2
3
4
5
6
世田谷倶楽部
302
タナベ工業
366
北三線
中澤牧場
渡辺牧場
325
山岸牧場
354
かく やま
角 山
えべつし
江別市
260
ナラ工業
北一線
中村牧場
STVラジオ送信所
264
東一号
太田ファーム
たまご直売所
明光
西一号
厚別川
188
美香保自動車
437
世田ヶ谷(中)
角山通
えべつ角山パークランド
パークゴルフ
角山橋(中)
445
角山橋
275
206
ヴェール農場
Kalm角
492
百瀬牧場
野幌排水機場
世田ヶ谷排水機場

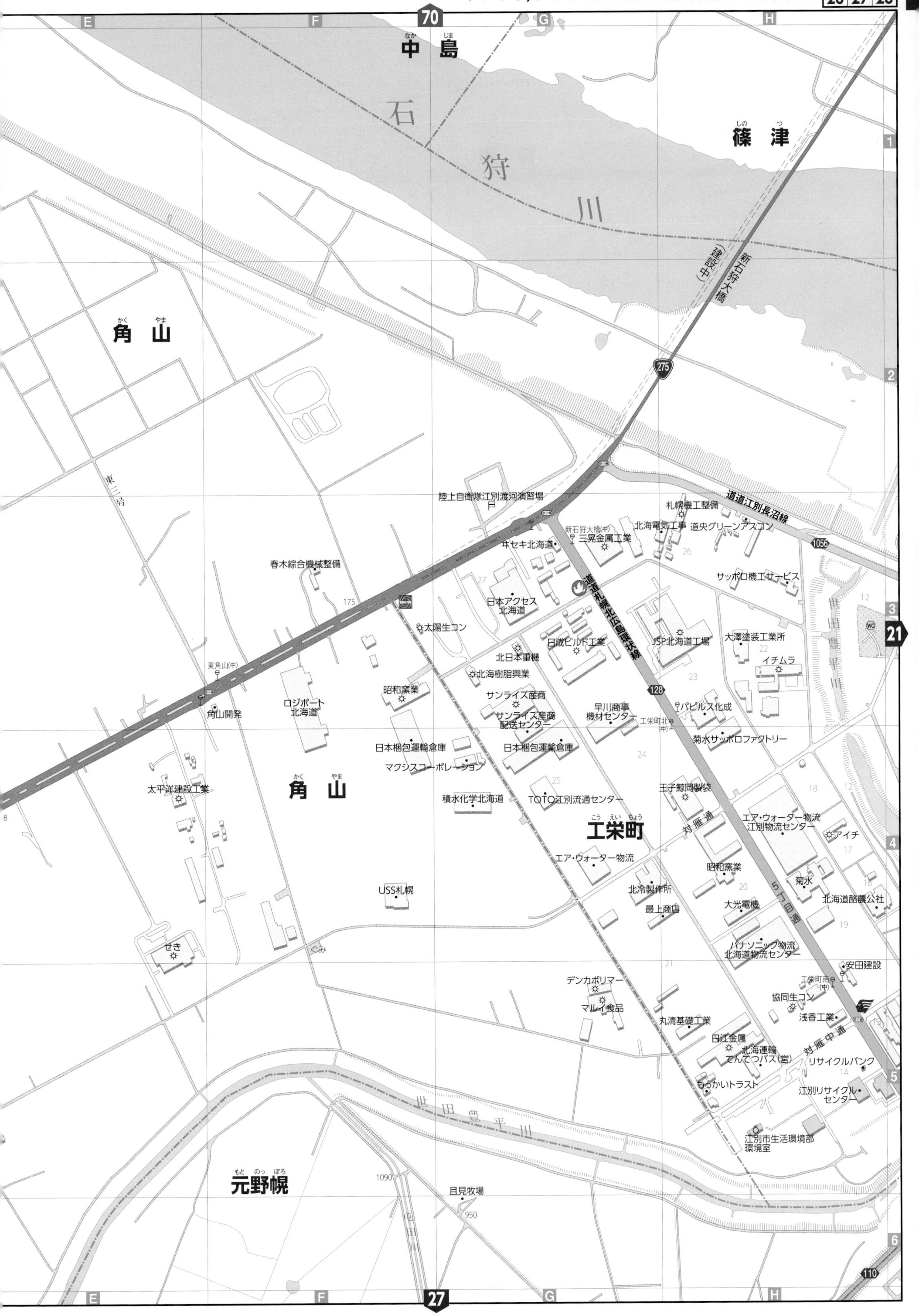
70
E
F
G
H
中島
石狩川
篠津
新石狩大橋（建設中）
275
角山
東三号
陸上自衛隊江別渡河演習場
札幌機工整備
道道江別長沼線
新石狩大橋(中)
北海電気工事
道央グリーンアスコン
三晃金属工業
ヰセキ北海道
1056
26
春木綜合機械整備
27
サッポロ機工サービス
12
175
日本アクセス北海道
道道札幌北広島環状線
太陽生コン
日成ビルド工業
JSP北海道工場
大澤塗装工業所
21
22
世田豊平川
イチムラ
北日本重機
北海樹脂興業
東角山(中)
23
128
ロジポート北海道
昭和窯業
サンライズ産商
パピルス化成
角山開発
サンライズ産商配送センター
早川商事機材センター
工栄町北(中)
菊水サッポロファクトリー
日本梱包運輸倉庫
日本梱包運輸倉庫
24
マクシスコーポレーション
太平洋建設工業
角山
25
18
12
王子製紙袋
積水化学北海道
TOTO江別流通センター
工栄町
対雁通
エア・ウォーター物流江別物流センター
アイチ
エア・ウォーター物流
17
昭和窯業
菊水
USS札幌
北冷製作所
20
16
北海道酪農公社
大光電機
最上商店
19
五丁目通
パナソニック物流北海道物流センター
せき
21
安田建設
デンカポリマー
工栄町南(中)
協同生コン
マルイ食品
浅香工業
丸清基礎工業
対雁中通
日江金属
北海運輸
でんてつバス(営)
リサイクルバンク
もっかいトラスト
14
江別リサイクルセンター
江別市生活環境部環境室
世田豊平川
元野幌
1090
且見牧場
950
110
27
1
2
3
4
5
6
8

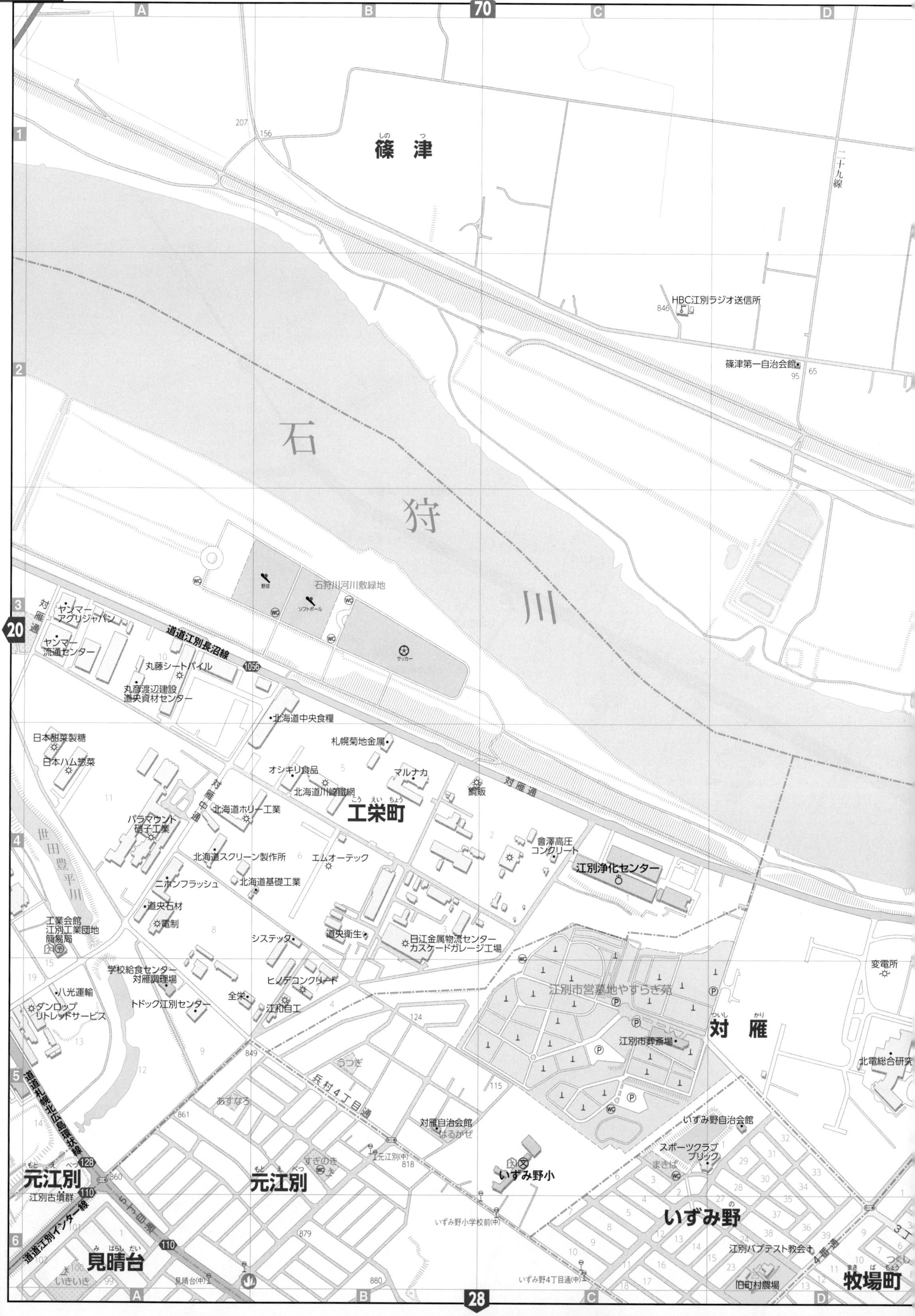

篠　津

HBC江別ラジオ送信所
846

篠津第一自治会館
95 65

石　狩　川

二十九線

対雁通

石狩川河川敷緑地
野球
ソフトボール
サッカー
WC

道道江別長沼線
1056

ヤンマー
アグリジャパン
ヤンマー
流通センター
丸藤シートパイル
丸彦渡辺建設
道央資材センター

北海道中央食糧

日本甜菜製糖
日本ハム惣菜
オシキリ食品
札幌菊地金属
マルナカ
北海道川崎鐵網
鋼販

パラマウント
硝子工業
北海道ホリー工業
工栄町
會澤高圧
コンクリート
江別浄化センター

北海道スクリーン製作所
エムオーテック

ニホンフラッシュ
北海道基礎工業
道央石材
電制
システッタ
道央衛生
日江金属物流センター
カスケードガレージ工場

工業会館
江別工業団地
簡易局
学校給食センター
対雁調理場
ヒノデコンクリート
江別市営墓地やすらぎ苑

八光運輸
ダンロップ
リトレッドサービス
トドック江別センター
全栄
江和自工

世田豊平川

対雁
江別市葬斎場
P
北電総合研究

うつぎ
兵村4丁目通
あすなろ
対雁自治会館
はるかぜ
いずみ野自治会館
スポーツクラブ
ブリック
まきば

元江別
128
860
110
江別古墳群
元江別
元江別(中)
818
いずみ野小
江別バプテスト教会

いずみ野

道道江別インター線
110

見晴台
いきいき
99
見晴台(中)
880
いずみ野小学校前(中)
879
いずみ野4丁目通(中)
旧町村農場
牧場町

1：10,000 0 500m

E
F
G
H
70
139
道道江別奈井江線
三十線
三十二線
1441
美原第六会館
南十四号
地蔵前（ニューしのつ）
北光小
805
北光
都市と農村の交流センター
えみくる
清仁寺
1445
篠津
JA野菜集出荷
選別施設
JA野菜集出荷
選別施設
1450
1401
南美原幹線用水路
1411
56
農協支所前（ニューしのつ）
JA営農センター
JA倉庫
瑞穂の館
54
江北（ニューしのつ）
1325
1281
北電
サッカー
139
道道江別奈井江線
美原
石狩大橋
石狩大橋水位観測所
82
第1緑町自治会館
緑町ポンプ場
4丁目
石狩大橋（ニューしのつ）
八葉峰寺
江別製粉
花き栽培技術指導センター
モシヨッケ
丸彦渡辺建設
56
113
15
13
38
緑町東
3丁目
王子エンジニアリング
飛鳥山公園（ニューしのつ）
25
王子製紙社宅
18
王子
王子エフテックス
らいらっく
北辰フーズ
55
飛鳥山公園（ニューしのつ）
24
1056
町第二自治会館
王子グラウンド
道道江別長沼線
3丁目
2丁目
2丁目
昭宥寺
テニス
緑町西
光昌寺
鍋島歯科
王子クラブ
大川通
新江別橋
12
13
飛鳥山公園
市営
野球
1丁目
第1小学校前（中）
第3小学校前（ニューしのつ）
札幌江別通
5−1
4−1
2
3
4
6
28

15
30
70
A
B
C
D
1
2
3
4
5
6
手稲本町
市水道局
手稲本町ポンプ場
5条1丁目
千代ヶ丘東
4条7丁目
富丘
手稲IC
富丘丸山
どんぐり
6条7丁目
丸山
141
5条5丁目
6条4丁目
手稲山麓通
札樽自動車道
E5A
軽川
北海道新幹線（建設中）
札幌テイネゴルフ倶楽部
手稲本町
手稲青少年
カッコウの森
手稲富丘
富丘川
三樽別川
279
手稲区
西区
454
西野
595.2
551

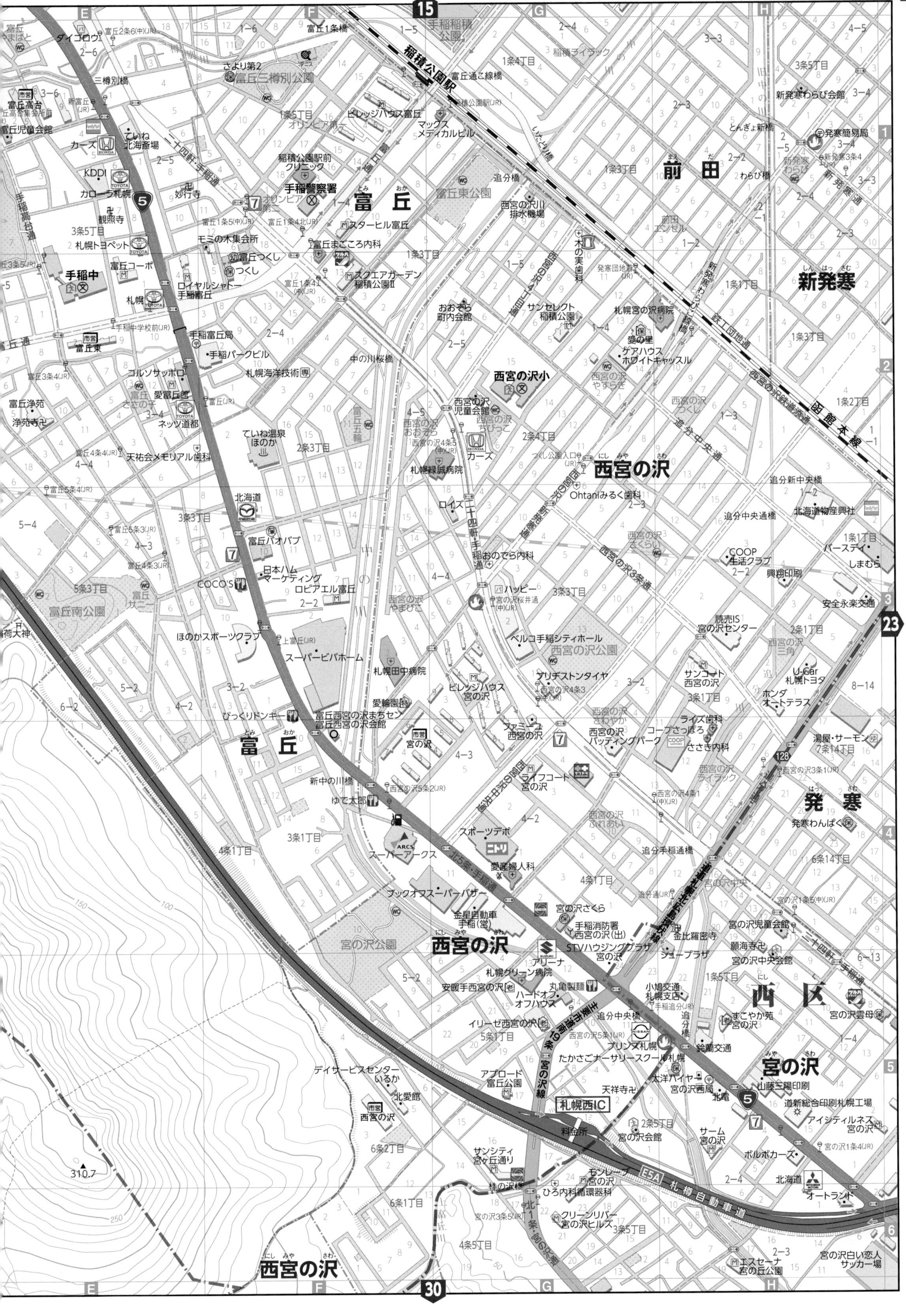

15
23
30
富丘
富 丘
前田
新発寒
西宮の沢
発寒
宮の沢
西区
稲積公園駅
函館本線
札樽自動車道
札幌西IC
料金所
富丘三樽別公園
富丘東公園
富丘南公園
西宮の沢公園
宮の沢公園
アプロード富丘公園
手稲警察署
手稲中
西宮の沢小
札幌田中病院
札幌緑誠病院
札幌宮の沢病院
札幌グリーン病院
稲積公園駅前クリニック
富丘まごころ内科
スターヒル富丘
スクエアガーデン稲積公園II
ビレッジハウス富丘
ビレッジハウス宮の沢
マックスメディカルビル
オリンピア第一
オリンピア第二
サンセレクト稲積公園
木の実歯科
ケアハウスホワイトキャッスル
愛の里
ペルコ手稲シティホール
ブリヂストンタイヤ
サンコート西宮の沢
ライズ歯科
コープさっぽろ
ささき内科
西宮の沢バッティングパーク
ファミーユ西宮の沢
ライフコート宮の沢
スポーツデポ
ニトリ
愛産婦人科
スーパーアークス
ブックオフスーパーバザー
金星自動車手稲(営)
宮の沢さくら
手稲消防署西宮の沢(出)
STVハウジングプラザ宮の沢
シュープラザ
アリーナ
安暖手西宮の沢
ハードオフ・オフハウス
丸亀製麺
イリーゼ西宮の沢
小鳩交通札幌支店
プリンス札幌
たかさごナーサリースクール札幌
太洋ハイヤー
宮の沢西局
北電
鈴蘭交通
すこやか苑宮の沢
宮の沢児童会館
宮の沢中央会館
顯海寺
金比羅密寺
天祥寺
宮の沢会館
サーム宮の沢
ボルボカーズ
北海道
オートランド
道新総合印刷札幌工場
山藤三陽印刷
アイシティルネス宮の沢
宮の沢雲母
宮の沢白い恋人サッカー場
エスセーナ宮の丘公園
クリーンリバー宮の沢ヒルズ
ひろ内科循環器科
モンレーブ宮の沢
サンシティ宮ヶ丘通り
北愛館
デイサービスセンターいるか
富丘西宮の沢まちセン
富丘西宮の沢会館
びっくりドンキー
ほのかスポーツクラブ
スーパービバホーム
ロピアエル富丘
日本ハムマーケティング
COCO'S
富丘パオバブ
ていね温泉ほのか
天祐会メモリアル歯科
ネッツ道都
愛富丘館
コルソサッポロ
札幌海洋技術
手稲パークビル
手稲富丘局
富丘東
ロイヤルシャトー手稲富丘
富丘コーポ
モミの木集会所
富丘つくし
つくし
妙行寺
観照寺
札幌トヨペット
カローラ札幌
KDDI
カーズ
ていね北海斎場
三樽別橋
ダイコロウ
富丘高台
富丘児童会館
富丘浄苑
浄苑寺
さより第2
稲積ライラック
新発寒わらび会館
発寒簡易局
わらび橋
とんぎょ新橋
北海道物産興社
バースデイ
しまむら
興翔印刷
安全永楽交通
読売IS宮の沢センター
U-Car札幌トヨタ
ホンダオートテラス
湯屋・サーモン
発寒わんぱく
Ohtaniみるく歯科
ハッピー
おのでら内科
西宮の沢児童会館
おおぞら町内会館
ロイズ
愛輪園
ゆで太郎
中の川桜橋
新中の川橋
追分橋
追分中央橋
追分中央通橋
追分新中央橋
追分手稲通橋
追分中央通
十四軒・手稲通
北5条・手稲通
新発寒わらび通
宮の沢線
西宮の沢3条通
鉄工団地通
310.7

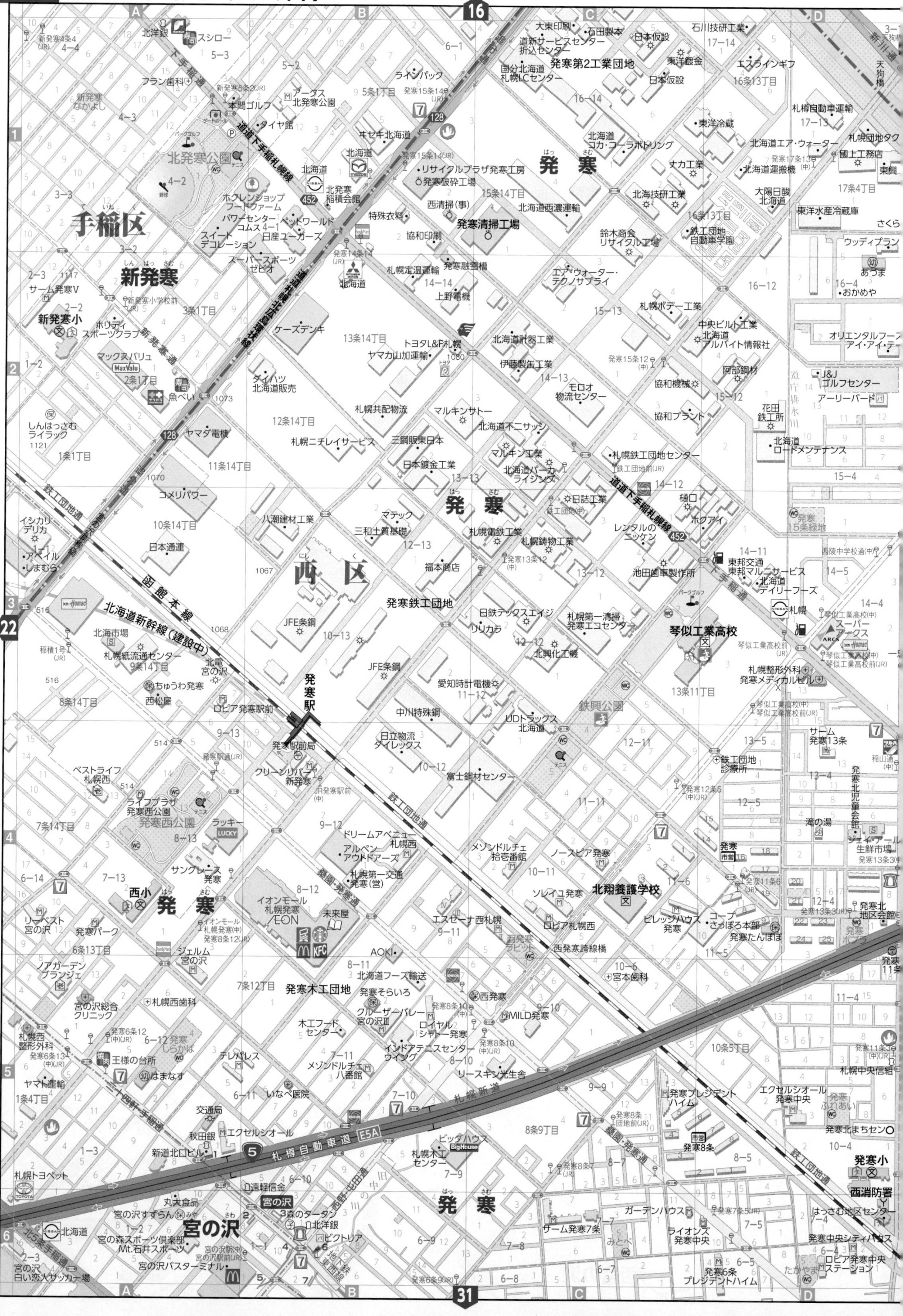

16
22
31
A
B
C
D
1
2
3
4
5
6
北洋銀
スシロー
新発寒4条4(JR)
4−4
5−3
5−2
6−1
フラン歯科
新発寒5条2(JR)
アークス北発寒公園
本間ゴルフ
新発寒なかよし
4−3
タイヤ館
北発寒公園
4−2
ライシパック
5条1丁目
発寒15条14(JR)
ヰセキ北海道
北海道
発寒15条4(JR)
リサイクルプラザ発寒工房
発寒破砕工場
北海道
北発寒稲積会館
452
128
ホクレンショップフードファーム
パワーセンターコムズ
ペットワールド
スイートデコレーション
日産ユーカーズ
スーパースポーツゼビオ
特殊衣料
協和印刷
手稲区
3−3
3−2
新発寒
2−3
サーム発寒V
2−2
新発寒小
ホリデイスポーツクラブ
新発寒小学校前(JR)
3条1丁目
マックスバリュ
2条1丁目
魚べい
1−2
1073
しんはっさむライラック
1121
1条1丁目
ヤマダ電機
11条14丁目
1070
コメリパワー
10条14丁目
日本通運
イシカリデリカ
アベイル
しまむら
1067
1068
函館本線
北海道新幹線（建設中）
北海市場
札幌紙流通センター
9条14丁目
稲積1号(JR)
516
北電宮の沢
ちゅうわ発寒
西松屋
8条14丁目
ロピア発寒駅前
発寒駅
9−13
514
発寒駅前局
発寒駅通(JR)
クリーンリバー新発寒
JR発寒駅前
ベストライフ札幌西
ライフプラザ発寒西公園
発寒西公園
ラッキー
8−13
7条14丁目
9−12
6−14
7−13
西小
発寒
サングレース発寒
イオンモール札幌発寒
未来屋
8−12
リーベスト宮の沢
発寒パーク
イオンモール札幌発寒(中)
発寒8条12(JR)
6条13丁目
ジェルム宮の沢
AOKI
ノアガーデンブランジェ
8−11
北海道フーズ輸送
7条12丁目
発寒木工団地
発寒そらいろ
宮の沢総合クリニック
札幌西歯科
クルーザーバレー宮の沢Ⅲ
発寒8条10(JR)
西発寒
MILD発寒
9−10
札幌西整形外科
発寒6条12(中)(JR)
6−12
発寒しらかば
発寒6条13(中)(JR)
王様の台所
木工フードセンター
ロイヤルシャトー発寒
インドアテニスセンターウイング
発寒8条10(中)(JR)
テレパレス
7−11
8−10
メゾンドルチェ八番館
リースキン光生舎
ヤマト運輸
はまなす
1条4丁目
西野手稲通
いなべ医院
6−11
7−10
9−9
交通局
札幌新道
エクセルシオール
秋田銀
5
札樽自動車道
E5A
新道北口ビル
1−3
6−10
ビッグハウス
札幌木工センター
7−9
札幌トヨペット
遠軽信金
宮の沢
森のターダン
北洋銀
北海道
丸大食品
宮の沢すずらん
1−2
宮の沢
宮の森スポーツ倶楽部 Mt.石井スポーツ
宮の沢駅(中)
宮の沢駅前(JR)
ビクトリア
宮の沢バスターミナル
2−3
宮の沢白い恋人サッカー場
西野屯田通
地下鉄東西線
6−9
7−8
6−8
発寒6条9(JR)
発寒
大東印刷
石田製本
道新サービスセンター折込センター
日本仮設
石川技研工業
発寒第2工業団地
東洋鍍金
17−14
エスラインギフ
国分北海道札幌LCセンター
日本仮設
16条13丁目
16−14
札樽自動車運輸
東洋冷蔵
17−13
北海道コカ・コーラボトリング
北海道エア・ウォーター
札幌団地タク
発寒17条13(中)
國上工務店
東興
北海道運搬機
ナカ工業
北海技研工業
17条4丁目
大陽日酸北海道
15条14丁目
北海道西濃運輸
西清掃（事）
16条13丁目
発寒清掃工場
東洋水産冷蔵庫
さくら
鈴木商会リサイクル工場
鉄工団地自動車学園
ウッディプラン
あつま
札幌定温運輸
発寒融雪槽
発寒14条14(JR)
北海道
14−14
エア・ウォーター・テクノサプライ
16−12
16−4
おかめや
上野電機
15−13
札幌ボデー工業
ケーズデンキ
13条14丁目
トヨタL&F札幌
1080
北海道計器工業
中央ビルト工業
北海道アルバイト情報社
オリエンタルフーズアイ・アイ・テ
ヤマカ山加運輸
伊藤製缶工業
発寒15条12(中)
ダイハツ北海道販売
14−13
阿部鋼材
J&Jゴルフセンター
モロオ物流センター
協和機械
道庁排水川
アーリーバード
札幌共配物流
12条14丁目
マルキンサトー
15−12
協和プラント
花田鉄工所
北海道不二サッシ
札幌ニチレイサービス
三鋼販東日本
マルキン工業
北海道パーカライジング
札幌鉄工団地センター
鉄工団地前(JR)
北海道ロードメンテナンス
日本鍍金工業
13−13
14−12
15−4
道道下手稲札幌線
日話工業
樋口
八潮建材工業
マテック
三和土質基礎
札幌電鉄工業
札幌鋳物工業
ホクアイ
発寒15緑地
12−13
レンタルのニッケン
発寒13条12(中)
14−11
東邦交通
東邦マルニサービス
14−5
西陵中学校通(中)
福本商店
13−12
池田歯車製作所
北海道デイリーフーズ
西区
発寒鉄工団地
14−4
日鉄テックスエイジ
札幌第一清掃発寒エコセンター
琴似工業高校
札幌
琴似工業高校(中)
スーパーアークス
リリカラ
JFE条鋼
10−13
12−12
北興化工機
琴似工業高校前
琴似工業高校前(JR)
JFE条鋼
札幌整形外科
発寒メディカルビル
愛知時計電機
11−12
13条11丁目
中川特殊鋼
鉄興公園
UDトラックス北海道
13−5
サーム発寒13条
日立物流ダイレックス
12−11
鉄工団地診療所
10−12
富士鋼材センター
発寒12条5(中)(JR)
13−4
発寒北児童会館
稲山通
11−11
12−5
鉄工団地通
滝の湯
ドリームアベニュー札幌西
アルペンアウトドアーズ
ジェイ・アール生鮮市場
発寒13条3(中)
札幌第一交通発寒（営）
メゾンドルチェ拾壱番館
ノースピア発寒
発寒市営
18
10−11
発寒11条6(JR)
ソレイユ発寒
北翔養護学校
11−6
12−4
発寒北地区会館
発寒13条3(JR)
エスセーナ西札幌
9−11
ロピア札幌西
ビレッジハウス発寒
コープさっぽろ本部
発寒たんぽぽ
発寒ポプラ
西発寒ラビット
西発寒跨線橋
11−5
発寒11
10−6
宮本歯科
11−4
10条5丁目
発寒11条3(中)(JR)
札幌中央信組
発寒プレジデントハイム
エクセルシオール発寒中央
発寒ふれあい
発寒8条工団地前(JR)
8条9丁目
発寒北まちセン
10−4
市営発寒8条
8−5
発寒小
発寒8条7(JR)
8−7
西消防署
ガーデンハウス
発寒7条5(JR)
はっさむ地区センター
7−4
7−5
7−7
サーム発寒7条
ライオンズ発寒中央
みとべ
発寒中央シティハウス
6−5
6−4
ロピア発寒中央ステーション
6−7
発寒6条プレジデントハイム
たかやま
新川通
天狗橋

16
新川
新琴似
北区
新川
発寒
発寒
八軒
新川
31
24
札幌新川高校
新川西中
新川中央公園
新川4条局
愛宕番館
愛弐番館
新光小
新光公園
コープさっぽろ
北消防署新光(出)
札親会札北荘
飛騨内科
新川耳鼻咽喉科
ユアデンタルオフィス
札幌医科大学グラウンド
興正学園
興正こども家庭支援センター
新琴似二番通公園
新琴似西会館
新琴似・新川地区センター
まつりや
壱乃湯
大沼内科
しまむら
ビバホーム
北海道大志歯科
新琴似1条局
フランクショップしんこう
さわだ歯科
新川児童会館
新川北
中鉢小児クリニック
新山歯科
ルミエール29
陽
ベルコシティホール新川
丸亀製麺
味覚園
MEGAドン・キホーテ
道銀
北洋銀
新川2条局
東日本高速道路管理(事)
新川IC
札幌リユースセンター
キャッツアイ
新川ゴルフランド
もっかいトラスト
ロピア新川
おひげの先生歯科
新川1条局
新川
新川まちセン
新川地区会館
メゾンドルチェ新川
北消防署新川(出)
はなぞの
札幌中央清掃社
新川皇大神社
西陵橋
日産部品
発寒西陵公園
水難救助訓練場
屋内訓練場
市消防学校
消防科学研究所
西陵中
発寒東小
発寒おおぞら
札幌OS物流
ゆきのかなでクリニック
ディアネス札幌
北武フーズ
豊光寺
味のかまぼこ高坂
レッドバロン
三菱ふそうトラック・バス
クリーンリバー発寒パートナーコート
北海道学校給食会
ジーベック
道交自工
トドック札幌西センター
札幌パルナバフーズ
ナシオ
八軒ふくろうの森
かがやき
札幌記念病院
八軒ふくろうの城
新川水再生プラザ
エイトグリーンコース
西部下水管理センター
寺田
くるまるく工房
はま寿司
カネシメ食品
カネシメ冷蔵
くら寿司
ベルフラワー八軒
富士プリント
琴似八軒
八軒中
彫刻グラビヤ
カローラ札幌
なごやか亭
札幌カーズ
かがやき八軒
永浜クロス
リーセント発寒
クリーンリバーパークハイツ
札幌みどりのクリニック
八軒北児童会館
八軒10・4ハイム
ノアガーデン別邸
八軒北小
アイビーハイム発寒中央
ふれあいの里八軒
税務大学校札幌研修所
八軒西局
こどものいえ
むぎの里
三陽
セレナール発寒中央
ふるた小児科
発寒中央クリニック
農試公園橋
BMXコース
屋内広場ツインキャップ
農試公園
発寒中央整形外科
はっさむはる
サンシティ発寒中央II
クリーンリバー発寒中央
ロピア琴似西II
公務員合同宿舎
ちゃぷちゃぷ広場
マックスバリュ
エバーグリーン琴似
八軒星の子
八軒食堂
みよしの
エスカイア八軒
つちだ消化器循環器内科
フジ交通
ロピア八軒西
さくら
琴似中央
道道前田新川線
新川緑地
サイクリングロード
新川通
札樽自動車道
新発寒橋
八軒橋
琴似新橋
八軒6号橋
北新川橋
道道下手稲札幌線
札沼線（学園都市線）
新琴似12条通
新琴似2条通

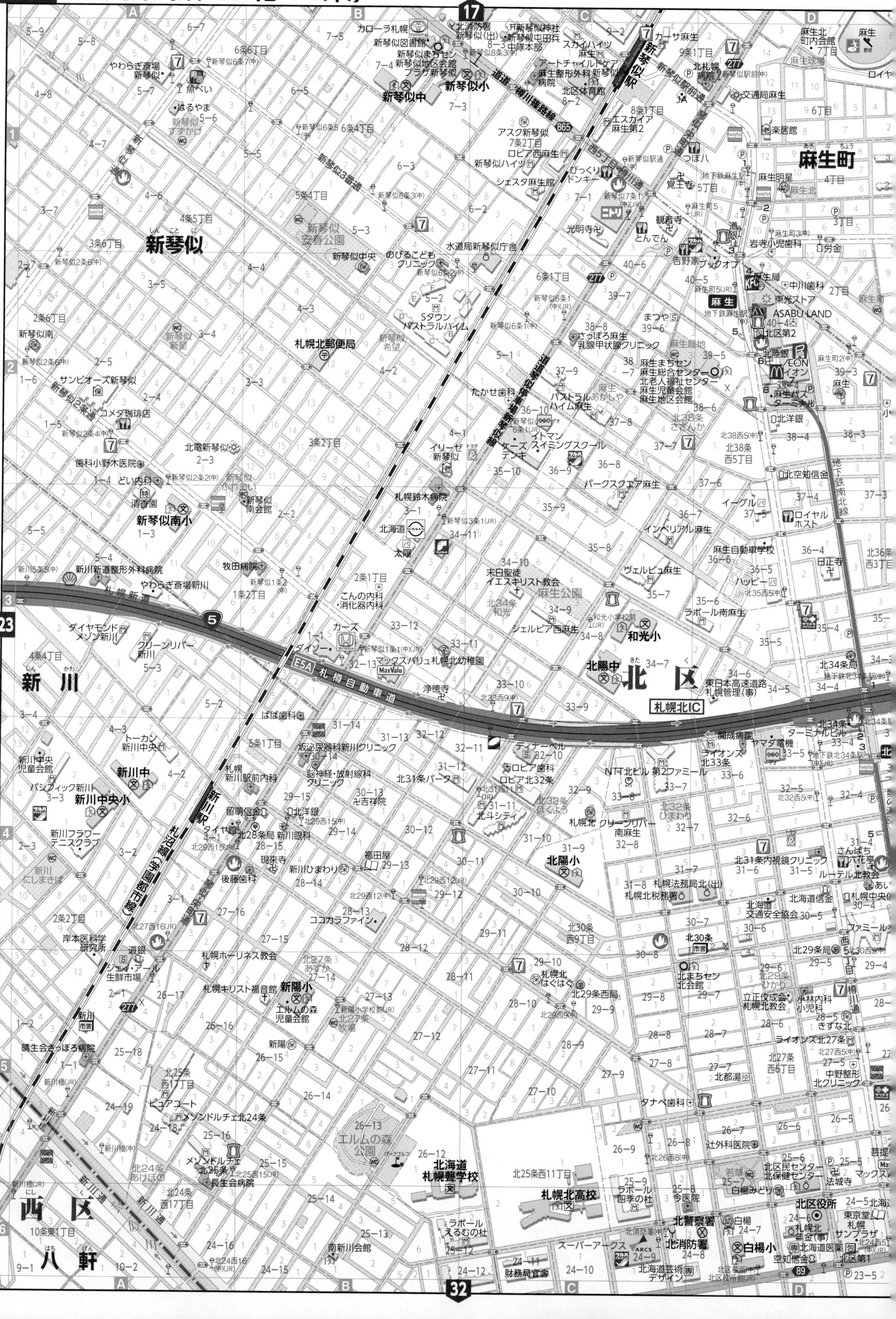
17
23
32
A
B
C
D
新琴似
新川
北区
西区
八軒
麻生町
新琴似駅
麻生
新川駅
札幌北IC
札樽自動車道
札沼線（学園都市線）
新琴似中
新琴似小
新琴似南小
新川中
新川中央小
北陽中
北陽小
和光小
新陽小
札幌北高校
北海道札幌聾学校
白楊小
北区役所
北警察署
北消防署
札幌北郵便局
麻生公園
エルムの森公園
新琴似安春公園
札幌鈴木病院
カローラ札幌
ASABU LAND
イオン
麻生バスターミナル
北34条ターミナルビル
北34条
北区第2
地下鉄南北線
道道樽川篠路線
道道新琴似停車場新琴似線
新琴似2番通
新琴似3番通
新琴似4番通
新琴似駅前通
新川通
北海道芸術デザイン
財務局官舎
スーパーアークス

17
32
25
東区
主要市道真駒内篠路線
道道丘珠空港線
道道札幌環状線
札樽自動車道
E5A
札幌新道
札幌北IC
274
431
89
5
北43条東7丁目
北41条東10丁目
北36条東14丁目
北33条東9丁目
北32条東5丁目
北30条東1丁目
北28条東6丁目
北25条東4丁目
北23条東1丁目
北22条東12丁目
北44条東1丁目
栄小
栄西小
栄町小
栄町中
北小
北栄中
北園小
明園中
元町北小
札幌創成高校
札幌運輸支局
ひのまる公園
北40条東公園
大学村の森
烈々布神社
栄町
北24条
ひのまる児童会館
栄西まちセン
栄西地区会館
栄西小はんのき児童会館
栄東まちセン
日の丸会館
北栄まちセン
北栄会館
北栄児童会館
東老人福祉センター
栄地区センター
東区博善斎場
北光記念病院
北光記念クリニック
札幌東徳洲会病院
札幌禎心会病院
愛心メモリアル病院
麻生病院
耳鼻咽喉科麻生病院
北海道泌尿器科記念病院
法務総合研究所
北海道大学北光住宅
北海道調理師
北海道中央自動車学校
札幌科学技術
札幌地方自動車整備振興会
札幌自動車会館
カトリック北26条教会
北斗チャペルキリスト教会
保育・子育て支援センター「ちあふる・きた」
北光白樺福祉会館
ドン・キホーテ
ガイア
ブックオフ
エバーグリーン41条
イーグル
マックスバリュ
ロピア北35条
宮の森スポーツ倶楽部
ラルズマート
グランカーサ北35条
ハッピー
ラッキー
東光ストア
イオン札幌元町
アリーナ
プリンス札幌
ネッツ道都
ネッツ札幌
札幌トヨペット
国際興業
日通機工
ヤマト運輸
純連
みよしの
道銀
北洋銀
旭川信金
北41条局
北35条局
北33条局
北31条局
北26条局
北24条局
北24条バスターミナル
北24条駅前
苫小牧信金
大学湯
やわらぎ斎場北光
三菱ビル
三菱地所
小石川壱番館
ダイヤ書房
ロイヤルホスト
びっくりドンキー
ヒューマンライフケア大倉湯
グランプリビル
たいら耳鼻咽喉科
石垣整形外科
岩田皮膚科
ひがし在宅クリニック
石田内科小児科
明園内科
石川内科
サカキ歯科
興亜第一交通
アートチャイルドケア札幌元町
サンシャイン93
ラポール元町
第2エクセルナガタ
クリーンリバー北33条
クリーンリバー北37条
クリーンリバー北38条
ダイアパレス栄町南
ロイヤルシャトー北38条
ロイヤルシャトー北40条
ロイヤルシャトー北32条
ロイヤルシャトー東麻生
TRマンションⅡ
ノースランド37
栄町マスカット
北栄マスカット
栄町ファミリークリニック
栄町パークホームズ
ヴィクトリアみよしの
しまむら
卸売スーパー
北央信組
奥泉整形外科
竹中歯科
本間歯科
西医院
にしはら内科
藤森歯科
北栄整形外科
むぎのこ発達クリニック
平澤内科呼吸器科
よこやま歯科
メモリアル歯科
ゆで太郎
クラフトパーク
魚べい
札幌愛珠
セザール麻生東
カナルハイツ
カナルハイツ41
麻生むつみ
カーズ
中央ネームプレート製作所
東消防署北栄（出）
北海道いすゞ自動車
栄光
松屋
和楽
栄町西局
栄町会館
ノースメディカルビル
日の丸
グランコートN27条
はらっぱ
美香保
法照寺
宮の森北24条通
東区第3包
光生舎
遊鶴
トリトン
プロノ
りびんぐほーむ緋
北栄みどり
北21条会館
北32条会館
北36条会館
北27条会館
北24条会館
北栄町内みどり会館
北光緑地

札幌市(元町・伏古)

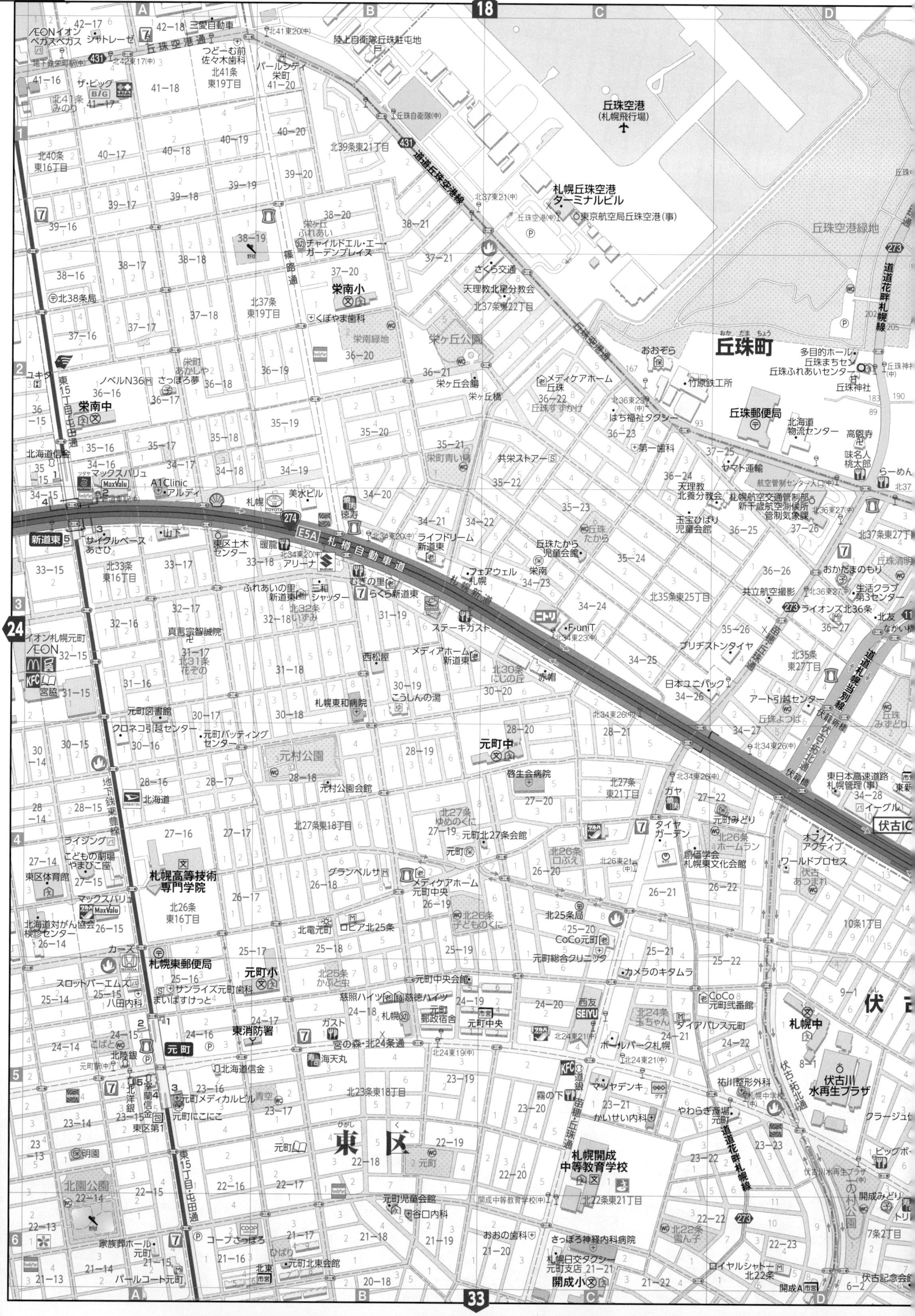

18
33
24
丘珠空港
(札幌飛行場)
札幌丘珠空港
ターミナルビル
東京航空局丘珠空港(事)
丘珠空港緑地
丘珠町
陸上自衛隊丘珠駐屯地
道道丘珠空港線
道道花畔札幌線
栄南小
栄南中
元町中
元町小
札幌中
開成小
札幌開成
中等教育学校
札幌高等技術
専門学院
札幌東郵便局
丘珠郵便局
東消防署
東区
伏古
元町
新道東
伏古IC
札幌新道
札樽自動車道
E5A
274
431
273
栄ヶ丘公園
元村公園
北園公園
伏古川水再生プラザ
地下鉄東豊線
東15丁目屯田通
篠路通
イオン札幌元町
札幌東和病院
啓生会病院
西友
元町総合クリニック
天理教北星分教会
さくら交通
竹原鉄工所
北海道物流センター
航空管制センター入口
札幌航空交通管制部
新千歳航空測候所
管制気象課
玉宝ひばり児童会館
丘珠たから児童会館
ニトリ
ブリヂストンタイヤ
日本ユニパック
アート引越センター
東日本高速道路
札幌管理(事)
イーグル
ステーキガスト
ライフドリーム
メディアホーム新道東
真言宗智誠院
元町図書館
クロネコ引越センター
元町バッティングセンター
元村公園会館
元町北27条会館
メディケアホーム元町中央
グランベルサ
北電元町
ロピア北25条
元町中央会館
慈照ハイツ
元町郵政宿舎
東区体育館
こどもの劇場やまびこ座
北海道対がん協会検診センター
マックスバリュ
サンライズ元町歯科
八田内科
北陸銀
北洋銀
室蘭信金
北海道信金
元町メディカルビル
元町にこにこ
東区第1
元町児童会館
谷口内科
おおの歯科
さっぽろ神経内科病院
札幌日交タクシー元町支店
元町北東会館
家族葬ホール元町
パールコート元町
コープさっぽろ
海天丸
宮の森・北24条通
ガスト
ボールパーク札幌
ダイアパレス元町
マツヤデンキ
かいせい内科
やわらぎ斎場元町
祐川整形外科
カメラのキタムラ
CoCo元町
CoCo元町弐番館
創価学会札幌東文化会館
ワールドプロセス
オフィスアクティブ
ライオンズ北36条
生活クラブ第3センター
おかだまのもり
共立航空撮影
ヤマト運輸
高恩寺
天理教北養分教会
第一歯科
はち福社タクシー
メディケアホーム丘珠
おおぞら
多目的ホール丘珠まちセン
丘珠ふれあいセンター
丘珠神社
共栄ストアー
フェアウェル札幌
むぎの里
らくら新道東
ふれあいの里新道東
三和シャッター
アリーナ
暖龍
東区土木センター
サイクルベースあさひ
美水ビル
A1Clinic
アルティ
マックスバリュ
北海道信金
ユキタ
ノベルN36
さっぽろ夢
チャイルドエル・エー・ガーデンプレイス
くぼやま歯科
栄南緑地
ザ・ビッグ
イオン
ベガスベガス
シャトレーゼ
三菱自動車
つどーむ前佐々木歯科
パールシティ栄町
ダイハツ
北海道
スロットバーエムズ
まいばすけっと
カーズ
ライジング
宮脇
西松屋
こうしんの湯
赤帽
F-uniT
クラージュ伏古
ビッグボーイ
開成みどり
一の村公園
ロイヤルシャトー北22条
伏古記念会館
7条2丁目
10条1丁目
伏古拓北通

18
33
26
E
F
G
H
1
2
3
4
5
6
T&Dロジテム物流センター
さとらんど交流館
さとの広場
サッポロさとらんど
三立機工
体験農園
四季の杜
丘珠緑地
青嵐橋
札幌新琴似シニア室内練習場
道道札幌当別線
伏古拓北通
112
東区
丘珠町
東苗穂町
さとらんど南橋
東苗穂13条1
東苗穂13条通
苗穂中通
12条1丁目
モエレはとポッポ
東苗穂はやぶさ
11条1丁目
東陵橋
東陵高校
ライラック会館
農本ライラック
東苗穂11条通
東苗穂
ウィズ東苗穂
ケアハウスポプラ東苗穂
ビレッジハウス札苗
札幌東陵高校
札苗ライトハウスキリスト教会
曹洞宗瑞法院
東苗穂北公園
丘穂橋
ラーメン一番星
北37条東28
JA玉葱選果センター
北37東29
JA
積水化学
北37条東29丁目
丘珠鄙
37−28
丘珠みなみ会館
丘珠公園
丘珠1号
37−30
14条3丁目
丘珠
丘珠こまどり
大慈寺
14−4
14−5
リサイクルショップ快適生活館
北海道
伏古みずく
伏古13条3
13条3丁目
トライアル
つり具センター
伏古13条5
伏古かっこう
36−29
35−28
伏古若草
丘珠マスカット
伏古北小
丘珠東通
12条2丁目
13−4
伏古
北山デンタルクリニック
正楽寺
マツヤデンキ
北海道信金
丘珠空港通
スーパーアークス
道道丘珠空港東線
東苗穂8条1
9条2丁目
マルコ
札苗北小
伏古せきれい
伏古12条3
13−5
12−3
東苗穂あかげら
8条1丁目
みなづきホーム
137
東苗穂8条3
9−3
11−1
勤医協札幌看護
勤医協体育館
伏古10条2
11−2
12−4
苗穂通
伏古たんぽぽ
12−5
岡田内科呼吸器科
札苗中
北陵交通
東苗穂8条3
さつなえのもり
東苗穂福祉会館
札苗
東苗穂局
8−2
ふしこ地区センター
11−3
伏古馬っ子
田中歯科
7−1
ビルドオン
伏古11条局
伏古10条3
伏古11条3
コープさっぽろ
11−4
10−2
勤医協伏古10条クリニック
くるまるく新道
吉野家
グリーンビレッジ東苗穂
11−5
サントリーキリンビバレッジ
象印札幌配送センター
東苗穂
豊島歯科
恒心堂整形外科
8−3
東苗穂第3団地
札幌トヨペット
札苗病院
7−2
札苗中央公園
ミツキー
9−2
伏古
ぽぷら
10−3
伏古10条3
びっくりドンキー
北海道
6条1丁目
札苗小
くしびき歯科
札苗小学校
モーモー
伏古児童会館
10−4
文教堂
伏古10条5
ペットワールドプロックス
ベルコ東苗穂シティホール
北洋銀
札苗
シーセブンホール
札苗まちセン
モエレ交流センター
7−3
東苗穂つつじ
あゆみ第二
9−3
10−5
産直生鮮市場
北電札幌統括電力センター
札幌新道
274
しんたて耳鼻咽喉科
キャッツアイ
6−2
新井眼科
道銀
伏古レディースクリニック
8−3
9−4
9−5
タイガー
勤医協中央病院
北酒販
札樽自動車道
E5A
東苗穂6条3
7−1
風っ子
8−4
伏古8条4
フォルクスワーゲン札幌
5条1丁目
6条3丁目
東雁来
ネッツ札幌
東雁来6条2
伏古7条3
北24条通
8条5丁目
伏古小
7−3
臨床検査センター
4−1
ロピア東苗穂
東苗穂小
5条2丁目
東苗穂6条3
雁来IC
Nisshoリビングショールーム
275
6−1

札幌市(東苗穂・東雁来)

19
34
25
東苗穂町
中沼町
丘珠町
東雁来町
札幌市
東区
東苗穂
東雁来
王子
清風橋
北昭興業
まことさつなえ
さとらんど通
三角新川橋
禅宗寺
東苗穂青空
ファミール東苗穂
カルミア
林田歯科矯正歯科
フォース歯科
メンタルケア札幌
札苗北会館
東苗穂ひばり
ザ・ビッグ
東苗穂13条通
三角点通
さの内科循環器クリニック
東苗穂12条局
モエレ外科胃腸科
光聖歯科
東苗穂13条わんぱく
札苗緑小
東雁来児童会館
かりき
東雁来しんかわ
札苗東公園
西尾牧場
雁来4号橋
札幌東豊高校
竹生家具興業
中福移幹線
三井道路
豊畑神社
豊畑会館
豊畑中央橋
東照寺
東雁来ゆたか橋
雁来5号橋
もえれのもり
農本神社
農本会館
北のたまゆら
よな歯科
東苗穂スパークル園
東苗穂さかえ
小樽製パン
オシキリ食品
高正寺
雁穂みのり通
東雁来みのり橋
DPL札幌東雁来
東雁来ひかり
雁穂公園
正信寺
札苗北中
札苗北ラッキー
空知商工信組
雁穂めぐみ通
雁穂さかえ通
東雁来みらい
屋内競技場
クラブハウス
札幌サッカーアミューズメントパーク
北海道コカ・コーラボトリング
東雁来わかば橋
雁来川通
東雁来公園
東雁来雨水ポンプ場
札幌市自閉症者自立支援センター「ゆいの」
ひかりの
札苗児童会館
森田歯科
東雁来ひふ科
東雁来すこやかクリニック
CoCo東雁来弐番館
東雁来いこい
もえれモエレの里
東雁来めぐみ橋
札苗北あんびしゃす
東雁来ケアサポートセンター
CoCo東雁来
コメダ珈琲店
東雁来ファミリー歯科
市営東雁来
道道丘珠空港東線
大天満神社
かりき歯科
丘珠空港通
札苗第三会館
東雁来めぐみ
マックハウス
セリア
生活介護ひかり
コーサイ
ガリバー
みよしの
もち吉
札苗北
東雁来ライラック
雁来大橋
北1条・雁来通
ゆで太郎
西松屋
リサイクルバナナ
東雁来自治会館
東雁来工業団地通
ライラック団地
くるまるく雁来
タイヤ館
明王寺札幌別院
北酒販札幌広域物流センター
東雁来会館
東雁来すずらん
東雁来わかば
山岡家
豊平川雁来健康公園
ゴルフ練習場
白石清掃
灰溶融施設
白石清掃工場
工業団地中通
道央札幌郵便局
東雁来もみじ

1：10,000

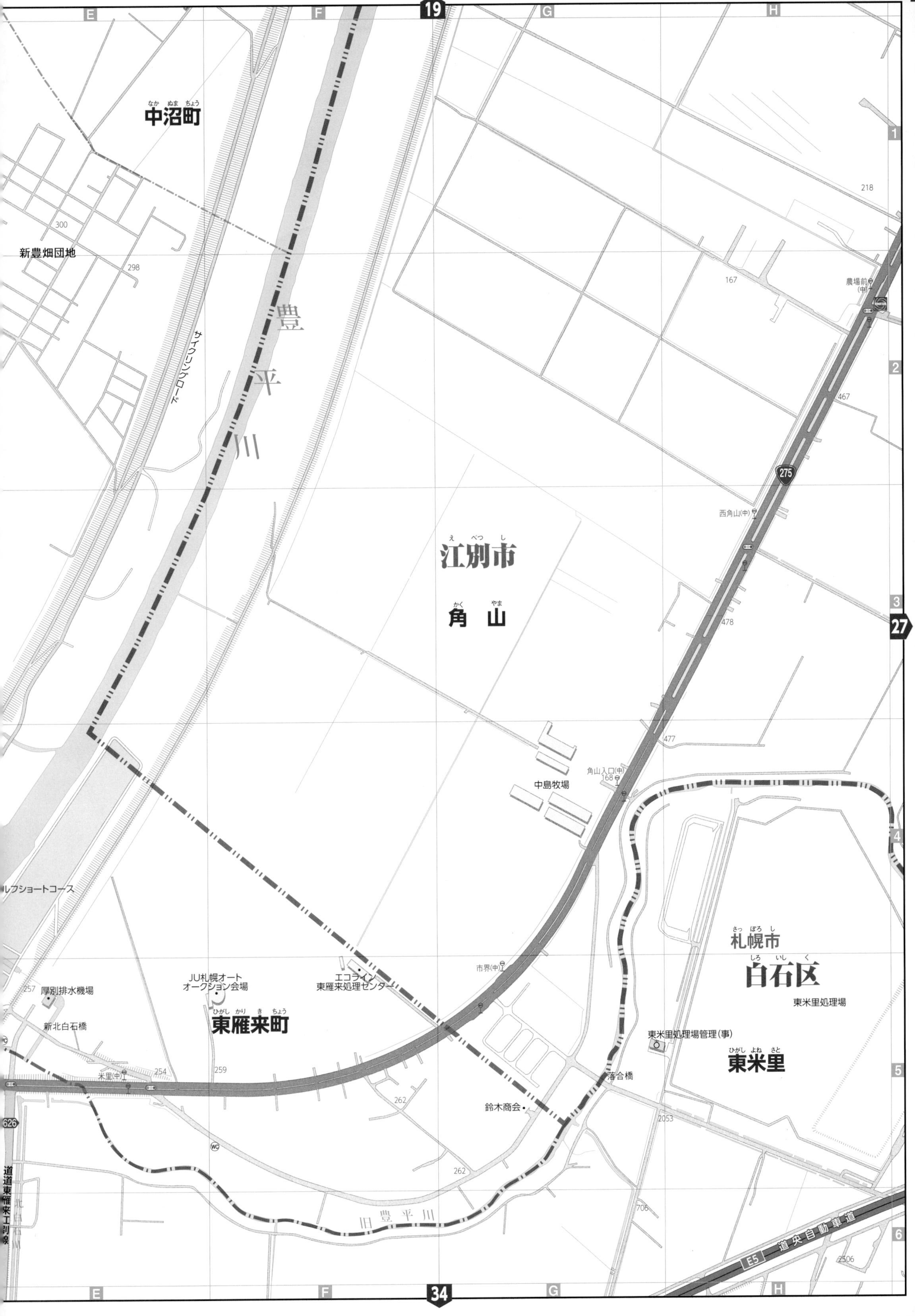
0
500m
19
27
34
中沼町
新豊畑団地
300
298
サイクリングロード
豊
平
川
江別市
角山
218
167
農場前(中)
467
275
西角山(中)
478
477
角山入口(中)
168
中島牧場
ルフショートコース
札幌市
白石区
東米里処理場
東米里処理場管理(事)
東米里
市界(中)
JU札幌オート
オークション会場
エコライン
東雁来処理センター
257
厚別排水機場
新北白石橋
東雁来町
米里(中)
254
259
262
鈴木商会
落合橋
2053
626
262
706
旧豊平川
E5
道央自動車道
2506

江別市(元野幌)

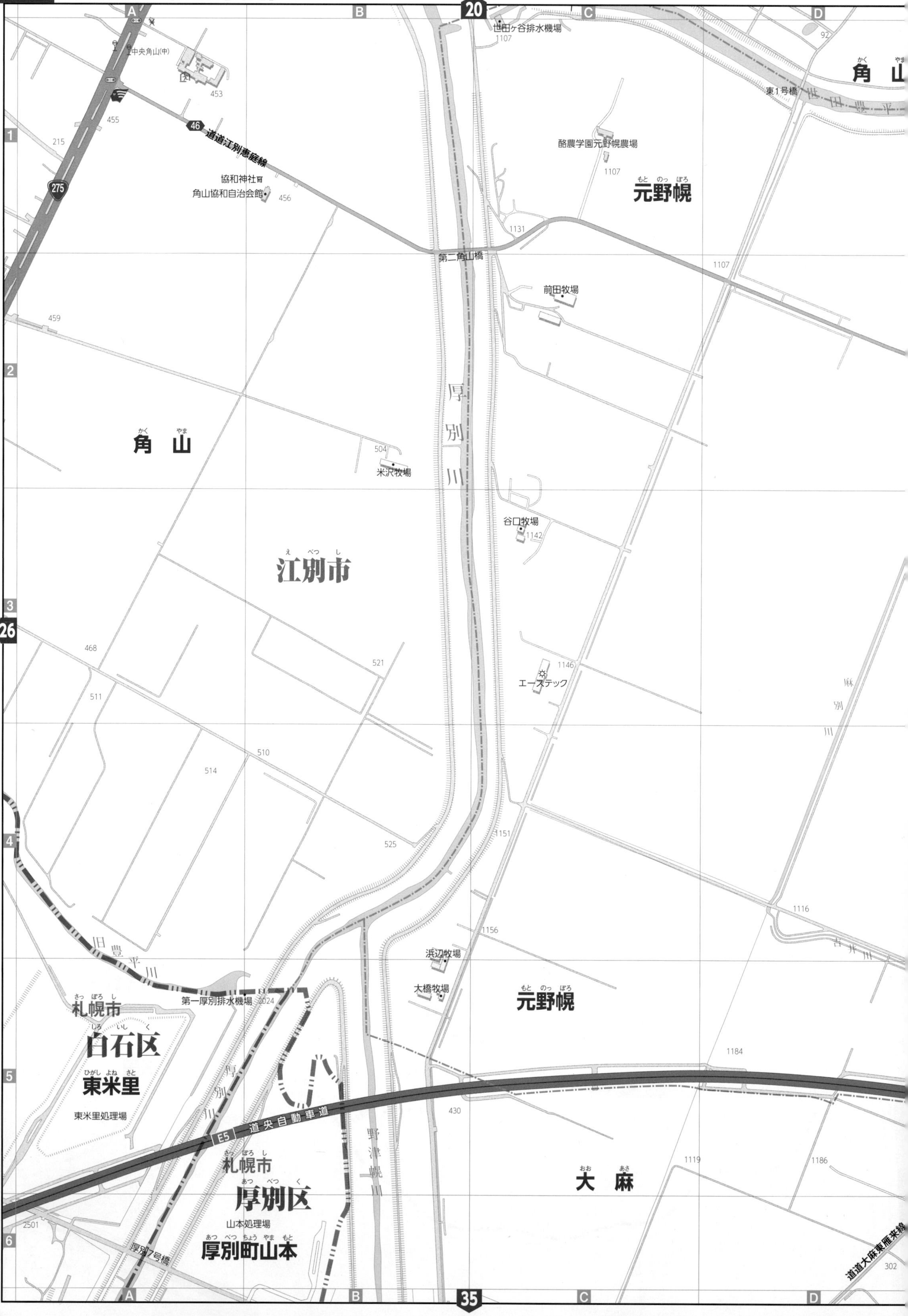
20
A
B
C
D
1
2
3
4
5
6
26
35
世田ヶ谷排水機場
1107
92
角山
東1号橋
中央角山(中)
453
455
215
46
道道江別恵庭線
酪農学園元野幌農場
1107
275
協和神社
角山協和自治会館
456
元野幌
1131
第二角山橋
1107
前田牧場
459
厚別川
504
米沢牧場
角山
谷口牧場
1142
江別市
468
521
1146
エースステック
511
麻別川
510
514
525
1151
1116
1156
吉井川
旧豊平川
浜辺牧場
大橋牧場
第一厚別排水機場
2024
札幌市
白石区
元野幌
1184
東米里
厚別川
430
E5
道央自動車道
東米里処理場
野津幌川
札幌市
厚別区
大麻
1119
1186
山本処理場
2501
厚別町山本
厚別7号橋
道道大麻東雁来線
302

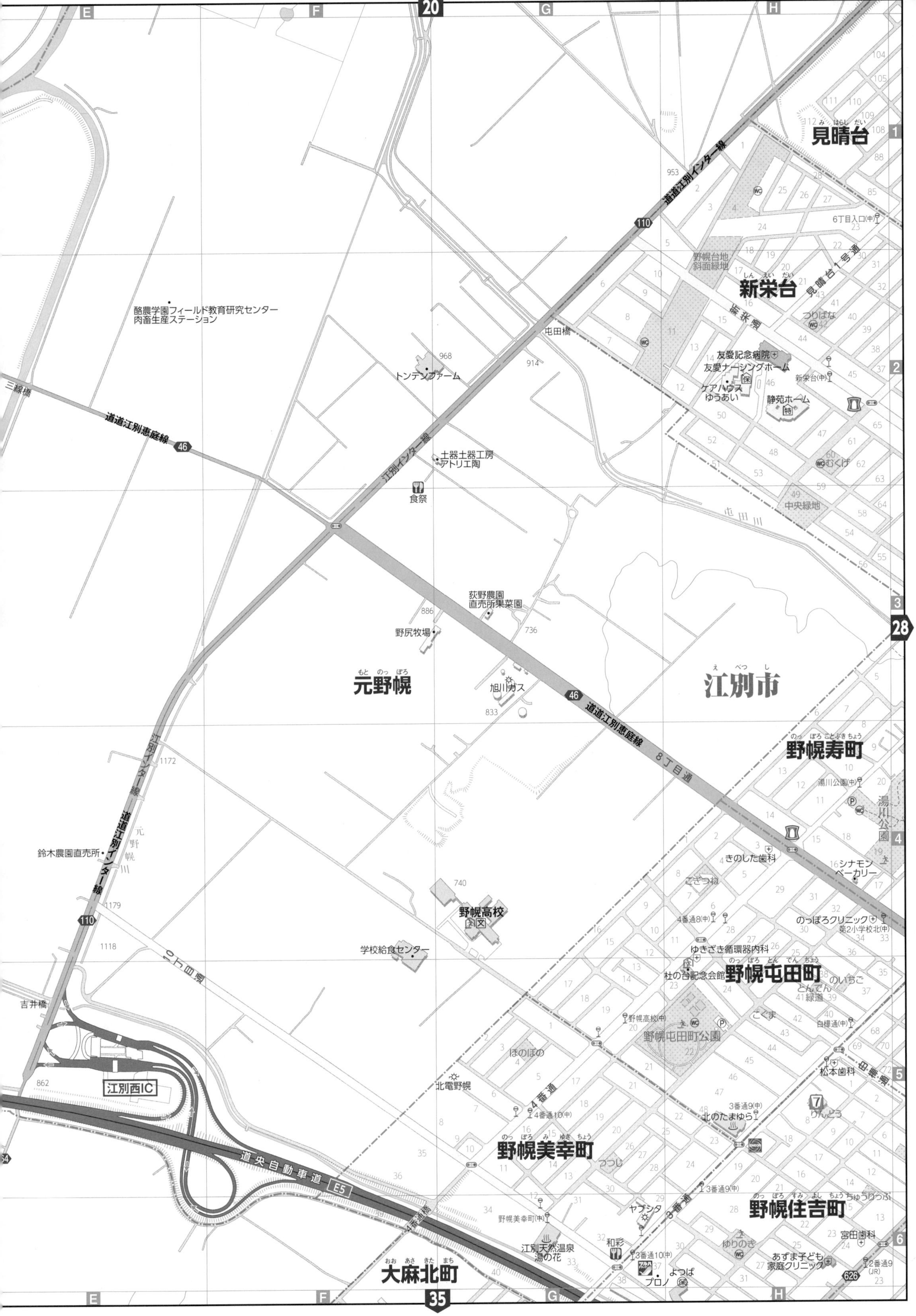

見晴台

新栄台

酪農学園フィールド教育研究センター
肉畜生産ステーション

道道江別インター線

屯田橋

野幌台地
斜面緑地

友愛記念病院
友愛ナーシングホーム

ケアハウス
ゆうあい

静苑ホーム

トンデンファーム

江別インター線

土器土器工房
アトリエ陶

食祭

中央緑地

荻野農園
直売所果菜園

江別市

野尻牧場

元野幌

旭川ガス

道道江別恵庭線

8丁目通

野幌寿町

湯川公園

道道江別恵庭線

三線橋

道道江別恵庭線

きのした歯科

シナモン
ベーカリー

江別インター線

道道江別インター線

鈴木農園直売所

こぎつね

のっぽろクリニック

第2小学校北

ゆきざき循環器内科

杜の台記念会館

野幌高校

学校給食センター

野幌屯田町

とんでん

のいちご

野幌屯田町公園

こぐま

白樺通

松本歯科

吉井橋

江別西IC

北電野幌

4番通

北のたまゆら

りんどう

野幌美幸町

ヤブシタ

野幌住吉町

宮田歯科

道央自動車道

E5

野幌美幸町

和彩

江別天然温泉
湯の花

よつば

あずま子ども
家庭クリニック

プロノ

ゆりのき

21
27
36
いずみ野
元江別
牧場町
見晴台
元町
新栄台
元江別本町
向ヶ丘
中央町
錦町
野幌寿町
幸町
野幌代々木町
野幌町
東野幌町
野幌東町
野幌住吉町
野幌末広町
東野幌本町
江別第三中
対雁小
中央中
中央小
江別第二小
江別第二中
江別市役所
見晴台公園
錦町公園
湯川公園
野幌末広町公園
江別見晴台局
コープさっぽろ
ビッグハウス
ホクレンショップ
江別市建設部土木（事）
江別循環器
江別脳神経外科
野幌錦町局
江別保健所
江別市夜間急病センター
総合社会福祉センター
北海道消防学校
メモリアルホール江別中央
北海道NOSAI研修所
江別谷藤病院
江別谷藤脳神経クリニック
イオン
未来屋
イオンシネマ江別
野幌駅
江別市消防本部
江別市消防署
江別市消防署野幌（出）
江別病院
野幌郵便局
情報図書館
野幌公民館
市民体育館
野幌会館老人憩の家
市民交流施設
野幌病院
函館本線
道道江別インター線
道道江別恵庭線
道道野幌停車場線
道道東雁来江別線
5丁目通
4番通
3番通
2番通
新栄通
鉄東通
鉄西通
中原通
見晴台1号通
元江別中央通
8丁目通
白樺通
110
12
46
128
370
626
1005

1：10,000　0　500m

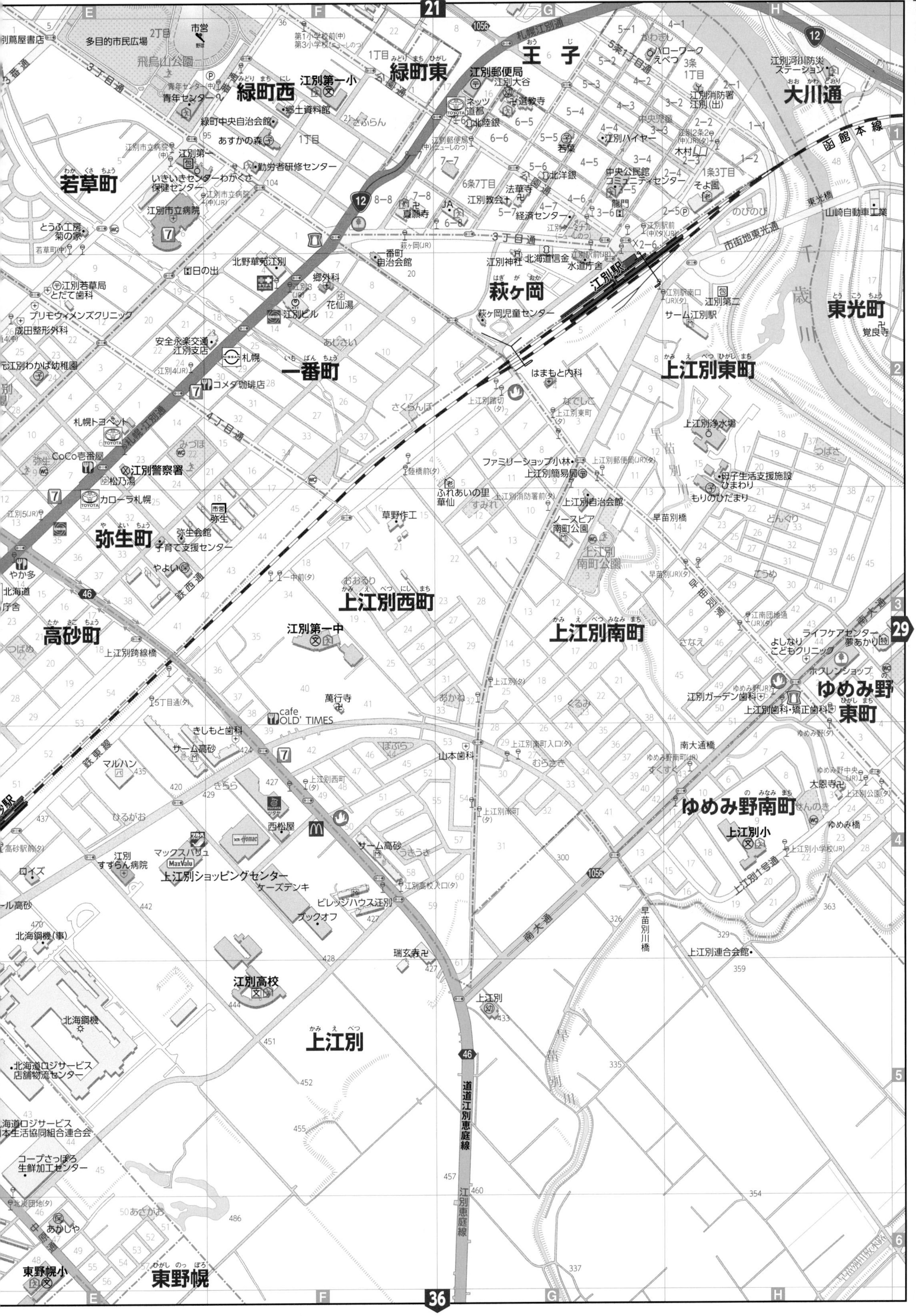

21
36
29
王子
緑町東
緑町西
大川通
若草町
萩ヶ岡
東光町
一番町
上江別東町
弥生町
高砂町
上江別西町
上江別南町
ゆめみ野東町
ゆめみ野南町
上江別
東野幌
江別駅
函館本線
千歳川
早苗別川
飛鳥山公園
多目的市民広場
市営野球
江別第一小
江別郵便局
江別市立病院
青年センター
郷土資料館
緑町中央自治会館
あすかの森
勤労者研修センター
いきいきセンターわかくさ
保健センター
とうふ工房菊の家
江別若草局
とだて歯科
プリモウィメンズクリニック
成田整形外科
江別わかば幼稚園
日の出
北野華苑江別
郷外科
江別ビル
花仙湯
安全永楽交通江別支店
札幌
コメダ珈琲店
札幌トヨペット
CoCo壱番屋
江別警察署
松乃湯
カローラ札幌
弥生会館
子育て支援センター
やかた
北海道庁舎
江別第一中
萬行寺
cafe OLD' TIMES
きしもと歯科
サーム高砂
マルハン
西松屋
マックスバリュ
江別すずらん病院
上江別ショッピングセンター
ケーズデンキ
ビレッジハウス江別
ブックオフ
瑞玄寺
江別高校
北海鋼機
北海道ロジサービス 店舗物流センター
北海道ロジサービス 本生活協同組合連合会
コープさっぽろ 生鮮加工センター
あかしや
東野幌小
江別大谷
選教寺
北陸銀
北洋銀
法華寺
江別教会
真願寺
経済センター
中央公民館 コミュニティセンター
江別ハイヤー
ハローワークえべつ
江別消防署 江別(出)
江別河川防災ステーション
そよ風
山崎自動車工業
市街地東光通
一番町自治会館
江別神社
北海道信金
水道庁舎
萩ヶ岡児童センター
江別第二
サーム江別駅
覚良寺
はまもと内科
上江別浄水場
母子生活支援施設 ひまわり
もりのひだまり
ファミリーショップ小林
上江別簡易局
ふれあいの里 華仙
上江別自治会館
草野作工
ノースピア 南町公園
上江別南町公園
早苗別橋
ライフケアセンター 夢あかり
よしなり こどもクリニック
ホクレンショップ
江別ガーデン歯科
上江別歯科・矯正歯科
南大通橋
大恩寺
山本歯科
サーム高砂
上江別小
上江別幼
上江別連合会館
南大通
早苗別川橋
道道江別恵庭線
札幌江別通
鉄東線
鉄西通
3丁目通
4丁目通
1056
12
46

江別市(東光町・あけぼの町)

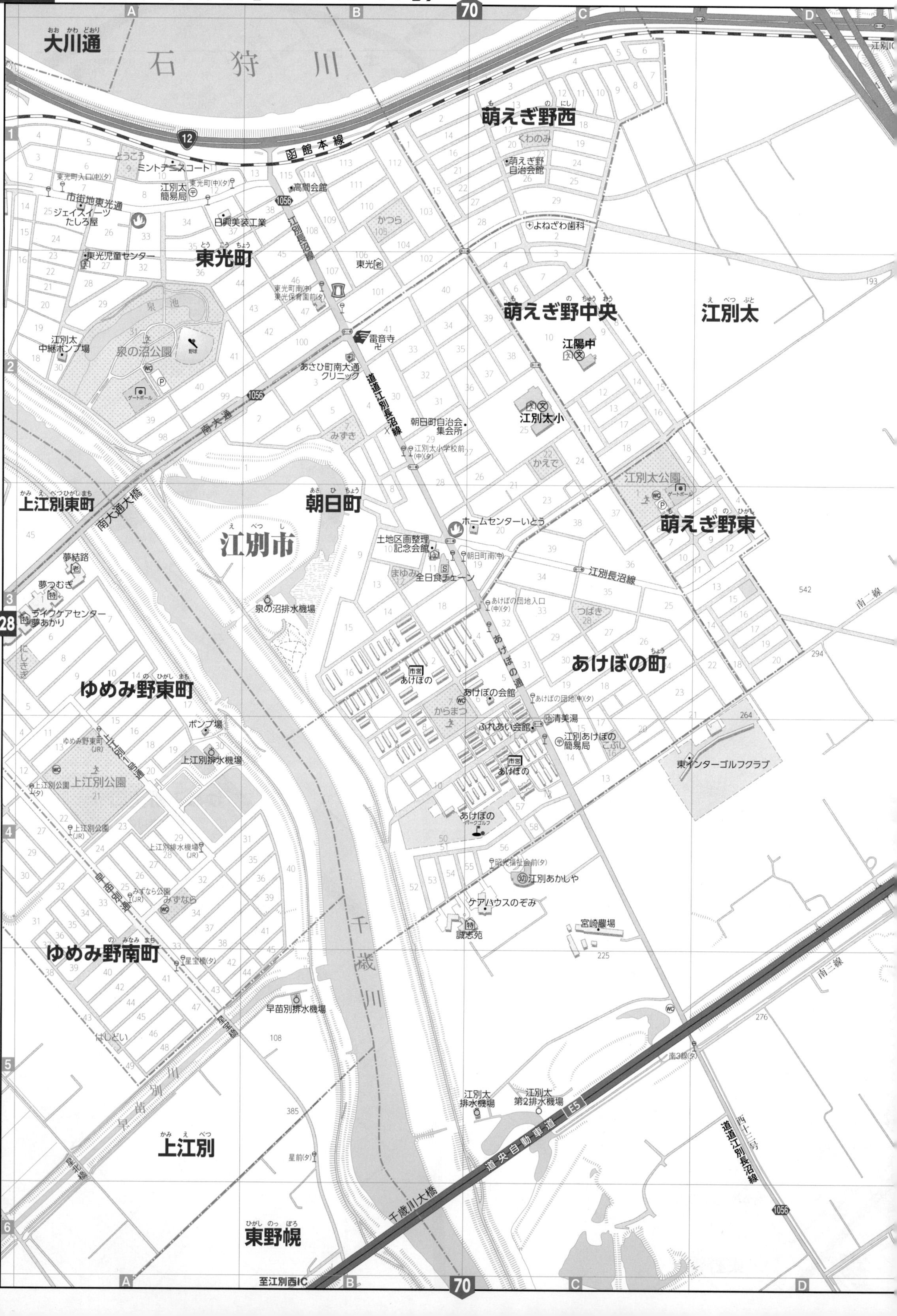

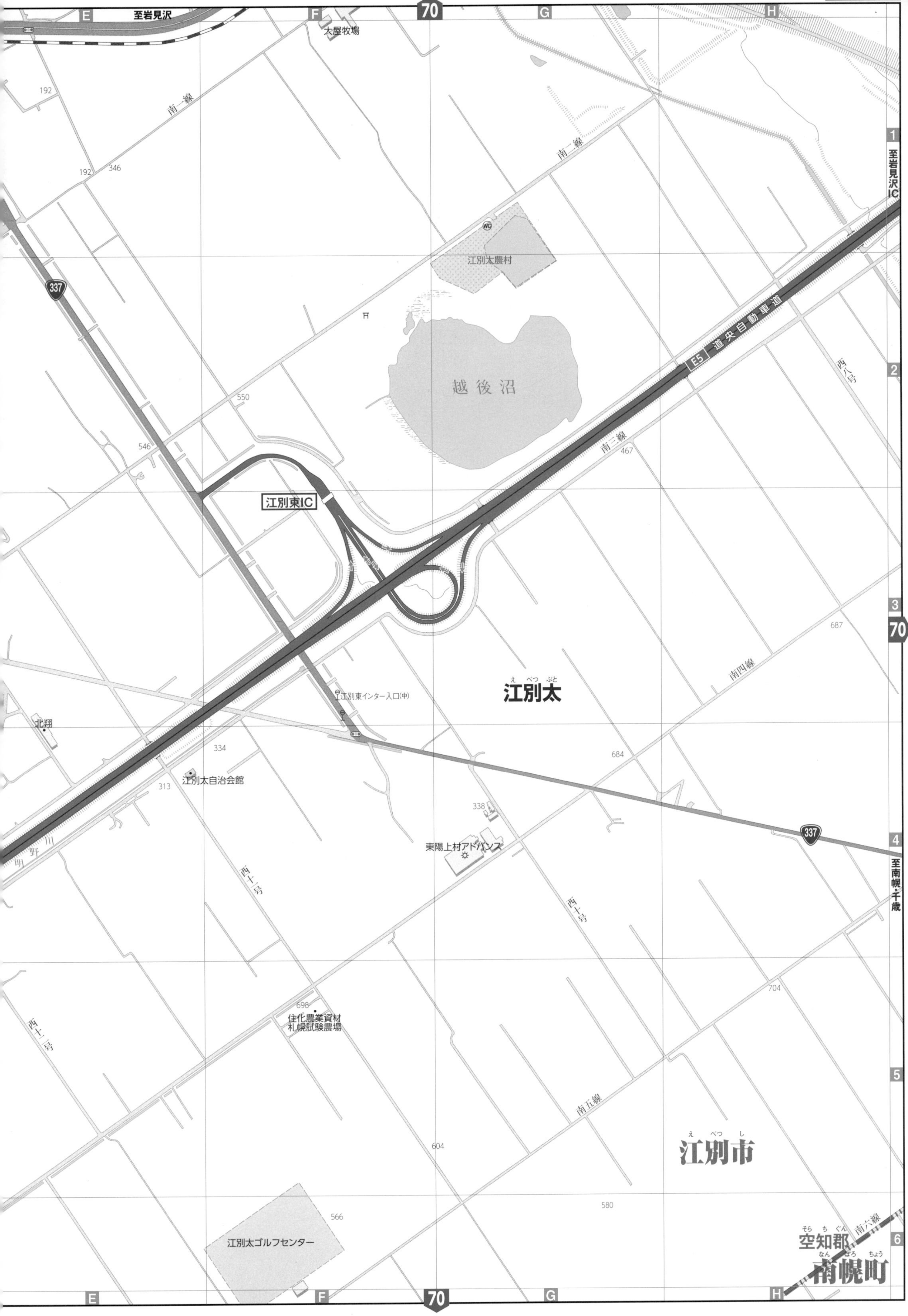
至岩見沢
大屋牧場
70
南一線
南二線
南三線
南四線
南五線
南六線
江別太農村
越後沼
E5 道央自動車道
337
江別東IC
江別東インター入口(中)
江別太
北翔
江別太自治会館
東陽上村アドバンス
西十号
西十一号
西十二号
西八号
住化農業資材
札幌試験農場
江別太ゴルフセンター
江別市
空知郡
南幌町
至岩見沢IC
至南幌・千歳
野川
192
346
550
546
467
687
684
334
313
338
698
704
604
580
566

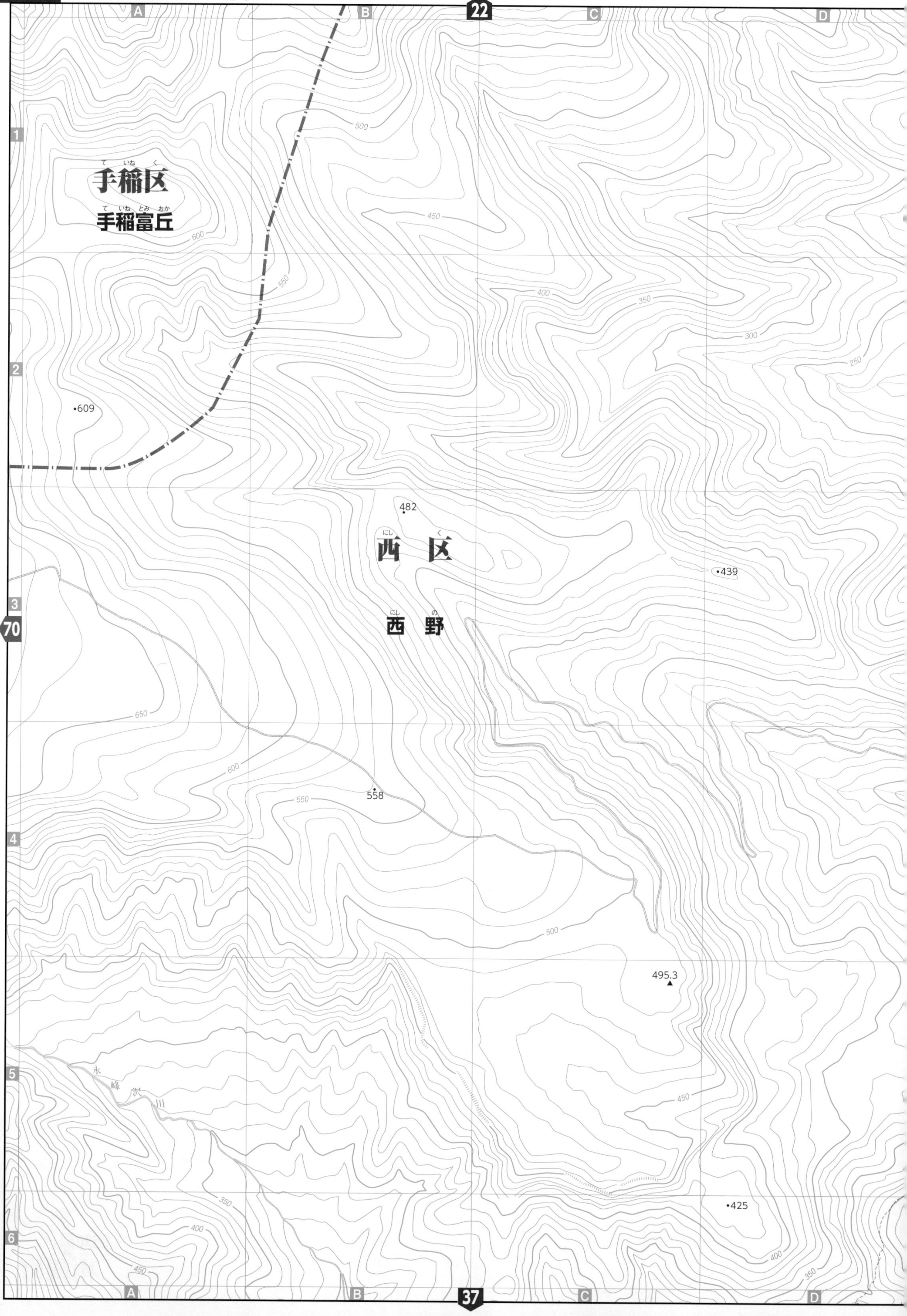

手稲区

手稲富丘

西区

西野

•609

482

•439

558

495.3 ▲

•425

永峰沢川

1：10,000 0 500m

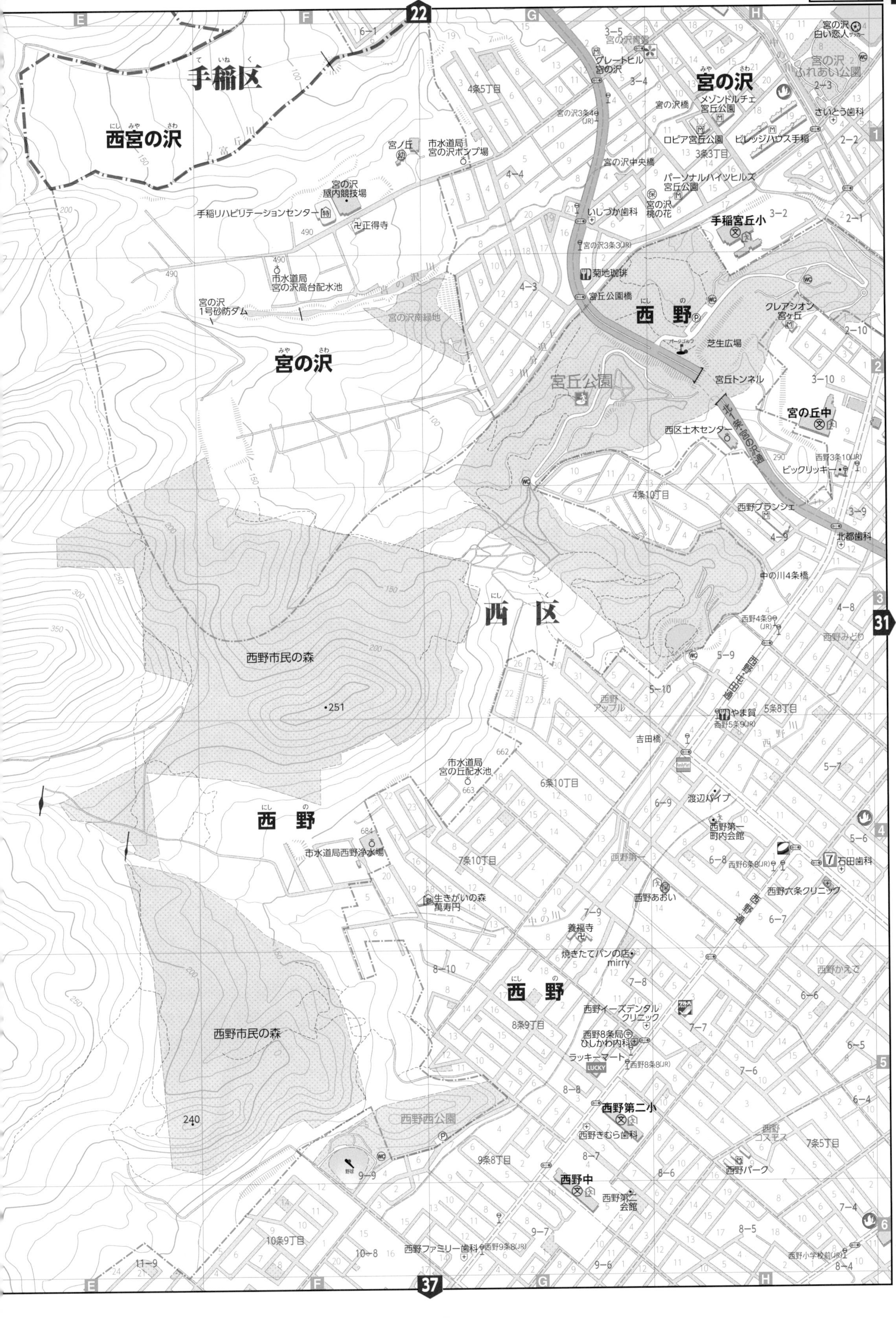

手稲区
西宮の沢
宮の沢
宮の沢
西区
西野
西野
西野
市水道局
宮の沢ポンプ場
宮ノ丘
宮の沢
屋内競技場
手稲リハビリテーションセンター
正得寺
市水道局
宮の沢高台配水池
宮の沢
1号砂防ダム
宮の沢南緑地
グレートヒル
宮の沢
宮の沢橋
宮の沢3条4(JR)
4条5丁目
宮の沢中央橋
いしづか歯科
宮の沢
桃の花
宮の沢3条3(JR)
菊地珈琲
宮丘公園橋
宮丘公園
芝生広場
宮丘トンネル
メゾンドルチェ
宮丘公園
ロピア宮丘公園
ビレッジハウス手稲
3条3丁目
パーソナルハイツヒルズ
宮丘公園
手稲宮丘小
宮の沢
白い恋人
宮の沢
ふれあい公園
さいとう歯科
クレアシオン
宮ヶ丘
宮の丘中
西区土木センター
西野3条10(JR)
ビックリッキー
4条10丁目
西野ブランシェ
北都歯科
中の川4条橋
西野4条9(JR)
西野みどり
西野市民の森
西野
アップル
やま賀
西野5条9(JR)
5条8丁目
吉田橋
市水道局
宮の丘配水池
6条10丁目
渡辺パイプ
西野第一
町内会館
市水道局西野浄水場
7条10丁目
西野第一
西野6条8(JR)
石田歯科
西野六条クリニック
生きがいの森
萬寿円
西野あおい
中の川
養福寺
焼きたてパンの店
mirry
西野かえで
西野イーズデンタル
クリニック
8条9丁目
西野8条局
ひしかわ内科
ラッキーマート
西野8条8(JR)
西野市民の森
西野西公園
西野第二小
西野きむら歯科
西野
コスモス
7条5丁目
9条8丁目
西野中
西野第二
会館
西野パーク
10条9丁目
西野ファミリー歯科
西野9条8(JR)
西野小学校前(JR)

23
38
30
宮の沢
西町
発寒
西野
西区
小別沢
山の手
宮の沢
発寒南
西園小
手稲東中
手稲東小
発寒西小
発寒中
山の手小
西警察署
市立札幌山の手支援学校
北海道手稲養護学校
三角山分校
北海道医療センター
北海道大野記念病院
札幌宮の沢脳神経外科病院
勤医協札幌西区病院
札幌市生涯学習総合センター「ちえりあ」
白い恋人パーク
宮丘公園
西野北公園
西野中央公園
西野昭和公園
西野グリーン公園
山の手博物館
発寒中央病院
札幌太田病院
札幌山の上病院
西区体育館
西温水プール
西野児童会館
西野保育園
発寒川取水場
せせらぎふれあい
道道宮の沢北一条線
北5条・手稲通
道道西野真駒内清田線
主要市道 南19条宮の沢線
北1条・宮の沢通
西野・七田通
山の手通
サイクリングロード
地下鉄東西線
宮の沢
発寒南
山の手橋
ふもと橋
富茂登橋
発寒川

23
38
32
八軒
琴似
寒
二十四軒
西区
中央区
山の手
宮の森
札沼線（学園都市線）
八軒駅
函館本線
琴似駅
発寒
八軒西小
農試公園
琴似中央小
八軒小
八軒東中
琴似小
西区役所
琴似中
陵北中
二十四軒小
日新小
二十四軒公園
発寒河畔公園
地下鉄東西線
北5条・手稲通
道道宮の沢・北一条線
道道下手稲札幌線
道道札幌環状線
道道琴似停車場線
高架側道4号線
高架側道5号線
山の手通
西区保健センター
西区民センター
北海道信金
札幌西税務署
札幌法務局西(出)
道警琴似庁舎
サッポロ珈琲館
イトーヨーカドー
マックスバリュ
西部市税(事)
琴似バスターミナル
西郵便局
札幌第一病院
北海道内科リウマチ科病院
北海道赤十字血液センター
二十四軒会館
北央信組
ビックリッキー
さっぽろ二十四軒病院
二十四軒南(夜間)
札幌円山整形外科病院
宮の森

中央区

北区

西区

札幌競馬場

北大第二農場

北大第一農場

北大恵迪寮

陸上競技場

スポーツトレーニングセンター

北大サークル会館

札幌工業高校

武蔵女子短大

北海道女子学生会館

北海道産学官協働センター「コラボほっかいどう」

次世代物質生命科学研究センター

創成研究機構

触媒科学研究所

道立工業試験場

道立衛生研究所

道総研本部

低温科学研究所

北大動物医療センター

獣医学部

環境科学研究センター

道立地質研究所

遺跡保存庭園

高等教育推進機構

北図書館

福利厚生会館（北部食堂）

パワーセンター

学生交流ステーション

医学部

工学部

理学部・総合博物館

極低温液化センター・ゲノムダイナミクス研究センター

北方生物圏フィールド科学センター

保健センター・北海道大学パワーセンター・アイソトープ・医学部総合センター・百年記念館

医学部

陽子線治療室

中央食堂

北海道大

札幌市立大学 桑園キャンパス

北大インターナショナルハウス北8条

市立札幌病院

JR北海道本社ビル

桑園駅

桑園駅前

グランファーレ桑園

カーサ桑園

あいライフ桑園

札幌循環器病院

三本コーヒー

中央卸売市場

青果棟

水産棟

中央食品卸売センター

丸果食品卸売センター

高橋水産物流センター

札中卸センター

場外市場

ヤマト運輸

JR北海道宿舎

吉田学園くりの木

北のたまゆら

Mt.石井スポーツ

桑園小

桑園中央病院

桑園整形外科

AEON イオン札幌桑園

ラポール桑園駅前

グリーンリバー桑園駅前Ⅱ

グリーンリバー桑園駅前

ランズ札幌

ブランズ札幌

北洋銀行

道銀

桑園自動車学校

桑園まちセン

ふれあいセンター

桑園児童会館

朝日プラザ北7条A

朝日プラザ北7条B

北海道社会保険診療報酬支払基金

救世軍

パールコート桑園中央

ながせ鍼灸整骨院

アバカーデンパレス

札幌駅西

公務員宿舎

ラ・トゥール札幌

伊藤ガーデン

シャンボール植物園第2

ふきのとう文庫

こども情報未来5-12

こどもプラザ青い鳥

ルミナス円山北

ダイアパレス北円山第2

みのり桑園

こどもプラザ青い鳥

やちたも

タイヤ館

密修寺

徳生寺

札幌中央センター

アスク桑園

パティスリーしらさき

すき家

はま寿司

どんぐり

西松屋

トドック

札幌乳腺外科

ぼくたけビル

ライオンズ北6条

北大第二農場

八軒

八軒駅

八軒9条

アートチャイルドケア

札幌八軒

サーム八軒弐番館

凱慈光寺

しずく

北24条西局

環境科学技術センター

平田内科

ロジェエルムの杜

武蔵女子短大附属図書館

体育館

市動物管理センター

脳神経外科記念病院

八軒みどりの園

うどん屋こおき

ダイアパレス北大西

北大西

桑園北1

桑園団地

本間水産

メゾンドルチェ北大西

Honda カーズ

琴似ビア八軒

八軒東局

石田歯科

JRA

札幌流通倉庫

東馬センター

パドック

馬房

立体駐車場

管理センター

中央卸売市場前局

光明寺

道道下手稲札幌線

函館本線

札沼線（学園都市線）

道道札幌環状線

宮の森・北24条通

環状通 環状通エルムトンネル

道道桑園線

函館本線・札沼線（学園都市線）

高速側道2号線

天童寺

中江病院

ルナハイツ札幌

プラチナ北21条

ライオンズヴィアーレ北大

六花亭

宝泉湯

ヤマト運輸

幌北ゆりかごモデルハウス

エルムの杜内科

遠友学舎

幌北児童会館

体育館

大学文書館

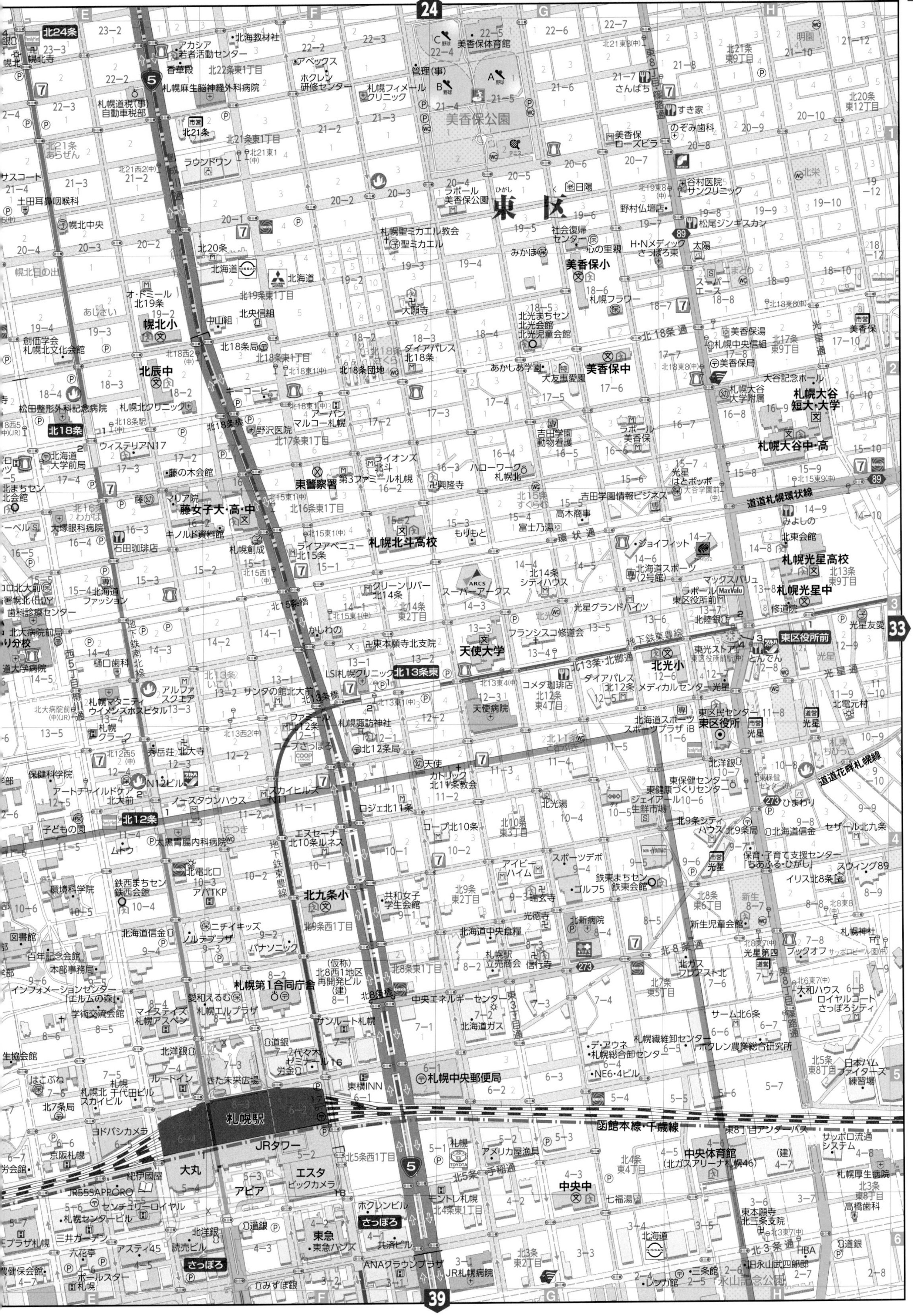

1：10,000
0
500m
23 24 25
31 32 33
38 39 40
24
33
39
東区
北24条
北18条
北12条
北13条東
東区役所前
さっぽろ
道道札幌環状線
道道花畔札幌線
函館本線・千歳線
北18条通
北13条・北郷通
環状通
光星通
北8条通
北5条・手稲通
北3条通
地下鉄東豊線
地下鉄南北線
東8丁目・篠路通
東3丁目通
創成川通
美香保公園
美香保体育館
美香保小
美香保中
幌北小
北辰中
藤女子大・高・中
東警察署
札幌北斗高校
天使大学
天使病院
北光小
東区役所
東区民センター
札幌大谷短大・大学
札幌大谷中・高
札幌光星高校
札幌光星中
北九条小
札幌第1合同庁舎
札幌中央郵便局
中央体育館
(北ガスアリーナ札幌46)
中央中
札幌駅
JRタワー
大丸
エスタ
ビックカメラ
アピア
東急
ヨドバシカメラ
紀伊國屋
JR55SAPPORO
センチュリーロイヤル
札幌センタービル
三井ガーデン
アスティ45
読売ビル
ANAクラウンプラザ
JR札幌病院
京阪札幌
北大病院前
北海道大学病院
エルムの森
百年記念会館
図書館
スーパーアークス
ジョイフィット
北海道スポーツ(2号館)
マックスバリュ
東区役所前駅
東光ストア
とんでん
光星グランドハイツ
フランシスコ修道会
大願寺
聖ミカエル
札幌聖ミカエル教会
カトリック北11条教会
札幌諏訪神社
札幌神社
サッポロビール園
アリオ
日本ハムファイターズ練習場
サッポロ流通システム
札幌厚生病院
北海道ガス
中央エネルギーセンター
ホクレン農業総合研究所
札幌総合卸センター
永山記念公園
旧永山武四郎邸
東本願寺北三条支院
サーム北6条
北新病院
札幌駅立売商会
信行寺
瑞玄寺
光徳寺
北海道中央食糧

25
32
40
伏古
本町
東区
苗穂町
中央区
菊水上町
開成小
明園小
東光小
札幌小
苗穂小
伏古公園
さんさん公園
希望公園
苗穂グリーン公園
環状通
北18条通
北8条通
北3条通
北2条通
平和通
道道花畔札幌線
道道札幌環状線
東15丁目屯田通
苗穂・丘珠通
伏古拓北通
光星通
地下鉄東豊線
函館本線
苗穂駅
環状通東
JR苗穂工場
鉄道技術館
苗穂運転所
札幌道都病院
札幌東豊病院
北海道消化器科病院
クラーク病院
さっぽろ病院
札幌厚生病院
誠心眼科病院
環状通東整形外科
アリオ札幌
イトーヨーカドー
サッポロビール博物館
ビール博物館
サッポロビール園
開発局研修センター
陸上自衛隊苗穂分屯地
北海道太平洋生コン
科学であそぼ おもしろ実験室
酪農と乳の歴史館
雪印メグミルク
福山醸造直売所
苗穂東まちセン
苗穂東交流センター
苗穂まちセン
苗穂会館
苗穂はるにれ児童会館
苗穂駅前局
苗穂局
元町まちセン
元町会館
伏古本町まちセン
東区第2
セレモニーホール青柳
セレモニーホール青柳別館
スーパーアークス
マックスバリュ
ダイアパレス元町南
ダイアパレス伏古公園
豊平川緑地
平和大橋
北1条・雁来通
菊水上町会館

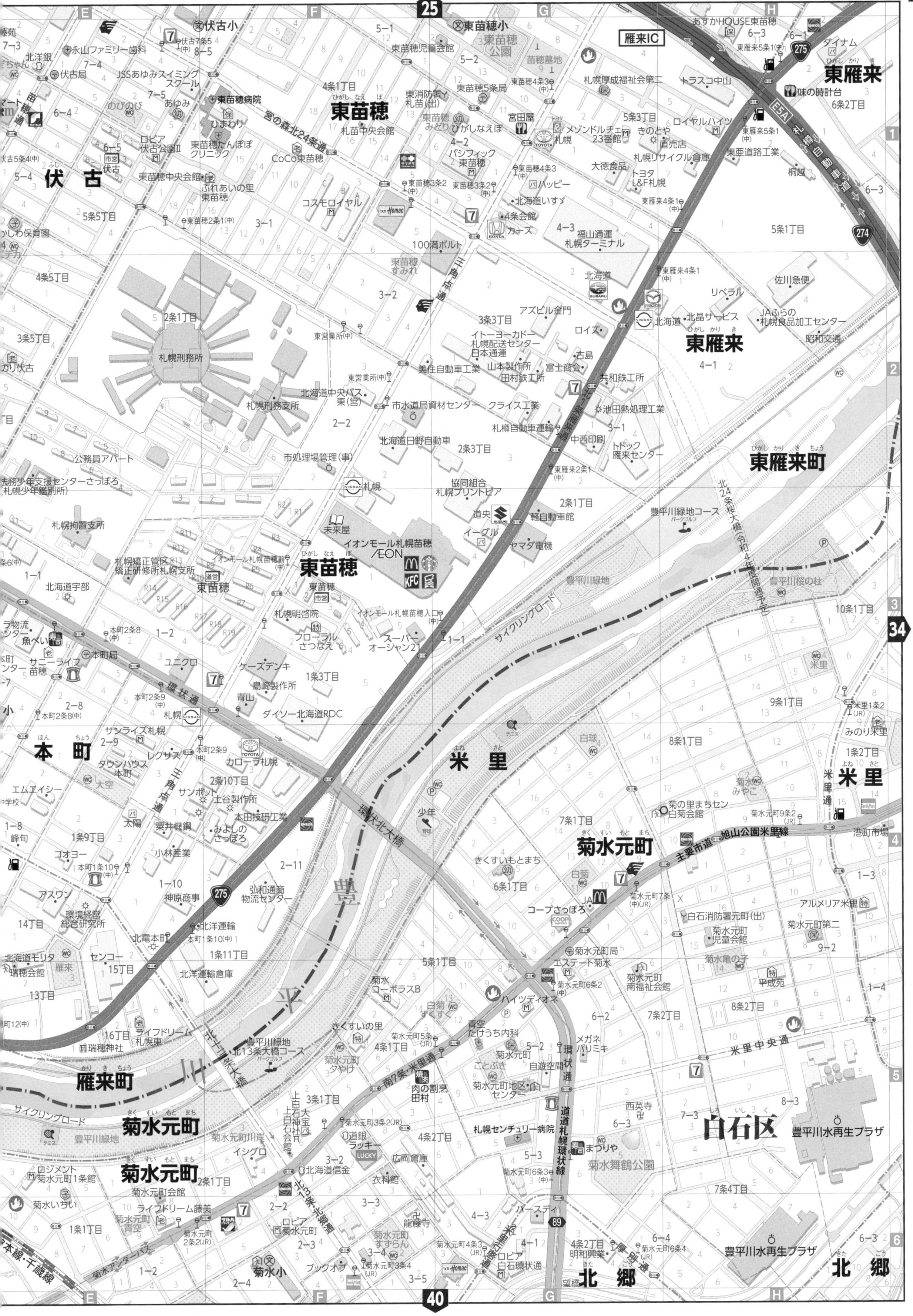
25
40
34
伏古
東苗穂
東雁来
東雁来町
本町
米里
菊水元町
雁来町
北郷
白石区
雁来IC
伏古小
東苗穂小
東苗穂公園
東苗穂病院
東苗穂児童会館
札苗中央会館
宮の森北24条通
札幌刑務所
札幌刑務支所
イオンモール札幌苗穂
未来屋
東苗穂
環状通
環状北大橋
三角点通
北24条桜大橋(令和4年度開通予定)
豊平川緑地
豊平川緑地パークゴルフコース
豊平川桜の杜
サイクリングロード
主要市道 旭山公園米里線
米里中央通
南7条・米里通
道道札幌環状線
豊平川水再生プラザ
菊水舞鶴公園
札幌センチュリー病院
北13条大橋
豊平川緑地北13条大橋コース
札幌樽自動車道
あすかHOUSE東苗穂
ダイナム
味の時計台
トラスコ中山
札幌厚成福祉会第二
ロイヤルハイツ
直売店
東亜道路工業
桐越
札幌リサイクル倉庫
大徳食品
トヨタL&F札幌
福山通運札幌ターミナル
佐川急便
リベラル
北晶サービス
JAふらの札幌食品加工センター
昭和交通
アズビル金門
ロイズ
イトーヨーカドー札幌配送センター
日本通運
山本製作所
田村鉄工所
富士商会
古島
共和鉄工所
池田熱処理工業
クライス工業
市水道局資材センター
札樽自動車運輸
中西印刷
トドック雁来センター
北海道日野自動車
協同組合札幌プリントピア
軽自動車館
ヤマダ電機
イーグル
道央
市処理場管理(事)
北海道中央バス東(営)
美住自動車工業
100満ボルト
コスモロイヤル
CoCo東苗穂
ハッピー
北海道いすゞ
4条会館
カーズ
パシフィック東苗穂
メゾンドルチェ23番館
宮田屋
きのとや
ふれあいの里東苗穂
東苗穂たんぽぽクリニック
ひまわり
ロピア伏古公園II
永山ファミリー歯科
伏古局
JSSあゆみスイミングスクール
かしわ保育園
公務員アパート
法務少年支援センターさっぽろ(札幌少年鑑別所)
札幌拘置支所
札幌矯正管区 矯正研修所札幌支所
北海道宇部
本町局
サニーライフ苗穂
ユニクロ
ケーズデンキ
島崎製作所
ダイソー北海道RDC
札幌明啓院
フローラルさつなえ
スーパーオーシャン21
サンライズ札幌
タウンハウス本町
レクサス
カローラ札幌
エムエイシー
サンポット
土谷製作所
本田技研工業
栗井機鋼
みよしのさっぽろ
小林産業
コオヨー
アスワン
環境経営総合研究所
神原商事
弘和通商物流センター
北電本町
北洋運輸
北洋運輸倉庫
北海道モリタ
瑞穂会館
センコー
ライフドリーム札幌東
瑞穂神社
少年野球
菊の里まちセンター 白菊会館
コープさっぽろ
菊水元町局
エステート菊水
菊水元町南福社会館
白石消防署元町(出)
菊水元町児童会館
アルメリア米里
菊水元町第二
平成苑
ハイツディオネ
青空たけうち内科
菊水元町
自遊空間
菊水元町地区センター
メガネハリミキ
きくすいの里
菊水コーポラスB
肉の割烹田村
まつりや
西英寺
上白石神社
道銀
ラッキー
広岡倉庫
北海道信金
衣料館
イシグロ
ジメント 菊水元町1条館
菊水元町会館
ライフドリーム藤美
菊水いちい
菊水アンダーパス
菊水小
ブックオフ
龍藤寺
バースデイ
ロピア白石環状通
明和興業
ロピア菊水元町
みのり米里
港町市場
菊水アンダーパス
本線・千歳線

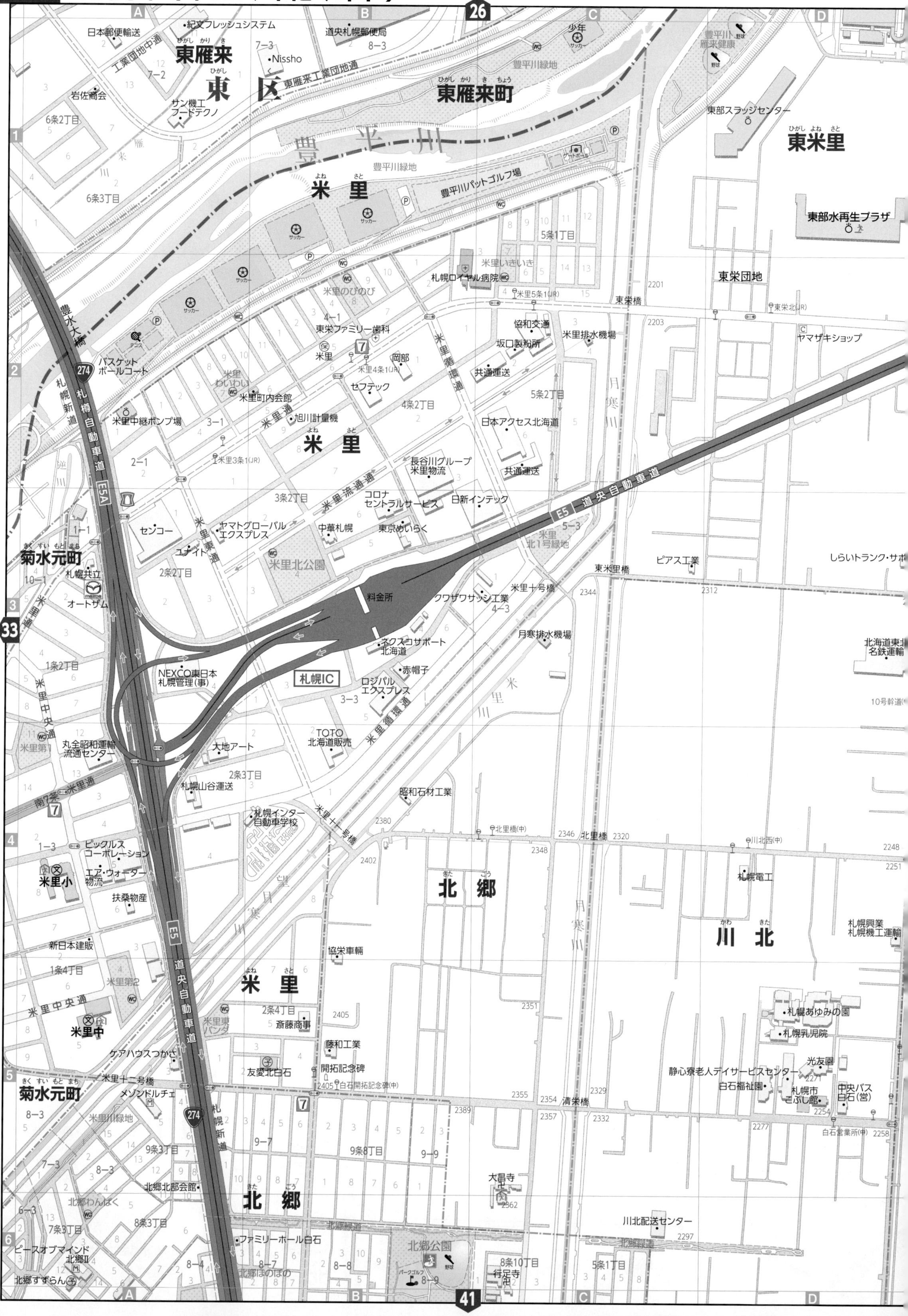

A **B** **26** **C** **D**

日本郵便輸送
・紀文フレッシュシステム
工業団地中通
7-3 ・Nissho
道央札幌郵便局
8-3

少年
サッカー

豊平川 雁来健康

東雁来

東区

東雁来工業団地通

東雁来町

東部スラッジセンター

岩佐商会
6条2丁目
サン機工 フードテクノ
7-2

豊平川

米里

豊平川緑地

6条3丁目

豊平川緑地
サッカー
豊平川パットゴルフ場
ゲットボール

東米里

東部水再生プラザ

1

サッカー

サッカー

米里ののびのび

5条1丁目

東栄団地

札幌ロイヤル病院
米里いきいき

豊水大橋

バスケット ボールコート

274

バスケット

東栄ファミリー歯科
米里
7
岡部
米里4条

協和交通
坂口製粉所
共通運送

米里排水機場
5条2丁目

2201

2203
東栄橋
東栄北(JR)

ヤマザキショップ

2

札樽自動車道

E5A

米里中継ポンプ場
3-1
旭川計量機
米里通
セフテック
米里循環通

日本アクセス北海道

月寒川

逆川

米里わいわい
米里町内会館

2-1

米里

長谷川グループ
米里物流

共通運送

1-1

米里3条1(JR)
3条2丁目
米里流通通

コロナ
セントラルサービス
中華札幌
日新インテック

道央自動車道
E5
5-3

米里北1号緑地

しらいトランク・サポ

菊水元町
10-1
札幌共立
オートザム

セジコー

ヤマトグローバル エクスプレス
ユナイト
2条2丁目

米里東通

米里北公園

東京めいらく

料金所

米里十号橋
2344
月寒排水機場

2312
東米里橋
ピアス工業

2201

北海道東北 名鉄運輸

3

33

1条2丁目

米里中央通

丸全昭和運輸 流通センター

NEXCO東日本 札幌管理(事)

クワザワサッシ工業
4-3

ネクスコサポート
北海道
札幌IC
ロジパル エクスプレス
3-3

赤帽子

米里循環通

10号幹道

南1条
7

11
米里第1

12
米里通

大地アート

TOTO 北海道販売

米里十一号橋

昭和石材工業

2380

北里橋(中)

2346 北里橋 2320

2348

川北西(中)

2248

2251

4

1-3

ビックルス コーポレーション
エア・ウォーター 物流
扶桑物産

米里小

2条3丁目

札幌山谷運送

札幌インター 自動車学校

道央自動車道

月寒川

2402

北郷

協栄車輌

2351

川北

札幌電工

札幌興業 札幌機工運輸

新日本建販

1条4丁目

米里第2

米里中央通

米里中

ケアハウスつかさ

E5
道央自動車道

米里東 パンダ

2条4丁目
斎藤商事
藤和工業

米里

2405

2355

2329

札幌あゆみの園
札幌乳児院

静心寮老人デイサービスセンタ
白石福祉園
光友院

5

菊水元町
8-3
米里川緑地

274

米里十一号橋
メゾンドルチェ

札幌 新道

7

友愛北白石

開拓記念碑

白石開拓記念碑(中)
2405

2354 清栄橋
2357

2332

2354

2277

中央バス 白石(営)
札幌市 ぶし館

白石営業所(中) 2254

2258

9条3丁目

北郷北部会館
8-3

9-7

9条8丁目

9-9

大昌寺

北郷わんぱく

8条3丁目

北郷

2389

7

10条1丁目

2962

川北配送センター

2297

6

ピースオブマインド 北郷

北郷すずらん

ファミリーホール白石
8-4

北郷ほのぼの

北郷公園

8条8丁目 8-8

8条10丁目
行定寺

5条1丁目

パークゴルフ

A **B** **41** **C** **D**

26
山本処理場
道央自動車道
E5
札幌特殊車両
奥山建鉄工業
旭ダンケ
丸真木工
厚別幹線通(中)(JR)
東米里福祉会館
東米里(中)(JR)
626
道道東雁来江別線
6号幹線通(中)(JR)
東米里簡易局
ひがし よね さと
東米里
東興寺
八幡神社
東米里ゆめ広場コース
パークゴルフ
ゲートボール
北一タカハシ建設
厚別新川橋(JR)
九号新川橋
山本北処理場
札幌白陵高校
北海道札幌養護学校
白桜高等学校
白陵高校(中)
白陵高校前(JR)
山本排水処理施設
環状夢のグリーンベルト発祥記念の森
管理(事)
ダンネツ
井上産業機械
きさく苑
山本排水機場
キョーリツ事務機
道西濃運輸
厚別川
厚別山本公園
しろ いし く
白石区
コンテック
北川下(中)
山谷製作所
シン機工
かわ しも
川下
ジャパンモールディング
あつ べつ ちょう やま もと
厚別町山本
OHMツインサーキット
横町橋
山本四区(中)
厚別山本公園
(造成中)
あつ べつ く
厚別区
共済第1グラウンド
区民球場
共済第2グラウンド
野球
中川下(中)
岡西サッシ工業
札幌トロイカ病院
ぼだい樹
川下共栄(中)
コスモス
山本川
山本三区(中)
35
41
E
F
G
H
1
2
3
4
5
6
2152
2118
2106
2071
2059
2078
2083
2061
2062
2036
2029
2495
2109
2124
2124
2109
2111
2088
2062
2063
1065
2065
1065
1064
2129
2130
2087
2067
2068
2068
2115
1064
1063
2606
577
742
741
44

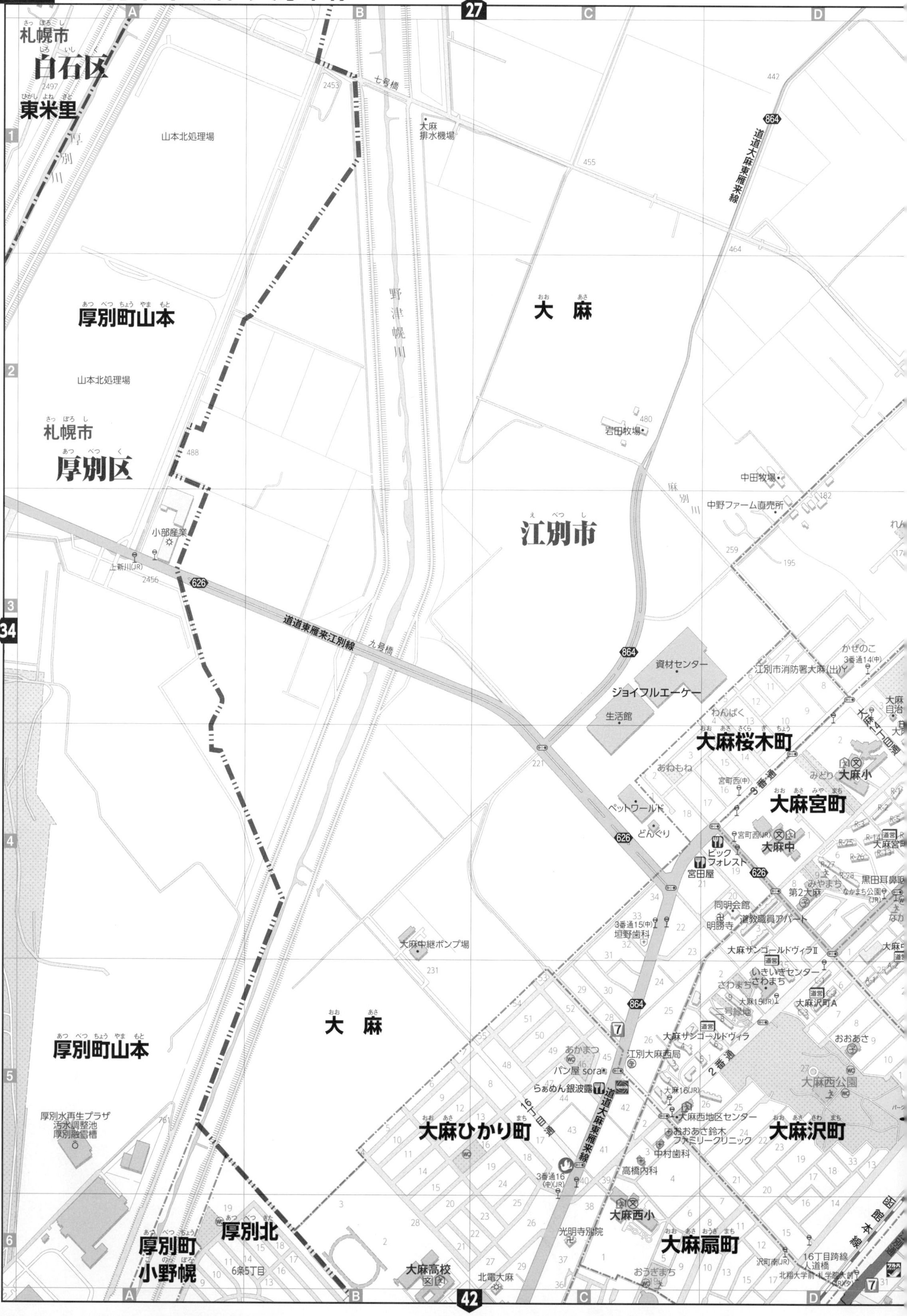

A B 27 C D

1
札幌市
白石区
2497
東米里
山本北処理場
七号橋
2453
大麻排水機場
442
864
道道大麻東雁来線
455
464

2
厚別町山本
札幌市
山本北処理場
野津幌川
大 麻
480
岩田牧場
中田牧場
182
中野ファーム直売所
259
195

札幌市
厚別区
488
江別市
小部産業
上新川(JR)
2456
626
道道東雁来江別線
九号橋
864
資材センター
ジョイフルエーケー
生活館
221
江別市消防署大麻(出)
かぜのこ
3番通14(中)
わんぱく
大麻自治
大麻一丁目
大麻桜木町
あおもね
宮町西(中)
14
大麻小
ペットワールド
どんぐり
大麻宮町
大麻中

34
3

4
ビックフォレスト
宮田屋
宮町西(JR)
同明会館
明勝寺
3番通15(中)
垣野歯科
道教職員アパート
大麻サンゴールドヴィラⅡ
いきいきセンター
さわまちさわまち
大麻15(JR)
大麻沢町A
大麻中継ポンプ場
231
大麻サンゴールドヴィラ
二号緑地
大麻
7
おおあさ
大麻16(JR)
大麻西公園

5
厚別町山本
あかまつ
パン屋 sora
らあめん銀波露
道道大麻東雁来線
江別大麻西局
大麻地区センター
おおあさ鈴木ファミリークリニック
大麻沢町
厚別水再生プラザ
汚水調整池
厚別離雷槽
大麻ひかり町
16丁目
中村歯科
高橋内科
3番通16(中)(JR)

6
厚別町小野幌
厚別北
6条5丁目
大麻高校
北電大麻
光明寺別院
大麻西小
大麻扇町
おうぎまち
沢町南(JR)
16丁目跨線橋
人道橋
北翔大学前小学童保育所(JR)
7

A B 42 C D

27
42
36
野幌住吉町
野幌末広町
元野幌
大麻北町
大麻栄町
大麻新町
大麻晴美町
大麻元町
大麻南樹町
大麻泉町
大麻園町
大麻東町
大麻高町
大麻中町
江別市
文京台緑町
文京台東町
文京台
西野幌
大麻東中
大麻東小
大麻泉小
北町クリニック
きらり
はるにれ
ひだまり大麻
リーセント大麻三番通
花音
ホクレンショップフードファーム
はやぶさ運動広場
大麻ドライビングスクール
福屋牧場
きたまち歯科
北栄会館
東大麻一号緑地
市教職員アパート
フードD
ココルクえべつ
めばえ
大麻12丁目団地
三番通り歯科
ウルトラ内科小児科
あけぼの
大麻栄町緑地
大麻ファミリー歯科
むらかみ内科
花ひかり
東大麻自治会館
浦本歯科
あかしや
大麻第1緑地
法光寺
大麻新町公園
米澤煉瓦
パークゴルフ練習場
野幌跨道橋
吉兆
オートザム江別
大麻第2緑地
いずみ緑道
瑞巌寺
葵の園
大麻ルーテル教会
大麻ひかり
北海道信金
江別大麻東町局
麻の実児童センター
大麻南樹町
大麻つばめ交通
トライアル
大麻東地区センター
ゆめのみ
まきうら歯科
大麻東公園
誠染
大麻第二住区会館
真法寺
大麻東町自治会館
そのまち歯科
大麻東町団地
大麻中央公園
大麻団地
おおあさ高町クリニック
大麻福音キリスト教会
酪農学園前(JR)(夕)
乳牛蹄尿循環研究センター
酪農学園大学附属とわの森三愛高校第2校舎
大学附属動物医療センター
体育館
健身館
とわの森三愛高校前(JR)(夕)
酪農学園前(夕)
学生サービスセンター
フィールド教育研究センター棟
学園ホール
中央館
酪農学園大学
野幌国有林
道立自然公園野幌森林公園
市上水道配水池
大麻宮町
大麻体育館
大麻中町
江別市役所
大麻(出)
老人憩の家
えぽあホール・大麻公民館
大麻駅前通
ラルズストア
むすめやホール大麻
セレモニーホールはやし
シンエイパート2
カトリック大麻教会
大麻駅前1号
大麻駅前2号
大麻駅
大麻駅南口(JR)(夕)
池永クリニック
大麻地下道
道立図書館前(JR)
酪農学園大学附属とわの森三愛高校
ニコルハイツ文京台
はんのき
北海道立図書館
道立文書館
教育研究所前(JR)
附属情報処理教育センター
附属理科教育センター
北海道立教育研究所
北海道農業協同組合学校
文京台南町公園
札幌学院大学江別キャンパス
学生館
50年記念館
建学記念館
サンタクリーム
中町南(JR)
道道東雁来江別線
2番通
3番通
11丁目通
函館本線
札幌江別線
道央自動車道
鉄東線
文教通

28
70
35
野幌末広町
野幌町
野幌東町
東野幌本町
野幌松並町
野幌若葉町
緑ヶ丘
文京台緑町
西野幌
アリーナ
びっくりドンキー
コープさっぽろ
カーズ
ネッツ札幌
北野華苑野幌
野幌10(JR)
とがし小児科
ジャパンスイミングスクール
プロショップホダカ
函館本線
アウル内科
東野幌本町第一自治会館
セリオのっぽろ
トライアル
パルタウンのっぽろシティハウス
ロイヤルシャトー野幌
平賀内科
さいとう歯科小児歯科
川口眼科
東野幌青少年会館
ビッグハウス
サーム野幌
ガトー・ド・ノボロ
東野幌歯科
のっぽろ
野幌教会
江別泌尿器科
歌屋
アイシティ若葉台
わかば
野幌若葉小
すみえ歯科
ダイナム
野幌鉄南地区センター
小西歯科
白樺通りクリニック
野幌若葉局
野幌若葉自治会館
かわだ歯科
蓮香
陽林寺
ヤマト運輸
若葉町西(JR)(タ)
若葉団
伊達屋敷
丹波屋
道央自動車道
E5
野幌PA
東西野幌中継ポンプ場
RTNパークハイツ
雪印種苗技術研究所
国際交流センター
北海道情報技術研究所
北海道情報大
体育館
松尾記念館
林木育種センター北海道育種場
北海道林木育種場旧庁舎
大学附属動物医療センター
桜沢貯水池
道立自然公園野幌森林公園
憩の森
ホッケー場
テニス
陸上競技場
陶芸の里セラミックアートセンター
コロポックル山荘
森林
総合体育館
野幌運動公園(JR)
道道野幌総合運動公園線
野幌総合運動公園
大沢園地
大沢貯水池
野球
ラグビー

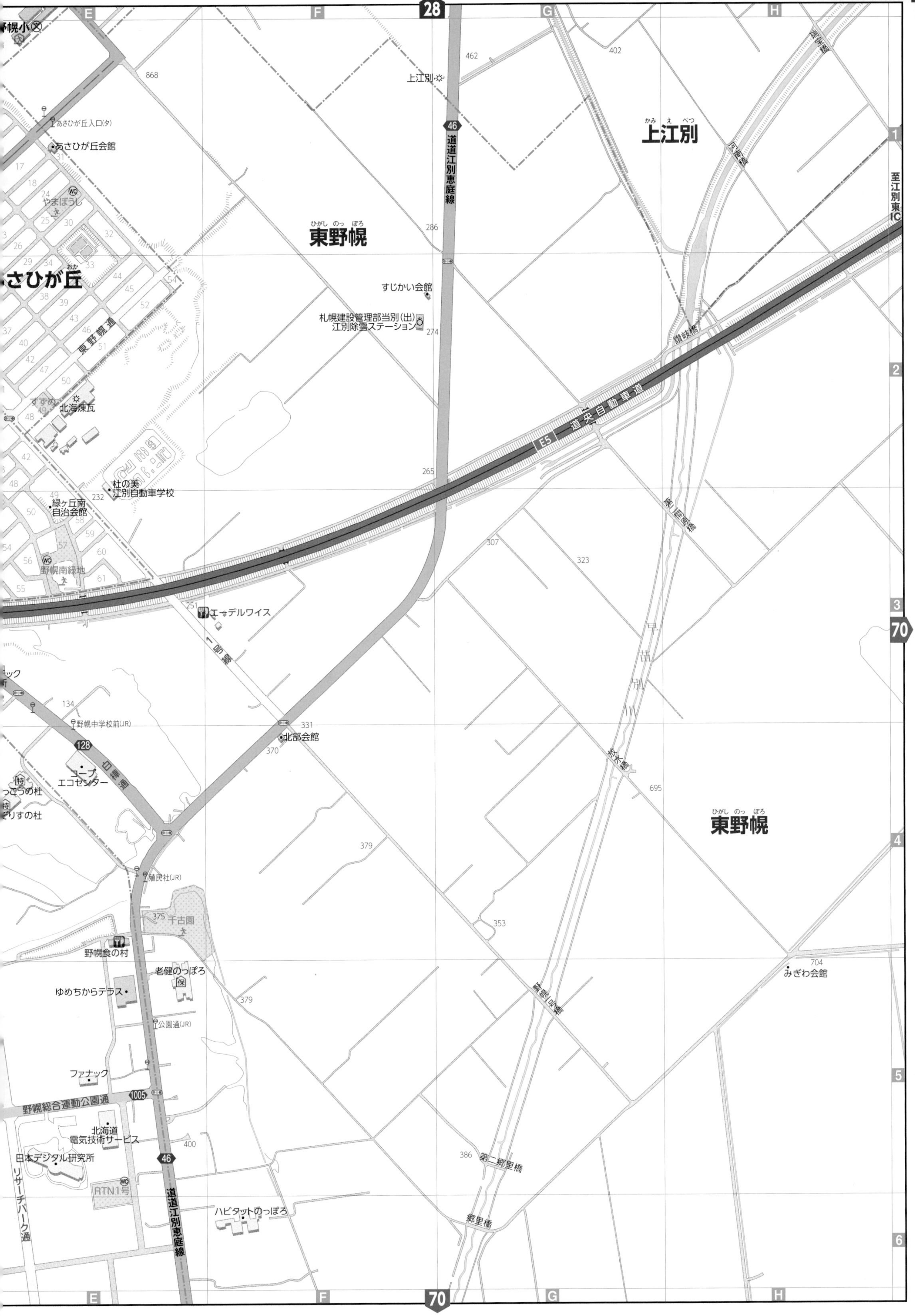
28
E
F
G
H
幌小
868
462
402
上江別
46
道道江別恵庭線
かみ え べつ
上江別
あさひが丘入口(タ)
あさひが丘会館
至江別東IC
やまぼうし
ひがし のっ ぽろ
東野幌
286
おか
さひが丘
すじかい会館
札幌建設管理部当別(出)
江別除雪ステーション
274
東野幌通
すずめ
北海煉瓦
E5
道央自動車道
265
杜の美
江別自動車学校
232
緑ヶ丘南
自治会館
307
323
野幌南緑地
251
エーデルワイス
70
134
野幌中学校前(JR)
331
北部会館
370
128
コープ
エコセンター
695
ひがし のっ ぽろ
東野幌
379
屯田兵村
353
千古園
野幌食の村
704
みぎわ会館
老健のっぽろ
ゆめちからテラス
379
公園通(JR)
ファナック
1005
野幌総合運動公園通
北海道
電気技術サービス
400
日本デジタル研究所
386
第二郷里橋
RTN1号
リサーチパーク通
ハビタットのっぽろ
郷里橋
1
2
3
4
5
6
70

30
43
70
A
B
C
D
1
2
3
4
5
6
平和自然園
平和の杜
平和自然園トライアル
北電西野
平和
西区
西野
この実支援センター
サイクリングロード
平和渓流
1条11丁目
平和1条
平和ポンプ場前(JR)
平和病院
手稲右股通
手稲平和ポンプ場
エル・クオール平
2条11丁目
平和サイクル橋
平和橋
平和の滝入口(JR)
平和リハビリテーション病院
永峰橋
錦水橋
平和丘陵
卍奉納龍神堂
平和の滝
琴似発寒川
永峰沢川
手稲平和霊園
手稲平和霊園管理(事)
配水池
北海道ガソン
平和
宮城沢川
354
373
398
420
435
969
975
325
319
306
335
387
365
471
447
505
584.9

1：10,000 0 500m

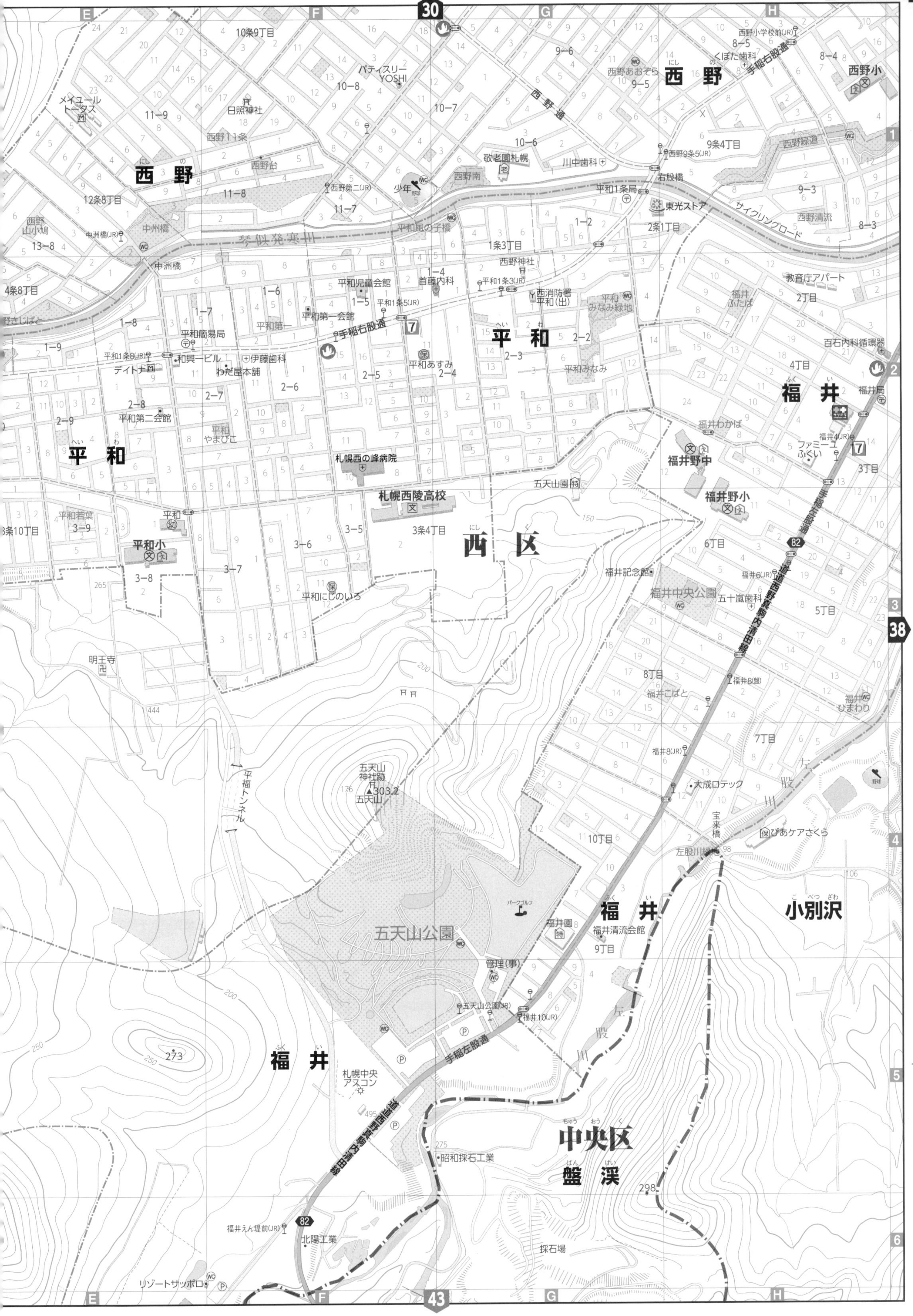

西野
西野
平和
平和
福井
福井
福井
西区
中央区
盤渓
小別沢
西野小
平和小
福井野中
福井野小
札幌西陵高校
札幌西の峰病院
五天山公園
五天山
303.2
五天山神社跡
平福トンネル
手稲右股通
手稲左股通
道道西野真駒内清田線
西野通
西野緑道
サイクリングロード
琴似発寒川
左股川
東光ストア
平和1条局
福井局
西野11条
西野台
西野南
中洲橋
右股橋
宝来橋
日照神社
西野神社
明王寺
五天山園
福井記念館
福井中央公園
福井清流会館
札幌中央アスコン
昭和採石工業
北陽工業
採石場
リゾートサッポロ
大成ロテック
パティスリーYOSHI
メイユールトータス
デイトナ
和興ビル
わだ屋本舗
伊藤歯科
首藤内科
くぼた歯科
川中歯科
五十嵐歯科
百石内科循環器
ファミーユふくい
ぴあケアさくら
平和児童会館
平和第一会館
平和第二会館
平和簡易局
敬老園札幌
西消防署平和(出)
平和みなみ緑地
教育庁アパート
管理(事)
福井園
平和あすみ
平和やまびこ
平和にじのいろ
平和若葉
平和みなみ
西野あおぞら
西野清流
福井わかば
福井ふたば
福井こばと
福井ひまわり
西野山小鳩

札幌市(宮の森・円山)

31
37
43
西野
西野小
西野ふれあい広場
7条1丁目
8条1丁目
西野8条3(JR)
西野8条3(盤)
西野真駒内清田線
左股橋
サイクリングロード
月山橋
手稲左股通
小別沢
築山ゴルフ練習場
福井
福井2(JR)
後藤歯科
ふくい会館
福井さくら
福井緑地
西区
188
御嶽神社
ペット霊園 やすらぎの丘
小別沢会館
小別沢トンネル
自然歩道 三角山・盤渓ルート
354
225
156
花園学院
3条12丁目
緑ヶ丘療育園
コスモ山の手
山の手草ぶえ公園
主要市道南19条宮の沢線
パークマ山の手
山の手1条11(JR)
2条12丁目
1条13丁目
禎心会ケアセンター山の手
山の手
札幌育成園
琴似平和学園
428
442
三角山
311.0
宮の森病院
宮の森保
えん保
鳳凰寺
中央区
宮の森高台配水池
クリスタルハウス
札幌オリンピックミュージアム
荒井山
185
大倉山ジャンプ競技場(JR)
大倉山ジャンプ競技場
運営本部
大倉山
307
宮の森
相生坊
札幌聖心女子学院(JR)
大倉山ジャンプ競技場入口(盤)
らくら宮
2条16丁目
札幌聖心女子学院中・高
ロジェ宮の
ノースピア宮の森
宮の森第2ポンプ
宮の森2条16(JR)(盤)
聖恩寺
レジデンス宮の森
宮の森2条17(JR)(盤)
札幌明日佳病
宮の森1条18(盤)
宮の森シャンツェ前(盤)

31

G

山の手

宮の森

宮ヶ丘

宮の森

宮ヶ丘

中央区

円山

円山
225.0

円山公園

宮の森　**円山西町**

円山西町

円山西町

双子山

界川　**旭ヶ丘**

札幌西高校

札幌西高校

北海道神宮

円山動物園

円山競技場
(円山スケート場)

円山総合運動場

円山公園

大倉山小

大倉山小

旭山記念公園

43

32
44
38
中央区
札幌龍谷学園高校
道立近代美術館
札幌医科大学
札幌医科大学附属病院
北星学園女子中学高等学校
札幌大通高校
札幌市資料館
中央区役所
(建替えの為仮庁舎へ移転)
北大植物園
知事公館
道立三岸好太郎美術館
円山
旭ケ丘
円山小
二条小
緑丘小
啓明中
幌西小
緑丘公園
北海道札幌視覚支援学校
道道宮の沢北1条線
北1条・宮の沢通
大通
西18丁目
西11丁目
円山公園
道道西野白石線
主要市道 旭山公園米里線
菊水・旭山公園通
主要市道南19条宮の沢線
環状通
道道下手稲札幌線
西20丁目通
西16丁目通
道道桑園停車場線
桑園・発寒通
福住・桑園通
石山通
1図
2図

1：10,000 0 500m

さっぽろ
大通
すすきの
豊水すすきの
バスセンター前
中島公園
学園前
北海道庁
北海道庁旧本庁舎（赤レンガ）
北海道警察本部
札幌市役所
時計台
テレビ塔
大通公園
札幌市民交流プラザ
サッポロファクトリー
中島公園
豊平区
白石区
菊水
豊平
旭町
水車町
平岸
北海学園大学
北海高校
北海学園札幌高校
資生館小
中島中
旭小
中央小
パルコ
三越
丸井今井
札幌コンサートホール「Kitara」
北海道立文学館
豊平川緑地
南七条大橋
南大橋
菊水・旭山公園通
月寒通
主要市道真駒内篠路線
創成川通
豊平川

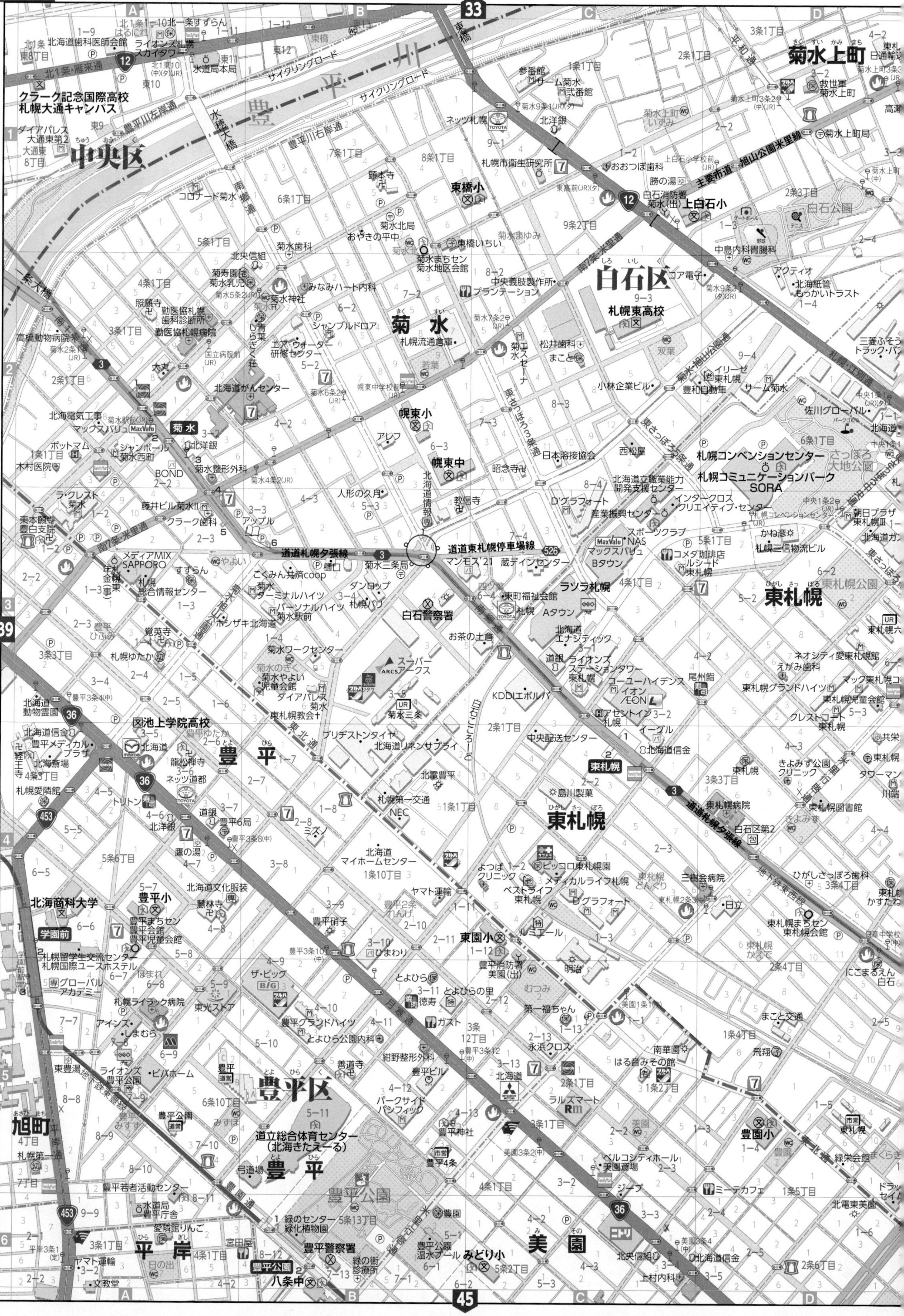

33
39
45
中央区
白石区
豊平区
菊水
菊水上町
東札幌
豊平
美園
平岸
旭町
豊平川
北1条・雁来通
豊平川左岸通
豊平川右岸通
サイクリングロード
水穂大橋
東橋
一条大橋
南7条・米里通
道道札幌夕張線
道道東札幌停車場線
主要市道・旭山公園米里線
菊水・旭山公園通
東北通
環状通
札幌・江別通
東北・の5丁目通
北海道情報大学
豊平公園
白石公園
東札幌公園
さっぽろ大地公園
クラーク記念国際高校
札幌大通キャンパス
札幌東高校
池上学院高校
北海商科大学
東橋小
上白石小
幌東小
幌東中
東園小
豊園小
みどり小
八条中
札幌コンベンションセンター
札幌コミュニケーションパークSORA
北海道がんセンター
道立総合体育センター
(北海きたえーる)
白石警察署
豊平警察署
菊水
東札幌
学園前
豊平公園

33
45
41
E
F
G
H
1
2
3
4
5
6
菊水上町
菊水元町
北郷
中央
本通
平和通
東札幌
白石区
本郷通
南郷通
栄通
函館本線・千歳線
道道札幌環状線
道道大麻東雁来線
札幌・江別通
道道札幌夕張線
環状通
北13条・北郷通
平和通
南郷通
白石駅
白石
白石区役所
北白石小
西白石小
白石小
東札幌小
南郷小
白石中
南白石小
クラーク記念国際高校札幌白石キャンパス
長野病院
白石中央病院
吉田記念病院
札幌白石記念病院
恵佑会札幌病院
白石区体育館
白石消防署
札幌市民防災センター
南郷丘公園
白生公園
クリーンサービス
すずらん商事
ロイヤルシティ菊水元町
ライラック菊水元町
フローリストサキ
ルートイン札幌白石
パーソナルハイツ北白石
愛北郷館
ライブラリ白石はな壱号館
野村内科
みんなの家Ⅱ
電器のいとう
はるやま
北郷ゴルフセンター
白石ロイヤルハイツ
メゾンドルチェ拾参番館
白石グランドハイツ
北海道LPガス協会
橋本総業
コープさっぽろ
文明堂直売店
トーソー白石中央寮
コロナード白石中央
ホリタイヤ館
藤光鋼材
時計台バス
トヨタ部品
池田食品
白石整形外科
餃子の王将
ロックペイント
望月寒橋
札幌MKタクシー
白石ポプラ園
白石中央福祉会館
エスカイア白石中央
ユーハイム
コープ白石中央
あすかHOUSE白石
ヴィラ札幌
白石明日佳病院
札幌北楡病院
札幌白石産婦人科病院
北海道渋沢物流
長登屋
トドック白石センター
アークスグループデリカセンター
白石興正
白石中央JR宿舎
やわらぎ斎場白石
イオル平和通
白石温水プール
プレースの森
へいわの郷
札幌法務局白石(出)
インドアゴルフサミー
ネッツ道都
クワザワ
びっくりドンキー
北海道バーガーキング
プリンス札幌
秀岳荘
ふじた眼科
北の星白石
バンバン
白石まちセン
白石会館
乗善寺
リベラーラ
白石中央通局
白石内科
ザ・ビッグ
北海道信金
広川内科
MINI札幌
北門信金
愛三番館
白石本通北局
太陽の子札幌白石
白石区第1
白石記念斎場
教照寺
空知信金
大橋眼科
白石中央自動車学園
健診センター診療所
コミュニティホーム白石
白石こどもクリニック
ネクサスコート白石南郷
白石南郷北局
白石南郷一局
札幌東クリニック
白石ガーデンプレイス
東光ストア
ラッキー
札幌千歳交通
プロノ
アサヒビール園
野村南郷
クリーンリバー白石南郷通
リラハイツ本郷通
フェアフィールド白石
アサヒビール
ファミール南郷
カトリック月寒教会
朝日プラザ南白石
大和交通
東洋交通
白石ビル
芽生コーポレーション
計量検査所
松田内科循環器
本郷会館
幌東病院
チサン本郷通
テレパレス
北郷メディカルビル
クレストコート白石
北海道聖書学院
札幌聖書キリスト教会
あさひガーデン
白石駅前会館
札幌ゴルフセンター
ファミール白石
ダイアナ白石
パートナーハウス
クリーンリバー白石
ピッグハウス
不二家
ビックリッキー
クリーンリバー白石Ⅱ
横山製粉
平和の森耳鼻咽喉科
ピアノ歯科
蕎傳
大豊湯
北郷会館
北郷あゆみ幼稚園
白石北郷局
産直生鮮市場
札幌中央信組
北白石まちセン
菊池歯科
北洋銀
道銀
整形外科内科沢口医院
北引接寺
セントポリア白石駅前
白石団地
白石共栄福祉会館
クリニ平和通クリ
柏ケ丘
ロバパン
アスク白石
深澤青果本郷市場
ディノス
北洋銀
幌東
大和
北洋銀
白石バスターミナル
地下鉄白石駅
道銀
北海道
望月大橋

札幌市(北郷・厚別西)

34
40
46
A
B
C
D
1
2
3
4
5
6
ライラック北郷
北白石小
北白石中
6条3丁目
きべ歯科
卸売スーパー
北郷通
ウィズハウス北郷
やまなか歯科
北洋美術工芸
北郷
ライオンズ北郷
北白石8条簡易局
北郷公園
北郷製作所
北郷瑞穂会館
北郷公園南通
いわはら歯科
8条10丁目
川北
川北橋
5条1丁目
札幌白石高校
川北小
川北中継ポンプ場
川北児童会館
4条1丁目
市営北郷
月寒川西通
3条1丁目
道央自動車道
北郷IC
ミッド北海道
伊藤園
5条5丁目
6条10丁目
4条4丁目
ウエスタン
北郷札幌
厚別通
北郷児童会館
北郷小
5条10丁目
北郷コスモス
2条1丁目
川北会館
白石川北簡易局
川北歯科
如来寺
北都
北郷医院
イーグル
とくしま歯科
えびすや
豊平川中継ポンプ場
札幌トヨペット
新北郷橋
主要市道厚別東北郷線
サニーライフ札幌白石
森銘木店
1条1丁目
北郷東会館
白石消防署北郷(出)
北郷ピノキオ
白石北郷東局
そねざき内科小児科
スポーツパーク ピヴォ
4条7丁目
4条10丁目
2条6丁目
岡田歯科
ホクトスポーツ
北都歯科
海天丸
北白石センター地区
CoCo壱番屋
すき家
コロナード北郷
リーベスト白石駅前
メゾンドルチェ白石壱番館
ピッコリーノ
メゾンドルチェ白石弐番館
マックスバリュ
弘栄堂
3条10丁目
北郷
北都小
北都公園
4条12丁目
ハードオフ オフハウス
北郷整形外科
北郷皮膚科
道道大麻東雁来線
北海道土質試験協同組合
北海道通運倉庫
朝日プラザ平和通
水源池通跨線橋
パーソナルハイツ北都
北郷こぶし
北都ホクの木
北電北郷
ヤマト運輸
大満寺
北東白石まちセン 北部地区会館
興亜第一交通 白石(営)
白石北郷2条局
北海道信金
歌屋
フローリスト サキ
函館本線・千歳線
ハウスオブリザ白石
月寒川雨水ポンプ場
平和通
柏丘中
札幌白石郵便局
柏丘児童会館
愛隣館第二
平和通公園
サンシャイン白石
クリーンライン大宝
白石本通墓地
カトリック墓地
江別ハイヤー
あさひ
旭町内会館
共通物流センター
梅沢製麺
月寒鉄南橋
わらべや北海道
平和駅
柏山跨線人道橋
日本貨物鉄道
本通小
ひらい内科小児科
平和通
長田歯科
ハッピー
ほのか
田中金属
平和通り歯科
共通運送
札幌高速運輸
丸金佐藤水産
本通
かとう皮フ科
ダイソー
カローラ札幌
札幌
白石本通10(JRバス)
スシロー
ケアハウス桜
白石本通局
平和通
マルハン
大谷地IC
柏会館
274
12
864
E5

1：10,000 0 500m

34
46
42
白石区
川下
厚別西
厚別町山本
厚別区
厚別町小野幌
流通センター
厚別中央
川下公園
リラックスプラザ
ライラックの森
川下八幡宮
山本栄橋
山本北橋
テクノレンタル技術開発センター
北村建具製作所
厚別水再生プラザ
山本会館
極東運輸
北海道札幌養護学校
北海道札幌厚別高校
厚別川雨水ポンプ場
桜台いちい
厚別桜台会館
東川下小
東川下公園
厚別通小
厚別西小
厚別西公園
厚別いなり公園
トライアル
主要市道厚別東北郷線
道道大麻東雁来線
北13条・北郷通
函館本線
千歳線
厚別駅
厚別鉄北橋
山本通
信濃小
札幌貨物ターミナル駅
札幌団地倉庫
コンテナセンター
ほくやく
山元
大谷地流通団地集積緑地

厚別水再生プラザ
厚別町山本
野津幌川雨水ポンプ場

札幌市
厚別区
厚別町小野幌

厚別北中
野津幌川

大麻高校
北電大麻
スーパーアークス
大麻
ひかり町
佐久間歯科
大麻西町
大麻まんまる

大麻扇町
ラーメン山岡家
浅井記念
江別市
文京台
札幌学院大学
平和マネキン
スポーツ研究センタ
学生館
総合

厚別北
厚別北森林中央
そらいろこども
クリニック
厚別通り歯科
厚別北わんぱく
森林公園パークハウス
札幌あおば
厚別北にれの木

森林公園
西弐番街
森林公園パークハウス
ケーズデンキ
ダイゴロウZ
北海道
マイホームセンター
ヤマダ電機
SUBARU
記念塔歯科

厚別北小
厚別北
森林公園駅
厚別東駅前
厚別もえぎ
北海道
すたみな太郎

厚別東小
厚別東
啓成高校前
しまむら
アベイル
松井
ヴィルヌーブ
森林公園
カーズスポット
イリーゼ厚別
BIGMONE

北13条北郷通
神聖寺
厚別西児童会館
厚別なかよし

厚別西
エトワール新札幌
かりぶあつべつ
グランコート

41

KFC
アイブック
SEIYU
西友
ロイズ
たけだ皮膚科
スキンケアクリニック
エスセーナ
森林公園

函館本線

ヤマト運輸
UCC
サッポロウエシマコーヒー
有楽製菓
クワハラ
川西製陶所
モロゾフ
弁釜
チクレンミート
ハッピー

小野幌神社
札幌東税務署
六花亭
ヨコハマタイヤ
ヤンマー
サーム新さっぽろ
厚別園
厚別東まちセン
小野幌会館
みよしの
ガスト
自遊空間
ニチイケアセンター
記念塔病院
トリトン
吉野家
カーズ
厚別東
ダイソー
スポーツデポ
ゴルフ5
カトリック小野幌教会
厚別東児童会館
虹の森
カトリック
小野幌くりの木公園
厚別中

厚別東
サンシティ
新さっぽろ
新札幌聖陵ホスピタル
新札幌
プリンスハイツ
北海道
新札幌聖陵ホスピタル
厚別原始林通局
原始林会館
聖ニコラス教会
小野幌小

厚別中央
北海道札幌東商業高校
札幌北病院
新さっぽろ年金
厚別清掃工場跡地
つり具センター
下野幌
高台公園

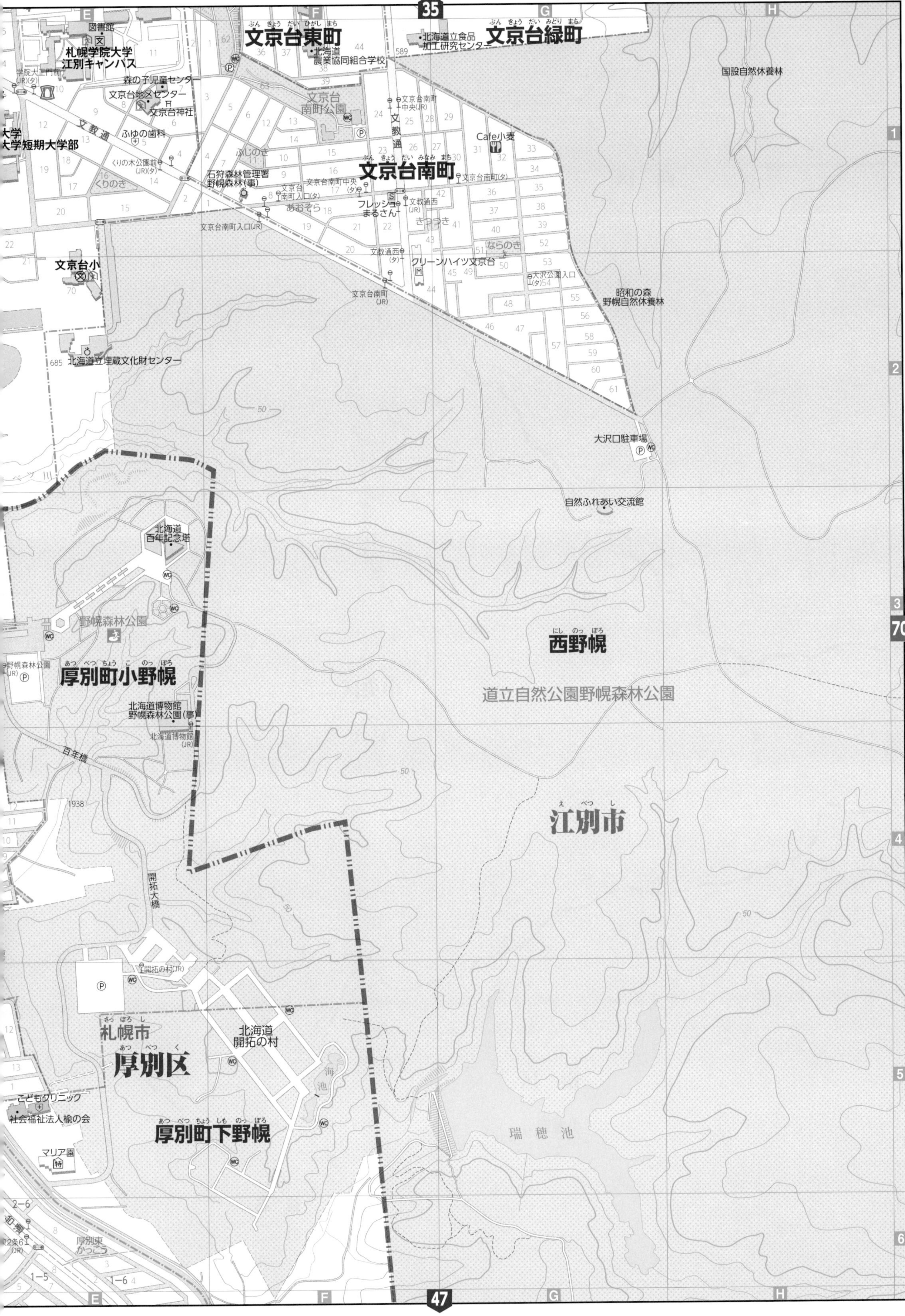
35
文京台東町
文京台緑町
北海道立食品加工研究センター
北海道農業協同組合学校
図書館
札幌学院大学江別キャンパス
学院大正門前(JR)(夕)
森の子児童センター
文京台地区センター
文京台神社
文京台南町公園
文京台南町中央(JR)
文教通
ふゆの歯科
くりの木公園前(JR)(夕)
くりのき
ふじのき
石狩森林管理署野幌森林(事)
文京台南町入口(夕)
文京台南町中央(夕)
あおぞら
文京台南町
フレッシュまるさん
文教通西(JR)
きつつき
文京台南町(夕)
Cafe小麦
ならのき
クリーンハイツ文京台
大沢公園入口(夕)
文教通西(夕)
文京台南町(JR)
文京台南町入口(JR)
文京台小
北海道立埋蔵文化財センター
国設自然休養林
昭和の森 野幌自然休養林
大沢口駐車場
自然ふれあい交流館
北海道百年記念塔
野幌森林公園
野幌森林公園(JR)
厚別町小野幌
北海道博物館 野幌森林公園(事)
北海道博物館(JR)
百年橋
西野幌
道立自然公園野幌森林公園
江別市
開拓大橋
開拓の村(JR)
札幌市
厚別区
北海道開拓の村
海池
こどもクリニック
社会福祉法人楡の会
マリア園
厚別町下野幌
瑞穂池
和
厚別東かっこう
70
47
E
F
G
H

札幌市(盤渓・北ノ沢)

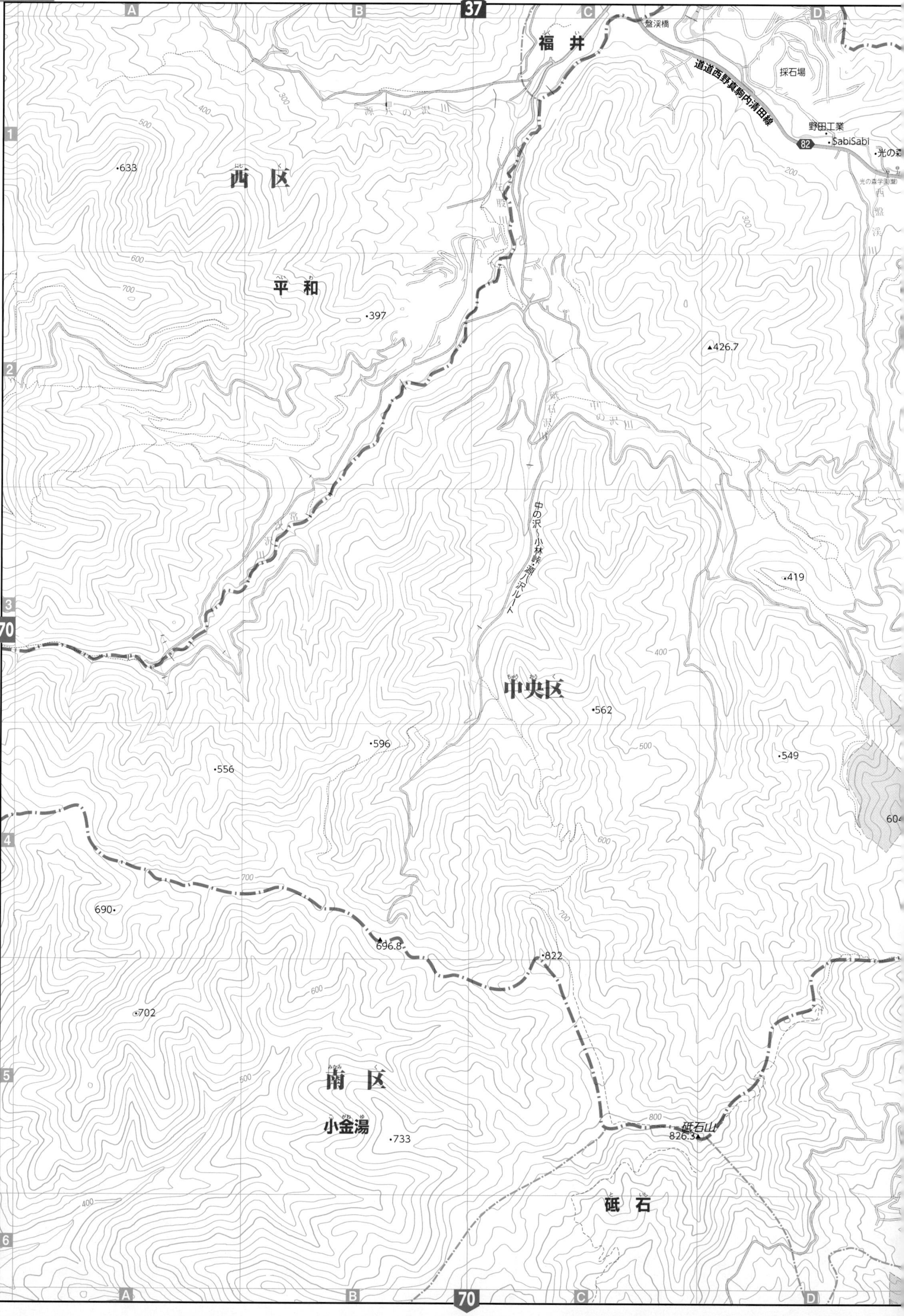

37
70
盤渓橋
福井
道道西野真駒内清田線
採石場
野田工業
SabiSabi
82
光の森
光の森学園(盤)
西盤渓川
西区
平和
•633
•397
▲426.7
中の沢～小林峠・源八沢ルート
•419
中央区
•562
•596
•556
•549
604
690•
▲696.8
•822
•702
南区
小金湯
•733
砥石山
826.3▲
砥石
300
400
500
600
700
200
800

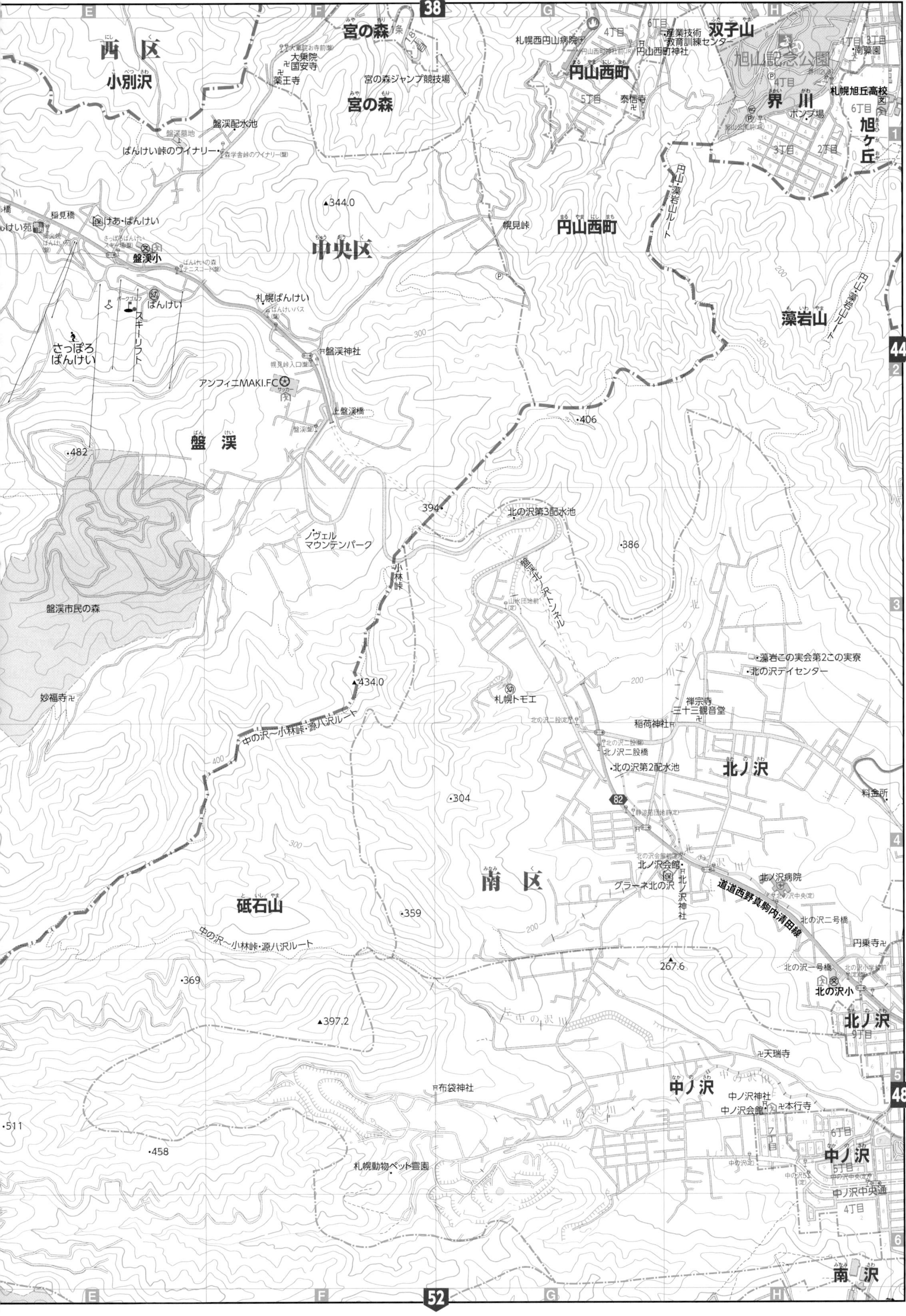
38
西区
小別沢
盤渓墓地
盤渓配水池
ばんけい峠のワイナリー
宮の森
大乗院
国安寺
薬王寺
宮の森ジャンプ競技場
宮の森
札幌西円山病院
円山西町
4丁目
6丁目
5丁目
円山西町神社
泰信寺
産業技術
教育訓練センター
双子山
旭山記念公園
界川
4丁目
札幌旭丘高校
6丁目
ポンプ場
3丁目
2丁目
旭ケ丘
4丁目
3丁目
南築園
円山・藻岩山ルート
344.0
稲見橋
けあ・ばんけい
盤渓小
ばんけい
スキーリフト
さっぽろばんけい
中央区
幌見峠
円山西町
札幌ばんけい
盤渓神社
アンフィニMAKI.FC
上盤渓橋
藻岩山
44
406
482
盤渓
394
北の沢第3配水池
ノヴェルマウンテンパーク
小林峠
386
盤渓市民の森
北ノ沢トンネル
藻岩この実会第2この実寮
北の沢デイセンター
434.0
札幌トモエ
妙福寺
禅宗寺
三十三観音堂
稲荷神社
中の沢～小林峠・源八沢ルート
北ノ沢二股橋
北の沢第2配水池
北ノ沢
料金所
304
82
北ノ沢会館
北ノ沢病院
道道西野真駒内清田線
北ノ沢神社
グラーネ北の沢
砥石山
南区
359
北の沢二号橋
円乗寺
中の沢～小林峠・源八沢ルート
267.6
北の沢一号橋
北の沢小
369
397.2
北ノ沢
9丁目
天瑞寺
布袋神社
中ノ沢
中ノ沢神社
本行寺
中ノ沢会館
6丁目
中ノ沢
5丁目
中ノ沢中央通
4丁目
511
458
札幌動物ペット霊園
南沢
48
52
E F G H
1 2 3 4 5 6

39
48
43
中央区
南区
伏見
旭ヶ丘
藻岩山
藻岩山原始林
札幌旭丘高校
旭ヶ丘ポンプ場
中華人民共和国総領事館
エルムガーデン
カルム旭ヶ丘
ライオンズ旭ヶ丘公園
JRバス啓明ターミナル
プリンスハイツ旭ケ丘
リーベンデール伏見
伏見タウンハウス
プレタメゾン伏見
慈啓会病院
中央区第2
観音寺
東方之光
ふしみグリエ
道道札幌環状線
ヒルサイドクラブ迎賓館
伏見稲荷神社
水質管理センター
藻岩浄水場
水道記念館
北海道札幌伏見支援学校
ビッグパレス伏見
妙法寺
伏見台ポンプ場
ローズガーデンクライスト教会
札幌平和塔
もいわ山ロープウェイ山麓駅
もいわ山ロープウェイ
グリーンライフ伏見
イエスキリスト教会
北海道郵政研修センター
交通局電車事業所
東本願寺北海御廟
山鼻祭典区会館
サニークレスト札幌
札幌外科記念病院
ケアメゾン山鼻2号館
タイヤ館
伏見中
伏見小
山鼻郵便局
伏見温泉
マカリイズマーケット
浄圓寺
藻岩グランドハイツ
リラハイツ伏見公園
ヴェルビュ伏見
ラルズマート
伏見ハウス
ライオンズ伏見第3
シティホーム山鼻
餃子の王将
らー麺ふしみ
フルーツケーキファクトリー
北大インターナショナルハウス伏見
聖マーガレット教会
幌西児童会館
ブックオフ
ステイツ南14条グランパレーヌ
マックスバリュ
札幌花園病院
北洋銀
あべ歯科
東本願寺山鼻支院
ヴィルヌーブ山鼻Ⅱ
米里・行啓通
南ビル
ロシア連邦総領事館
山鼻中央シティハウス
札幌山鼻整形外科
札幌いしやまクリニック
こひつじ
サウスガーデン山鼻
アートチャイルドケア札幌山鼻
エスアールエル
伏見内科
村形耳鼻咽喉科
中村歯科
きむら小児科
佛見寺
ヴィクトリア
南21条局
ひかり
バプテスト教会
平松記念病院
中央図書館
埋蔵文化財センター
山鼻中
山鼻サンタウン
山鼻福祉センター
山鼻児童会館
ディアハイム山鼻南
北海道循環器病院
札都個人タクシー協会
花まる
徳寿
藻岩山 ▲530.9
536.6
もいわ山頂駅（展望台）
もいわ中腹駅
藻岩山神社
ミニケーブルカー
藻岩無線中継所
藻岩山観光自動車道路
スキーリフト
札幌藻岩山
自然歩道
円山・藻岩山ルート
•377
旭丘高校前(JR)
慈啓会前(JR)
伏見町高台(JR)
南15条西19丁目
南19西16(JR)
電車事業所前
中央図書館前
ロープウェイ入口
南23西15
南27西14
西線14条
西線16条
西屯田通
福住・桑園通
ふしみ
啓明14−18
ネクサスコート旭ケ丘
洋服の青山
はせ小児科
伏見啓明整形外科
やわらぎ伏見別邸
伏見会館
南14条西局
N43
伏見こまどり
山鼻どんぐり

1：10,000
0
500m
38
39
40
43
44
45
48
49
39
48
45
中央区
豊平区
南区
中の島
平岸
澄川
主要市道真駒内篠路線
サイクリングロード
豊平川緑地
豊平川左岸通
豊平川右岸通
幌平橋
南19条大橋
南22条大橋
ミュンヘン大橋
精進橋
環状通
道道札幌環状線
道道西野白石線
白石・藻岩通
白石・中の島通
中の島通
平岸通
南22条通
福住・桑園通
中南ふれあい通
東屯田通
西7丁目通
札幌静修高校
札幌南高校
幌南小
柏中
中の島小
中の島中
平岸西小
平岸小
平岸中
北海道科学大学高校
豊成養護学校
南小
海学園大学
工学部
中央区第3
中の島まちセン
中の島会館
平岸まちセン
平岸会館
山鼻まちセン
山鼻会館
南平岸まちセン
南平岸会館
KKR札幌医療センター
北海道病院
仁楡会札幌病院
中島公園
中島庭球場
多賀殿
護国神社
中の島神社
三吉神社
相馬神社
精進河畔公園
天神山緑地
澄川墓地
藻岩下公園
ウォーターガーデン
寒地土木研究所
北海道水産研究所
公衆衛生検査センター
北海道自動車学校
陸上自衛隊札幌駐屯地
北部方面総監部
中央区リサイクルセンター
中央清掃(事)
南区土木センター
山鼻取水場
自衛隊官舎
北海道農政(事)
南22条西6丁目
南18条西6丁目
中の島駅
平岸駅
澄川駅
幌平橋駅
中の島一区町内会館
豊平老人福祉センター
中の島児童会館
天神山児童会館
北海道信金
空知信金
旭川信金
JA

40
44
49
平岸
豊平
美園
平岸
美園
月寒西
月寒西
西岡
豊平区
平岸
平岸霊園
南区
澄川
月寒公園
八条中
美園小
東山小
陵陽中
月寒小
南月寒小
平岸高台小
札幌平岸高校
平岸高台小・中
のぞみ分校
豊平区役所
豊平保健センター
豊平区民センター
豊平郵便局
美園まちセン
美園会館
美園児童会館
平岸児童会館
平岸郷土史料館
子どもの家
道道札幌環状線
道道西野白石線
主要市道羊ケ丘線
羊ケ丘通
白石・藻岩通
白石・中の島通
米里・行啓通
環状通
平岸通
豊平通
国道36号
国道453号
地下鉄南北線
地下鉄東豊線
平岸
南平岸
美園
坂下
高台
パークライフセンター
森のあそびば
ボート池
月寒神社
幸栄の里
北海道中央調理技術
高台病院
北樹会病院
札幌くりのみ
スクルドエンジェル月寒園
コープ野村月寒西
北海道整形外科記念病院
クレインパレス平岸
丸増平岸ハイツ
センチュリーハイム第3
メガエムズ1121
望羊橋
プレジオヤマザ西岡
水道局配水センター
メゾンドルチェ西岡
豊平区土木センター
パシフィック西岡
未来屋
イオン札幌西岡
ティアラ歯科
たまゆらの灯
ニチイケアセンター豊平
スイートデコレーション
トドック西岡センター
ヒューマンゴルフガーデン
平岸プール
ユアホール
セザール平岸台
きゃんぱす平岸
サニーヒルズ3番館
スポーツフィールドキャロット
メゾンドルチェ平岸第6
ロピア平岸
ロイヤルレインボー平岸
大徹寺
平岸霊園管理(事)
納骨堂
札幌霊堂
札幌斎場
リーベスト南平岸
GSハイム平岸
エルカミノヴィラ
チュリス澄川
札幌市子ども発達支援総合センター
札幌市子ども心身医療センター
コープ野村
北電澄川開閉所
第二かしわ学園
メゾンドルチェ平岸第3
札幌市博物館活動センター
ナカビシグランドハイツ
平岸グランドハイツ
PL教団
ボーイスカウト会館
東急ドエル
東山グランドハイツ
根本耳鼻咽喉科
マックスバリュ
南平岸内科
ひらぎし幼稚園
愛隣館東山
東急ドエルアルス平岸台
パシフィックヒルタウンサッポロ
エメラルドグリーンヒルズ平岸
勤医協うめの花
平岸高台会館
極楽寺
むすめやホール平岸
平岸パールハイム
南平岸パール
平岸6条局
グランドハイツ
ひらぎし環状通
コートドール
札幌白ゆり
平岸四区会館
ふなはし内科消化器科
平岸5条局
南部市税(事)
レジデンス豊陵
札幌中央信組
古山小児科内科
第1福祉会館
ステイツ豊平公園
光明寺
地域交流サロンひらげし
平岸本町内科
わかばやし内科
平岸ハイヤー
平岸3条局
文教堂
経専音楽放送芸術
経専調理製菓
ザ・ビッグ
エターナルニシヤ
ファミール豊平公園II
ビッグリッキー
プレステージ豊平公園
アルス豊平公園
美園産婦人科小児科
華岡青洲記念病院
カローラ札幌
吉野家
豊龍寺
望月湯
美園局
美園医院
麺屋彩未
北電美園
宮の森珈琲
公務員宿舎
佐々木内科病院
光ハイツ・ヴェラス月寒公園
勤医協月寒ファミリークリニック
ビルボード月寒公園
ペルル月寒公園
月寒公園グランドハイツ
ドミローレル栗の実
月寒そらいろ
幸栄の里つきさっぷの丘
メゾンドルチェ月寒公園西
月寒忠霊塔
オリンピア月寒公園
月寒墓地
シティオ月寒公園
はせがわ内科
ファミール月寒
北新自動車
西岡北
西岡
西岡2条局
西岡さんかく
大照湯
サンライズ
豊平区第2
第33藤井ビル
北洋銀
平岸パーク
ロイヤルすずむしホスト
道銀
豊平整形外科
三野歯科
ドエルさっぽろ
シャトーひらぎし
カーズ
ウエスタン
ペルル
みよしの
遊鶴
コープさっぽろ
マックスバリュ
梶南学園
じゅげむ
松竹湯
パストラルハイム平岸
くりのみ
カーサ・アシュウ
朝日プラザ平岸台
内科・胃腸科平岸台クリニック
リョービ
メゾンドルチェ平岸
ベルコ平岸シティホール
平岸高台公園
平岸ほうず山
平岸あさかお
平岸はごろも
平園公園
南美園
美園さかえ
月寒さくらんぼ
平岸南緑地
平和公園

1：10,000 0 500m

本通
本郷通
南郷通
栄通
平和通
本通
南郷通

白石区
豊平区
清田区

月寒東
北野

大谷地IC
大谷地小
平和通小
東白石小
東白石中
大谷地たかだ
しらかば台小
東月寒中

恵佑会第2病院
ヤマダ電機
ロピア白石本通
白石東公園
東光ストア
コープさっぽろ
KFC
文教堂
イーワンスタジアム

道央自動車道
274
E5
41
45
50
7
12

1：10,000 0 500m

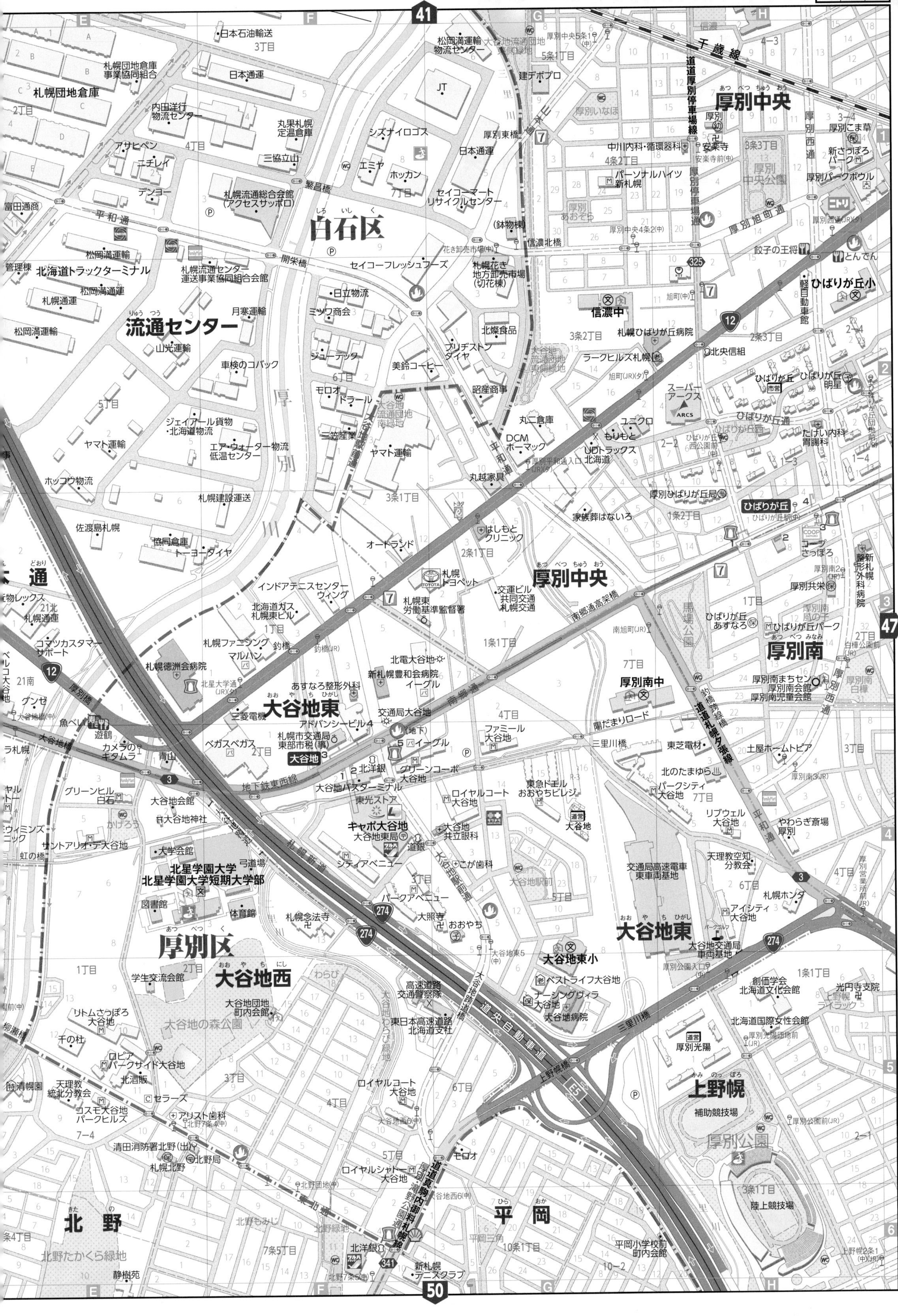

41
白石区
厚別中央
流通センター
厚別中央
大谷地東
厚別区
大谷地西
大谷地東
厚別南
上野幌
北野
平岡
札幌団地倉庫
日本石油輸送
札幌団地倉庫事業協同組合
日本通運
内田洋行物流センター
丸果札幌定温倉庫
アサヒペン
ニチレイ
三協立山
デンヨー
札幌流通総合会館(アクセスサッポロ)
富田通商
平和通
松岡満運輸
管理棟
北海道トラックターミナル
札幌流通センター運送事業協同組合会館
松岡満運輸
札幌通運
月寒運輸
山光運輸
車検のコバック
ジェイアール貨物・北海道物流
エア・ウォーター物流低温センター
ヤマト運輸
ホッコウ物流
札幌建設運送
佐渡島札幌
協同倉庫
トーヨーダイヤ
松岡満運輸物流センター
JT
シズナイロゴス
エミヤ
ホッカン
セイコーマートリサイクルセンター
日本通運
厚別東橋
緊昌橋
開栄橋
セイコーフレッシュフーズ
日立物流
ミツワ商会
ジューテック
美鈴コーヒー
モロオ
ドラール
三笠産業
ヤマト運輸
札幌花き地方卸売市場(切花棟)
北燦食品
ブリヂストンタイヤ
昭産商事
丸二倉庫
DCMホーマック
丸越家具
建デポプロ
千歳線
道道厚別停車場線
厚別停車場通
中川内科・循環器科
安楽寺
パーソナルハイツ新札幌
厚別中央公園
厚別こま草
新さっぽろパーク
厚別パークボウル
ニトリ
厚別旭町通
餃子の王将
とんでん
ひばりが丘小
信濃中
札幌ひばりが丘病院
ラークヒルズ札幌
北央信組
スーパーアークス
ひばりが丘通
ユニクロ
もりもと
UDトラックス北海道
たけい内科胃腸科
厚別ひばりが丘局
家族葬はないろ
ひばりが丘
コープさっぽろ
整形外科病院
はしもとクリニック
オートランド
札幌トヨペット
交運ビル 共同交通 札幌交通
札幌東労働基準監督署
インドアテニスセンターウィング
北海道ガス札幌東ビル
札幌ファニシング
マルハン
札幌徳洲会病院
厚別橋
馬場公園
南郷通高架橋
厚別南中
陽だまりロード
道道札幌夕張線
ひばりが丘あすなろ
厚別南まちセン
厚別南会館
厚別南児童会館
北電大谷地
新札幌豊和会病院
イーグル
あすなろ整形外科
交通局大谷地
アドバンシービル4
札幌市交通局東部市税(事)
大谷地
三菱電機
ベガスベガス
カメラのキタムラ
青山
グリーンヒル白石
ファミール大谷地
三里川橋
東芝電材
土屋ホームトピア
北洋銀
グリーンコーポ大谷地
地下鉄東西線
大谷地バスターミナル
東光ストア
キャポ大谷地
大谷地東局
道銀
シティアベニュー
ロイヤルコート大谷地
大谷地共立眼科
こが歯科
東急ドエルおおやちビレジ
北のたゆら
パークシティ大谷地
リブウェル大谷地
やわらぎ斎場厚別
天理教空知分教会
大谷地会館
大谷地神社
大学会館
北星学園大学
北星学園大学短期大学部
図書館
体育館
札幌新道
パークアベニュー
大照寺
おおやち
札幌念法寺
大谷地東小
ベストライフ大谷地
ナーシングヴィラ大谷地
大谷地病院
交通局高速電車東車両基地
大谷地交通局車両基地
札幌ホンダ
アイシティ大谷地
創価学会北海道文化会館
光円寺支院
上野幌ライラック
北海道国際女性センター
厚別光陽
学生交流会館
大谷地町内会館
大谷地の森公園
高速道路交通警察隊
東日本高速道路北海道支社
道央自動車道
三里川橋
上野幌橋
リトムさっぽろ大谷地
千の杜
ロピア パークサイド大谷地
北酒販
天理教統北分教会
セラーズ
コスモ大谷地パークヒルズ
アリスト歯科
清田消防署北野(出)
北野局
札幌北野
ロイヤルコート大谷地
モロオ
ロイヤルシャトー大谷地
道道真駒内御料札幌線
補助競技場
厚別公園
陸上競技場
平岡小学校前町内会館
北洋銀
新札幌テニスクラブ
北野たかくら緑地
静樹苑
北野もみじ
北野緑地
大谷地わらび緑地
47

札幌市（新札幌駅・もみじ台）

42
厚別町下野幌
厚別区土木センター
もみじ台ポンプ場
北星学園大学附属高等学校
ディ・グリューネン
札幌市
厚別区
アイシン・ソフトウェア
セイコーエプソン札幌ソフトセンター
北海道オフィス・システム
下野幌テクノパーク
明光札幌
澄丘神社
ビー・エム・エル
日本ユニシス
NTTデータMSE
イムラ・ジャパン
つうけん
西野幌
江別市
西野幌川
富士通札幌システムラボラトリ
札幌エレクトロニクスセンター
札幌テクノパーク
日本トータルシステム
エコニクス
セイコーシステム
ビーユージー
ウェルネット
道立自然公園野幌森林公園
厚別町下野幌
もみじ台北
もみじ台クリニック
南郷通
もみじ台北3
もみじ台幼稚園
国際高校本部校
もみじ中
サポーティもみじ台
札幌みづほ幼
もみじ台東1
だいいち
もみじ台東集会所
もみじ台東
ファミリークリニックこころ
もみじの丘小
もみじ台ファミリー歯科
もみじ台東公園
もみじ台東3
もみじ台南2
もみじ台東5
もみじ台南4
もみじ台ふれあい児童会館
もみじ台オアシス教会
もみじ台南
熊の沢南二号橋
光生舎ゆいまーる・もみじ台
ホクノー
もみじ台南局
せんば内科
もみじ台南公園
厚別青葉通
サイクリングロード
もみじ台通
小野津幌川
もみじ台南中
もみじ台南側緑地
カッコウコース
西野幌
小林牧場
北広島市
西の里
札幌日本大学高校寄宿舎
西の里第1ポンプ場
西の里東
西の里北
西の里きらきら
西の里団地
西の里公園
西の里白樺通
虹ヶ丘会館
70
51

44
43
53
札幌藻岩山
5合目展望台
スキーリフト
藻岩山観光自動車道路
藻岩下
スキー場管理（事）
スキーロッジ
藻岩山スキー神社
藻岩下第2ポンプ場
神霊教藻岩山教会
自然歩道 円山・藻岩山ルート
北電藻岩発
トドック札幌南
藻岩下第1ポンプ場
花論珈琲茶房
藻岩下こぶし
札幌藻岩シャローム教会
南37条西11丁目
南38条西11丁目
札幌トヨペット
ネッツ札幌
五輪橋マタニティクリニック
南39条西11丁目
石山通
カーズ
藻岩山
南区
北ノ沢
道路管理事務所
北の沢第三町内会館
福祉会体育館
ドリームハウス
北ノ沢高台配水池
シルバーハウス
前田記念福祉会
北の沢第3やまばと
北電総合研修センター
サンシティー藻岩
北ノ沢公園
北の沢山の子
北の沢みはらし
パームヒル藻岩
ルーベデンス藻岩A
カーサ藻岩台
かわぞえ
暖龍
北海道製菓
川沿脳神経外科
はるやま
ブックオフ
道銀
北の沢4号橋
北の沢橋
北の沢上の橋
道道西野真駒内清田線
北の沢3号橋
北の沢さかちび
すみだ歯科
なりたクリニック
もいわ内科
南消防署川沿（出）
南札幌脳神経外科
川沿局
第2もなみ
藻岩北小
藻岩北会館
ゴールデン大宝
泉橋
五輪通
川沿
藻岩白樺会館
中の沢川
中ノ沢公園
ホクレンショップ
藻岩グリーン橋
フレンドリハウスかわぞえ
瑞現寺別院
川西橋
中の沢橋
北ノ沢第1ポンプ場
水道局川沿庁舎
中村記念南病院
アカシヤコート藻岩
北海道札幌藻岩高校
北洋銀
AEON イオン
コナミスポーツクラブもいわ
五輪大橋
五輪橋整形外科病院
札幌共立五輪橋病院
札幌ゴルフ館
ニュー真駒内ゴルフセンター
セカンドストリート
真駒内
豊平川さけ科学館
雪華の像
親子の像
真駒内公園
真駒内公園屋外競技場（真駒内セキスイハイムスタジアム）
藻岩グリーンアベニュー
中ノ沢中央通
NIPPOビル
アイビーハイム藻岩
fクリニックさっぽろ
中ノ沢
中ノ沢かえで
中ノ沢南沢通
アームズ虹が杜
南沢
藻岩神社
ロピア川沿中央
川沿湯
創価学会札幌南文化会館
南区体育館
アパホテル&リゾート札幌
ニレミックス
ファーストコート藻岩台
ライオンズ藻岩南
もなみ
パシフィック藻岩
とんでん
ヤマダ電機
ニトリ
じょうてつバス川沿（営）
豊平川緑地五輪橋コース
リバーウエスト
田中光花園
北海市場
寿ハイヤー
じょうてつバス川沿サービスセンター
北海道計量検定所
もなみクリニック
川沿中央医院
230
82

1：10,000

0 500m

44
53
49
中の島
平岸
豊平区
澄川
真駒内本町
陸上自衛隊真駒内駐屯地
自衛隊札幌病院
真駒内
南区
真駒内東町
北海道
真駒内養護学校
真駒内曙町
真駒内公園小
真駒内曙中
真駒内公園屋内競技場
（真駒内セキスイハイムアイスアリーナ）
真駒内公園
光塩学園
女子短大
真駒内上町
札幌みなみの杜
高等支援学校
真駒内緑町
交通局高速電車
南車輌基地
道道西野真駒内清田線
澄川西小
澄川南小
主要市道真駒内篠路線
サイクリングロード
豊平川左岸通
豊平川右岸通
平岸通
中の島通
真駒内通
藻岩橋
澄川跨道橋
自衛隊前
澄川駅前局
南32条
南33条
南34条
南35条
南小
南区土木センター
札幌開建札幌河川(事)
豊平川ダム統合管理(事)
ミュンヘン高架橋
レッドバロン
札幌法務局南(出)
びっくりドンキー
ビバホーム
ビッグハウス
ユニクロ
新精進橋
豊進橋
キャッツアイ
福住・桑園通
澄川まちセン
澄川地区区会館
澄川ハイム
澄川メディカルビル
ビッグリッキー
北洋銀
小笠原記念澄川診療所
酒井内科消化器科
カローラ札幌
澄川局
経専北海道保育
ラピスタワー澄川
澄川図書館
札幌中央信組
南澄川パーク
エクセルシオール
アクアコート澄川
ステイツ澄川
林下病院
エスポワール山崎
ライオンズ澄川第二
アーバンハイツ
富田歯科
南消防署澄川(出)
東光ストア
南区第1包
じょうてつドエル真駒内
経専北海道どうぶつ
経専北海道観光
経専医療事務薬業
ノール真駒内
幸内科
慈恵橋
竹原歯科
まこまないサニープラザ
澄川公園シティハウス
札幌市交通資料館(高架下)
日豊寺
澄川南福祉会館
澄川南局
観音院
北電真駒内
教職員アパート
交通局高速電車真駒内
慧照寺
ローレルコート真駒内
北海道交通安全協会自動車学園
Vie真駒内本町
ジェイナス真駒内
真駒内児童会館
真駒内集会所
本町団地
じょうてつ藻岩(営)
真駒内局
ひまわり
南本町団地
マコマナイプラザ
アスカ
ダイアパレス
真駒内本町会館
真駒内神社
あけぼの
ロジェ真駒内
真駒内公園
チサン真駒内曙町
遊・Wing
ライオンズ真駒内公園
六花亭
グランドハイツ
附属
六花文庫
真駒内A
真駒内B
真駒内C
真駒内D
ラルズマート
真駒内聖母カトリック真駒内教会
真駒内湯
真駒内上町局
上町ビル
セファー真駒内公園
ルネ真駒内公園
アルファレックス真駒内公園
光ハイツ・ヴェラス真駒内公園
真駒内クリニック
札幌真駒内病院
ハイマート真駒内
ダイアパレス真駒内公園
柏丘ポンプ場
M棟五輪団地
パークハイム真駒内
五輪
南消防署
真駒内五輪記念公園
まこまないみどりまち
水源池通
澄川通
緑ケ丘きた
緑ケ丘なか
緑ケ丘にし
ロイヤルシャトー南33条
藻岩下まちセン
藻岩下地区会館
コメダ珈琲店
フォーシーズン南34条
自衛隊官舎
藻岩下キリストの教会
吉野家
寿湯
光信寺
南こども
五輪通
上町
光塩短大前

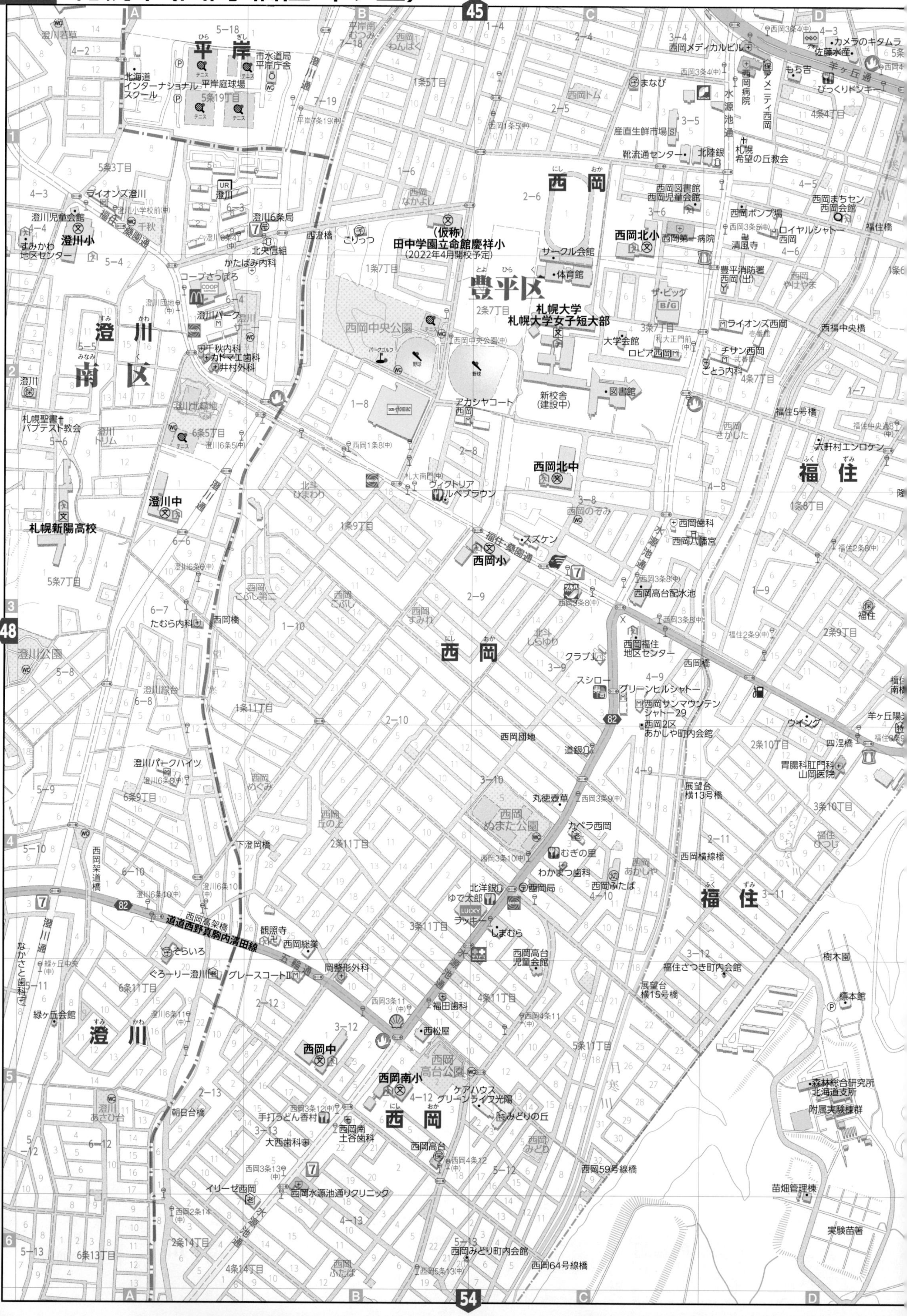

豊平区
澄川南区
西岡
福住

平岸
北海道インターナショナルスクール
市水道局平岸庁舎
平岸庭球場

澄川児童会館
すみかわ地区センター
澄川小
ライオンズ澄川
澄川6条局
北央信組
かたばみ内科
コープさっぽろ
千秋内科
カドマ工歯科
井村外科
札幌聖書バプテスト教会
澄川ドリム
澄川パークハイツ
澄川中
札幌新陽高校
澄川公園
澄川緑苑
澄川パークハイツ
緑ヶ丘会館
緑ヶ丘中央
なかさと歯科
ぐろ一リ一澄川
グレースコートII
澄川
朝日台橋
あさひ台

西岡中央公園
パークゴルフ
野球
Homac
アカシヤコート西岡
新校舎（建設中）
札大南門（中）
ヴィクトリア
ルペブラウン
西岡のぞみ
西岡北中
西岡小
福住・桑園通
スズケン
西岡高台配水池
西岡橋
西岡すみれ
北斗しらゆり
クラブ
スシロー
グリーンヒルシャトー
西岡サンマウンテンシャトー29
西岡2区あかしや町内会館
道銀
西岡団地
西岡ぬまた公園
丸徳壺華
カペラ西岡
むぎの里
わかまつ歯科
西岡ふたば
北洋銀行
ゆで太郎
西岡局
しまむら
ラッキー
西岡総業
観照寺
岡整形外科
西岡高架橋
道道西野真駒内清田線
そらいろ
西松屋
福田歯科
西岡高台児童会館
西岡中
西岡南小
ケアハウスグリーンライフ光陽
みどりの丘
西岡高台
手打うどん香村
大西歯科
西岡南土谷歯科
西岡
イリーゼ西岡
西岡水源池通りクリニック
西岡みどり町内会館
西岡64号線橋
西岡59号線橋
森林総合研究所北海道支所
附属実験棟群
標本館
樹木園
苗畑管理棟
実験苗畑

西岡メディカルビル
佐藤水産
カメラのキタムラ
もち吉
アメニティ西岡
びっくりドンキー
西岡病院
水源池通
産直生鮮市場
靴流通センター
北陸銀
西岡希望の丘教会
西岡図書館
西岡児童会館
西岡ポンプ場
西岡まちづくり
西岡会館
西岡北小
清風寺
ロイヤルシャトー
豊平消防署西岡（出）
西岡やはやま
ザ・ビッグ
ライオンズ西岡
西福中央橋
サークル会館
体育館
札幌大学
札幌大学女子短大部
大学会館
ロピア西岡
ごとう内科
チザン西岡
福住中央通
六軒村エンロケン
福住
西岡八幡宮
西岡歯科
福住5号橋
西岡さかした
福住中央橋
羊ヶ丘
ウイシグ
羊ヶ丘陽橋
四涅橋
胃腸科肛門科山岡医院
福住さつき町内会館
福住
展望台横13号橋
展望台横15号橋

1：10,000 0 500m

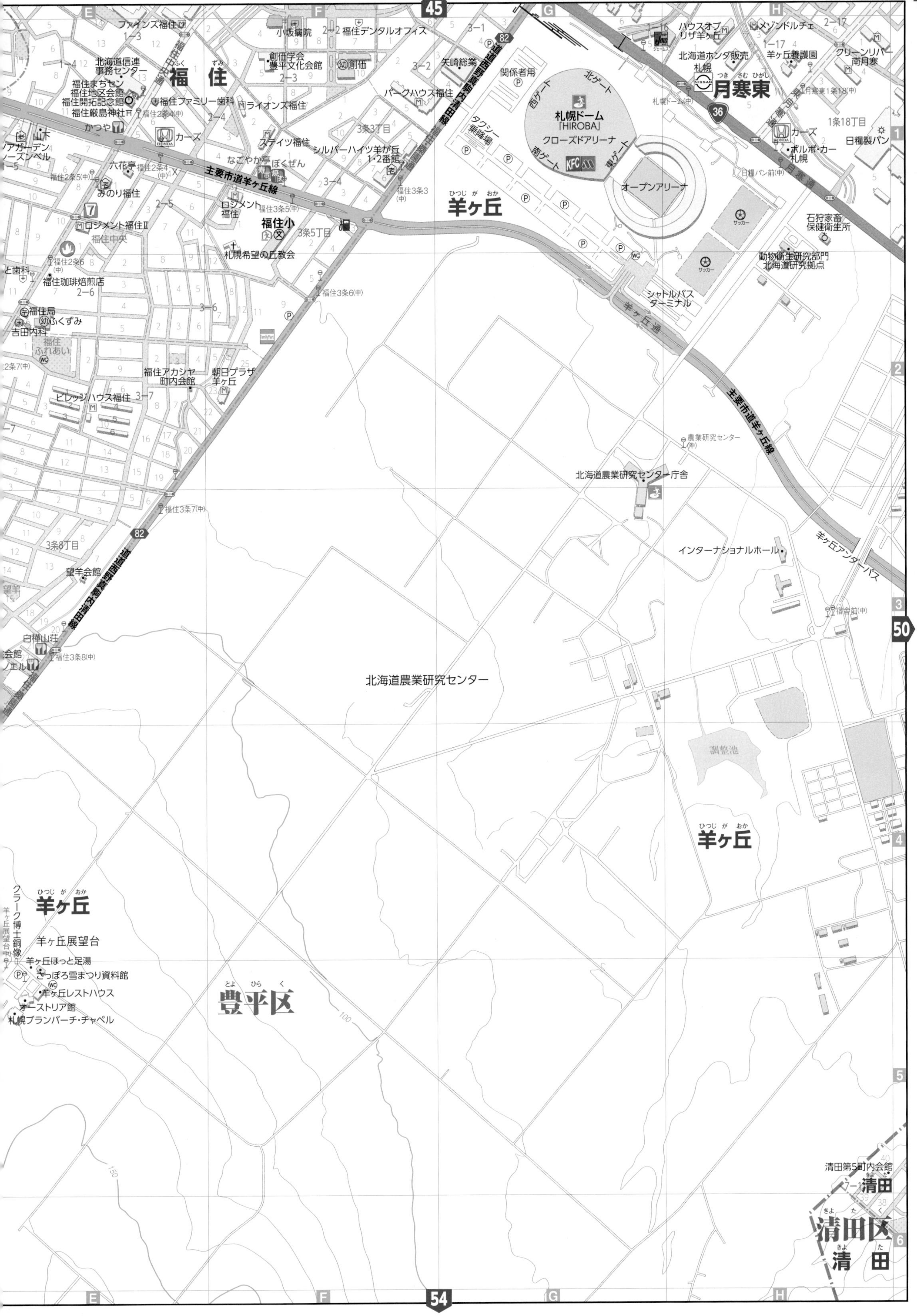

45
福住
ファインズ福住
北海道信連事務センター
福住まちセン
福住地区会館
福住開拓記念館
福住厳島神社
福住ファミリー歯科
カーズ
かつや
小坂病院
福住デンタルオフィス
創価学会豊平文化会館
創価
ライオンズ福住
パークハウス福住
矢崎総業
ステイツ福住
シルバーハイツ羊が丘1・2番館
なごやか亭
ぼくぜん
主要市道羊ヶ丘線
六花亭
みのり福住
ロジメント福住
ロジメント福住Ⅱ
福住小
札幌希望の丘教会
福住中央
福住珈琲焙煎店
福住局
ふくずみ
吉田内科
福住ふれあい
福住アカシヤ町内会館
朝日プラザ羊ヶ丘
ビレッジハウス福住
望羊会館
白樺山荘
道道西野真駒内清田線
関係者用
タクシー乗降場
札幌ドーム
「HIROBA」
クローズドアリーナ
西ゲート
北ゲート
南ゲート
東ゲート
オープンアリーナ
羊ヶ丘
シャトルバスターミナル
羊ヶ丘通
ハウスオブリザ羊ヶ丘
メゾンドルチェ
北海道ホンダ販売札幌
羊ヶ丘養護園
クリーンリバー南月寒
月寒東
1条18丁目
日糧製パン
カーズ
ボルボ・カー札幌
石狩家畜保健衛生所
動物衛生研究部門北海道研究拠点
北海道農業研究センター庁舎
インターナショナルホール
羊ヶ丘アンダーパス
北海道農業研究センター
調整池
羊ヶ丘
クラーク博士銅像
羊ヶ丘展望台
羊ヶ丘ほっと足湯
さっぽろ雪まつり資料館
羊ヶ丘レストハウス
オーストリア館
札幌ブランバーチ・チャペル
豊平区
清田第5町内会館
清田
清田区
清田
54

46
49
55
A
B
C
D
1
2
3
4
5
6
月寒東
豊平区
羊ヶ丘
清田
北野
清田区
清田
真栄
清田
真栄
札幌若葉
メゾンドルチェ月寒東弐番館
東月寒会館
日糧製パン
東月寒局
東月寒
ふれあいの里月寒東壱番館
月寒東弐番館
カーズ
三本コーヒー
豊平消防署東月寒（出）
札幌第一観光バス
つきさむ温泉
ロジェ羊ヶ丘
横浜植物防疫所札幌支所
金星自動車北野（営）
清田区第1
緑愛園
札幌緑愛病院
宿舎
北海道農業研究センター
園芸センター
主要市道羊ヶ丘線
羊ヶ丘通
月寒通
北野通
吉田川公園
羊ヶ丘歯科
豊平区体育館
西松屋
産直生鮮市場
ラブクローバー北野
北野ふれあい公園
北野児童会館
北野すずらん
北野まちセン
北野連合会館
アベイル
北野小
ひし丸
札幌杉の子
樋口歯科
スーパーアークス
北野通局
文教堂
むさしの森珈琲
ガヤ
ほし内科消化器科
クッチーナ
こだま耳鼻科
シンエイビル
北野通り眼科
北海道
北野にこにこ
北野平小
北野墓地
光園寺
コメダ珈琲店
ライジングテニスクラブ
北野中
サンコー情報処理センター
旬屋
コープ生活クラブ
パートナーハウス2号館
林自動車札幌
札幌清田高校
厚別川右岸通
厚別川左岸通
北野中央公園
厚別川緑地
北野サンタウン
高木橋
北野橋
清田公園
清田まちセン
清田区民センター
あしりべつ郷土館
BMW
札幌整形循環器病院
北野の四季
びっくりドンキー
大戸屋
サン内科外科
東京靴流通センター
願浄寺
玄番歯科
清田有楽町内会館
ヤマダ電機
清田区第2
三和交通
ネクステージ
北海道コカ・コーラプロダクツ
北海道コカ・コーラボトリング
セカンドストリート
幸クリニック
魚べい
卸売スーパー
フジカーズジャパン
ラッキー
カーズ
やわらぎ斎場清田
キャッツアイ
清田かっこう
アイシティ
ダイナム
絢ほのか
はるやま
札幌清田バッティングスタジアム
ひまわり
清田一号橋
厚別橋
宮田屋
清田小
清田せせらぎ
清田児童会館
あしりべつ病院
清田総合医療センター
札幌清田整形外科病院
ちゅうわ清田
ペイストリースナッフルス
キャッスル清田
羊ヶ丘通局
ライム歯科
吉野家
みよしの
日立物流センター
AOKI
清田老人福祉センター
業務スーパー
ビッグリッキー
札幌国際大学
札幌国際大短期大学部
清田中央公園
札幌国際大学付属
清田中央会館
サンウィング清田
鈴木内科
清田南小
南清田
りんご歯科
ダイイチ
クリーンリバー真栄
札幌清田病院
稚内信金
清田局
JA
アイシティ真栄
とんでん
道銀
カローラ札幌
清田中
清田青空
ダイヤワールド館
ベスト
GU
ユニクロ
スシロー
保育・子育て支援センター
ちあふる・きよた
にじいろ
美しが丘病院
真栄地区会館
真栄わんぱく
清田ライラック
羊ヶ丘教会
神愛園清田
清田桜ヶ丘
清田西公園
アルペ団地
清田トンネル
天理教北栄分教会
清田緑葉
北海道信金
清田南局
清田中央まちセン
清田中央児童会館
清田中央総合会館
光の泉
清田あさひ
清田すずめ
道道真駒内御料札幌線
36
7
341

46
55
51
厚別区
清田区
札幌南IC
料金所
上野幌
上野幌西公園
平岡公園東
平岡公園
平岡公園
花の広場
梅林
芝生広場
札幌キリスト教会
厚別公園
東部高架橋
上野幌・平岡通
道央自動車道
E5
札幌新道
新三里川橋
道道厚別平岡線
138
厚別中央通
上野幌平岡通
平岡循環通
平岡中央通
青葉・平岡通
里塚大橋
道道真駒内御料札幌線
341
厚別滝野公園通
36
北野
北野
静修苑
たかくら緑地
北野しらかば
5条4丁目
5条5丁目
足立医院
北野緑地
みのり北野
労金
卸売スーパー
ゾーン
プロノ
小野内科
ダイヤ館
札幌きたの
北野会館
なごやか亭
北野台小
コンフェックス
東北野会館
北野台児童会館
ホリディスポーツクラブ
ブックオフ
ファミールハイツ
北電平岡
ダスキンレントオール
くれ歯科
ドン・キホーテ
札幌南徳洲会病院
ジーベック
オートボーイ
徳寿
中央バス平岡(営)
平岡営業所
コメリパワー（建設中）
圓乗寺
ナーシングホームなつれ清田館
建デポプロ
北海道信金
バースデイ
しまむら
プリンスハイツ平岡
厚別神社
札幌平岡病院
ロピア平岡
清田消防署
清田区役所
マルカワ食品
保健センター
清田図書館
清田
クルーザーバレー平岡
ライジング
ごんぞう
美しが丘自動車学校
至勢山観靈院
清田ビル
日通・NPロジスティックス
平岡中
サンキ
ダイソー
ペットランド
さんぱち
しゃぶ葉
ひらおか公園小児科かも歯科
古河物流
サンコート平岡
STVハウジングプラザ
平岡東町内会館
トドック清田センター
清田区土木センター
フードD
メゾンドルチェ平岡公園西
ひらおか梅花実
平岡3条
専修寺
日本アイ・エス・ケイ
平岡樹芸センター
管理(事)
ロピア平岡II
平岡中央公園
アルプス
ベストライフ札幌清田
春風台会館
北海道朝鮮初中高級学校
遊楽館平岡
大慈院
平岡中央小
禅福寺
パークシティ平岡町内会館
エムズ皮膚科
ひらおか内科胃腸科
平岡中央中
弘仙寺
平岡イオン局
イオン札幌平岡
イオンモール札幌平岡
宮脇
札幌平岡高校
生活クラブデリバリーセンター
平田口腔外科内科
はせ川クリニック
平岡つぼみ
里塚
平岡
平岡
平岡
平岡
平岡のぞみ
大池
平岡メディカルセンター
さわやか
平岡局
ファミールハイツ
東光ストア
JSS清田スイミングスクール
深江歯科
ひな野
平岡まちセン平岡地区会館
産直生鮮市場
札幌中央信組
福音キリスト教会
平岡北公園
平岡児童会館
平岡わかば会館
平岡小
平岡北町内会館
東部歯科
ふるかわ歯科
広大寺
平岡公園会館
パルム
ライフヒルズいろどり
平岡はらっぱ
平岡わいわい
平岡わんぱく
平岡きのこ
平岡ほだいじゅ
平岡ばるにれ
平岡なかよし
平岡どろんこ
八望台なかよし
平岡東
9条1丁目
7条1丁目
8条4丁目
6条3丁目
5条6丁目
4条1丁目
3条5丁目
3条6丁目
3条2丁目
3条1丁目
2条1丁目
2条4丁目
1条2丁目
1条4丁目
1丁目

札幌市（上野幌・平岡公園）・北広島市（西の里）

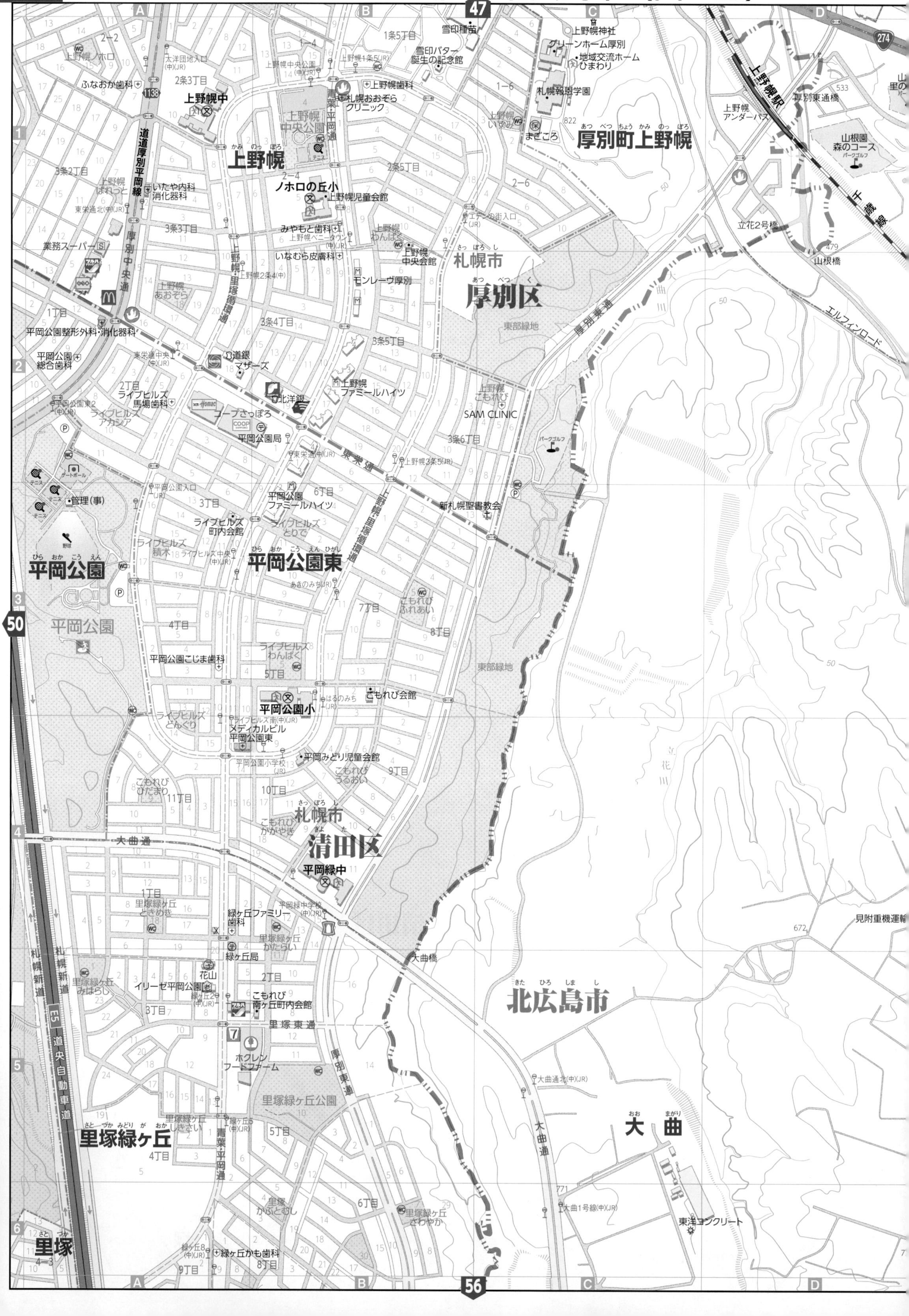

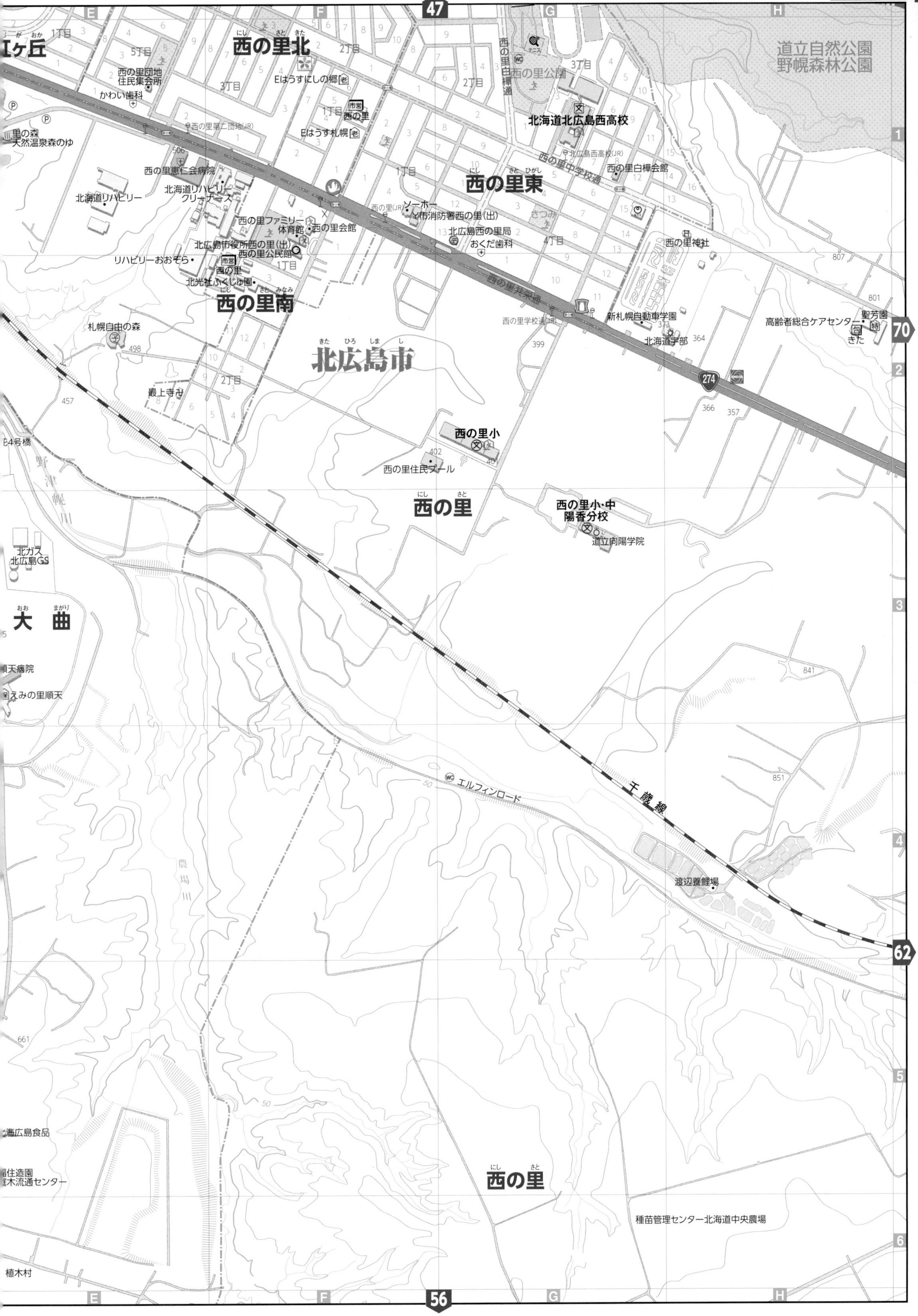
47
56
70
62
E
F
G
H
1
2
3
4
5
6
西の里北
西の里東
西の里南
北広島市
西の里
大曲
道立自然公園
野幌森林公園
北海道北広島西高校
西の里公園
西の里団地
住民集会所
かわい歯科
Eはうすにしの郷
Eはうす札幌
西の里
北広島西高校(JR)
西の里中学校通
西の里白樺会館
西の里樺通
西の里第二団地(JR)
天然温泉森のゆ
西の里恵仁会病院
北海道リハビリー
北海道リハビリー
クリーナース
西の里ファミリー
体育館
西の里会館
北広島市役所西の里(出)
西の里公民館
リハビリーおおぞら
北光社ふくじゅ園
西の里(JR)
ソーホー
市消防署西の里(出)
北広島西の里局
おくだ歯科
さつみ
西の里神社
新札幌自動車学園
北海道宇部
西の里共栄通
西の里学校通(JR)
高齢者総合ケアセンター
聖芳園
きた
274
札幌自由の森
最上寺
野津幌川
北ガス
北広島GS
順天病院
えみの里順天
西の里小
西の里住民プール
西の里小・中
陽香分校
道立向陽学院
エルフィンロード
千歳線
農場川
渡辺養鯉場
海広島食品
住造園
木流通センター
種苗管理センター北海道中央農場
植木村
1丁目
2丁目
3丁目
4丁目
5丁目

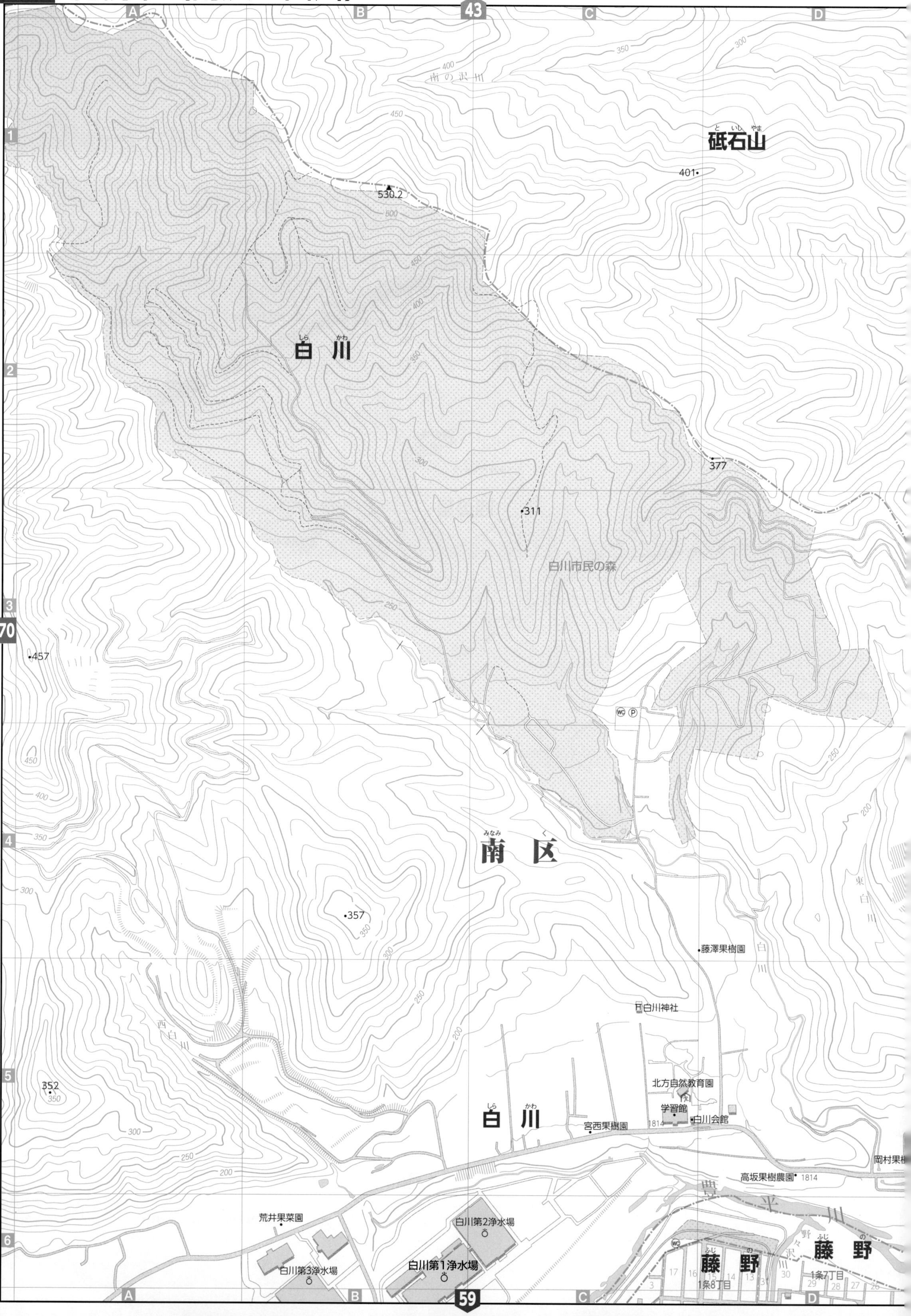
43
砥石山
401
530.2
白川
377
311
白川市民の森
457
南区
357
藤澤果樹園
白川神社
西白川
北方自然教育園
学習館
白川会館
352
白川
宮西果樹園
高坂果樹農園
1814
豊平川
荒井果菜園
白川第2浄水場
白川第3浄水場
白川第1浄水場
藤野
1条8丁目
1条7丁目
70
59

1：10,000 0 500m

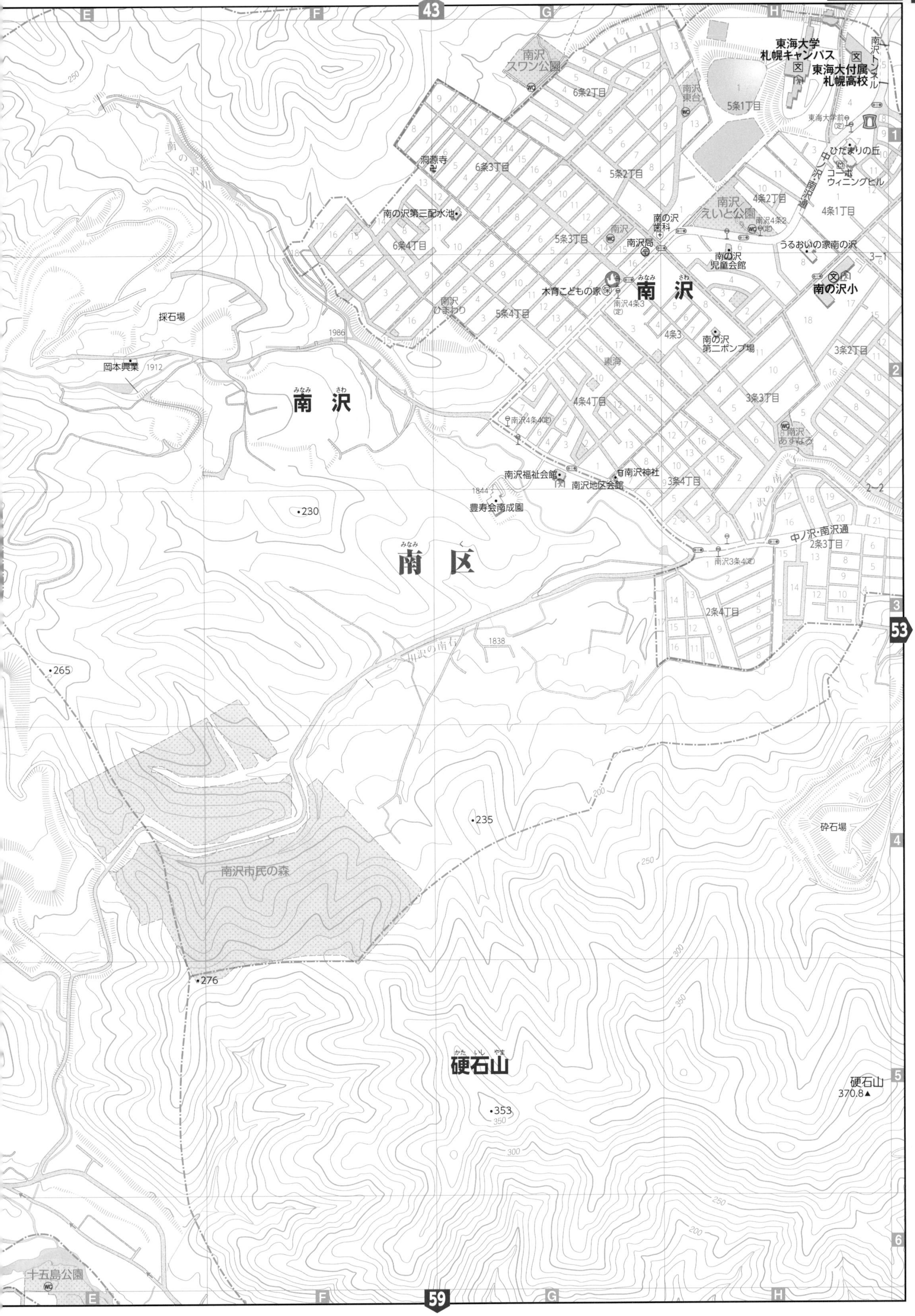

東海大学
札幌キャンパス
東海大付属
札幌高校
南沢スワン公園
6条2丁目
6条3丁目
洞源寺
5条1丁目
5条2丁目
南の沢第三配水池
6条4丁目
5条3丁目
南沢局
南沢えいと公園
4条2丁目
4条1丁目
ひだまりの丘
コーポウィニングヒル
うるおいの家南の沢
南の沢児童会館
南の沢小
南沢
木育こどもの家
南沢ひまわり
5条4丁目
4条3
南の沢第二ポンプ場
採石場
岡本興業
南沢
4条4丁目
3条2丁目
3条3丁目
南沢あすなろ
南沢福祉会館
南沢地区会館
南沢神社
3条4丁目
豊寿会南成園
中ノ沢・南沢通
2条3丁目
南区
2条4丁目
230
265
235
南沢市民の森
碎石場
276
硬石山
硬石山
370.8
353
十五島公園

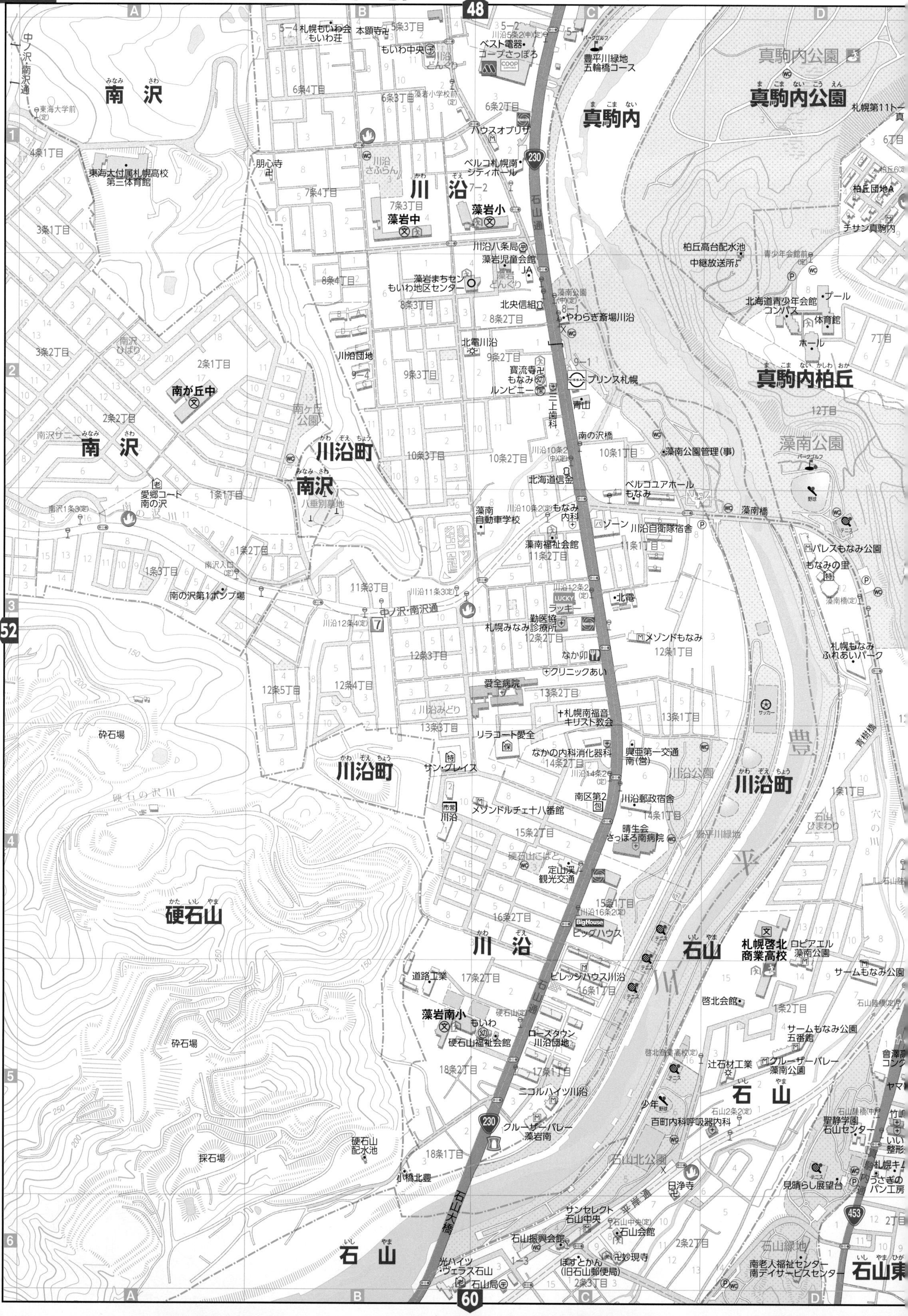
南沢
川沿
真駒内
真駒内公園
真駒内柏丘
川沿町
南沢
川沿町
川沿町
硬石山
川沿
石山
石山
石山
石山東
藻南公園
藻岩中
藻岩小
南が丘中
藻岩南小
札幌啓北商業高校
東海大付属札幌高校第三体育館
ベスト電器・コープさっぽろ
豊平川緑地五輪橋コース
ベルコ札幌南・シティホール
川沿八条局
藻岩児童会館
藻岩まちセン・もいわ地区センター
北央信組
やわらぎ斎場川沿
北電川沿
川沿団地
宝流寺
もなみ幼
ルンビニー幼
プリンス札幌
青山
三上歯科
南の沢橋
藻南公園管理(事)
北海道信金
ベルコユアホールもなみ
藻南自動車学校
もなみ内科
ゾーン
川沿自衛隊宿舎
藻南福祉会館
藻南橋
パレスもなみ公園
もなみの里
札幌もなみふれあいパーク
ラッキー
北電
勤医協札幌みなみ診療所
メゾンドもなみ
なか卯
クリニックあい
愛全病院
札幌南福音キリスト教会
リラコート愛全
なかの内科消化器科
興亜第一交通南(営)
サン・プレイス
川沿公園
南区第2
川沿郵政宿舎
メゾンドルチェ十八番館
晴生会さっぽろ南病院
豊平川緑地
定山渓観光交通
ビッグハウス
ロピアエル藻南公園
サームもなみ公園
ビレッジハウス川沿
啓北会館
道路工業
ロースタウン川沿団地
硬石山福祉会館
サームもなみ公園五番館
辻石材工業
クルーザーバレー藻南公園
ニコルハイツ川沿
百町内科呼吸器内科
聖静学園石山センター
クルーザーバレー藻岩南
硬石山配水池
石山北公園
日浄寺
見晴らし展望台
サンセレクト石山中央
石山会館
石山振興会館
光ハイツ・ヴェラス石山
ぽすとかん(旧石山郵便局)
石山局
妙現寺
南老人福祉センター南デイサービスセンター
石山緑地
柏丘高台配水池
中継放送所
北海道青少年会館コンパス
プール
体育館
ホール
柏丘団地A
チサン真駒内
札幌第11トー
砕石場
砕石場
採石場
八垂別墓地
南ヶ丘公園
愛郷コート南の沢
南の沢第1ポンプ場
明心寺
本願寺
札幌もいわ会もいわ荘
もいわ中央
ハウスオブリザ
中ノ沢・南沢通
石山通
石山大橋
平岸通
硬石の沢川
豊平川
青樹橋

1：10,000

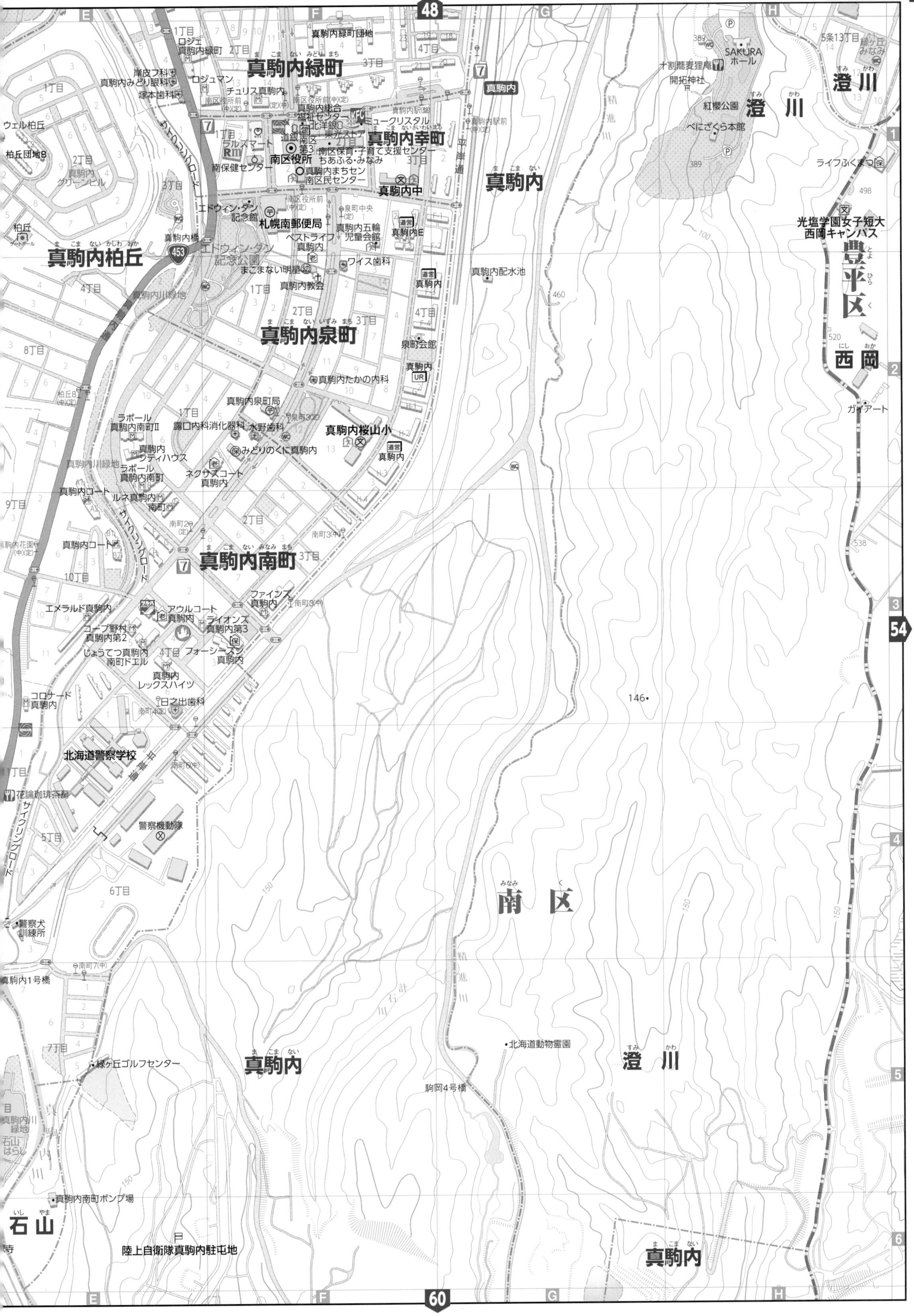
48
真駒内緑町
真駒内緑町団地
真駒内幸町
真駒内柏丘
真駒内泉町
真駒内南町
真駒内
澄川
豊平区
西岡
南区
石山
南区役所
札幌南郵便局
真駒内中
真駒内桜山小
北海道警察学校
警察機動隊
警察犬訓練所
真駒内配水池
紅櫻公園
開拓神社
十割蕎麦狸庵
SAKURAホール
べにざくら本館
光塩学園女子短大西岡キャンパス
ライフふくまつ
ガイアート
エドウィン・ダン記念館
エドウィン・ダン記念公園
真駒内川緑地
真駒内駅
平岸通
サイクリングロード
緑ケ丘ゴルフセンター
北海道動物霊園
駒岡4号橋
真駒内1号橋
真駒内南町ポンプ場
陸上自衛隊真駒内駐屯地
花論珈琲茶房
精進川
石計川
146
54
60

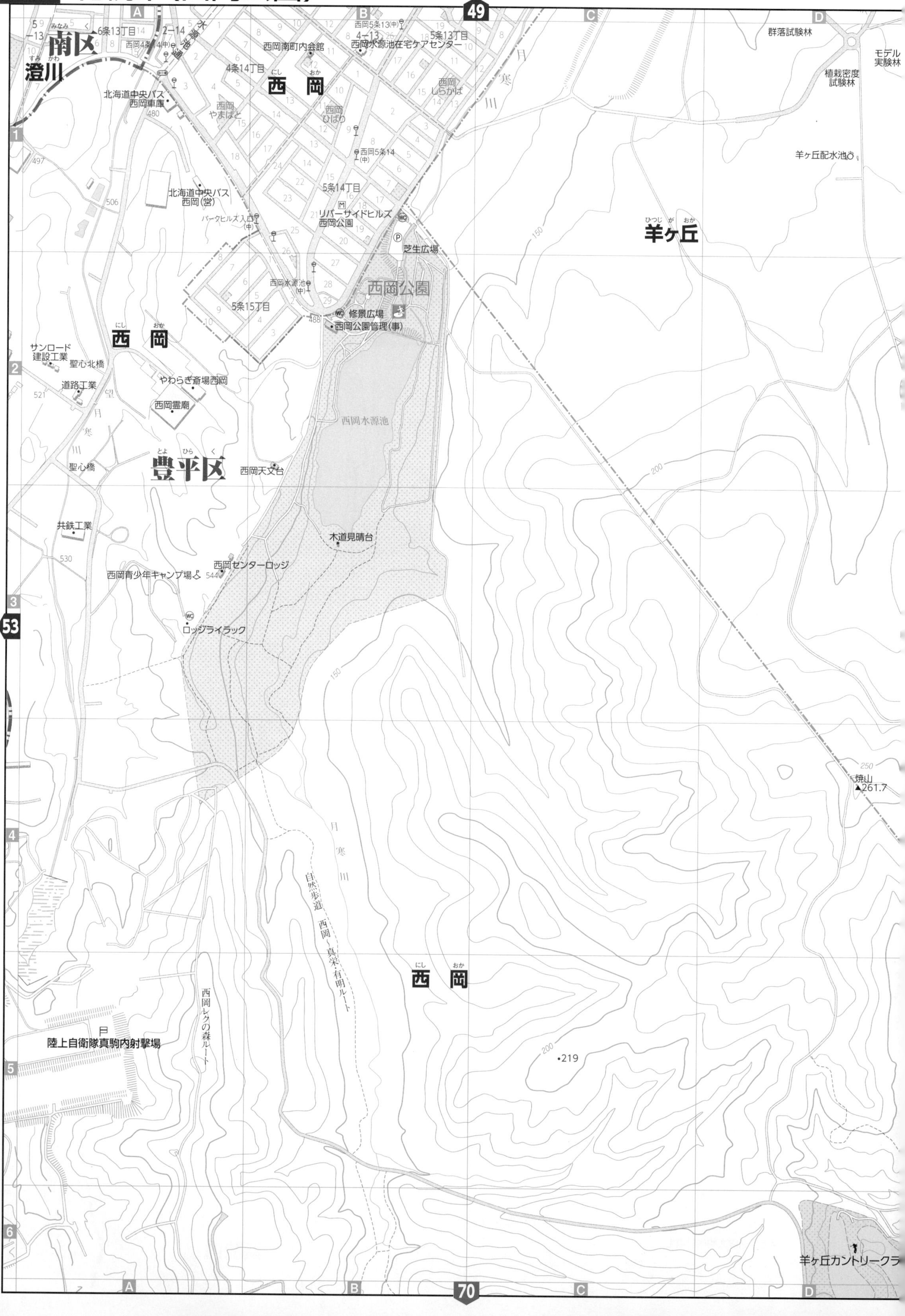
南区
澄川
西岡
豊平区
羊ヶ丘
6条13丁目
西岡4条14(中)
2−14
水源池通
西岡南町内会館
西岡5条13(中)
4−13
西岡水源池在宅ケアセンター
5条13丁目
群落試験林
モデル実験林
植栽密度試験林
4条14丁目
西岡しらかば
北海道中央バス西岡車庫
西岡やまはと
西岡ひばり
西岡5条14(中)
羊ヶ丘配水池
5条14丁目
北海道中央バス西岡(営)
リバーサイドヒルズ西岡公園
パークヒルズ入口(中)
芝生広場
西岡水源池(中)
西岡公園
5条15丁目
修景広場
西岡公園管理(事)
サンロード建設工業
聖心北橋
やわらぎ斎場西岡
道路工業
西岡霊廟
月寒川
西岡水源池
聖心橋
西岡天文台
共鉄工業
木道見晴台
西岡センターロッジ
西岡青少年キャンプ場
ロッジライラック
焼山 ▲261.7
自然歩道 西岡 真栄有明ルート
西岡レクの森ルート
陸上自衛隊真駒内射撃場
•219
羊ヶ丘カントリークラ
49
53
70

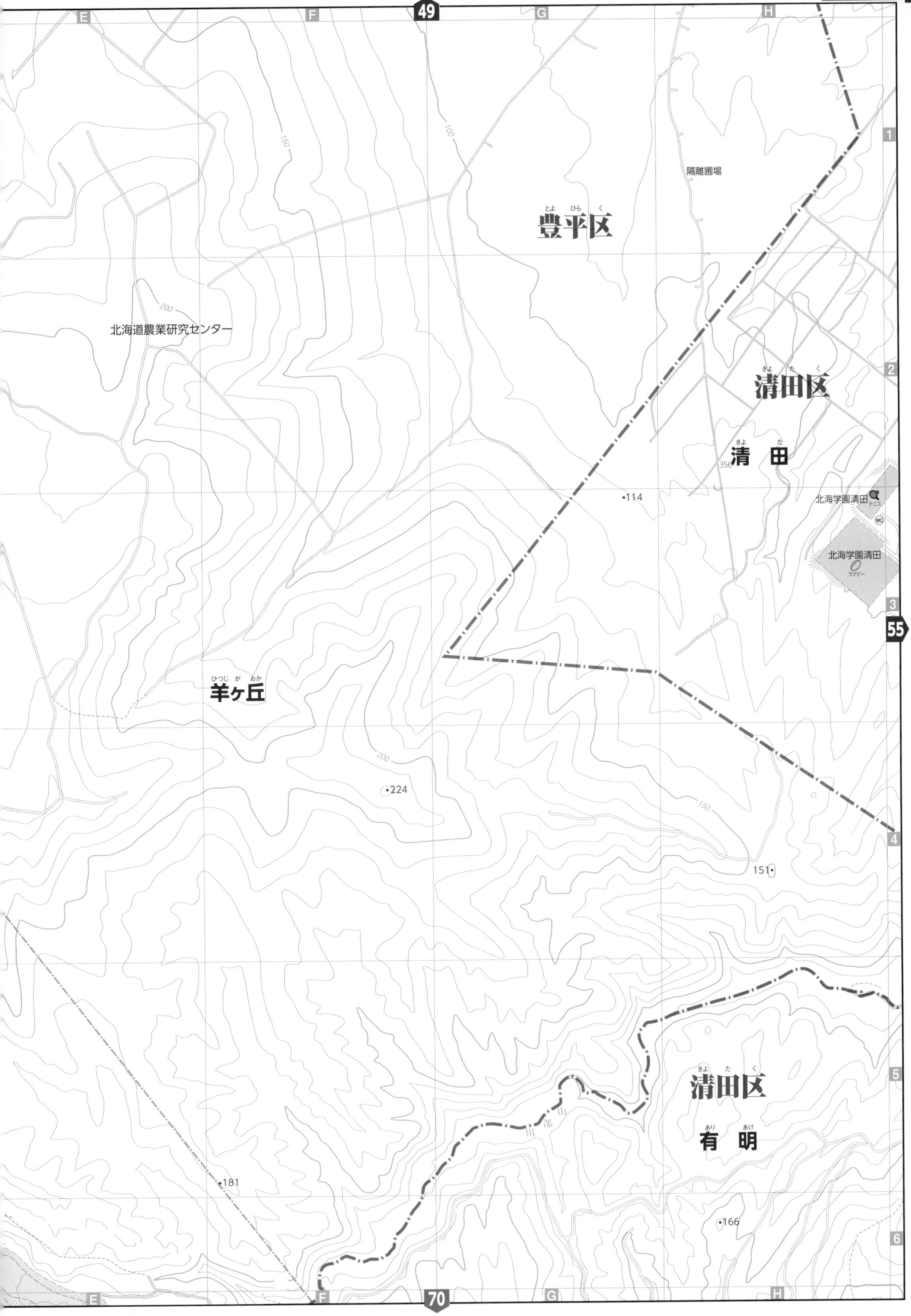
E
F
49
G
H
150
100
隔離圃場
とよ ひら く
豊平区
1
200
北海道農業研究センター
きよ た く
清田区
2
きよ た
清　田
356
•114
北海学園清田
テニス
WC
北海学園清田
ラグビー
3
55
ひつじ が おか
羊ヶ丘
200
•224
150
4
151•
5
きよ た く
清田区
あり あけ
有　明
•181
•166
6
E
F
70
G
H

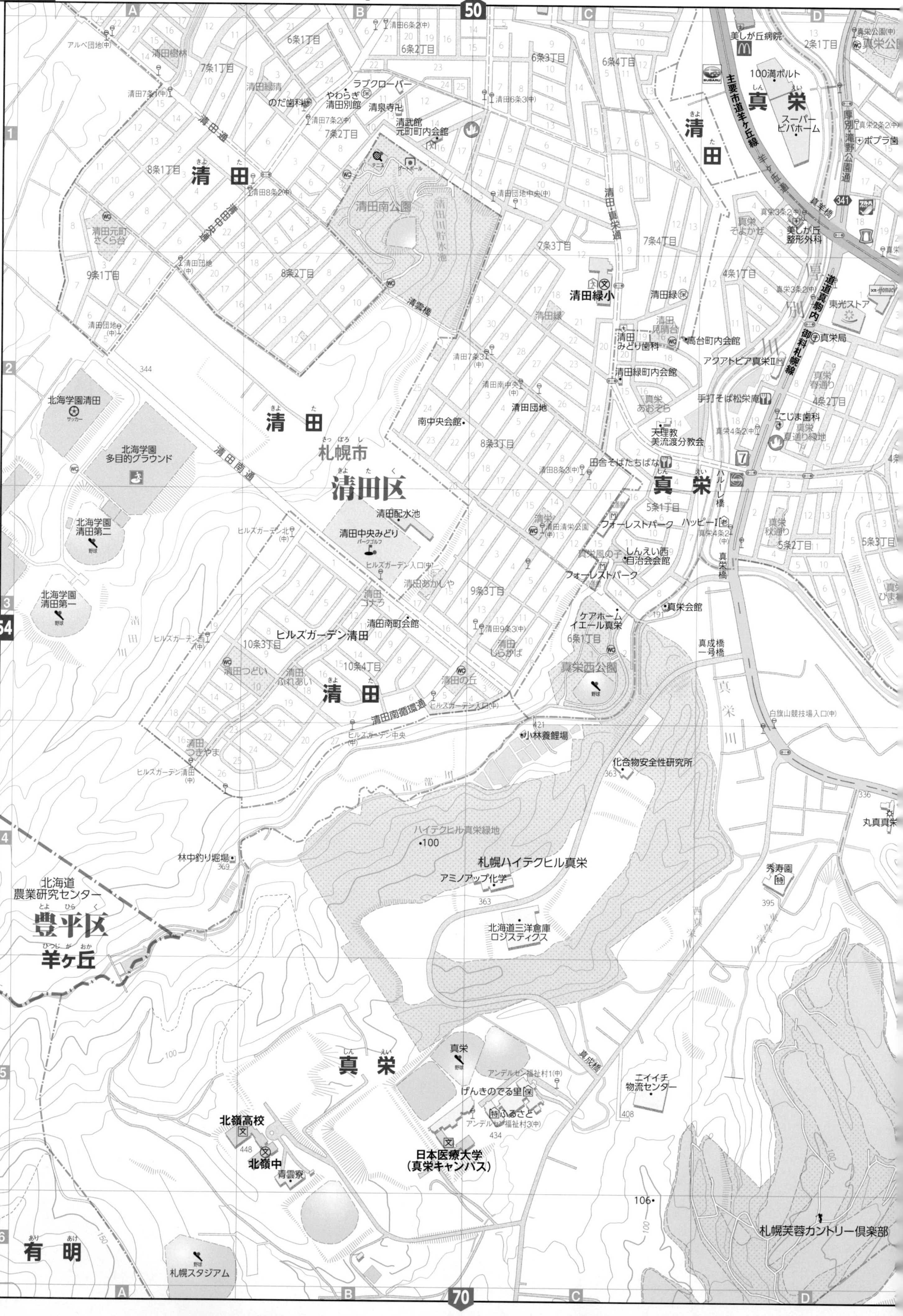

清田

清田

真栄

清田

清田緑清
のだ歯科
ラブクローバー
やわらぎ清田別館
清泉寺
清武館
元町町内会館

アルベ団地(中)
7条1丁目
清田7条1(中)
清田樹林
8条1丁目
清田元町さくら台
9条1丁目
清田団地(中)
清田団地(中)

6条1丁目
6条2丁目
6条3丁目
6条4丁目
清田6条2(中)
清田6条3(中)

美しが丘病院
100満ボルト
SUBARU
主要市道羊ヶ丘線
スーパービバホーム
ポプラ社
341

清田南公園
清田川貯水池
清雲橋

清田真栄通
7条3丁目
7条4丁目
清田緑小
清田緑
清田見晴台
清田みどり歯科
高台町内会館
清田緑町内会館

真栄3条3(中)
真栄そよかぜ
美しが丘整形外科
4条1丁目
東光ストア
御料札幌線
真栄郵り
真栄

清田
北海学園清田
サッカー
北海学園多目的グラウンド
北海学園清田第二
野球
北海学園清田第一
野球
344

清田
札幌市
清田区

清田配水池
清田中央みどり
パークゴルフ
ヒルズガーデン北
清田コナラ
清田あかしや
清田南町会館
清田南

南中央会館
清田団地
8条3丁目
8条1丁目
9条3丁目

田舎そばたちばな
真栄風の子
しんえい西
自治会会館
フォーレストパーク
清田清栄公園
フォーレストパーク
真栄会館

手打そば松栄庵
こじま歯科
天理教美流渡分教会
5条1丁目
5条2丁目
5条3丁目
ハッピー1
真栄橋
7
ハルーレ橋

ヒルズガーデン清田
10条3丁目
10条4丁目
清田つどい
清田ふれあい
清田の丘
ヒルズガーデン若
ヒルズガーデン入口(中)
清田南循環通
ヒルズガーデン中央
清田さやま
ヒルズガーデン清田(中)

ケアホームイエール真栄
6条1丁目
清田しらかば
真栄西公園
野球
真成橋一号橋
白旗山競技場入口(中)
真栄川

小林養鯉場
化合物安全性研究所
363

ハイテクヒル真栄緑地
・100
札幌ハイテクヒル真栄
アミノアップ化学
363

北海道農業研究センター
豊平区
羊ヶ丘
林中釣り堀場
369

北海道三洋倉庫ロジスティクス

秀寿園
395
丸真真栄
336

真栄
北嶺高校
448
北嶺中
青雲寮

アンデルセン福祉村1(中)
げんきのでる里園
ふるさと
アンデルセン福祉村3(中)
434
日本医療大学（真栄キャンパス）

エイイチ物流センター
408
106・

有明
札幌スタジアム
札幌芙蓉カントリー倶楽部

50
平岡
平岡南小
至勢山観霊院
日通・NPロジスティクス
北海道森紙業
サンシティ平岡
月寒製作所
北海道バス
フィッシュランド
札幌みらいクリニック
清田区体育館
温水プール
ヨコハマタイヤジャパン
平岡南公園
道道厚別平岡線
厚別中央通
平岡南
日の丸団地町内会館
清田稲荷神社
グリーンヒル里塚
コスモス苑さとづか
ケアタウン徳州会札幌南
里塚児童会館
からまつ
里塚局
霞内歯科
桂台会館
青葉・平岡通
真栄
真栄小
真栄中
ニトリ
ヤマト運輸
ダイケン
里塚中央会館
札幌RVパーク
つみき
里塚中央ほぷら
日北交通
宮田屋
美しが丘局
美しが丘歯科
牛屋江戸八
北電美しが丘
美しが丘公園
美しが丘
里塚
プラム歯科
ラーク桂台
フォルクスワーゲン
つぼ八 つぼっち
キャロット
あさひ
コートロティ美しが丘メディカル
歌屋
ネッツ札幌
東光電気工事
アイケア美しが丘
イエローハウス
丸和運輸
札幌オートオークション
里塚
札幌里塚物流センター
美里町内会館
ブックオフ
アリーナ
札幌
大田歯科
美しが丘シーブヒル
コーチャンフォー
美しが丘小
ファミリア美しが丘
チキンのモモセ
リーセント里塚
遊鶴
すき家
マルハン
北海サンユー
まいあの里
清田消防署里塚(出)
北海道バス
里塚・美しが丘地区センター
里塚・美しが丘まちセン
三里塚公園
里塚わんぱく緑地
札幌里塚病院
札幌トヨペット
共成レンテム
北海道
ネッツ道都
ビッグハウス
ちょいのりくるま販売
ベルコ清田シティホール
障害者支援施設美しの森
札幌美しが丘脳神経外科病院
プリンス札幌
羊ヶ丘通町内会館
里塚循環通
CoCo壱番屋
シュープラザ
真栄
美しが丘耳鼻咽喉科
パシフィック美しが丘壱番街
プラザ壱番街
トリトン
里塚ノースヴィレッヂ
さとうファミリー歯科
ベガロポリス
日本キャタピラー合同会社
真栄団地町内会館
コロナード美しが丘
札幌トヨペット
ガリバー
ファミール美しが丘
美しが丘南公園
カートピアサッポロ
関東化学
藤島歯科
保坂内科
パシフィック美しが丘弐番街
美しが丘
真栄東公園
真栄東
真栄橋
しんえいの杜真栄病院
美しが丘西公園
美しが丘緑小
美しが丘
フードD
道銀
ふくおかクリニック
美しが丘南公園前局
はちや歯科
丸亀製麺
ひこま豚
かねひろ
二木ゴルフ
札幌観光バス
里塚町内会館
三里塚神社
コストコ
美しが丘
さっぽろ香雪病院
美しが丘児童会館
御菓子処みつや
ガスト
美しが丘グリーンチャペル
里塚循環通
よし歯科
道道真栄大曲線
主要市道羊ヶ丘線
東邦アセチレン
ノアガーデン
真栄
厚別川
札幌市
清田区
北電札幌東電力センター
羊ヶ丘通
道道大曲工業団地美しが丘線
山崎石材
天龍寺
ネクステージ
ぬくもりの里悠楽苑
北広島市
共栄橋
里塚
里塚霊園
北海道札幌真栄高校
里塚霊園管理(事)
有明
大曲
56
63

51
55
63
北広島市
札幌市
清田区
里塚緑ヶ丘
里塚
大曲
大曲緑ヶ丘
大曲並木
大曲光
大曲末広
大曲幸町
大曲中央
大曲柏葉
大曲南ヶ丘
美しが丘
道央自動車道
北広島IC
大曲通
里塚緑ヶ丘通
青葉・平岡通
厚別東通
大曲幸通
道道栗山北広島線
道道仁別大曲線
道道大曲工業団地美しが丘線
大曲中央通
清幌園里塚緑ヶ丘
マックスエクスプレス
ヤマト運輸宅急便センター
大曲東公園
大曲時の街町内会館
大曲緑新会館
介護支援センターひかり
大曲東こども館
大曲東小
みやぐち歯科
そば切りなかむら
大曲光の街会館
三上土建工業
ビックリッキー
北広島第一交通
ふれあい学習センター夢プラザ
図書館大曲分館
大曲児童センター
大曲いちい
農畜産物直
大曲公園
のぞみ野東栄会館
本と文具のみなみ
セリオおおまがり
百年橋
産直生鮮市場
小屋デンタルクリニック
大曲ファミリークリニック
大曲北鈴会館
興徳寺
北電大曲
エスセーナ大曲
北広島西局
大曲北緑地
彩香
フロンティアプラザ大曲
川島内科
北海道川崎建機
プリンス札幌
第一貨物
大曲中
大曲会館
住民プール
大曲ファミリー体育館
北広島市役所大曲(出)
北洋銀
石狩大曲簡易局
リーセント大曲
かつや
きむら歯科
大曲神社
大曲はだかんぼ
大曲小
大谷むつみ
大曲柏葉台会館
末広かえで会館
かえでヶ丘団地
ロウタス三井
三井アウトレットパーク札幌北広島
ケーズデンキ
スーパーアークス
インターヴィレッジ大曲
大宮ホーロー北海道製作所
来広寺
ミルックス北海道機材センター
東日本高速道路北広島管理(事)
佐藤ゴム商店
サーム広島インター
東神電気
三和ボデー工業
ウイズハウス
みどりの里集会所
ゴルフ5大曲ゴルフセンター
スポーツデポ
札幌
カーズ
日本キャタピラー合同会社
三里塚小
三里塚公園
馬場歯科
里塚記念会館
里塚1号橋
開拓橋
渡辺工業
浜屋
大地太陽
緑ヶ丘町内会館
東里塚みどり
東里塚グリーンヒル
まるたか
ヤマグチファー

1：10,000 0 500m

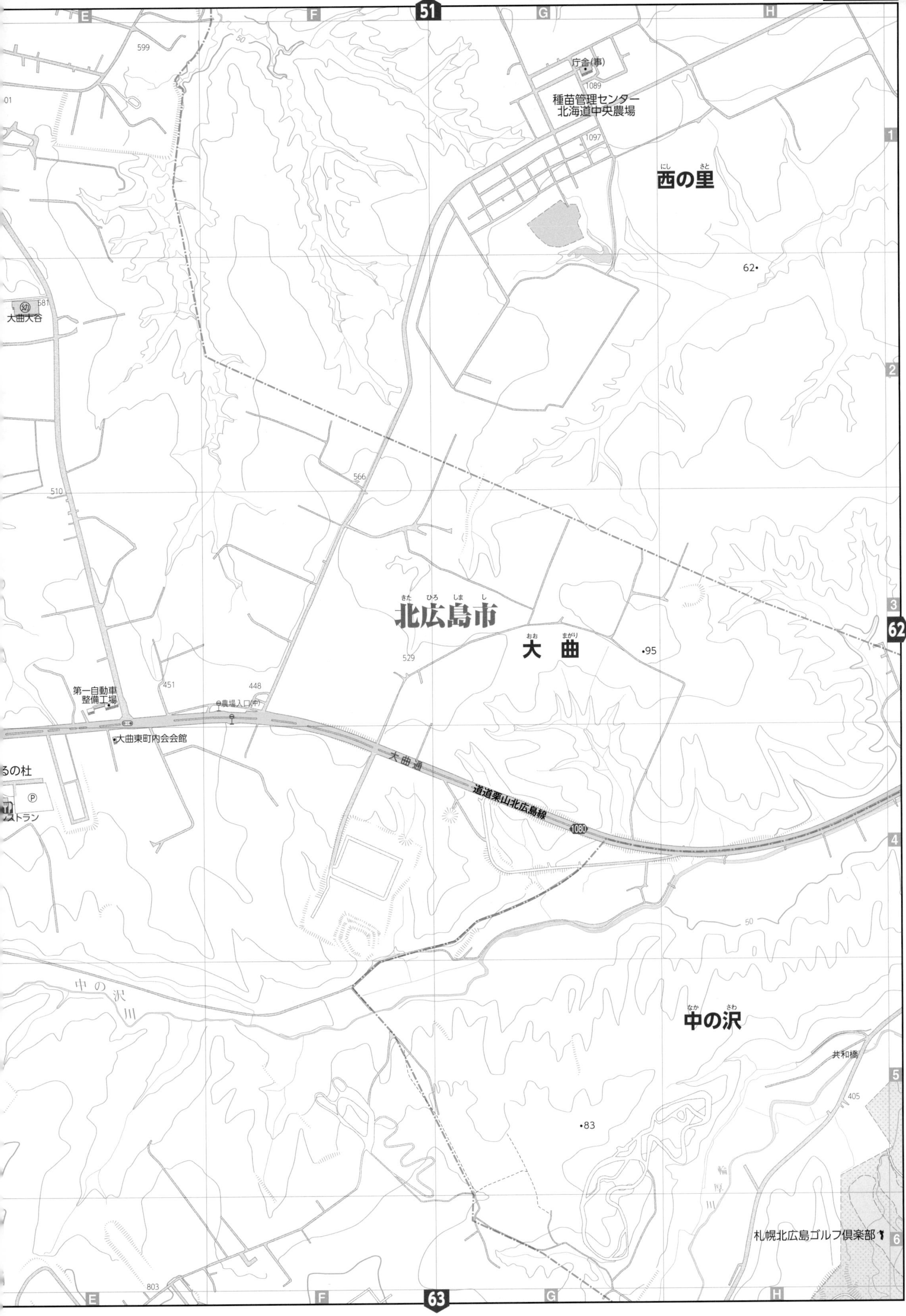

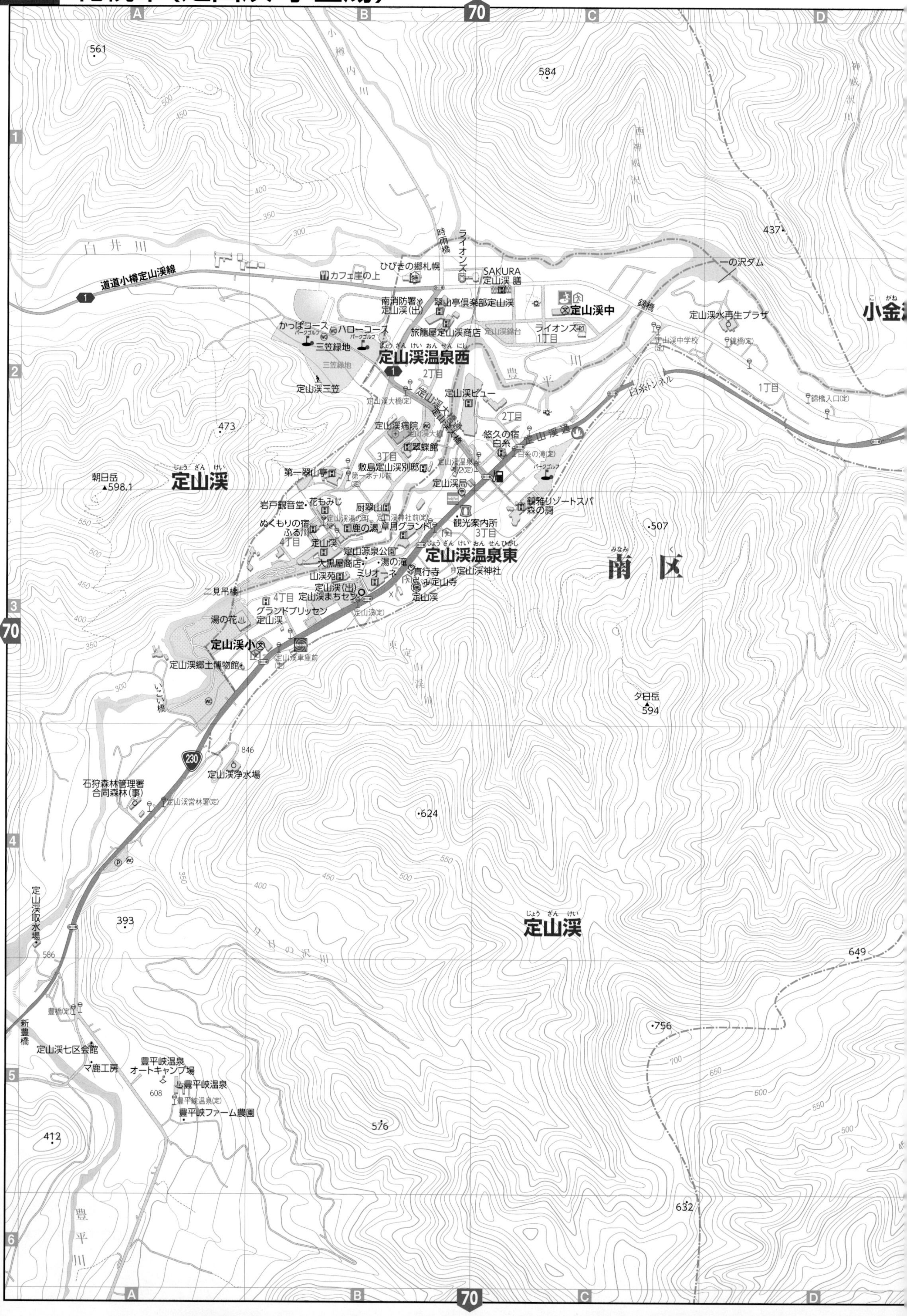

白井川
道道小樽定山渓線
カフェ崖の上
ひびきの郷札幌
時雨橋
ライオンズ
SAKURA
定山渓 膳
南消防署
定山渓(出)
翠山亭倶楽部定山渓
定山渓中
錦橋
一の沢ダム
定山渓水再生プラザ
小金湯
かっぱコース
ハローコース
三笠緑地
旅籠屋定山渓商店
定山渓鉑台
ライオンズ
1丁目
定山渓中学校
定山渓温泉西
2丁目
豊平川
白糸トンネル
定山渓三笠
定山渓大橋
定山渓ビュー
定山渓病院
2丁目
悠久の宿 白糸
定山渓通
473
3丁目
翠蝶館
第一翠山亭
敷島定山渓別邸
定山渓局
朝日岳
598.1
定山渓
岩戸観音堂
花もみじ
厨翠山
鶴雅リゾートスパ 森の謌
ぬくもりの宿 ふる川
鹿の湯
章月グランド
観光案内所
3丁目
定山渓
4丁目
定山源泉公園
定山渓温泉東
507
南区
大黒屋商店
湯の滝
山渓苑
ミリオーネ
真行寺
定山渓神社
二見吊橋
定山渓(出)
定山渓まちセン
定山寺
定山渓
4丁目
グランドブリッセン 定山渓
湯の花
定山渓小
東定山渓川
定山渓郷土博物館
いこい橋
夕日岳
594
846
定山渓浄水場
石狩森林管理署 合同森林(事)
定山渓営林署(定)
624
定山渓取水場
393
夕日の沢川
定山渓
649
586
豊橋(定)
新豊橋
756
定山渓七区会館
鹿工房
豊平峡温泉 オートキャンプ場
豊平峡温泉
608
豊平峡温泉(定)
豊平峡ファーム農園
576
412
632
豊平川
561
584
437
小樽内川
西神威沢川
神威沢川

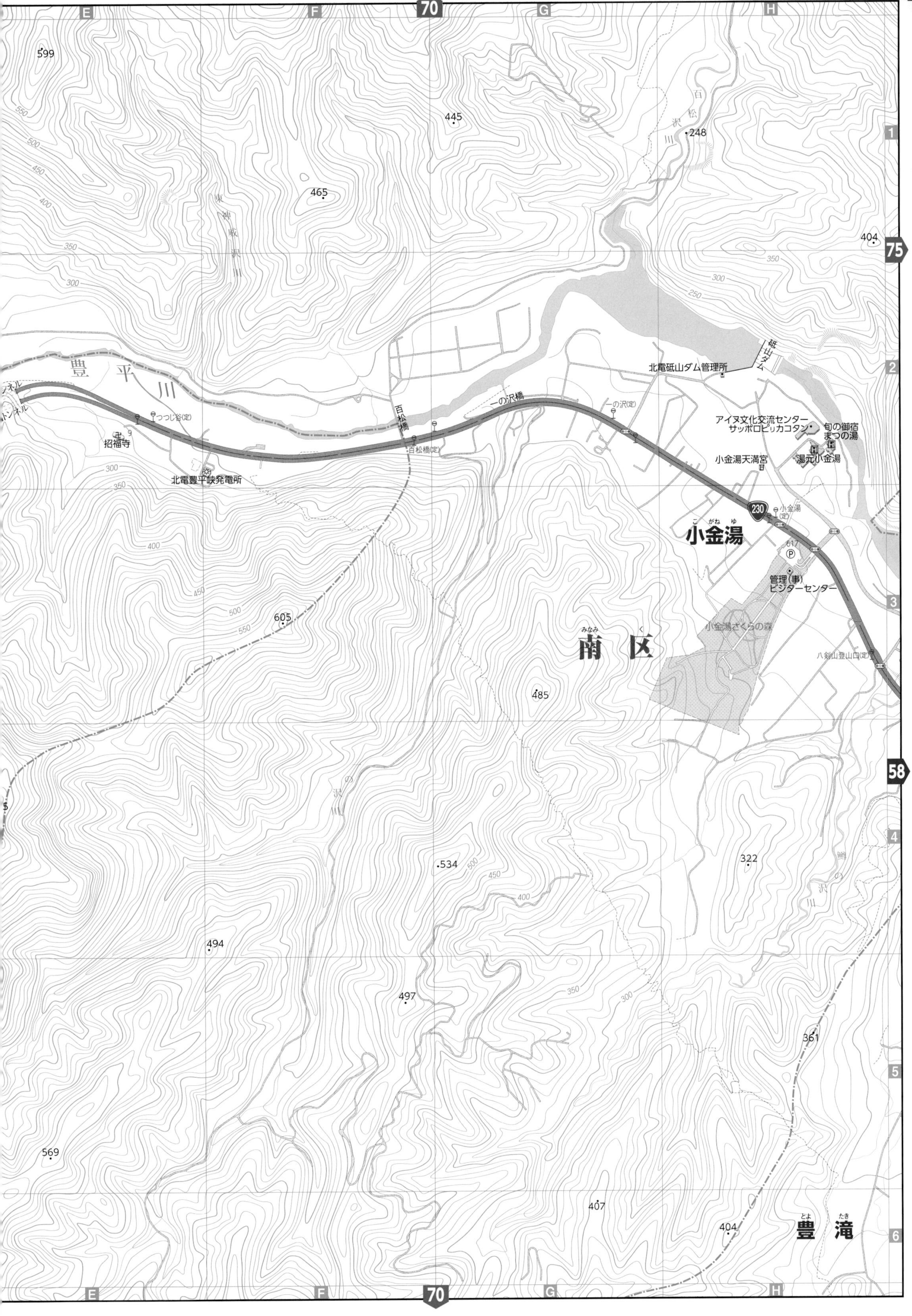
豊平川
東御料沢川
百松沢川
一の沢橋
百松橋
北電砥山ダム管理所
砥山ダム
アイヌ文化交流センター
サッポロピㇼカコタン
旬の御宿
まつの湯
小金湯天満宮
湯元小金湯
小金湯
招福寺
北電豊平峡発電所
つつじ谷(定)
百松橋(定)
一の沢(定)
小金湯(定)
管理(事)
ビジターセンター
小金湯さくらの森
八剣山登山口(定)
南区
豊滝
230
599
445
248
465
404
605
485
322
534
494
497
361
569
407
404

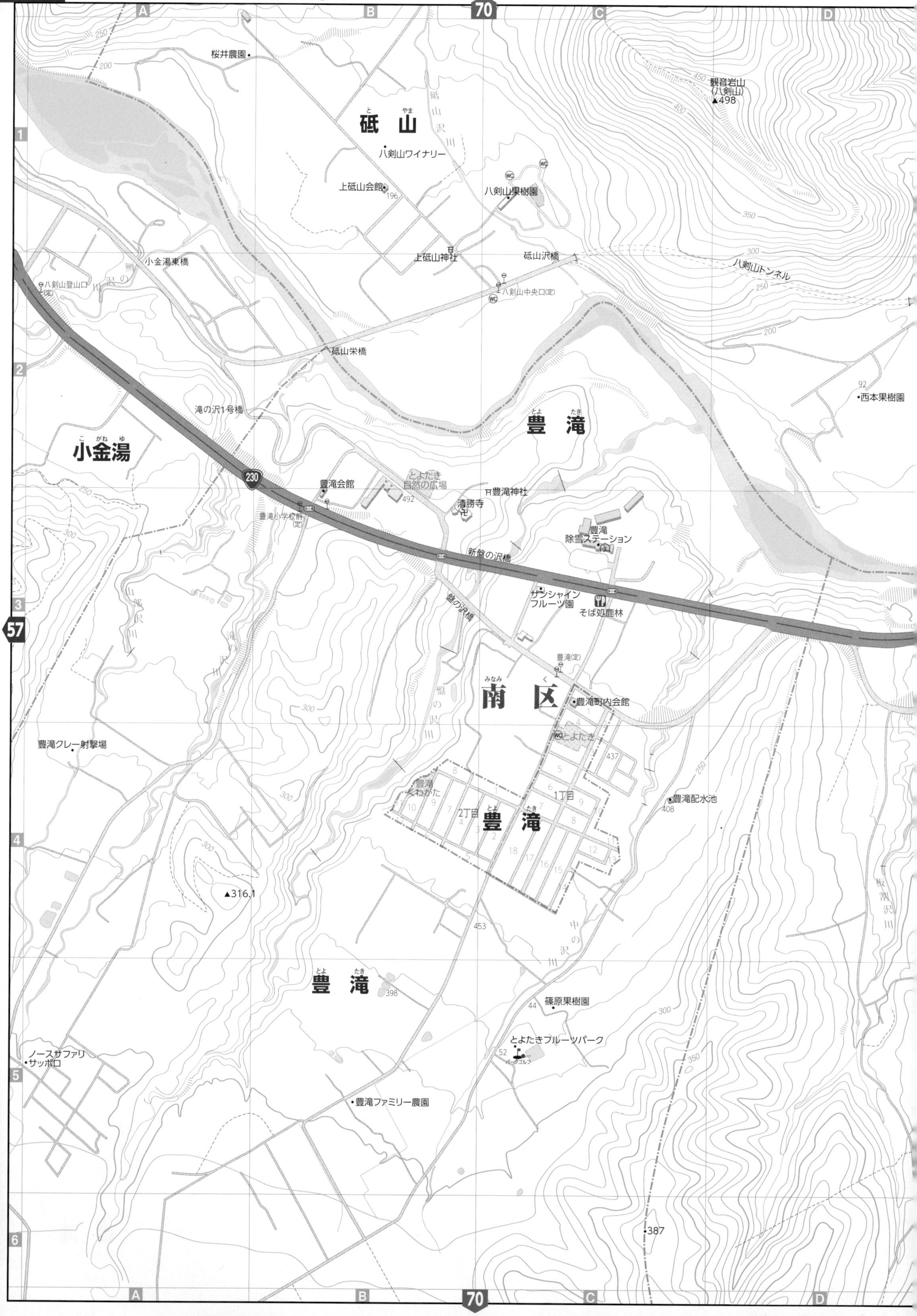
70
57
桜井農園
砥山
八剣山ワイナリー
上砥山会館
196
八剣山果樹園
観音岩山
(八剣山)
▲498
上砥山神社
砥山沢橋
八剣山トンネル
小金湯東橋
八剣山登山口(定)
八剣山中央口(定)
砥山栄橋
西本果樹園
92
滝の沢1号橋
豊滝
小金湯
230
豊滝会館
とよたきの自然の広場
492
豊滝神社
清勝寺
豊滝小学校前(定)
豊滝
除雪ステーション
新盤の沢橋
サンシャイン
フルーツ園
そば処鹿林
盤の沢橋
豊滝(定)
南区
豊滝町内会館
とよたき
437
豊滝クレー射撃場
豊滝わかた
1丁目
2丁目
豊滝
豊滝配水池
408
▲316.1
453
豊滝
398
篠原果樹園
44
とよたきフルーツパーク
52
パークゴルフ
ノースサファリ
サッポロ
豊滝ファミリー農園
387

白川

藻岩ダム管理所
白川浄水場

1814

石狩森林管理署
藻舞森林(事)
大松寺卍

1条1丁目

藻舞一区平成会館

藻舞
こーり

藻舞
よつば

2条1丁目

北電砥山発電所

砥山橋

砥山

東砥山橋

卍
同朋寺

東砥山川

585

砥山会館

藻舞小
中継ポンプ場

藻舞通行屋橋

旧黒岩家住宅
(旧藻舞通行屋)

藻舞川橋

1条4丁目

藻舞小学校(定)

1条5丁目

うどん塩屋

藻舞さくら

浄徳寺

日花岡神社
藻舞花岡

2条4丁目

札幌みすまい

藻舞局

2条5丁目

藻舞跨道橋

230

1条2丁目

2-2

2条3丁目

12

13

8

9

10

11

豊平川

藻舞四区(定)

藻舞まちセン
藻舞地区会館
みすまい児童会館

藻舞四区会館

西藻舞(定)

3条6丁目

藻舞

3条5丁目

一星橋

藻舞
ふれあい

4条6丁目

藻舞宮の上

藻舞西循環通

みすまいファミリー歯科

藻舞橋

石山通

東藻舞(定)

藻舞中

3条3丁目

藻舞

3条2丁目

みすまい
ひまわり

藻舞二区集会所
348

4条3丁目

4条2丁目

5-2

59

3

南　区

309

藻舞

空沢川

250

南区
第二区民
380

東御料川

355

6条2丁目

4

みすまい産業廃棄物
最終処理センター
27

札幌ドッグスクール
137

345

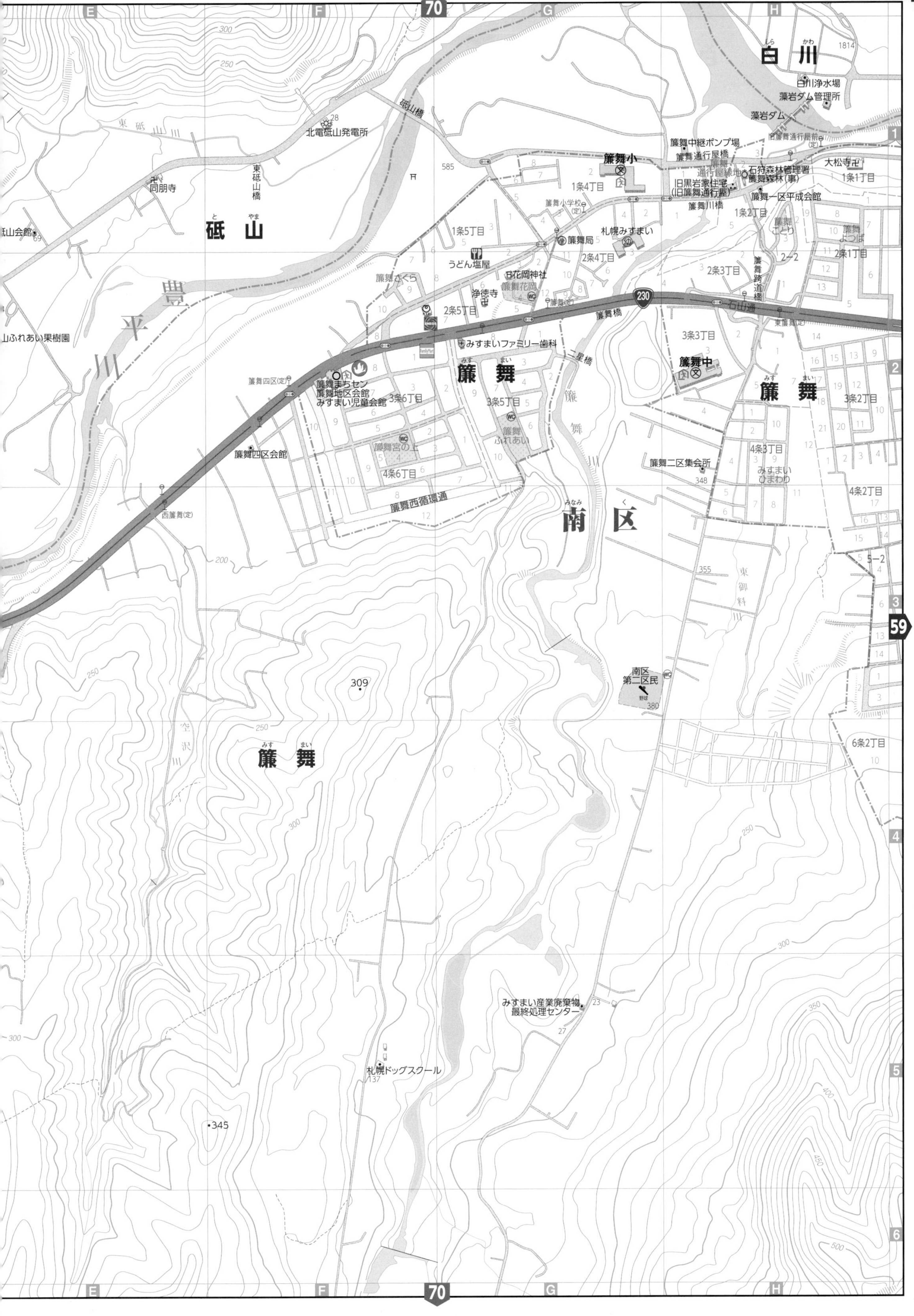

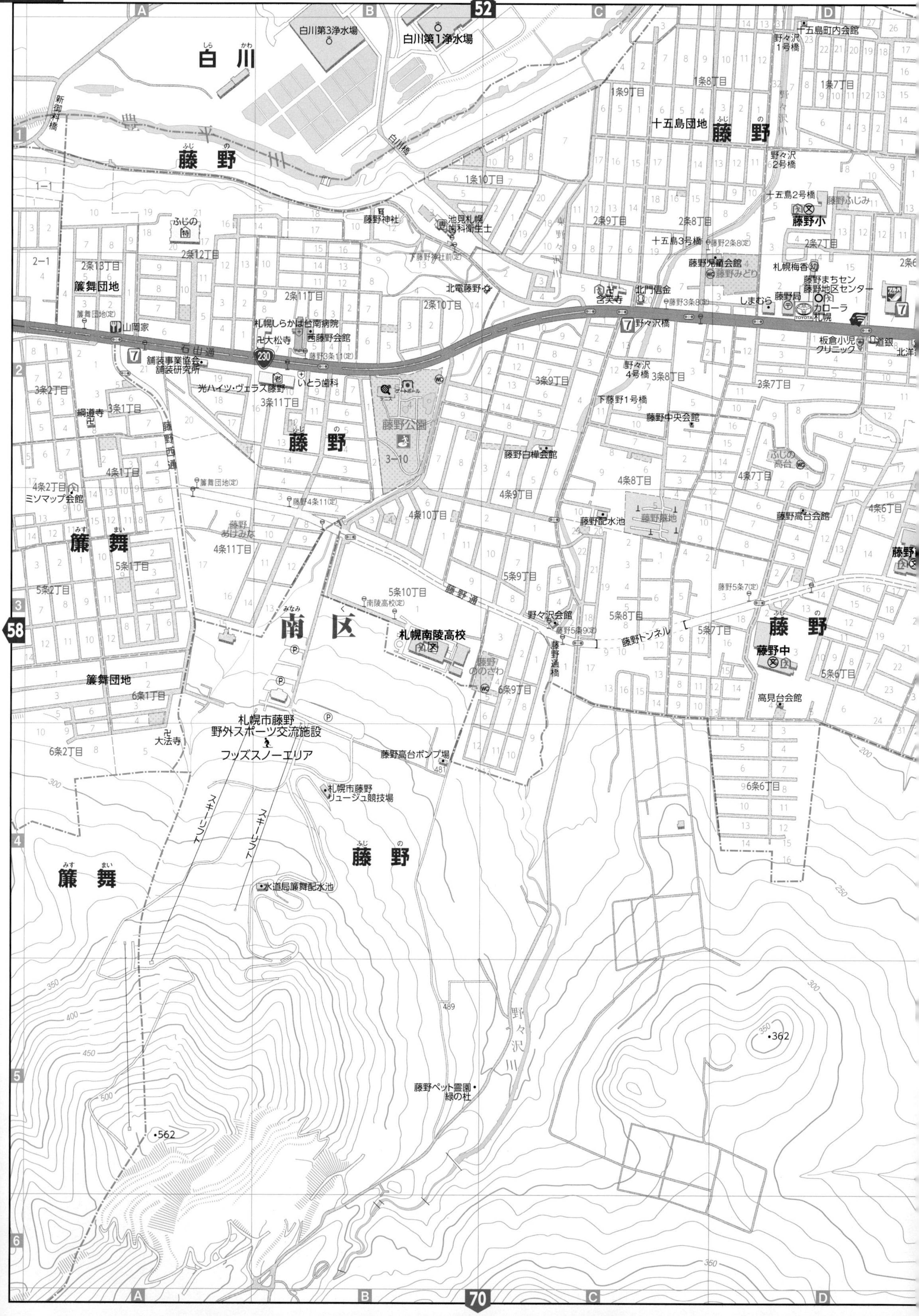
52
70
58
白川
藤野
簾舞
南区
豊平川
白川第3浄水場
白川第1浄水場
新御料橋
白川橋
藤野神社
池見札幌歯科衛生士
ふじの
2条12丁目
2条13丁目
簾舞団地
簾舞団地(定)
山岡家
石山通
230
舗装事業協会・舗装研究所
札幌しらかば台南病院
大松寺
西藤野会館
藤野3条11(定)
2条11丁目
2条10丁目
北電藤野
藤野神社前(定)
1条10丁目
1条9丁目
1条8丁目
1条7丁目
十五島町内会館
野々沢1号橋
十五島団地
野々沢2号橋
十五島2号橋
藤野ふじみ
藤野小
2条9丁目
2条8丁目
2条7丁目
十五島3号橋
藤野2条8(定)
藤野児童会館
藤野みどり
札幌梅香幼
藤野まちセン・藤野地区センター
北門信金
含笑寺
藤野3条8(定)
しまむら
藤野局
カローラ札幌
野々沢橋
板倉小児クリニック
道銀
北洋
光ハイツ・ヴェラス藤野
いとう歯科
藤野公園
3-10
3条11丁目
3条9丁目
野々沢4号橋
3条8丁目
3条7丁目
下藤野1号橋
藤野中央会館
3条2丁目
3条1丁目
網遵寺
藤野西通
藤野白樺会館
ふじの高台
4条1丁目
4条2丁目
ミソマップ会館
簾舞団地(定)
藤野4条11(定)
藤野あけみな
4条10丁目
4条9丁目
4条8丁目
4条7丁目
4条6丁目
藤野配水池
藤野墓地
藤野高台会館
4条11丁目
5条1丁目
5条2丁目
5条10丁目
南陵高校(定)
藤野通
5条9丁目
野々沢会館
藤野5条9(定)
5条8丁目
5条7丁目
藤野5条7(定)
藤野トンネル
藤野通橋
札幌南陵高校
藤野ののさわ
藤野中
5条6丁目
高見台会館
6条9丁目
6条1丁目
6条2丁目
大法寺
札幌市藤野野外スポーツ交流施設
フッズスノーエリア
藤野高台ポンプ場
札幌市藤野リュージュ競技場
スキーリフト
水道局簾舞配水池
6条6丁目
野々沢川
藤野ペット霊園・緑の杜
•562
•362
481
489
300
350
400
450
500
200
250

1：10,000 0 500m

70	52	53
58	59	60
	70	61

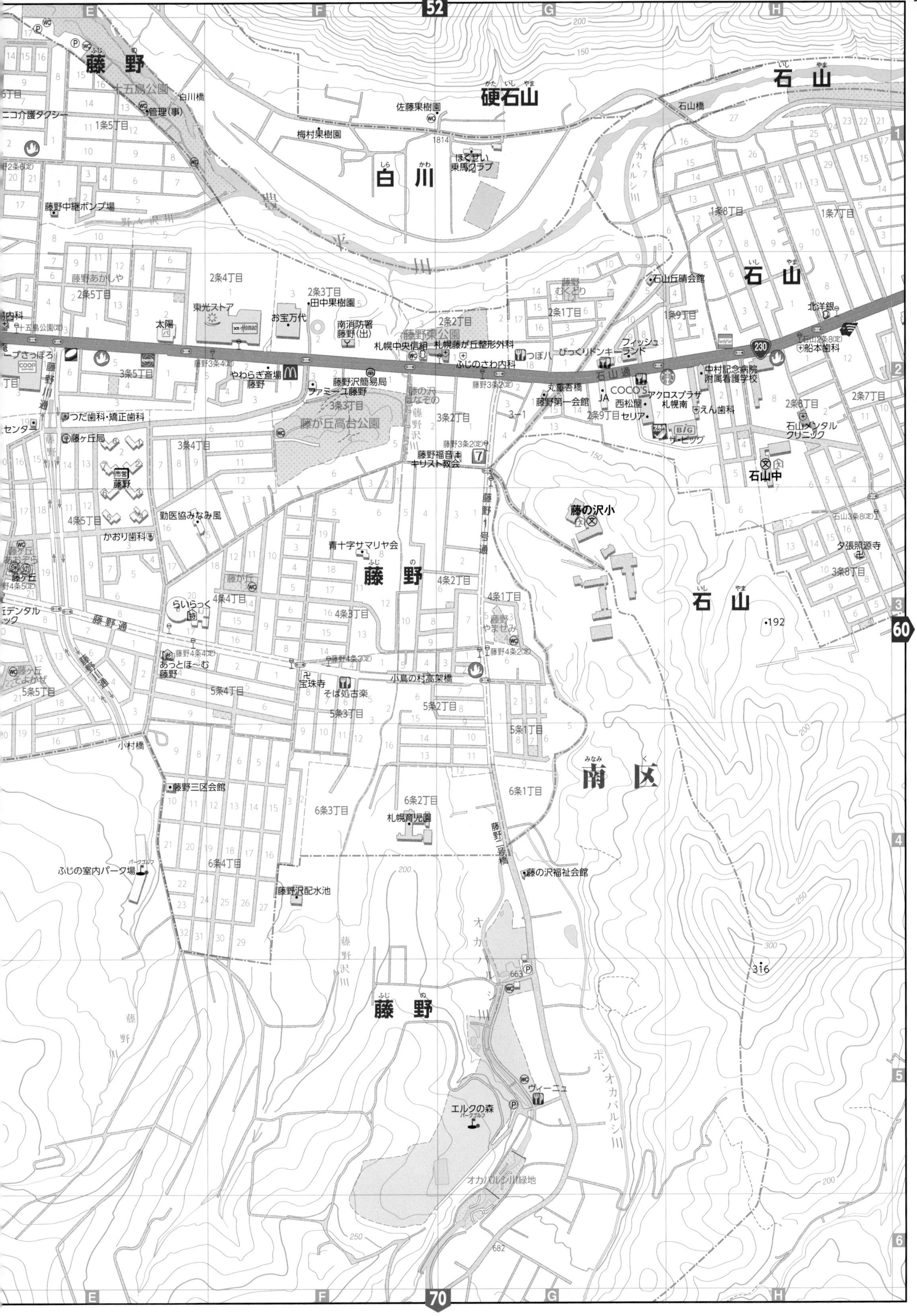

藤野
硬石山
石山
白川
石山
石山
藤野
南区
藤野
豊平川
オカバルシ川
ポンオカバルシ川
藤野沢川
藤野川
藤が丘高台公園
藤の沢小
石山中
十五島公園
札幌育児園
エルクの森
オカバルシ川緑地
藤野三区会館
藤野沢配水池
ふじの室内パーク場
ヴィーニュ
藤の沢福祉会館
夕張照源寺
石山メンタルクリニック
中村記念病院附属看護学校
石山丘晴会館
佐藤果樹園
梅村果樹園
ほくせい乗馬クラブ
藤野中継ポンプ場
東光ストア
太陽
お宝万代
南消防署藤野(出)
札幌中央信組
札幌藤が丘整形外科
ふじのさわ内科
藤野沢簡易局
ファミーユ藤野
藤野福音キリスト教会
青十字サマリヤ会
勤医協みなみ風
かおり歯科
らいらっく
あっとほ～む藤野
宝珠寺
そば処古楽
小島の村高架橋
藤ヶ丘局
つだ歯科・矯正歯科
藤野第一会館
丸重君橋
石山通
びっくりドンキー
フィッシュ
アクロスプラザ札幌南
西松屋
セリア
ザ・ビッグ
えん歯科
北洋銀
船本歯科
白川橋
石山橋
小村橋
藤野通
藤野1号通
藤野1号橋

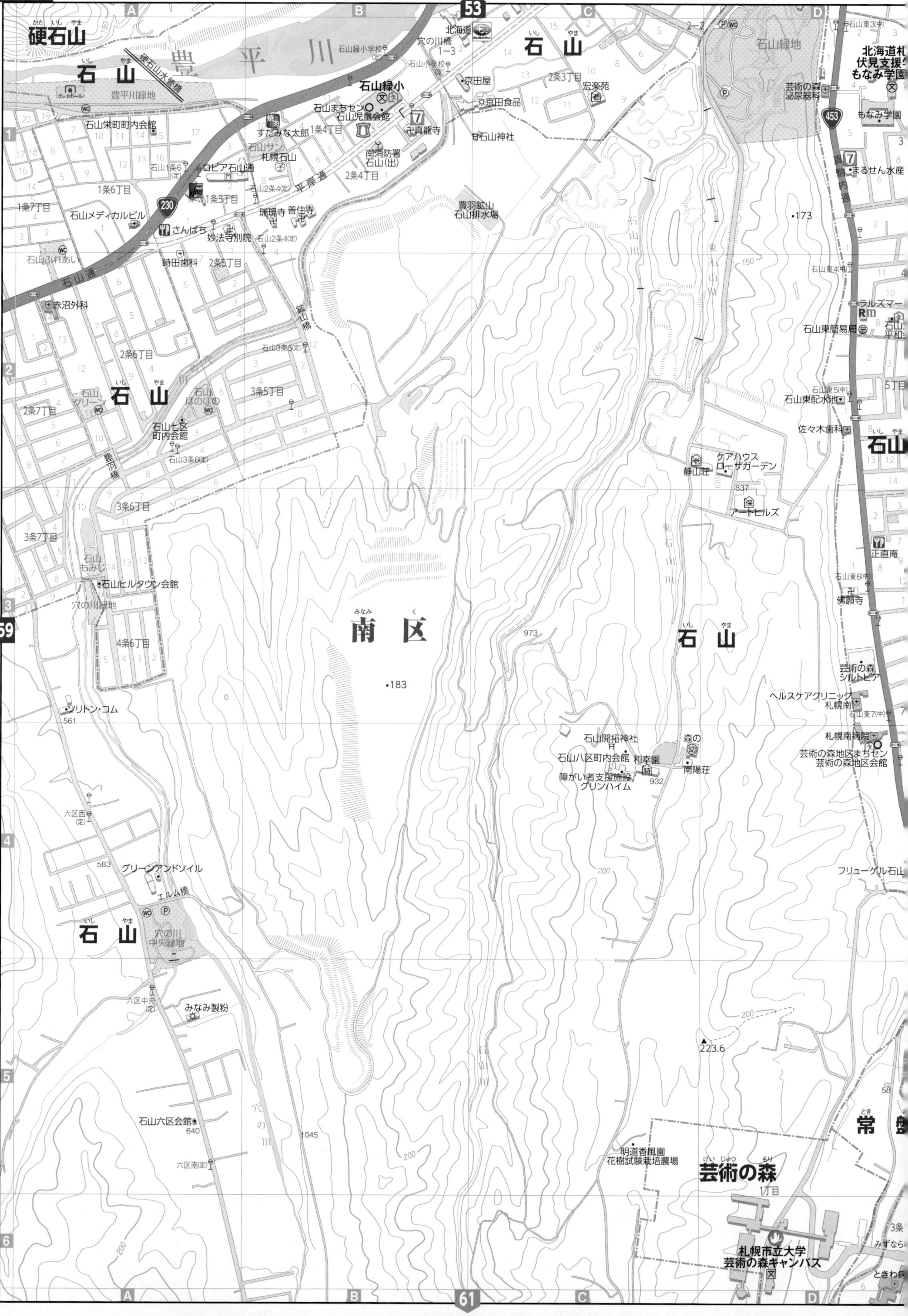
硬石山
石山
豊平川
豊平川緑地
石山栄町町内会館
石山メディカルビル
石山ふれあい
赤沼外科
石山通
平岸通
石山緑小
石山小学校
石山緑小学校
石山まちセン
石山児童会館
すだみな太郎
札幌石山
ロピア石山通
さんぱち
妙法寺別院
瑞現寺
善住寺
時田歯科
真龍寺
南消防署石山(出)
北海道
穴の川橋
京田屋
京田食品
石山神社
宏楽苑
豊羽鉱山石山排水場
鉱山橋
石山グリーン
石山ほのぼの
石山七区町内会館
豊羽橋
石山もみじ
石山ヒルタウン会館
穴の川緑地
ソリトン・コム
グリーンアンドソイル
エルム橋
穴の川中央緑地
みなみ製粉
石山六区会館
南区
石山緑地
芸術の森泌尿器科
北海道札幌伏見支援学校もなみ学園
もなみ学園
まるせん水産
石山東簡易局
石山東配水池
佐々木歯科
ケアハウスローザガーデン
静山荘
アートヒルズ
正直庵
佛願寺
芸術の森シルトピア
ヘルスケアクリニック札幌南
札幌南病院
芸術の森地区まちセン
芸術の森地区会館
石山開拓神社
石山八区町内会館
和幸園
南陽荘
障がい者支援施設グリンハイム
フリューゲル石山
明道香風園花樹試験栽培農場
芸術の森
札幌市立大学芸術の森キャンパス
常盤
1条6丁目
1条7丁目
1条5丁目
1条4丁目
2条3丁目
2条4丁目
2条5丁目
2条6丁目
2条7丁目
3条5丁目
3条6丁目
3条7丁目
4条6丁目
5丁目
1丁目
53
59
61
230
453
A
B
C
D
173
183
223.6

52	53	54
59	60	70
70		61

1：10,000　0　500m

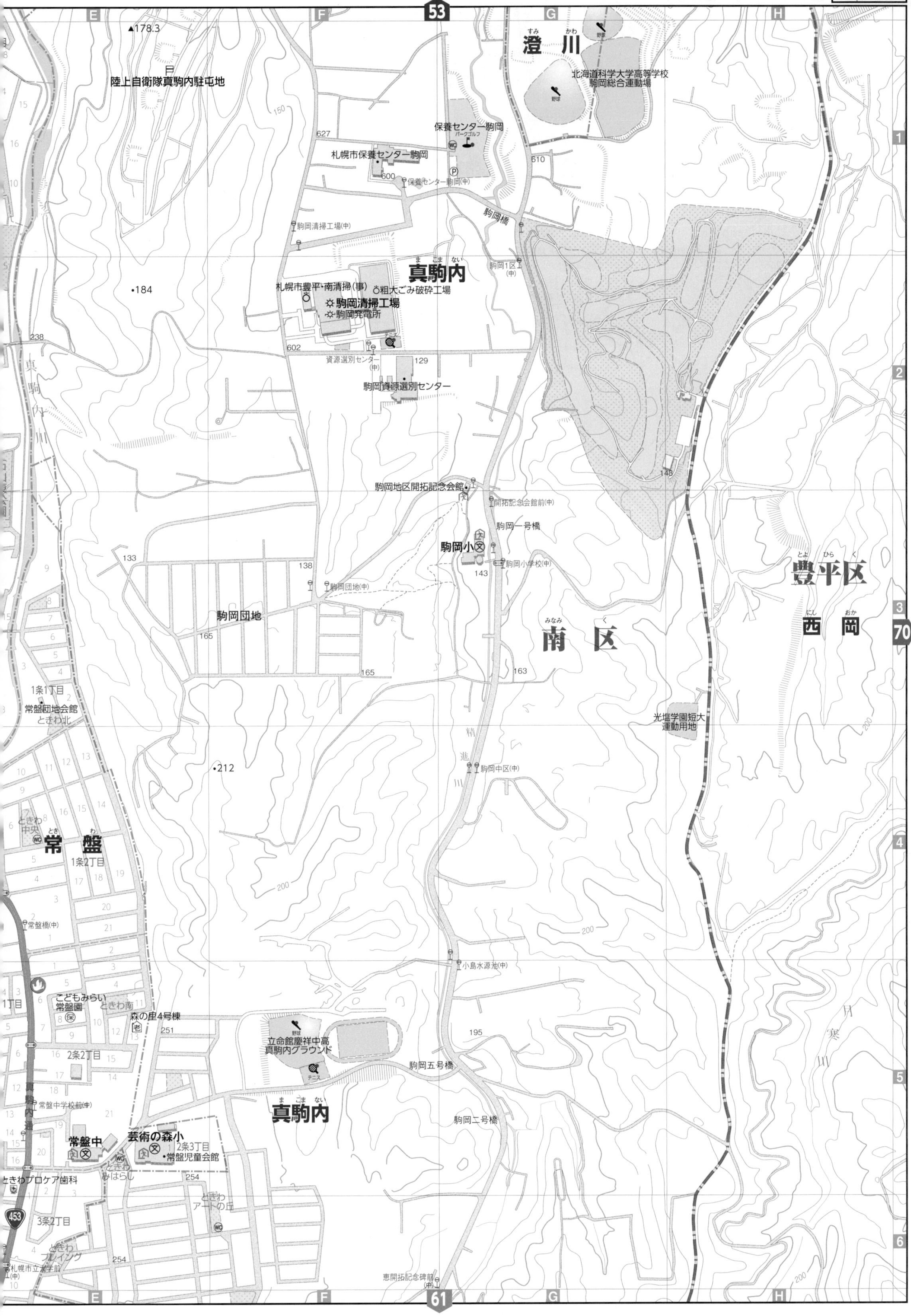

53
E
F
G
H
▲178.3
陸上自衛隊真駒内駐屯地
澄川
北海道科学大学高等学校
駒岡総合運動場
野球
保養センター駒岡
パークゴルフ
627
札幌市保養センター駒岡
600
保養センター駒岡(中)
610
駒岡橋
駒岡清掃工場(中)
真駒内
駒岡1区(中)
•184
札幌市豊平・南清掃(事)
粗大ごみ破砕工場
駒岡清掃工場
駒岡発電所
238
602
129
資源選別センター(中)
駒岡資源選別センター
真
駒
内
川
駒岡地区開拓記念会館
開拓記念会館前(中)
148
駒岡一号橋
駒岡小
駒岡小学校(中)
133
138
143
駒岡団地(中)
豊平区
駒岡団地
165
南区
西岡
70
165
163
1条1丁目
常盤団地会館
ときわ北
光塩学園短大
運動用地
精
進
川
•212
駒岡中区(中)
ときわ中央
常盤
1条2丁目
200
常盤橋(中)
200
小島水源池(中)
こどもみらい
常盤園
ときわ南
森の里4号棟
251
立命館慶祥中高
真駒内グラウンド
テニス
195
月
寒
川
2条2丁目
駒岡五号橋
真駒内通
常盤中学校前(中)
真駒内
駒岡二号橋
常盤中
芸術の森小
2条3丁目
常盤児童会館
ときわ
みはらし
ときわプロケア歯科
254
453
3条2丁目
ときわ
アートの丘
ときわ
フレイング
札幌市立大学前(中)
254
恵開拓記念碑前(中)
61
200
1
2
3
4
5
6

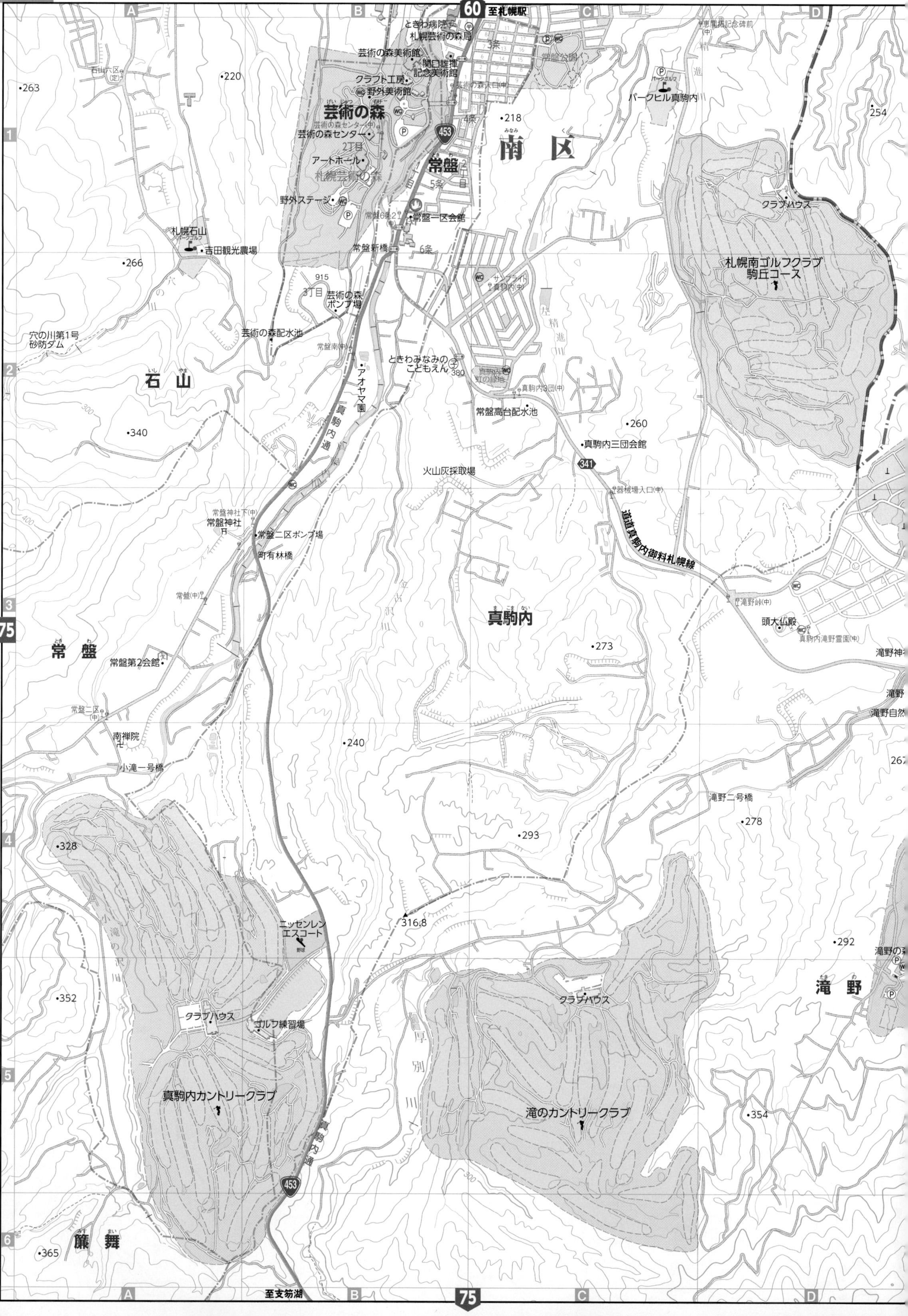
60 至札幌駅
ときわ病院
札幌芸術の森局
芸術の森美術館
佐藤忠良記念子どもアトリエ
関口雄揮記念美術館
クラフト工房
野外美術館
芸術の森
芸術の森センター
アートホール
札幌芸術の森
野外ステージ
常盤一区会館
常盤新橋
常盤
南区
パークヒル真駒内
クラブハウス
札幌南ゴルフクラブ駒丘コース
札幌石山
吉田観光農場
石山六区
穴の川第1号砂防ダム
芸術の森配水池
芸術の森ポンプ場
石山
アオヤマ園
真駒内通
ときわみなみのこどもえん
常盤高台配水池
真駒内三団会館
火山灰採取場
道道真駒内御料札幌線
常盤神社
常盤二区ポンプ場
町有林橋
真駒内
頭大仏殿
真駒内滝野霊園
滝野神社
常盤
常盤第2会館
南禅院
小滝一号橋
滝野二号橋
ニッセンレンエスコート
クラブハウス
ゴルフ練習場
真駒内カントリークラブ
厚別川
クラブハウス
滝のカントリークラブ
滝野
簾舞
至支笏湖
75

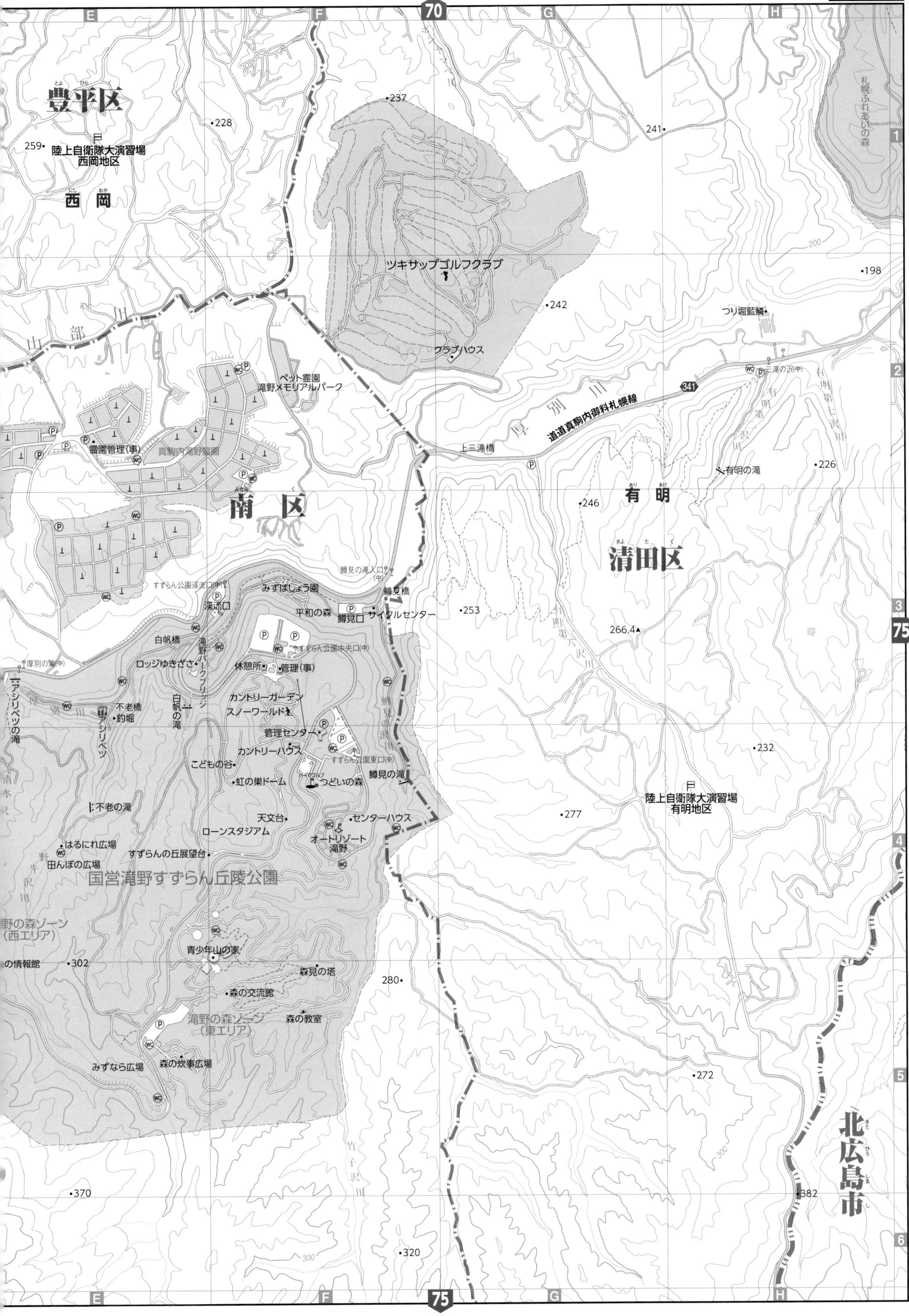
豊平区
陸上自衛隊大演習場
西岡地区
西岡
259
228
237
241
ツキサップゴルフクラブ
クラブハウス
242
198
つり堀藍鱗
札幌ふれあいの森
ペット霊園
滝野メモリアルパーク
霊園管理(事)
真駒内滝野霊園
南区
道道真駒内御料札幌線
341
厚別川
上三滝橋
三滝の沢(中)
有明の滝
226
246
有明
清田区
鱒見の滝入口
鱒見橋
すずらん公園渓流口(中)
みずばしょう園
平和の森
鱒見口
サイクルセンター
渓流口
253
266.4
白帆橋
ロッジゆきざさ
滝野パークブリッジ
休憩所
管理(事)
すずらん公園中央口(中)
厚別の滝(中)
アシリベツの滝
不老橋
釣堀
アシリベツ
白帆の滝
カントリーガーデン
スノーワールド
管理センター
カントリーハウス
すずらん公園東口(中)
こどもの谷
虹の巣ドーム
つどいの森
鱒見の滝
鱒見の沢
232
陸上自衛隊大演習場
有明地区
不老の滝
天文台
センターハウス
ローンスタジアム
オートリゾート滝野
277
はるにれ広場
すずらんの丘展望台
田んぼの広場
国営滝野すずらん丘陵公園
野の森ゾーン
(西エリア)
の情報館
302
青少年山の家
森見の塔
280
森の交流館
滝野の森ゾーン
(東エリア)
森の教室
みずなら広場
森の炊事広場
272
北広島市
竹子沢川
370
382
300
320
E
F
G
H
70
75

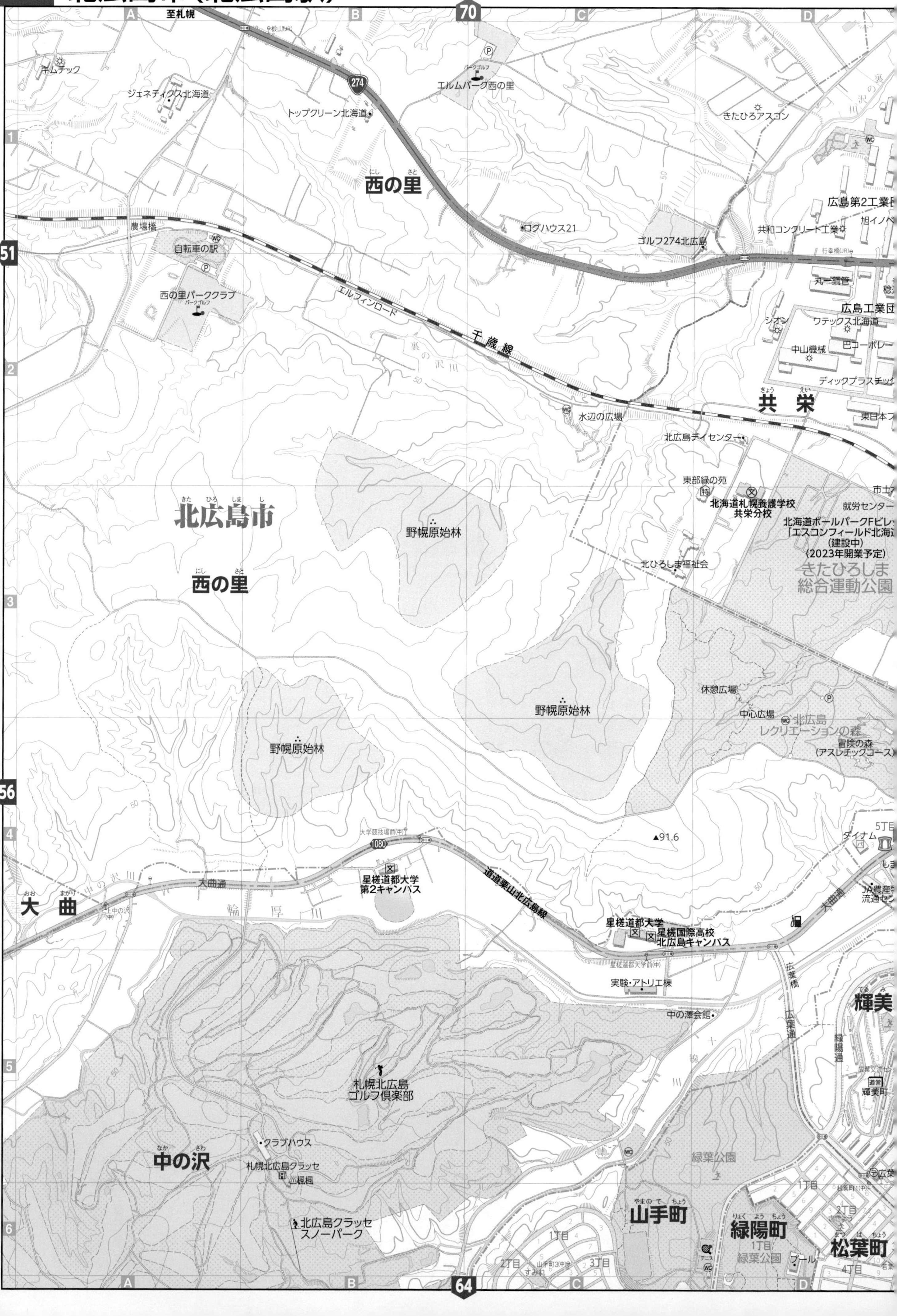
至札幌
70
274
キムテック
ジェネティクス北海道
トップクリーン北海道
エルムパーク西の里
きたひろアスコン
西の里
広島第2工業団
旭イノベ
共和コンクリート工業
ログハウス21
ゴルフ274北広島
農場橋
自転車の駅
西の里パーククラブ
エルフィンロード
千歳線
丸一鋼管
広島工業団
シオン
ワテックス北海道
中山機械
巴コーポレー
ディックプラスチッ
裏の沢川
共栄
水辺の広場
東日本
北広島デイセンター
東部緑の苑
北海道札幌養護学校共栄分校
市立
就労センター
北海道ボールパークFビレッジ
「エスコンフィールド北海道」
（建設中）
（2023年開業予定）
きたひろしま総合運動公園
北広島市
野幌原始林
北ひろしま福祉会
西の里
休憩広場
中心広場
北広島レクリエーションの森
冒険の森（アスレチックコース）
野幌原始林
野幌原始林
▲91.6
5丁目
ダイナム
JA農産物流通セン
大学競技場前
1080
星槎道都大学第2キャンパス
道道栗山北広島線
大曲
大曲通
中の沢川
輪厚川
星槎道都大学
星槎国際高校北広島キャンパス
星槎道都大学前
広葉橋
実験・アトリエ棟
中の澤会館
広葉通
輝美
緑陽通
輝美町
札幌北広島ゴルフ倶楽部
クラブハウス
中の沢
札幌北広島クラッセ
緑葉公園
北広島クラッセスノーパーク
山手町
緑陽町
松葉町
1丁目
2丁目
3丁目
4丁目
1丁目
2丁目
3丁目
緑葉公園
プール
51
56
64

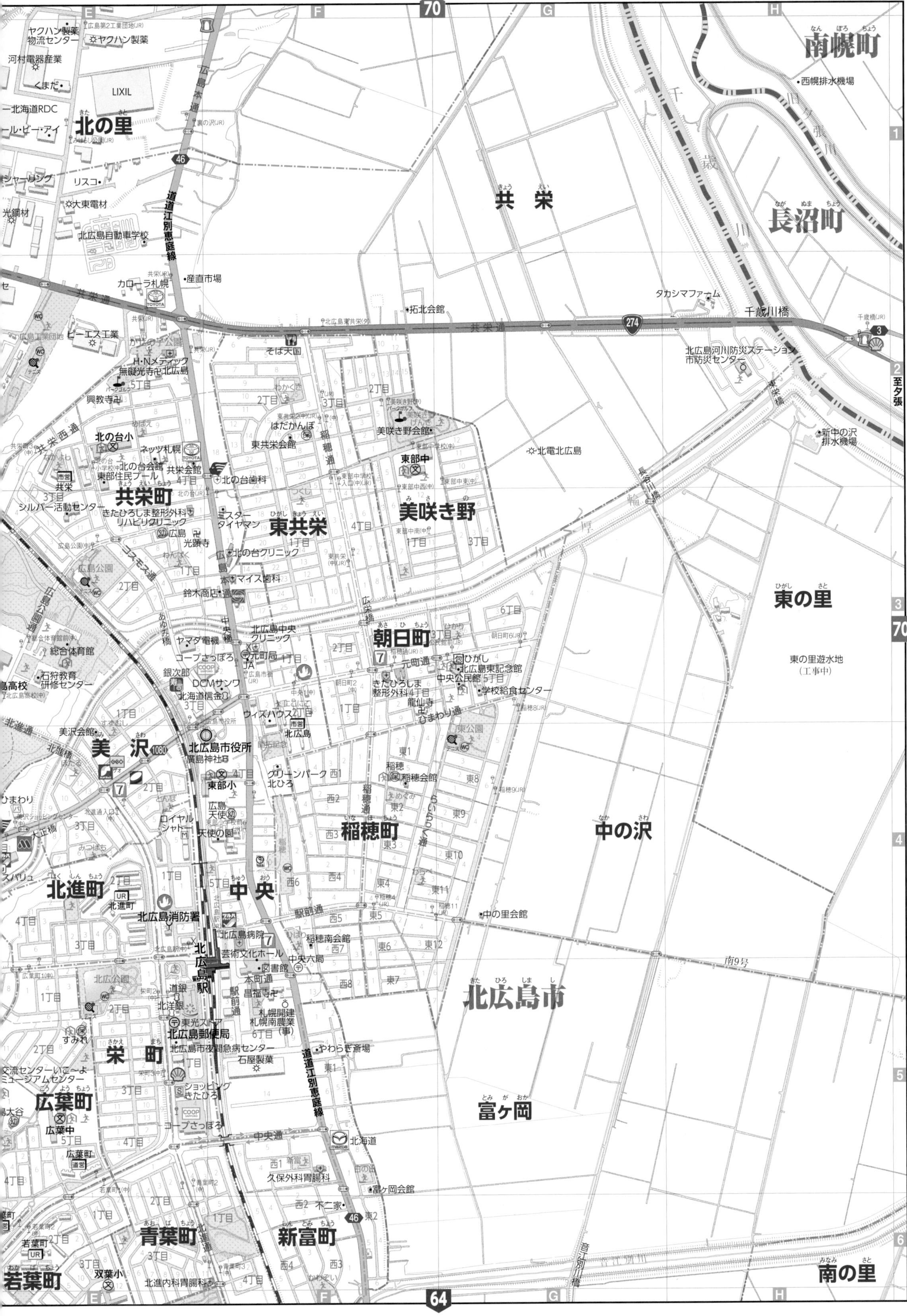
70
64
南幌町
長沼町
共栄
北の里
共栄町
東共栄
美咲き野
東の里
朝日町
美沢
北進町
中央
稲穂町
中の沢
北広島市
栄町
広葉町
富ヶ岡
青葉町
新富町
若葉町
南の里
北広島駅
北広島市役所
北広島消防署
北広島病院
芸術文化ホール
図書館
北広島郵便局
広島本通
道道江別恵庭線
共栄通
駅前通
中央通
南9号
千歳川橋
長谷川橋
東栄橋
北広島河川防災ステーション
市防災センター
西幌排水機場
新中の沢排水機場
タカシマファーム
北電北広島
拓北会館
東の里遊水地
(工事中)
中の里会館
富ヶ岡会館
学校給食センター
北広島東記念館
中央公民館
東部中
東部小
北の台小
広葉中
双葉小
広島公園
北広島公園
総合体育館
石狩教育研修センター
シルバー活動センター
LIXIL
ヤクハン製薬
物流センター
河村電器産業
カローラ札幌
産直市場
北広島自動車学校
大東電材
リスコ
ピーエス工業
そば天国
美咲き野会館
東共栄会館
稲穂会館
稲穂南会館
美沢会館
コープさっぽろ
DCMサンワ
北海道信金
ヤマダ電機
鈴木商店
マイス歯科
北の台クリニック
光顕寺
龍仙寺
昌福寺
札幌開建
札幌南農業(事)
やわらぎ斎場
石屋製薬
北広島市夜間急病センター
久保外科胃腸科
北進内科胃腸科
至夕張

北広島市(大曲工業団地・輪厚)

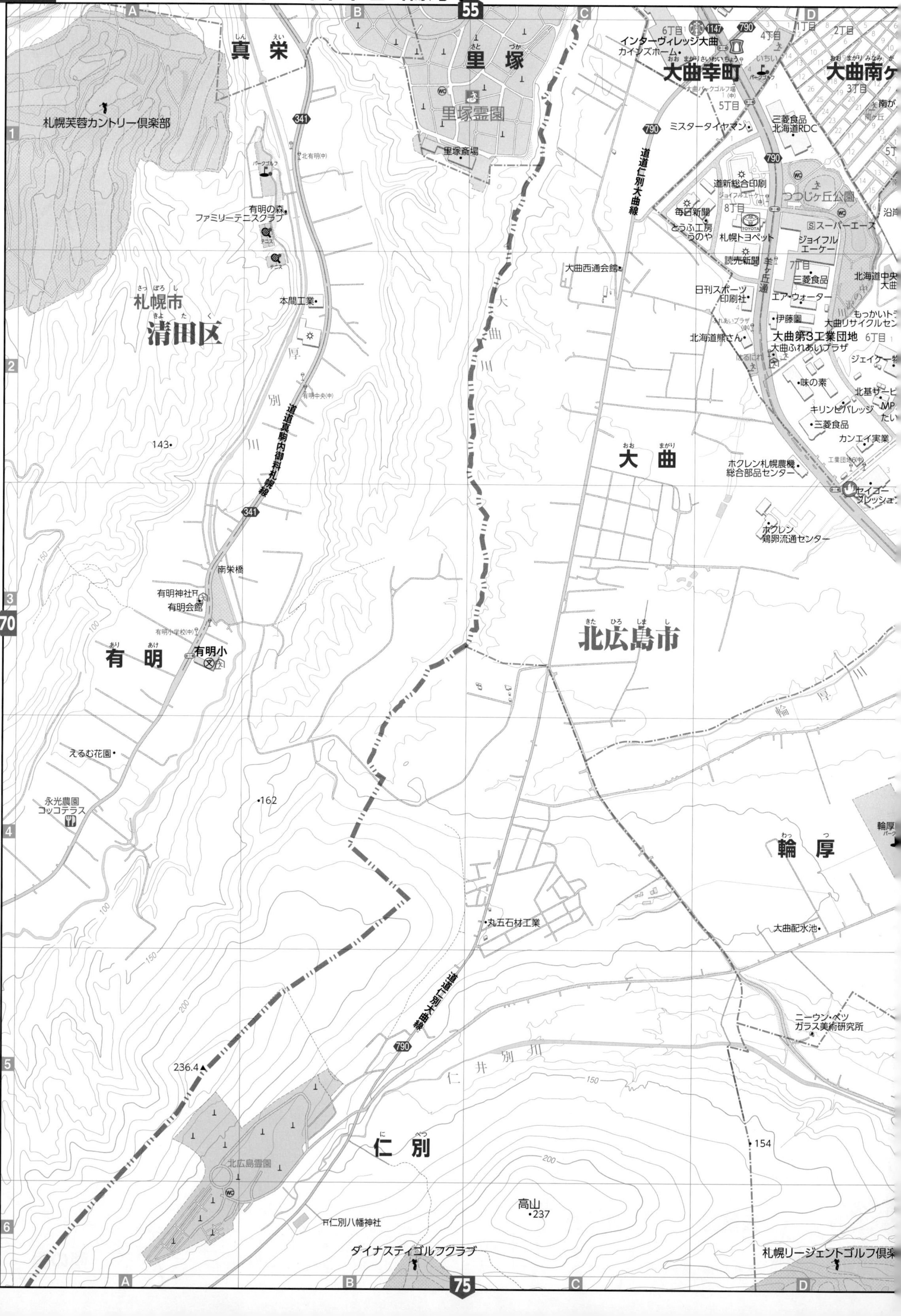

真栄
里塚
里塚霊園
里塚斎場
札幌芙蓉カントリー倶楽部
有明の森
ファミリーテニスクラブ
本間工業
札幌市
清田区
道道真駒内御料札幌線
143
南栄橋
有明神社
有明会館
有明
有明小
えるむ花園
永光農園
コッコテラス
162
236.4
北広島霊園
仁別
仁別八幡神社
ダイナスティゴルフクラブ
高山
237
仁井別川
道道仁別大曲線
丸五石材工業
大曲配水池
ニーウン・ベツ
ガラス美術研究所
154
札幌リージェントゴルフ倶楽部
大曲西通会館
インターヴィレッジ大曲
カインズホーム
大曲幸町
大曲南ヶ丘
ミスタータイヤマン
三菱食品
北海道RDC
道新総合印刷
毎日新聞
とうふ工房
うのや
札幌トヨペット
読売新聞
つつじヶ丘公園
スーパーエース
ジョイフルエーケー
三菱食品
エア・ウォーター
伊藤園
大曲リサイクルセンター
大曲第3工業団地
大曲ふれあいプラザ
日刊スポーツ
印刷社
北海道熊さん
ジェイケー
味の素
キリンビバレッジ
三菱食品
カンエイ実業
ホクレン札幌農機
総合部品センター
セイコーフレッシュ
ホクレン
鶏卵流通センター
55
70
75

至札幌
至北広島IC
56
中の沢
柏葉台団地
北広島希望ヶ丘病院
大曲柏葉
ひらい歯科
大曲
北広島クリーンセンター
札幌北広島ゴルフ倶楽部
コマツ教習所
四里塚会館
コマツ特機
見方
36
アース・ネット
ソーラー技研
北都交通
札幌通運
滝川自工
北広島市防災食育センター（建設予定地）
北広島市消防署大曲（出）
Paltac
クボタ
日通機工
大曲工場通
大曲工業団地
はまなす観光バス
海道車体
スズケン
メディセオ札幌ALC
ホースフィールドワッツ
大曲工業団地
ワールド山内
E5 道央自動車道
輪厚
月寒運輸
アール・アンド・イー
鉄建
日立物流
新工業団地
DCMホーマック物流センター
希望ヶ丘会館
エルム観光バス
輪厚自然公園
790
ホームガスセンター北海道
輪厚第2緑地
よつ葉乳業中央研究所
輪厚PA
輪厚SIC
64
道道仁別大曲線
ホンダ部品販売
輪厚元町
朝日交通
輪厚中央通
希望ヶ丘
輪厚第1緑地
輪厚工業団地
照道寺
サツドラ流通センター
宮北牧場
輪厚第3緑地
エーデルワイスファーム
北広島輪厚工業団地
ケアハウスきたひろしま
輪厚中の沢通
輪厚会館
阿部牧場
中北薬品
輪厚神社
斜里バス
輪厚局
北広島市
輪厚中央通
至恵庭IC
輪厚配水池
クラブハウス
輪厚市営
新生会館
輪厚児童センター
西部中
西部小
西部プール
エスポワール北広島
輪厚会館
悠々
輪厚三愛病院
たけちゃんファーム
札幌ゴルフ倶楽部輪厚コース
広島輪厚通
輪厚中央
輪厚
札幌八幡宮
児童体育館
西部（出）
あおぞら
三菱食品
JA
北海道白樺高等養護学校
高橋産業
島松
至恵庭
かわかみ園
仁井別川
75

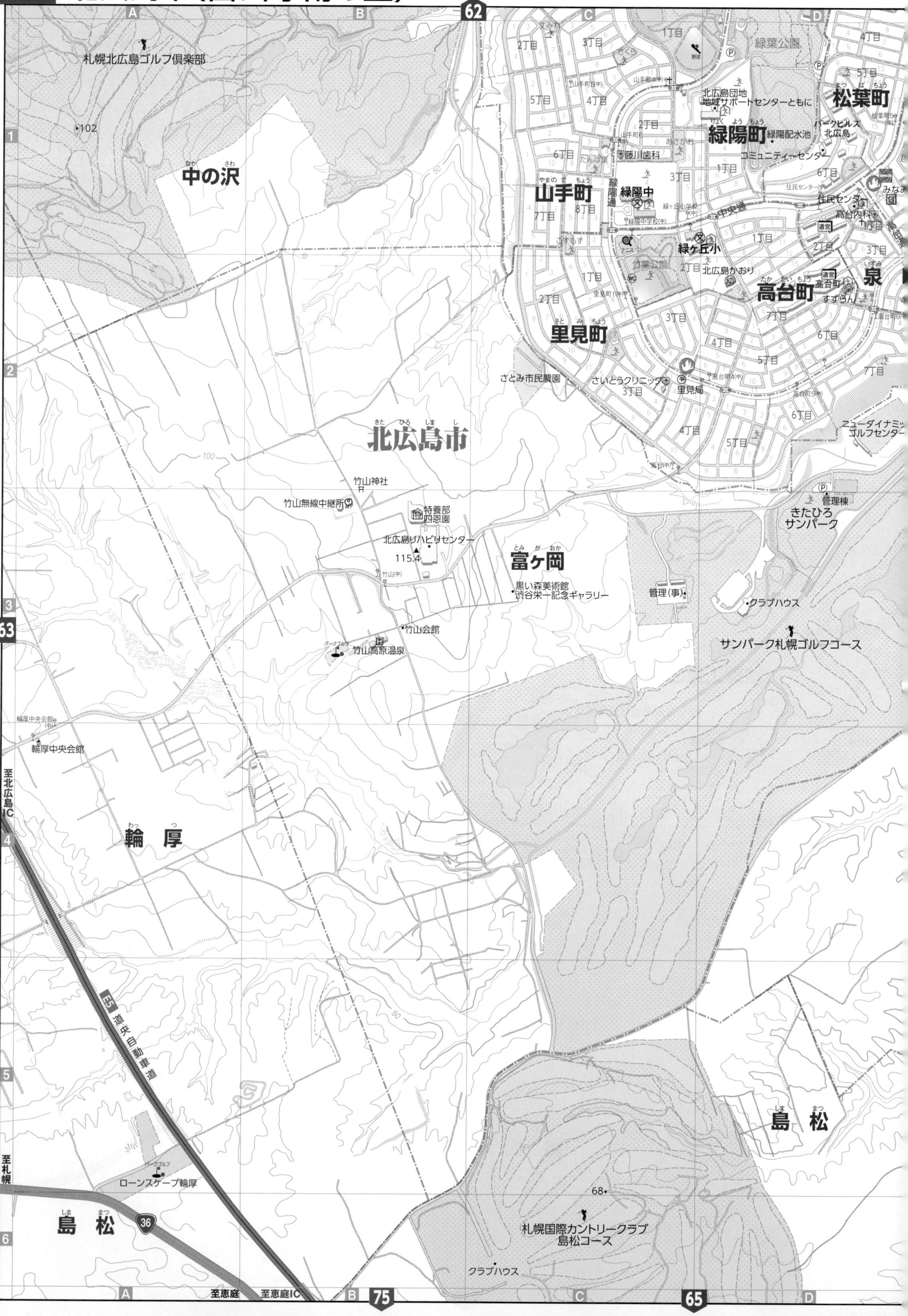
62
63
75
65
A
B
C
D
1
2
3
4
5
6
札幌北広島ゴルフ倶楽部
102
中の沢
山手町
緑陽町
松葉町
緑陽中
緑ヶ丘小
竹葉公園
緑葉公園
北広島団地
地域サポートセンターともに
緑陽配水池
パークヒルズ
北広島
コミュニティーセンター
住民センター
高台内科
藤川歯科
中央通
緑陽通
泉
高台町
すずらん
北広島かおり
里見町
さとみ市民農園
さいとうクリニック
里見局
ニューダイナミック
ゴルフセンター
北広島市
竹山神社
竹山無線中継所
特養部
四恩園
北広島リハビリセンター
115.4
富ヶ岡
黒い森美術館
渋谷栄一記念ギャラリー
管理(事)
きたひろ
サンパーク
管理棟
クラブハウス
サンパーク札幌ゴルフコース
竹山会館
竹山高原温泉
輪厚中央会館
輪厚
至北広島IC
E5
道央自動車道
至札幌
ローンスケープ輪厚
島松
36
68
札幌国際カントリークラブ
島松コース
クラブハウス
至恵庭
至恵庭IC

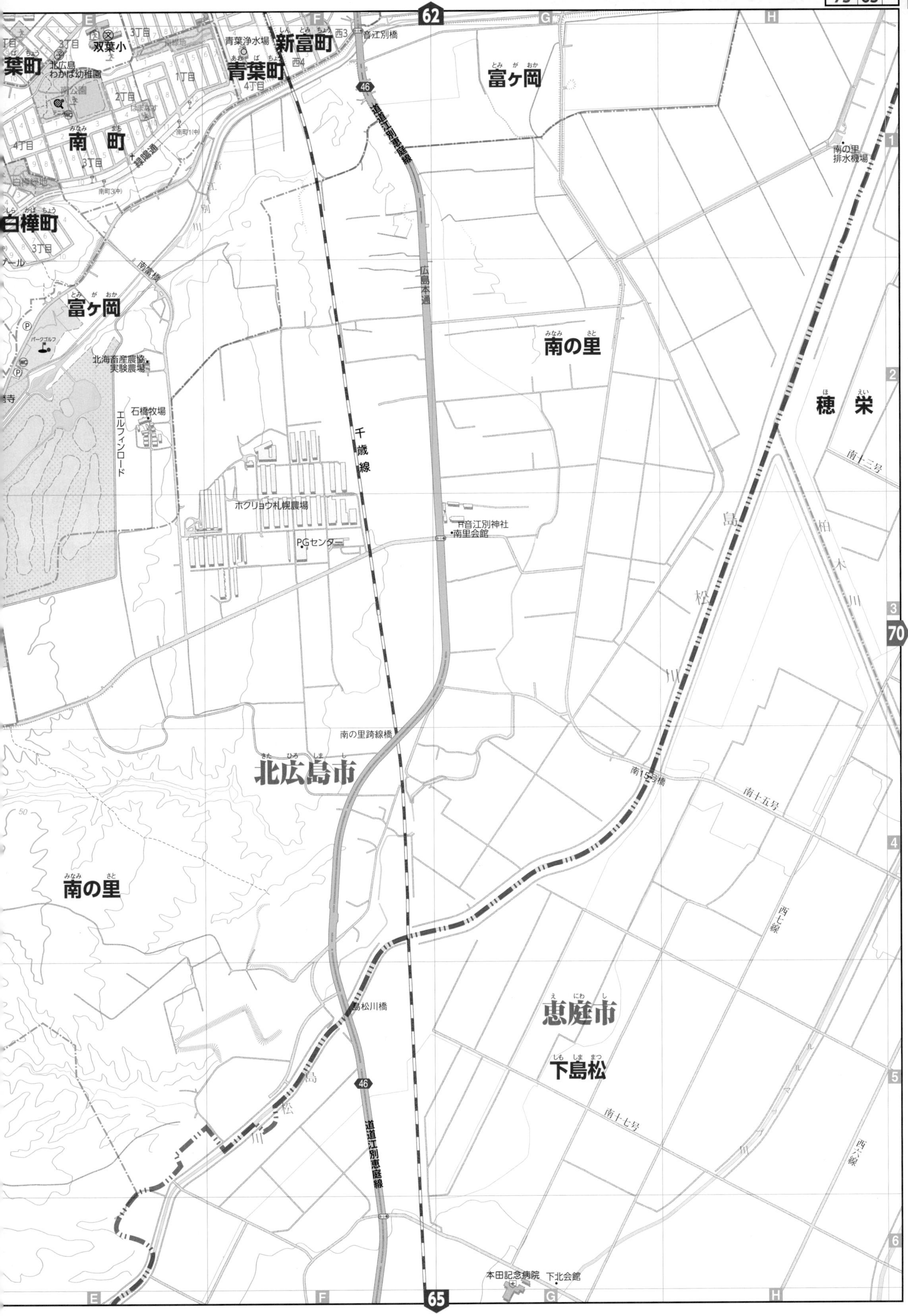

62
65
70
新富町
青葉町
青葉浄水場
音江別橋
双葉小
北広島わかば幼稚園
南公園
南町
3丁目
4丁目
1丁目
2丁目
南町1(中)
南町3(中)
緑陽通
白樺町
白樺緑地
富ヶ岡
南富橋
北海畜産農協実験農場
石橋牧場
エルフィンロード
ホクリョウ札幌農場
PGセンター
音江別神社
南里会館
千歳線
道道江別恵庭線
46
広島本通
南の里
南の里排水機場
穂栄
南十三号
柏木川
島松川
南の里跨線橋
北広島市
南15号橋
南十五号
西七線
恵庭市
下島松
島松川橋
南十七号
西六線
ルルマップ川
本田記念病院
下北会館
50

恵庭市(島松・恵み野駅)

64
66
70
札幌国際カントリークラブ
島松コース
北広島市
島松
広恵橋
至北広島IC
至札幌
中川牧場
島松沢
恵浄殿
恵庭墓園
管理(事)
恵庭市
島松沢(中)
多目的芝生広場
ギャラリー三平
市民農園
クラブハウス
ルルマップ自然公園
ふれらんど
フォレストアドベンチャー
恵庭墓園
道央自動車道
柏陽(中)
桜森
自衛隊北海道大演習場
島松地区
陸上自衛隊
島松駐屯地
メイプル
島松病院
アートライフ恵庭
島松大通
すずらん乗馬クラブ
西島松会館
西九線
南一号
西島松
JA
流通センター
西島松北会館
下島松
ホクレン恵庭研究農場
農業活性化支援センター
トランシス恵庭
石上車輌
島松工業団地
石狩農業改良普及センター
フローラルタウン
島松寿町
トライアル
島松駅
千歳線
道道江別恵庭線
江別恵庭大通
西島松通
島松寿町
寿第2
寿第1
寿町会館
寿中通
2丁目
島松大通アンダーパス
柏木橋
西七線
本田記念病院
島松神社
島松本町
サーム島松
2丁目
中恵庭通
1丁目
石澤歯科
島松ハイヤー
夢創館
尾形病院
島松仲町
島松支所
JA
清水歯科
島松停車場線
3丁目
4丁目
5丁目
日本ニューホランド
サンガーデン
4丁目
ホンダ
デポックス
ヰセキ
堀川
野口製作所
伊藤組土建
恵庭アサノ
コンクリート
タイヤ館
出雲大社
三神教会
柏木戸磯通
1丁目
2丁目
北柏木(中)
渥美工業
北海道通運
北柏木町
三和シャッター工業
ヤマダ電機
北柏木会館
恵庭工業団地
北海ダイプラ
合同容器
3丁目
恵庭中央通
コマツレンタル
ニチレキ
クラヤ紙工
北榮興業
柏木団地通
マルハン
柏木橋
至恵庭IC
道道江別恵庭線
恵み野里美
ダイイチ
フレスポ恵み野
市民交流の森
2丁目
柏木川橋
ケーズデンキ
やよい軒
カーズ
恵み野駅通
恵み野駅
柏陽町
柏陽中
柏陽憩の家
柏陽会館
ヤマト運輸
南25柏木川橋
北柏
柏陽簡易局
柏木戸磯通
3丁目
1丁目
4丁目
恵み野
北洋銀
もりもと
北海道信金
中島・恵み野
恵み野ケアポート
中島
黄金中島通
ラ・デュース中島
千歳線
1丁目
柏陽

64
66
70
E
F
G
H
1
2
3
4
5
6
島松寺
下島松
北央機工
南18 柏木川橋
中島松 地域交流施設
恵北中
橋本農園
中島松
西四線
北電恵庭
南十七号
西二線
南十八号
西三線
春日
19号通
島松大通
エトワール
島松小
南19号 柏木川橋
島松旭町
本智寺
恵花園
3丁目
2丁目
1丁目
4丁目
あさひ公園
島松
ケアハウス 恵庭ふくろうの園
恵庭ふくろうの園
恵庭みどりの
南20号 柏木川橋
南十八号漁川橋
南十九号
西四線
島松駅通
島松(出)
島松東町
島松 パークゴルフ
島松体育館 スポーツセンター
JA道央恵庭支所
恵庭北高校
西三線
南島松北組合会館
恵庭神社
恵庭中央 パークゴルフ
南二十号
南島松
漁
川
中央
西二線
600
道道島松千歳線
南島松中央集会所
7丁目
6丁目
六合庵
恵み野2号通
ガーデン歯科
ペリカン
中恵庭通
南二十一号
恵み野北緑地
近畿大学 バイオコークス研究所
郷土資料館
市車輌センター
恵み野 北会館
恵み野北
恵庭大和交通
恵み野旭小
開拓記念公園
恵み野会館
恵み憩の家
恵み野中央局
恵庭RBパーク センタービル
恵み野(出)
恵み野第2
田園緑地
6丁目
恵み野東会館
恵み野中央公園
漁川橋
中恵庭(出)
中恵庭会館
松恵小
コープさっぽろ
図書館
北海道 エコ・動物自然
恵み野中
恵み野東
中恵庭簡易局
中恵庭公園
市民プール
東恵庭会館 東恵庭憩いの家
恵み野西
岡田医院
5丁目
2丁目
サントアリオデ 恵み野
4丁目
恵み野南
恵み野南会館
恵み野小
恵み野
3丁目
アルファ
南島松
45
道道恵庭栗山線
浅野農園
上山口
そば処 樹庵
山内農場
南二十二号
ビレッジハウス恵み野
恵み野南
花の拠点はなふる
かのな
花ロードえにわ
センターハウス
(建設中)
36
第二かしわ
至千歳

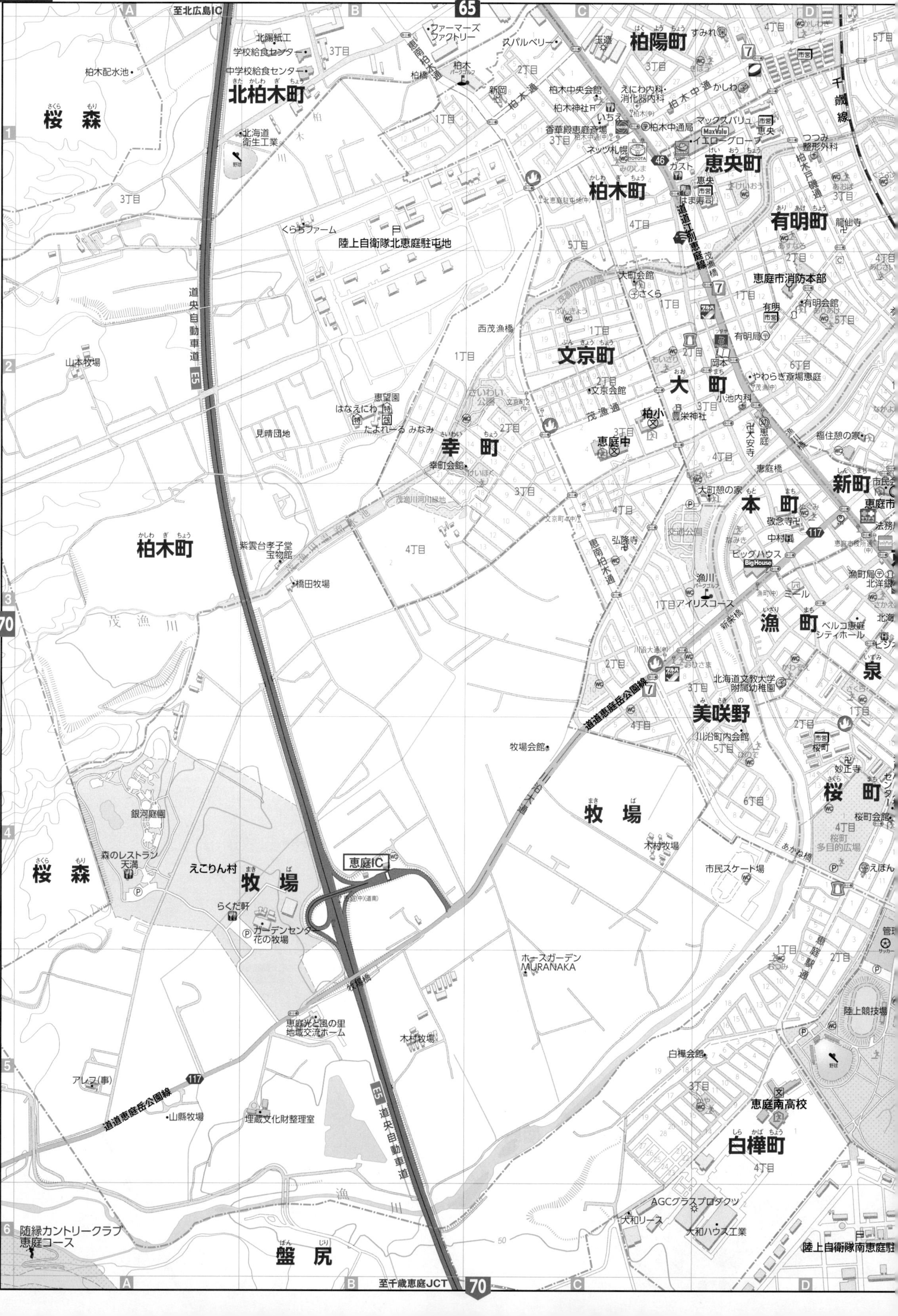
至北広島IC
65
北陽紙工
学校給食センター
中学校給食センター
北柏木町
柏木配水池
桜森
北海道衛生工業
ファーマーズファクトリー
スパルベリー
柏橋
新岡
柏陽町
すみれ
柏木中央会館
柏木神社
えにわ内科・消化器内科
柏木中通
かしわ
柏木中通局
マックスバリュ
香華殿恵庭斎場
いちえ
ネッツ札幌
イエローグローブ
ガスト
恵央町
恵央
柏木町
はま寿司
つつみ整形外科
有明町
龍仙寺
千歳線
くららファーム
陸上自衛隊北恵庭駐屯地
道央自動車道
E5
大町会館
さくら
恵庭市消防本部
有明会館
有明局
山本牧場
西茂漁橋
文京町
大町
岡本
やわらぎ斎場恵庭
恵望園
はなえにわ
たよれーる みなみ
見晴団地
文京会館
茂漁通
柏小
豊栄神社
小池内科
幸町
恵庭中
安寺
福住憩の家
幸町会館
茂漁川河川緑地
大町憩の家
本町
新町
恵庭橋
敬念寺
中村
117
恵庭市
柏木町
紫雲台孝子堂宝物館
橋田牧場
弘隆寺
恵南柏木通
交通公園
ビッグハウス
漁川パークゴルフ
漁町局
北洋銀
1丁目アイリスコース
ミール
70
茂漁川
漁町
ベルコ恵庭シティホール
北海道文教大学附属幼稚園
泉
道道恵庭岳公園線
美咲野
川沿町内会館
桜町
妙正寺
牧場会館
牧場
木村牧場
桜町会館
桜町多目的広場
銀河庭園
森のレストラン天満
えこりん村
牧場
恵庭IC
らくだ軒
ガーデンセンター花の牧場
市民スケート場
えほん
ホースガーデンMURANAKA
恵庭駅通
陸上競技場
牧場橋
恵庭光と風の里地域交流ホーム
木村牧場
白樺会館
アレフ(事)
恵庭南高校
道道恵庭岳公園線
山縣牧場
埋蔵文化財整理室
白樺町
漁川
AGCグラスプロダクツ
大和リース
大和ハウス工業
随縁カントリークラブ恵庭コース
盤尻
陸上自衛隊南恵庭駐
至千歳恵庭JCT
70

至北広島
65
中島町
中島公園
3丁目
ガーデン
中島会館
中島通
ハウス
市営 若草
2丁目
1丁目
渔川
カワセミコース
黄金橋
幼稚舎 えるむ
天融寺
恵庭大橋
36
恵明中
4丁目
いくみ会館
北海道安全衛生技術センター
黄金北
3丁目
黄金北会館
2丁目
恵庭自動車学校
恵庭 ふるさと公園
4丁目
黄金中央
3丁目
こがね歯科
かたおか循環器内科
1丁目
2丁目
福住町
3丁目
第一病院
プルガーデン
えにわステーション
えにわ病院
恵庭駅
恵庭駅前局
あいおい
1丁目いざりえ
末広町
石狩森林管理署 恵庭森林(事)
福祉会館
恵庭みどりのクリニック
ジェイアール生鮮市場
道道恵庭停車場線
1021
市営 旭
2丁目
自治会館
1丁目
3丁目
相生町
黄金南会館
黄金相生跨線橋
栄恵町
えにあす
緑町
2丁目
富士ハイヤー
恵庭南病院
札幌 TOYOTA
2丁目
恵庭郵便局
住吉会館
3丁目
キャッツアイ
住吉町
4丁目
4丁目
玉川組
クラーク
うおはん
1丁目
びっくりドンキー
和光憩の家
和光町内会館
ピースルーム
和光会館
3丁目
和光小
1丁目
2丁目
札幌トヨペット
1丁目
わこう公園
ちょいす
2丁目
体育館
6丁目
家具の中西
カトリック教会
ウィズハウス
駒場町
5丁目
4丁目
河畔公園
カフェ福座
ロバパン
恵庭温泉ラ・フォーレ
合通
えなみ公園
恵庭公園
恵南
中川牧場
恵南会館
恵千通(恵千バイパス)
総合体育館
北海道文教大学附属高校
北海道文教大学
5丁目
フードD
みよしの
恵庭アクロスプラザ
ユニクロ
AOKI
ブックオフ
6丁目
7丁目
カリンバ自然公園
柏学園ひまわり
カリンバ遺跡
たよれーる ひがし
こがねデイサービスセンター
子ども発達支援センター
5丁目
黄金ふれあいセンター
黄金南
4丁目
黄金中島通
黄金東通
ふぁみーゆデンタル
チェルボ
恵庭クリニック
黄金西通
2丁目
あけぼの会館
黄金中通
黄金曙公園
3丁目
団地中央通
戸磯黄金通
黄金局
1丁目
リリーフ
北海道吉野石膏
戸磯軽工業団地
千歳交通 恵庭ハイヤー
サッポロ流通システム
4丁目
和光町
和光橋
5丁目
戸磯団地通
よねざわ工業
網走バス札幌(営)
森永乳業
戸磯恵南工業団地
戸田運輸
ヤマト運輸
68図
山崎製パン
山崎製パン 札幌工場前(中)
東1線大通
46
道道江別恵庭線
北海道カネライト
カネカ北海道スチロール
東芝ロジスティクス
恵庭市
白建片桐リース
三英社製作所
室蘭海陸通運
ダイホク工業
ユニマイクロジャパン
三ツ輪運輸
ゴールドパック
ヴァルハラ
サッポロビール北海道工場
サッポロビール北海道工場(中)
サッポロビール庭園駅
戸磯
36
至苫小牧
70
68
至千歳恵庭JCT
恵庭テクノパーク
レンゴー
紀文
サンマルコ食品
オルソン
共同商販
クレトイシ
北日本フード
ダイホク工業
モロオ
ぼくやく
戸田工業
エム・エス・ケー農業機械
戸磯会館
東網商事
恵庭テクノパーク
国分流通センター
テクノパーク中央公園
京セミ
東1線大通
メテック
北新金属工業
新薬リサーチセンター
エルム跨線橋
防風林
トヨタL&F
シズナイロゴス
やまぐち食品 豆てっぽう
カリンバ緑地
レンゴーロジスティクス
エフピーエス
全日本食品
北海道いすゞ
サンエー工業
こくわ緑地
あやめ緑地
恵千通(恵千バイパス)
えにわ温泉ほのか
戸磯元町会館
栗津牧場
上山口
道道恵庭栗山線
45
おうちカフェ メイミーズ
南二十一号
東一線
南二十四号
南二十五号
吉光牧場
東三線
むらかみ牧場
タカトシ牧場
ユカンボシ川
南二十六号
南二十七号
至千歳東IC
道東自動車道
E38
長都
千歳市
南二十八号
3丁目
みどり台北
2丁目
千歳線
上長都
みどり台南
3丁目

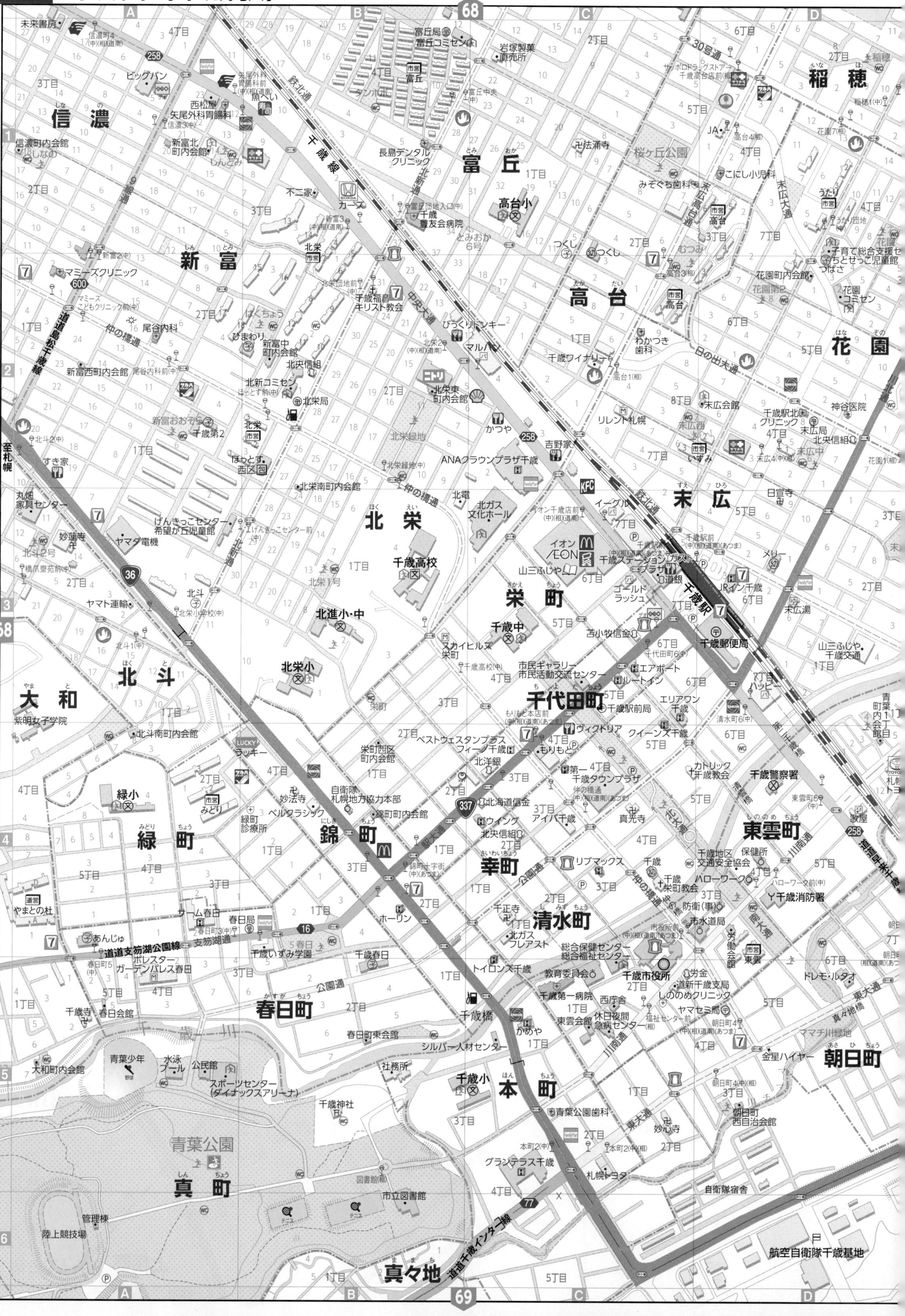
68
69
信濃
新富
北栄
北斗
大和
緑町
錦町
春日町
真町
真々地
富丘
高台
末広
稲穂
花園
栄町
千代田町
幸町
清水町
東雲町
朝日町
本町
千歳駅
千歳線
鉄北通
中央大通
仲の橋通
日の出大通
道道島松千歳線
道道支笏湖公園線
道道千歳インター線
至札幌
未来書房
ビッグバン
西松屋
矢尾外科胃腸科
信濃町内会館
新富北町内会館
マミーズクリニック
尾谷内科
新富西町内会館
新富中町内会館
北新コミセン
北央信組
北栄局
丸畑家具センター
妙蓮寺
ヤマダ電機
げんきっこセンター
希望が丘児童館
ヤマト運輸
紫明女子学院
北斗南町内会館
ラッキー
緑小
やまとの杜
サーム春日
春日局
ボレスター ガーデンパレス春日
千歳いずみ学園
千歳寺
春日会館
大和町内会館
青葉少年野球場
水泳プール
公民館
スポーツセンター (ダイナックスアリーナ)
千歳神社
青葉公園
陸上競技場
管理棟
市立図書館
富丘局
富丘コミセン
岩塚製菓直売所
長島デンタルクリニック
不二家
カーズ
千歳豊友会病院
北栄
千歳福音キリスト教会
びっくりドンキー
マルハン
北栄東町内会館
かつや
ANAクラウンプラザ千歳
北ガス文化ホール
千歳高校
北進小・中
北栄小
スカイヒルズ栄町
北栄南町内会館
イオン
山三ふじや
千歳ステーションプラザ
ゴールドラッシュ
千歳中
苫小牧信金
市民ギャラリー
市民活動交流センター
エアポート
ルートイン
千歳駅前局
ベストウェスタンプラス フィーノ千歳
北洋銀
もりもと
ヴィクトリア
クイーンズ千歳
千歳タウンプラザ
妙法寺
自衛隊札幌地方協力本部
錦町町内会館
ベルクラシック
北海道信金
ウイング
北央信組
アイバ千歳
真光寺
リブマックス
千正寺
北ガスフレアスト
総合保健センター
総合福祉センター
千歳市役所
教育委員会
トイロンズ千歳
千歳第一病院
西庁舎
東雲会館
休日夜間急病センター
千歳橋
かめや
シルバー人材センター
社務所
千歳小
青葉公園歯科
妙心寺
グランテラス千歳
札幌トヨタ
自衛隊宿舎
航空自衛隊千歳基地
法涌寺
桜ケ丘公園
みぞぐち歯科
こにし小児科
高台小
つくし
わかつき歯科
千歳ワイナリー
リレント札幌
吉野家
イーグル
末広会館
千歳駅北クリニック
神谷医院
末広局
北央信組
日宣寺
メリー
JRイン千歳
千歳郵便局
末広湯
山三ふじや千歳交通
ハッピー
エリアワン千歳
カトリック千歳教会
千歳警察署
千歳地区交通安全協会
保健所
ハローワーク
千歳消防署
防衛(事)
市水道局
労働会館
東雲
ドレモ・ルタオ
労金
道新千歳支局
しののめクリニック
ヤマセミ局
ママチ川緑地
金星ハイヤー
朝日町西自治会館
稲穂
うたり
子育て総合支援センター
ちとせっこ児童館
つばさ
花園町内会館
花園コミセン
東雲町
歌屋

至江別
68
東郊
豊里
根志越
寿
住吉
梅ヶ丘
弥生
日の出
旭ヶ丘
日の出丘
青葉
流通
青葉丘
柏台
柏台南
平和
29号通
30号通
二番通
日の出大通
鉄北通
川南通
祝梅北通
祝梅大通
黄金通
東大通
旭ヶ丘通
千歳線
道道南千歳停車場線
1丁目アイマトン
千歳循環器
タイヤ館
第2住吉
豊里ハスカップ
住吉
東郊1号
ダイナム
ピア・ワークス・ちとせ
東郊町内会館
北々亭
東郊メディカル
シャトレーゼ
ホクレンショップ
東郊局
マツヤデンキ
ブックオフ
ホーマック住吉店前(相)
すみよし3号
サーモンパーク千歳
サケのふるさと千歳水族館
千歳水族館入口(相)
住吉グランド
住吉北町内会館
住吉歯科
住吉こどもクリニック
あさの整形外科
青葉中学校前(相)
青葉中
豊里町内会館
豊里くるみ
しゅくぶ
パセオ前(相)
コープさっぽろ
すみよし2号
札幌開建千歳川河川(事)
千歳川河川事務所前(相)
日の出橋
寿の家
住吉5(相)
日の出小
梅ヶ丘郵便局前(相)
梅ヶ丘局
梅ヶ丘クリニック
梅ヶ丘クリニック前(相)
祝梅小
祝梅小学校前(中)
うえたけ歯科
JA道央土壌分析総合センター前(相)
根志越共同墓地
メムシ公園
しゅくばい児童館
祝梅コミセン
弥生町内会館
弥生町3(中)
寿3(中)
弥生1(中)
北洋銀
北洋銀行祝梅支店前(中)
ユー歯科
梅ヶ丘1(中)
青葉4(中)
鉄東コミュニティセンター前(中)
鉄東コミセン
ひので児童館
青葉幼
東1号
すみよし1号
スーパーアークス
池田歯科
あけぼの
あけぼの団地町内会館
日の出3(中)
日の出南町内会館
祝梅2号
祝梅1号
青葉1(中)
青葉6丁目町内会館
日の出丘1号
アークス千歳店(中)
まねきねこ
千歳脳神経外科
千歳脳神経外科前(中)
千歳昭和交通
日の出5(中)
青葉丘町内会館
青葉3丁目町内会館
日の出丘2号
日の出東町内会館
青葉ヶ丘(中)
太陽
北海道中央バス千歳(営)
青葉ヶ丘南(中)
アンカレジパーク
旭ヶ丘
北電日の出
ヤマト運輸
千歳建設
田辺商事
東洋コンクリート
札幌エムケイタクシー
青葉丘南町内会館
日の出
札幌開建除雪ステーション
古谷商事
フジゴルフセンター
ホンダオートレンタカー
至千歳東IC
至苫小牧
至新千歳空港
69
337
36
1149

至札幌
至千歳東IC
サッポロビール庭園駅
粟津牧場
クローバー電子工業
山崎製パン
ゴールドパック
ヴァルハラ
恵庭市
東1線大通
道道江別恵庭線
北海道カネライト
サッポロビール
東芝ロジスティクス
恵南
戸磯
千歳線
みどり台北
長都
佐々木農園
みどり台小(令和4年4月開校予定)
東4線跨線橋
上長都
みどり台南
恵南ゴルフセンター
テラバル
タキロンシーアイ
サミット肥料
三幌プレコンシステム
道東自動車道
三立化工機
鴻池運輸
市場通
北潤ボトリング
北海道森紙業
長都駅
長都駅前局
長都駅前
スーパーアークス
勇舞
勇舞中
ほくよう児童館
北信濃中通
北信濃通
29号通
千歳市
札幌日清
エンパイアー
公設地方卸売市場
ナスタ
苫小牧埠頭
菅野歯科
第2わかば
アリス
北陽小
北陽
第2工業団地
日野自動車
キリンビール
東洋製缶
パナソニック
30号通
東名化学工業
山一ピーエスコンクリート
ケイセイ
上長都公園
三菱重工業
旭新運輸
キリンビアパーク千歳
ハウベ
日本高圧コンクリート
ダイナックス
北海道千歳ハム
上田商会
第3工業団地
ニレミックス
上長都
トドック千歳センター
フジッコ
トヨタカローラ
道道早来千歳線
北信濃
第1工業団地
凸版印刷
ダスキンプロダクト
市立千歳市民病院
ひばりヶ丘町内会館
岩田醸造
第4工業団地
フランスベット
ヨコハマタイヤ
北海産業
日本アスパラガス
日産
文化シャッター
富士町内会館
北光
32号通
大禅寺
明星公園
千歳シティホール
栗嶋教会
北信濃コミセン
DCMホーマック
アルペン
みよしの
IHIアグリテック
市車輌センター
33号通
勇舞湯
桜木
桜木町内会館
業務スーパー
スバル
わかば
富士
未来書房
信濃
しなの児童館
勇舞すこやか公園
せせらぎさわやか公園
自由ケ丘町内会館
自由ケ丘
札幌開建千歳道路(事)
信濃小
仲の橋通
道道島松千歳線
新富
桜木小
自由ケ丘局
北斗内科小児科
北斗北町内会館
尾谷内科
自衛隊宿舎
フジボウル
北桜コミセン
ほくおう児童館
北斗中
北斗
道央自動車道
丸畑家具センター
ヤマダ電機
陸上自衛隊演習場
上長都
陸上自衛隊北千歳駐屯地
ヤマト運輸
紫明女子学院
ラッキー
北海少年院
緑小
大和
緑町
北信濃
指宿公園
やまとの里
やまとの杜
あんじゅ
春日局
ザ・ノースカントリーゴルフクラブ
蘭越
石狩森林管理署千歳森林(事)
千歳ふくろうの園
千歳病院
道道支笏湖公園線
クリアコード千歳
桂木
千歳寺
春日
至千歳恵庭JCT
至千歳恵庭JCT・恵庭IC
至千歳IC

1：20,000 0 500 1000m

ザ・ノースカントリー
ゴルフクラブ
クラブハウス
蘭越
北信濃
新星
1丁目・取水ポンプ場
桂木
大和
内別川
内別橋 名水
ふれあい公園
道道支笏湖公園線
支笏湖通
桂木1丁目
2丁目
青葉の郷
蘭越浄水場
2丁目
蘭越生活館
札幌建設管理部
千歳(出)
6丁目
青葉公園
冒険の森
市民
芝生広場
運動広場
千歳桂病院
千歳桂病院前(中)
青葉公園
ピクニック広場
サッカー

烏柵舞橋(中)
烏柵舞橋
スパイス乗馬クラブ
リストランテ・エ・カフェ・ナオ
千歳IC

至支笏湖

泉沢

臨空光港専用線

道央自動車道

市民スキー場入口
100年記念の森
泉沢つつじヶ丘緑地
向陽台病院前(相)
市民スキー場
向陽台病院
1丁目
ヤング・ライン
鹿島建設
向陽台入口(相)
もみじ公園
泉沢東大通
田中製飴
2丁目
泉沢西通
若草中(相)
泉沢自然の森
日本赤液製剤機構
若草町内会館
3丁目
ミネベアミツミ
向陽台小
向陽台つくし
若草
向陽台
エア・ウォーター
三甲
6丁目
若草公園
4丁目
臨空公園
ケイシイジイ
支笏湖漁業組合
5丁目
向陽台中
向陽台支所前(相)
ケイシイジイ
白樺
佐々木歯科
白樺町内会館
向陽台支所
向陽台
キッコーマン
もりもと
白樺ストアー
4丁目
3丁目
コメリハード&グリーン
もりもと
チトセ浜理薬品
コープさっぽろ
向陽台
1丁目
千歳臨空工業団地
白樺局
北海道千歳リハビリテーション大学
向陽台(出)
SUMCO
泉沢中央通
岩塚製菓
コミセン
道央ハイヤー
里美5丁目(相)
里美
5丁目
4丁目
3丁目
里美4丁目(相)
1丁目
泉沢
泉沢東大通
泉沢西通
里美町内会館
泉沢中央通
2丁目
バイファ
日本航空大学校
北海道
4丁目
太陽公園
ドミニオウイング
ほくうん
高架配水池
柏陽
いずみさわ児童館前
向陽台
ファミリークリニック
柏陽町内会館
1丁目
泉沢学園通
つばさ公園
パークゴルフ
4丁目
柏陽3丁目(相)
泉沢小
白光舎
トランシス
3丁目
泉沢学園通
セイノー
スーパーエクスプレス
福住
文京
新千歳空港IC
栗山歯科
向陽台公園
文京3丁目(相)
日本食品
分析センター
泉沢学園通
2丁目
1丁目
3丁目
4丁目
カネショー
友和
ヤマト運輸
長沢橋
至千歳恵庭JCT
文京町内会館
6丁目
フタバ食品
藤の沢
5丁目
文京5丁目(相)
ホンダオート
オークション会場
デンソー
北海道
ハヤブサ公園
北海道
オフロードパーク
道道泉沢新千歳空港線
空港泉沢大通
至苫小牧東IC

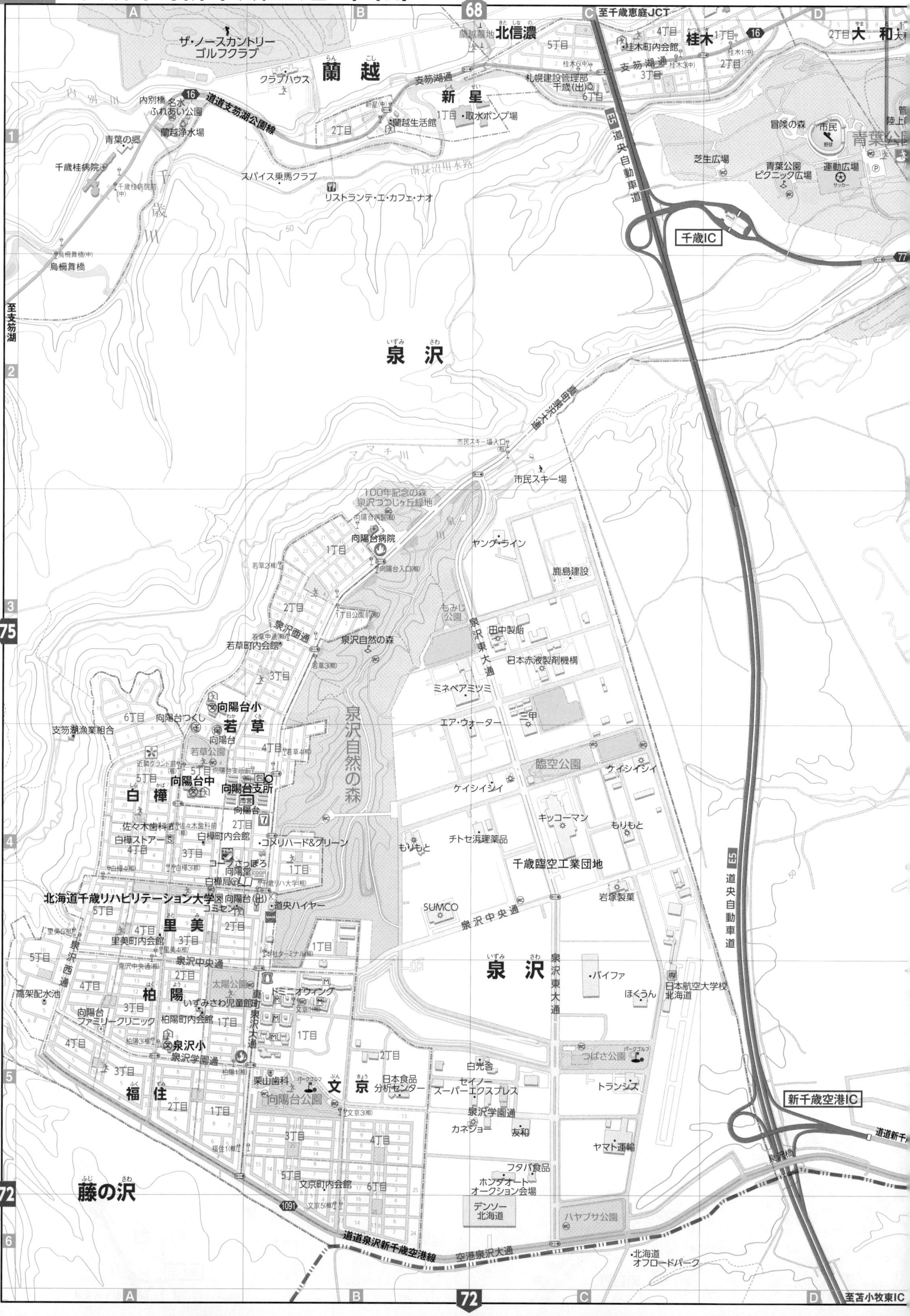

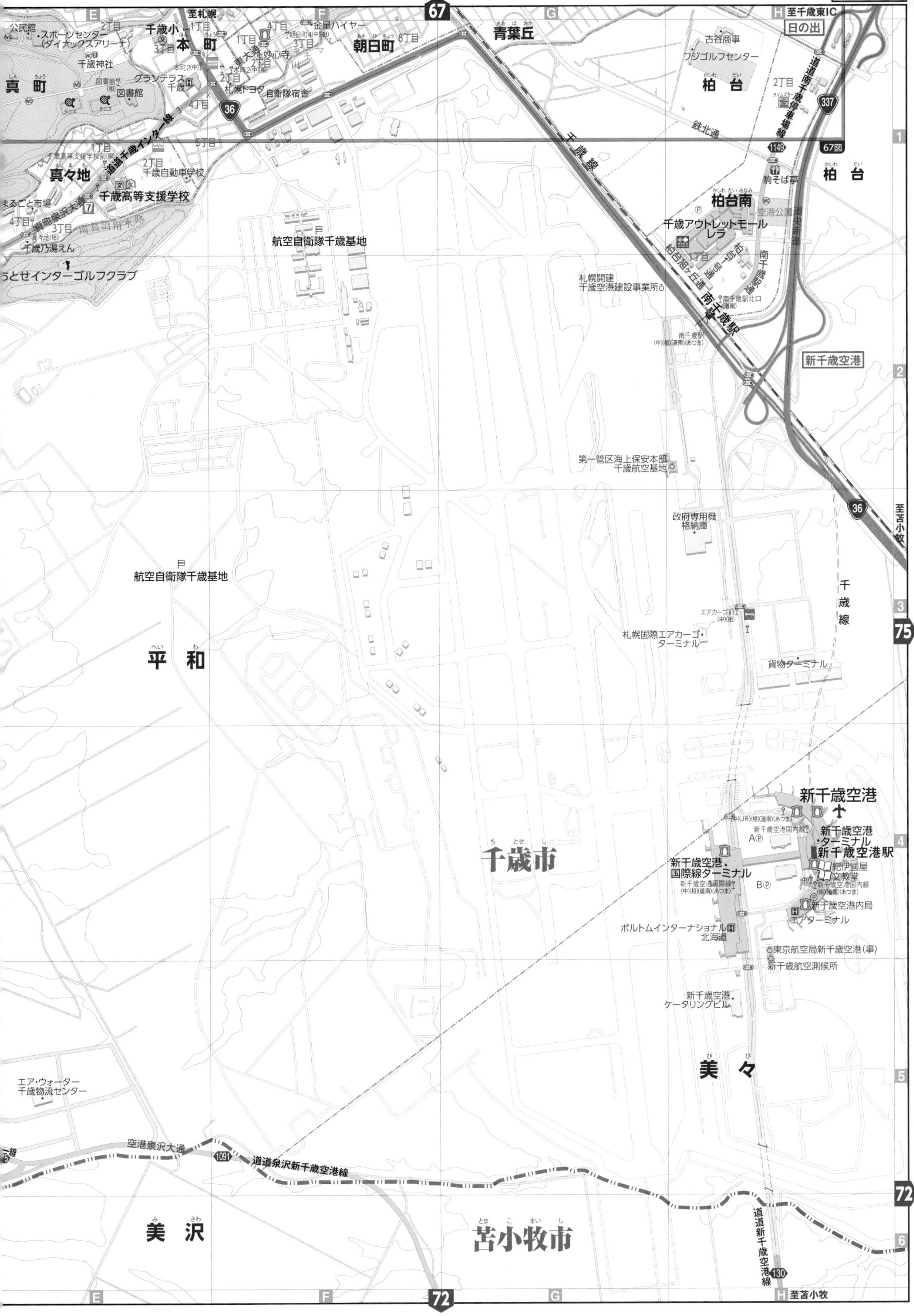

1：20,000
0
500
1000m
75
68
69
75
72
67
至札幌
至千歳東IC
日の出
公民館
スポーツセンター（ダイナックスアリーナ）
千歳神社
図書館
真町
千歳小
本町
1丁目
2丁目
3丁目
4丁目
5丁目
グランテラス千歳
朝日町
金星ハイヤー
妙心寺
自衛隊宿舎
札幌トヨタ
青葉丘
古谷商事
フジゴルフセンター
柏台
2丁目
道道南千歳停車場線
337
36
鉄北通
1149
67図
千歳線
道道千歳インター線
真々地
千歳自動車学校
千歳高等支援学校
まるごと市場
東町泉沢大通
南長沼用水路
千歳乃湯えん
ゴルフクラブ
駒そば亭
柏台南
空港公園通
道央新道
千歳アウトレットモール・レラ
航空自衛隊千歳基地
札幌開建千歳空港建設事業所
南千歳駅
南千歳駅北口
新千歳空港
第一管区海上保安本部千歳航空基地
政府専用機格納庫
至苫小牧
千歳線
エアカーゴ前
札幌国際エアカーゴ・ターミナル
貨物ターミナル
75
航空自衛隊千歳基地
平和
新千歳空港
新千歳空港・ターミナル
新千歳空港駅
新千歳空港国内線
紀伊國屋文教堂
新千歳空港内局
エアターミナル
新千歳空港・国際線ターミナル
新千歳空港国際線
ポルトムインターナショナル北海道
東京航空局新千歳空港（事）
新千歳航空測候所
新千歳空港ケータリングビル
千歳市
美々
エア・ウォーター千歳物流センター
空港泉沢大通
1091
道道泉沢新千歳空港線
72
美沢
苫小牧市
道道新千歳空港線
130
至苫小牧
E
F
G
H
1
2
3
4
5
6

札幌市広域図

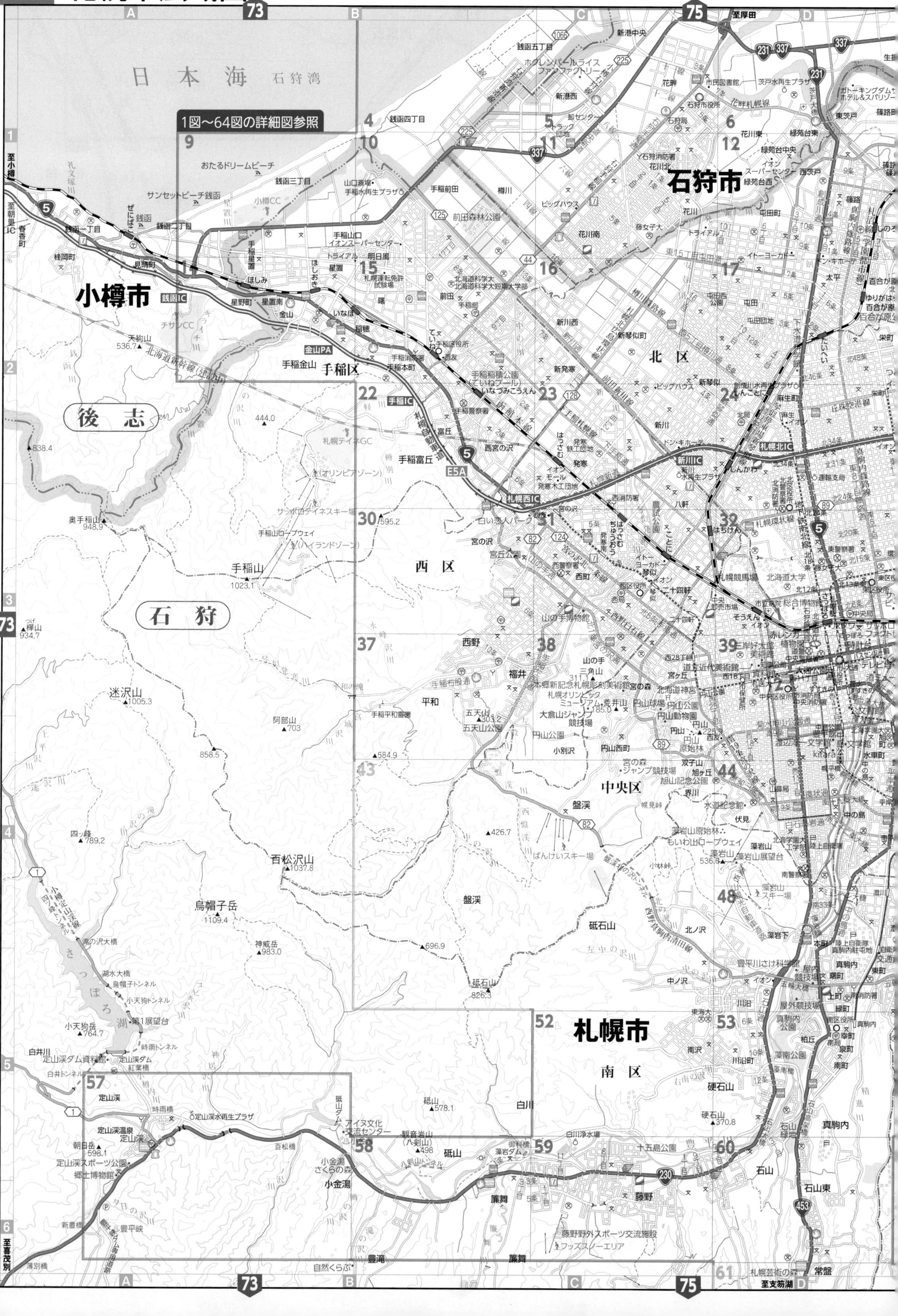
日本海
石狩湾
1図～64図の詳細図参照
石狩市
小樽市
後志
石狩
札幌市
北区
西区
中央区
南区
手稲区
至小樽
至朝里IC
至厚田
至喜茂別
至支笏湖
銭函IC
手稲IC
札幌西IC
新川IC
札幌北IC
金山PA
手稲山
1023.1
迷沢山
1005.3
百松沢山
1037.8
烏帽子岳
1109.4
神威岳
983.0
砥石山
826.3
奥手稲山
948.9
天狗山
536.7
藻岩山
さっぽろ湖
定山渓
定山渓温泉
豊平峡
小金湯
藤野
簾舞
石山
真駒内
常盤
砥山
白川
盤渓
福井
西野
平和
宮の沢
発寒
琴似
円山
伏見
川沿
硬石山
手稲山口
星置
稲穂
前田
富丘
手稲富丘
花川
花川南
樽川
屯田
新川
新琴似
おたるドリームビーチ
サンセットビーチ銭函
札幌競馬場
円山公園
円山動物園
宮の森
北海道神宮
北海道大学
札幌芸術の森
藤野野外スポーツ交流施設
フッズスノーエリア
ばんけいスキー場
もいわ山ロープウェイ
アイヌ文化交流センター
定山渓ダム
定山渓スポーツ公園
郷土博物館

1:100,000 0 5km

Route 36: 132.8km, 約3時間20分

札幌		恵庭		千歳		沼の端		苫小牧		白老		登別		東室蘭		室蘭
	29.5 (1:00)		9.1 (0:12)	337号交点	18.0 (0:27)	234号交点	8.7 (0:16)		24.8 (0:32)		23.7 (0:27)		12.0 (0:16)	37号交点	7.0 (0:10)	

Route 37: 81.7km, 約1時間46分

長万部			虻田			伊達		東室蘭
5号交点	42.7 (0:49)		230号交点	14.1 (0:18)			24.9 (0:39)	36号交点

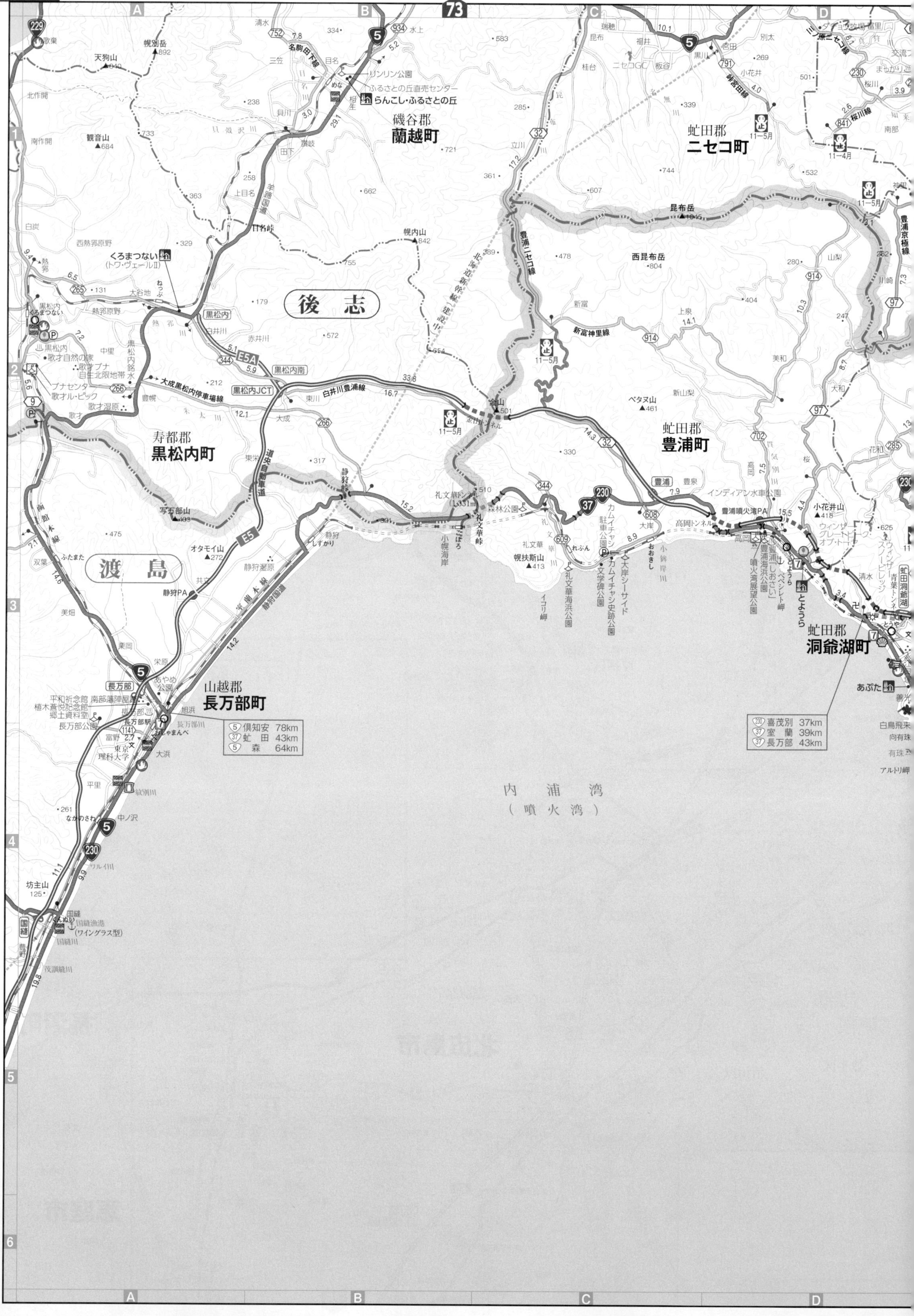

蛇田郡
真狩村
蛇田郡
喜茂別町
蛇田郡
留寿都村
石狩
千歳市
伊達市
大滝区
有珠郡
壮瞥町
胆振
白老郡
白老町
伊達市
登別市
室蘭市
支笏洞爺国立公園
洞爺湖
太平洋
尻別岳
羊蹄山
貫気別山
徳舜瞥山
ホロホロ山
オロフレ山
来馬岳
加車山
丸山
窟太郎山
紋別岳
稀府岳
鷲別岳(室蘭岳)
有珠山
昭和新山
フレ岳
丹鳴岳
美笛峠
白老岳
230ルスツ
フォーレスト276大滝
そうべつ情報館i
だて歴史の杜
みたら室蘭
真狩フラワーセンター
とうや湖
洞爺湖サミット記念館
火山科学館
中島・湖の森博物館
室蘭 36 札幌133km 37 函館192km
36 苫小牧 68km 37 蛇田 39km
1:200,000
0 5 10 15km

国道36号 132.8km 約3時間20分									
札幌	29.5 (1:00)	恵庭	9.1 (0:12)	千歳(337号交点)	18.0 (0:27)	沼の端(234号交点)	8.7 (0:16)	苫小牧	
苫小牧	24.8 (0:32)	白老	23.7 (0:27)	登別	12.0 (0:16)	東室蘭(37号交点)	7.0 (0:10)	室蘭	

国道234号 66.8km 約1時間28分						
岩見沢(12号交点)	30.7 (0:42)	由仁(274号交点)	16.6 (0:20)	安平早来	19.5 (0:26)	沼の端(36号交点)

235 116.8km 約2時間25分	沼の端		鵡川		富川 (237号交点)		静内		三石		浦河
		24.6 0:40		11.9 0:13		37.7 0:42		22.1 0:25		20.5 0:25	

276 124.1km 約2時間26分	岩内		国富 (5号交点)		倶知安 (5号交点)		京極		喜茂別 (230号交点)		大滝 (453号交点)		苫小牧 (36号交点)
		10.3 0:12		13.7 0:16		14.5 0:18		11.7 0:15		19.1 0:23		54.8 1:02	

75

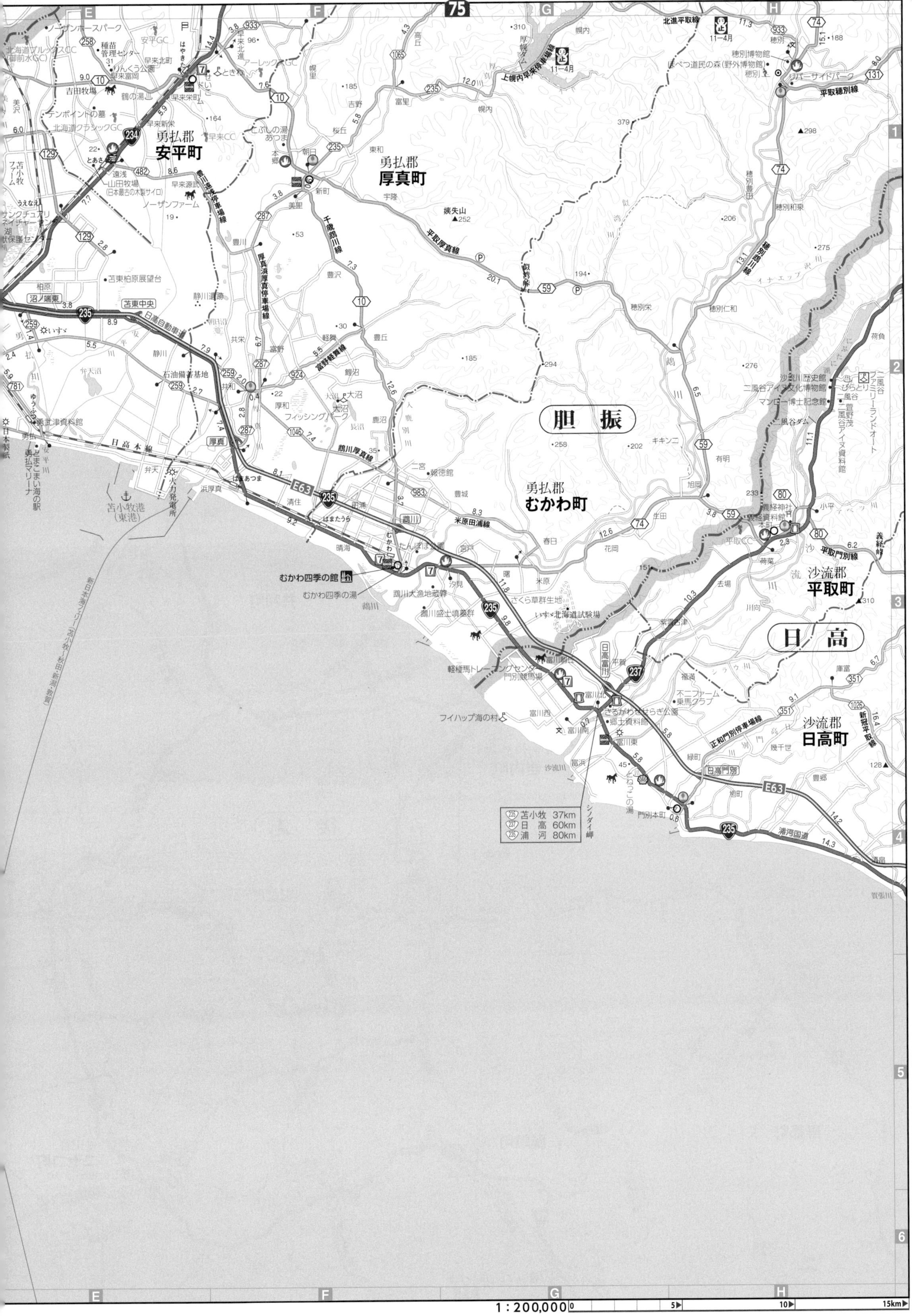

国道5号 283.3km 約6時間02分：函館 42.8（0:52） 森 278号交点 33.5（0:40） 八雲 277号交点 20.0（0:21） 国縫 230号交点 10.0（0:11） 長万部 37号交点 14.8（0:16） 蕨岱 49.8（0:52） ニセコ 13.2（0:17） 倶知安 276号交点 13.7（0:16） 国富 276号交点 27.2（0:37） 余市 229号交点 19.8（0:30） 小樽 38.5（1:10） 札幌

国道230号 205.6km 約4時間19分：札幌 24.…

中山峠 20.8 (0:26) 喜茂別（276号交点） 7.4 (0:09) 留寿都 24.8 (0:31) 洞爺湖温泉 13.0 (0:16) 豊浦（37・5） 50.6 (0:57) 国縫 30.5 (0:33) 今金 12.1 (0:16) せたな（229号交点）

276 124.1km 約2時間26分

岩内 10.3 (0:12) 国富（5号交点） 13.7 (0:16) 倶知安（5号交点） 14.5 (0:18) 京極 11.7 (0:15) 喜茂別（230号交点） 19.1 (0:23) 大滝（453号交点） 54.8 (1:02) 苫小牧（36号交点）

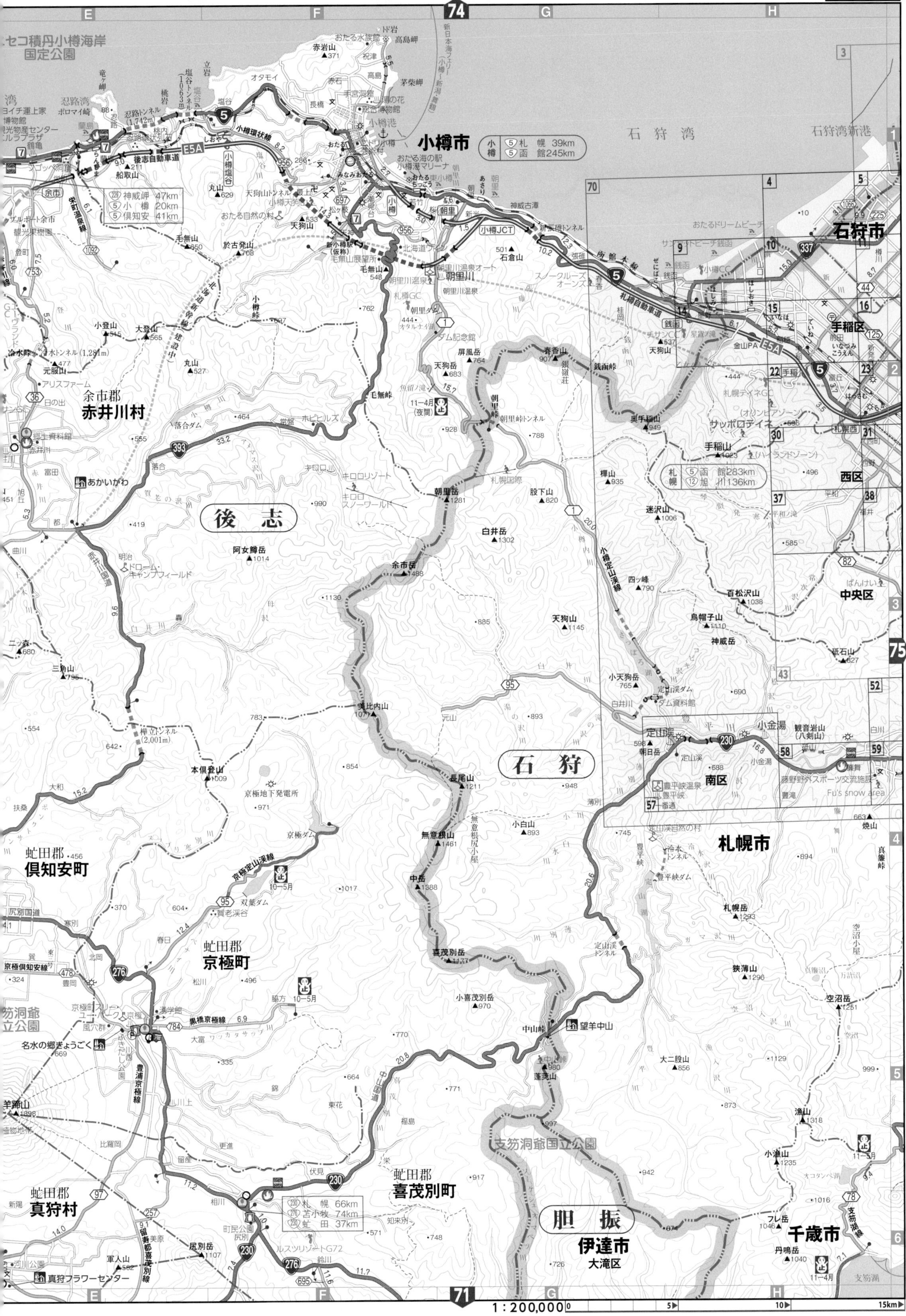

国道5号 283.3km 約6時間02分

区間	距離 (km)	時間
函館 – 森	42.8	0:52
森 – 278号交点 – 八雲	33.5	0:40
八雲 – 277号交点 – 国縫	20.0	0:21
国縫 – 230号交点 – 長万部	10.0	0:11
長万部 – 37号交点 – 蕨岱	14.8	0:16
蕨岱 – ニセコ	49.8	0:52
ニセコ – 倶知安	13.2	0:17
倶知安 – 276号交点 – 国富	13.7	0:16
国富 – 276号交点 – 余市	27.2	0:37
余市 – 229号交点 – 小樽	19.8	0:30
小樽 – 札幌	38.5	1:10

229 290.3km 約5時間35分

余市	16.8 0:25	古平	6.7 0:09	積丹	52.7 0:57	神恵内	23.8 0:28	岩内	34.7 0:40	北作開	7.5 0:08	寿都	24.8 0:29	島牧	50.0 1:00	せたな(230号交点)	25.1 0:26	大成	16.4 0:18	熊石	31.8 0:35	江差(227号交点)

393 61.4km 約1時間19分

小樽(5号交点)	33.4 0:39	赤井川	28.0 0:40	倶知安(276号交点)

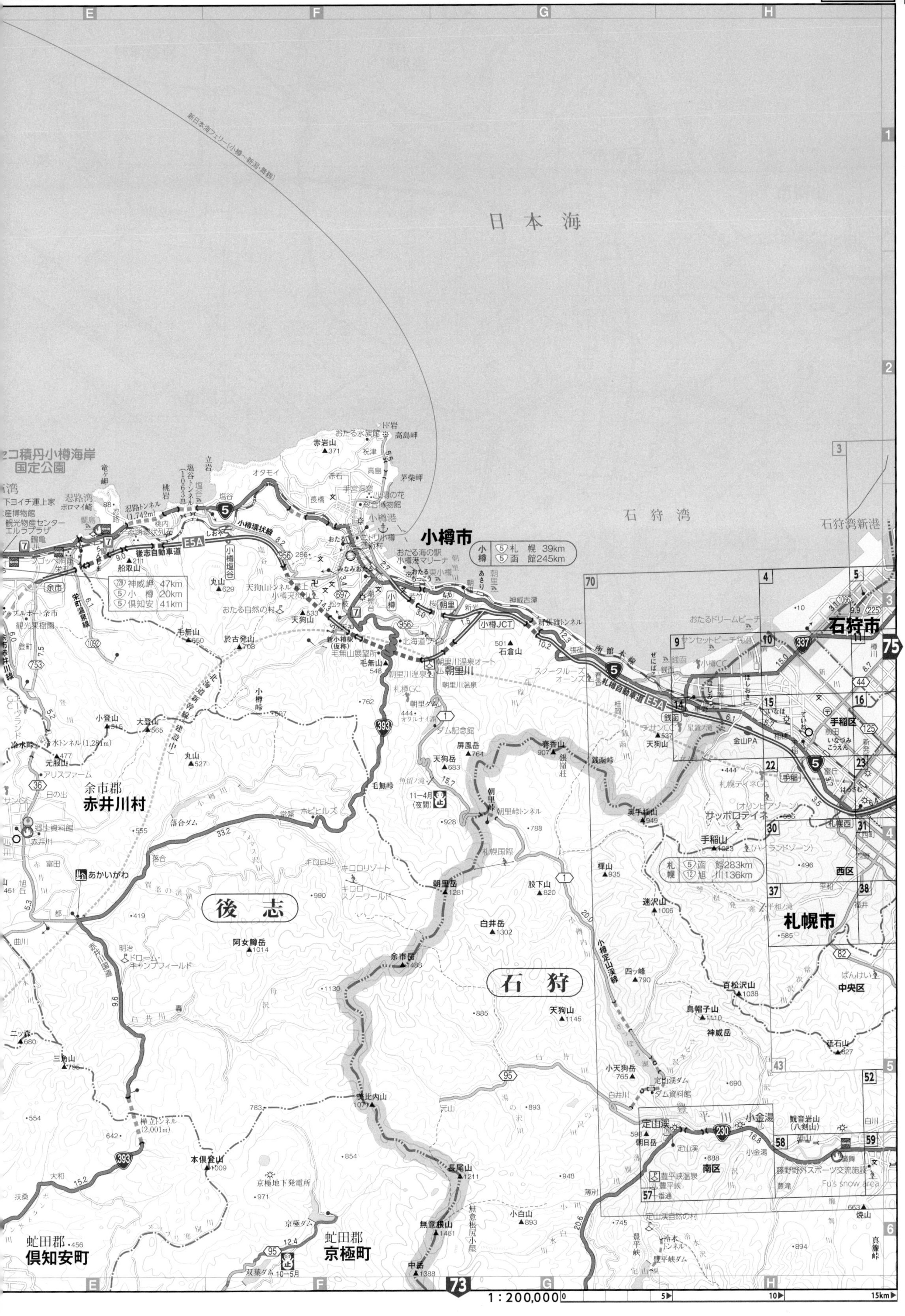

12 136.2km 約3時間29分	札幌		江別 (337号交点)		岩見沢 (234号交点)		滝川 (38号交点)		深川 (233号交点)		旭川
		21.4 0:39		21.8 0:32		44.0 1:07		21.6 0:29		27.4 0:42	

36 132.8km 約3時間20分	札幌		恵庭		千歳 (337号交点)		沼ノ端 (234号交点)		苫小牧		白老		登別
		29.5 1:00		9.1 0:12		18.0 0:27		8.7 0:16		24.8 0:32		23.7 0:27	

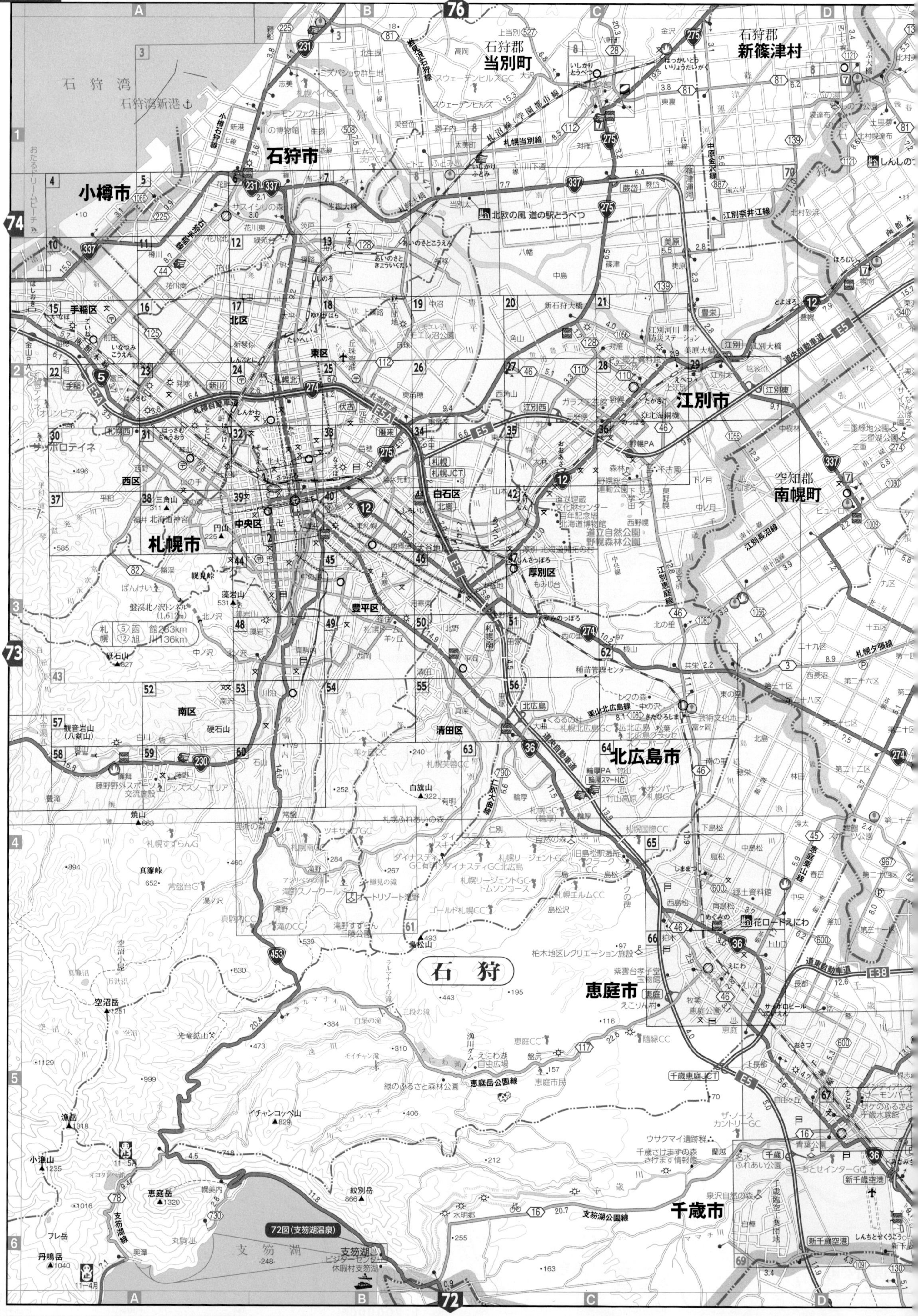

(37号交点) 7.0 0:10 室蘭

234 66.8km 約1時間28分
岩見沢 (12号交点) 30.7 0:42 由仁 (274号交点) 16.6 0:20 安平早来 19.5 0:26 沼の端 (36号交点)

337 93.7km 約2時間08分
千歳 (36号交点) 28.0 0:41 長沼 10.7 0:10 南幌 15.3 0:22 当別 (275号交点) 9.6 0:13 江別 (275号交点) 15.1 0:21 石狩 (231号交点) 15.0 0:21 小樽銭函 (5号交点)

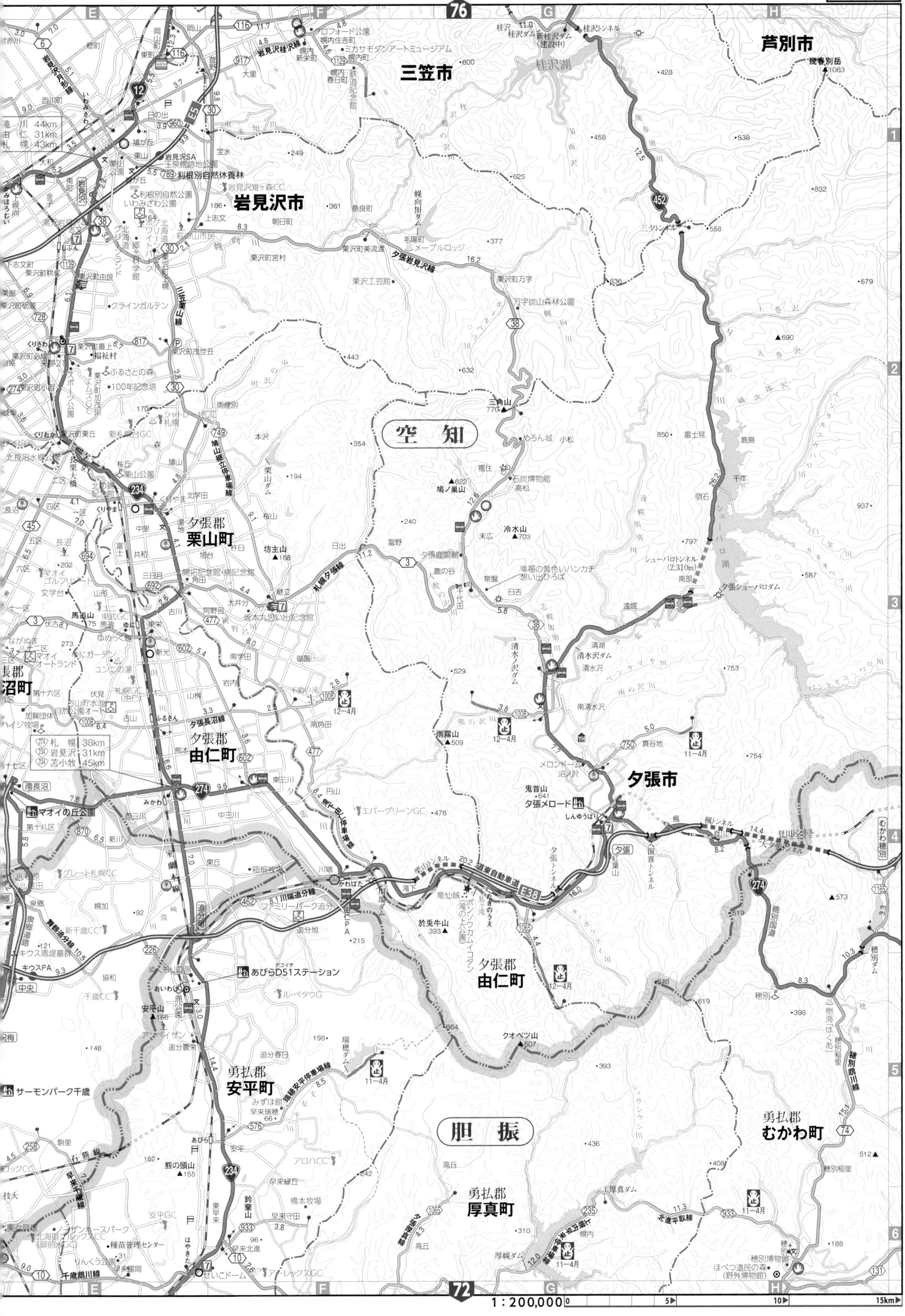

12	札幌		江別	337号交点		岩見沢	234号交点		滝川	38号交点		深川	233号交点		旭川
136.2km 約3時間29分		21.4 0:39			21.8 0:32			44.0 1:07			21.6 0:29			27.4 0:42	

231	札幌		花畔	337号交点		厚田		浜益		雄冬		増毛		留萌
127.1km 約2時間37分		9.4 0:17			31.9 0:39		27.5 0:28		19.6 0:23		21.8 0:26		16.9 0:24	

275 315.2km 約6時間11分

札幌		当別		月形		新十津川		沼田		幌加内		朱鞠内湖		美深（40号交点）		音威子府（40号交点）		中頓別		浜頓別
	22.8 0:35		21.3 0:31		32.3 0:44		32.1 0:38		40.1 0:43		35.8 0:40		39.6 0:44		30.2 0:36 (40)		40.8 0:40		20.2 0:20	

451 56.0km 約1時間02分

浜益（231号交点）		滝川（12号交点）
	56.0 1:02	

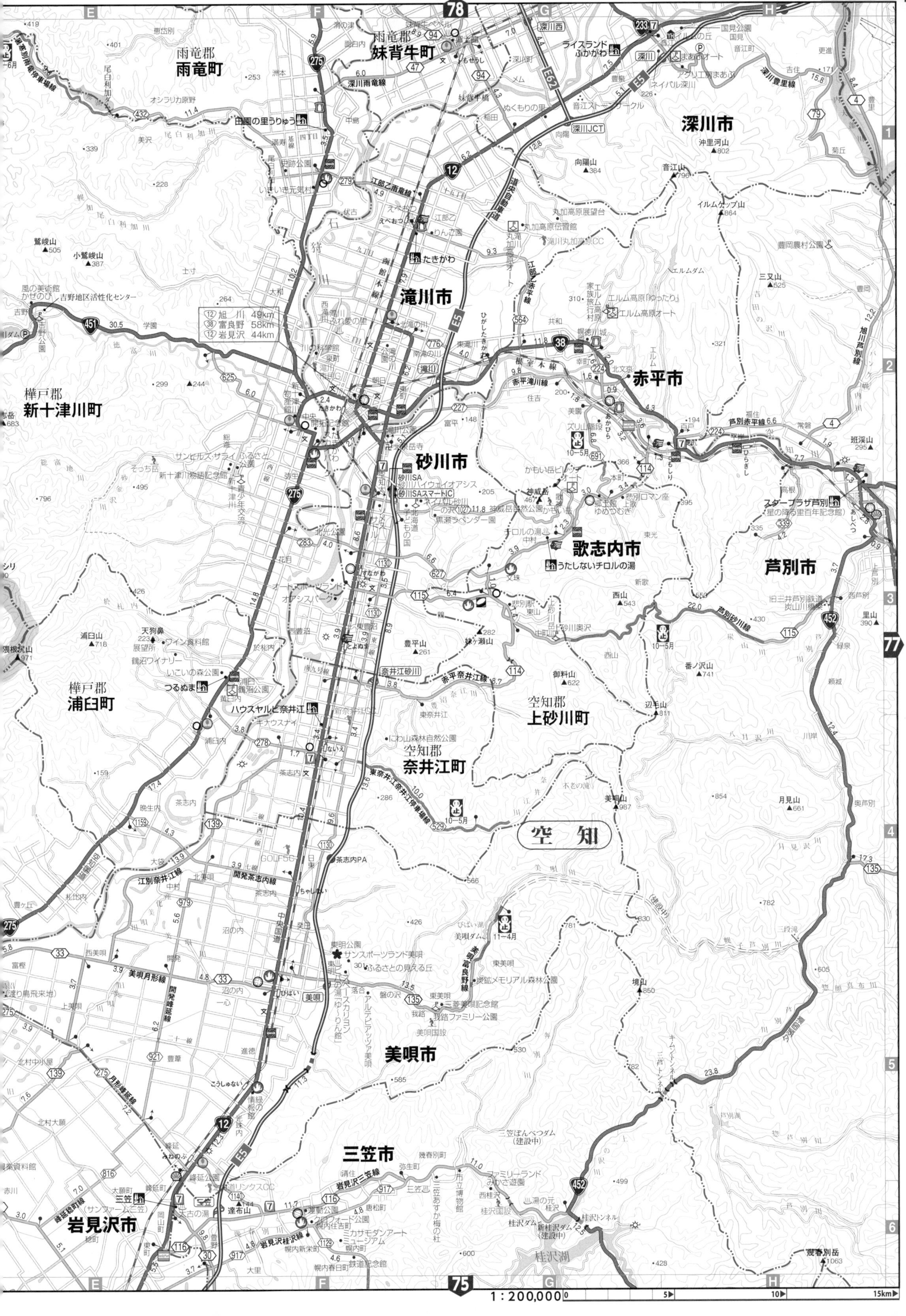

富良野

38 298.2km 約6時間09分	滝川	28.9 0:38	芦別	29.2 0:34	富良野	237号交点 18.4 0:25	下金山	237号交点 21.7 0:24	南富良野	46.6 0:54	清水	274号交点 32.9 0:46	帯広	236号交点 14.6 0:20	幕別	242号交点 28.3 0:31	浦幌	336号交点 47.4 0:53	白糠	392号交点 17.7 0:21	大楽毛	240号交点 12.5 0:23	釧路

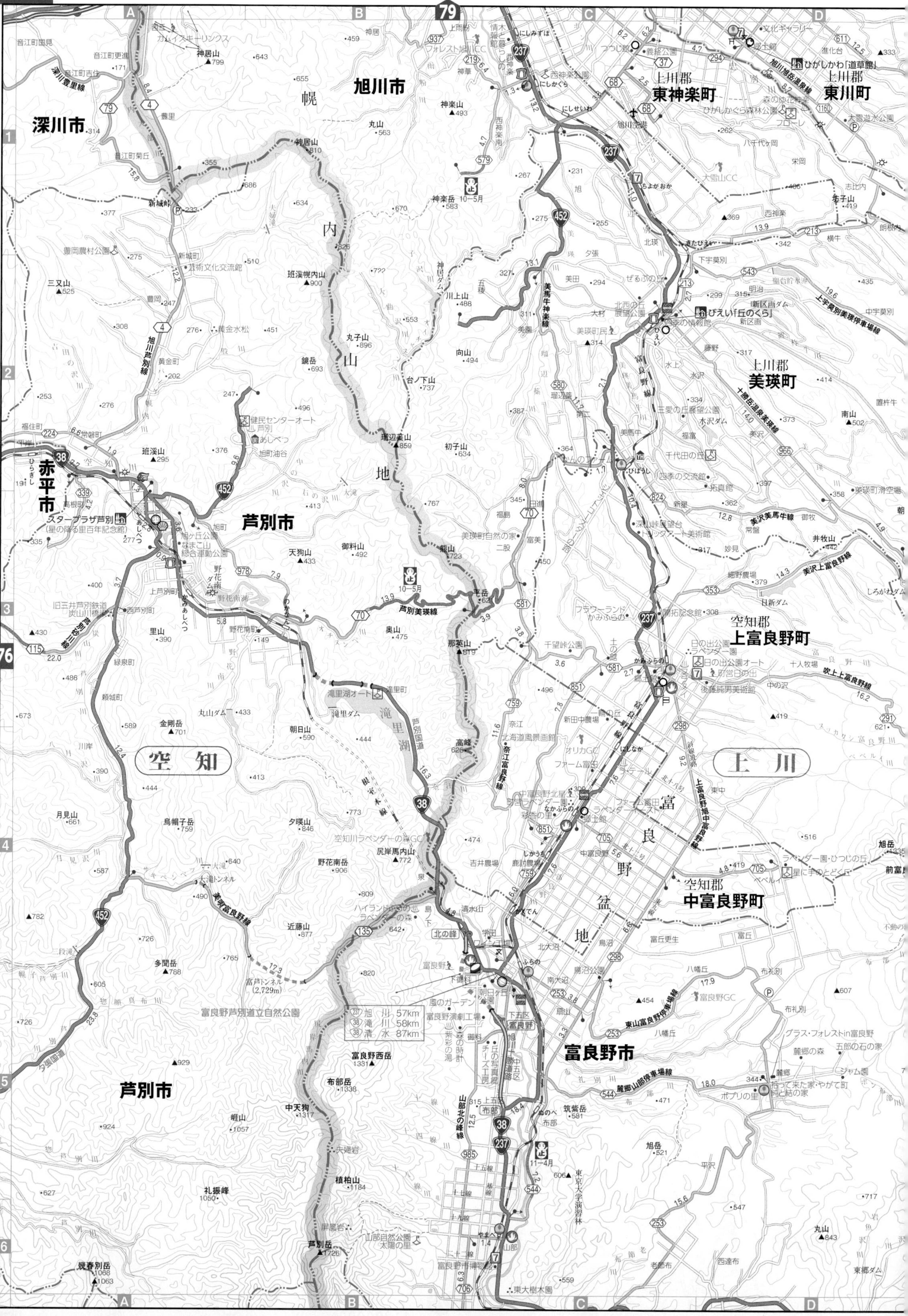

237	旭川		美瑛		上富良野		富良野（38号交点）		下金山（38号交点）		占冠		日高		平取		富川（235号交点）
179.7km 約3時間46分		24.2 0:38		19.0 0:26		13.8 0:19		18.4 0:25		30.5 0:35		14.2 0:21		49.3 0:51		10.3 0:11	

452	夕張（274号交点）		清水沢		桂沢		芦別（38号交点）		不通		旭川（237号交点）
109.6km 約2時間01分		7.7 0:09		39.5 0:45		40.0 0:40		9.3 0:11		13.1 0:16	

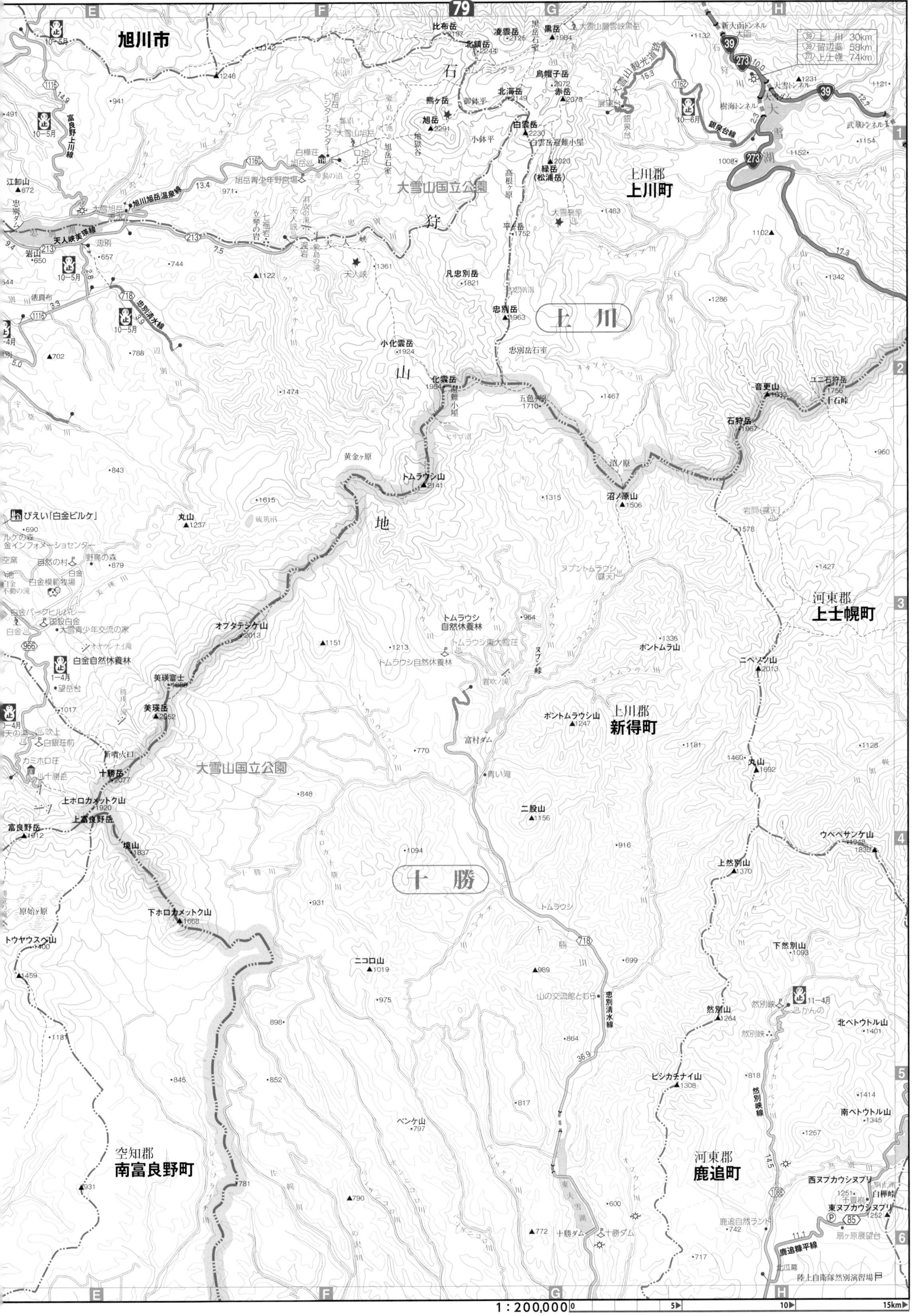

1：200,000 0 5 10 15km

231	札幌		花畔(337号交点)		厚田		浜益		雄冬		増毛		留萌
127.1km 約2時間37分		9.4 0:17		31.9 0:39		27.5 0:28		19.6 0:23		21.8 0:26		16.9 0:24

232	天塩(40号交点)		天塩		遠別		初山別		羽幌		苫前(239号交点)		留萌
130.4km 約2時間19分		15.4 0:13		19.3 0:22		22.4 0:22		19.9 0:21		11.5 0:12		41.9 0:49	

76

233	留萌 (231号交点)	31.3 / 0:34	碧水 (275号交点)	16.0 / 0:19	深川 (駅前)	3.6 / 0:06	深川 (12号交点)
50.9km 0時間約59分							

275	札幌	22.8 / 0:35	当別	21.3 / 0:31	月形	32.3 / 0:44	新十津川	32.1 / 0:38	沼田	40.1 / 0:43	幌加内	35.8 / 0:40	朱鞠内湖	39.6 / 0:44	美深 (40号交点)	30.2 / 0:36	音威子府 (40号交点)	40.8 / 0:40	中頓別	20.2 / 0:20	浜頓別
315.2km 約6時間11分																					

78 79 / 76 77

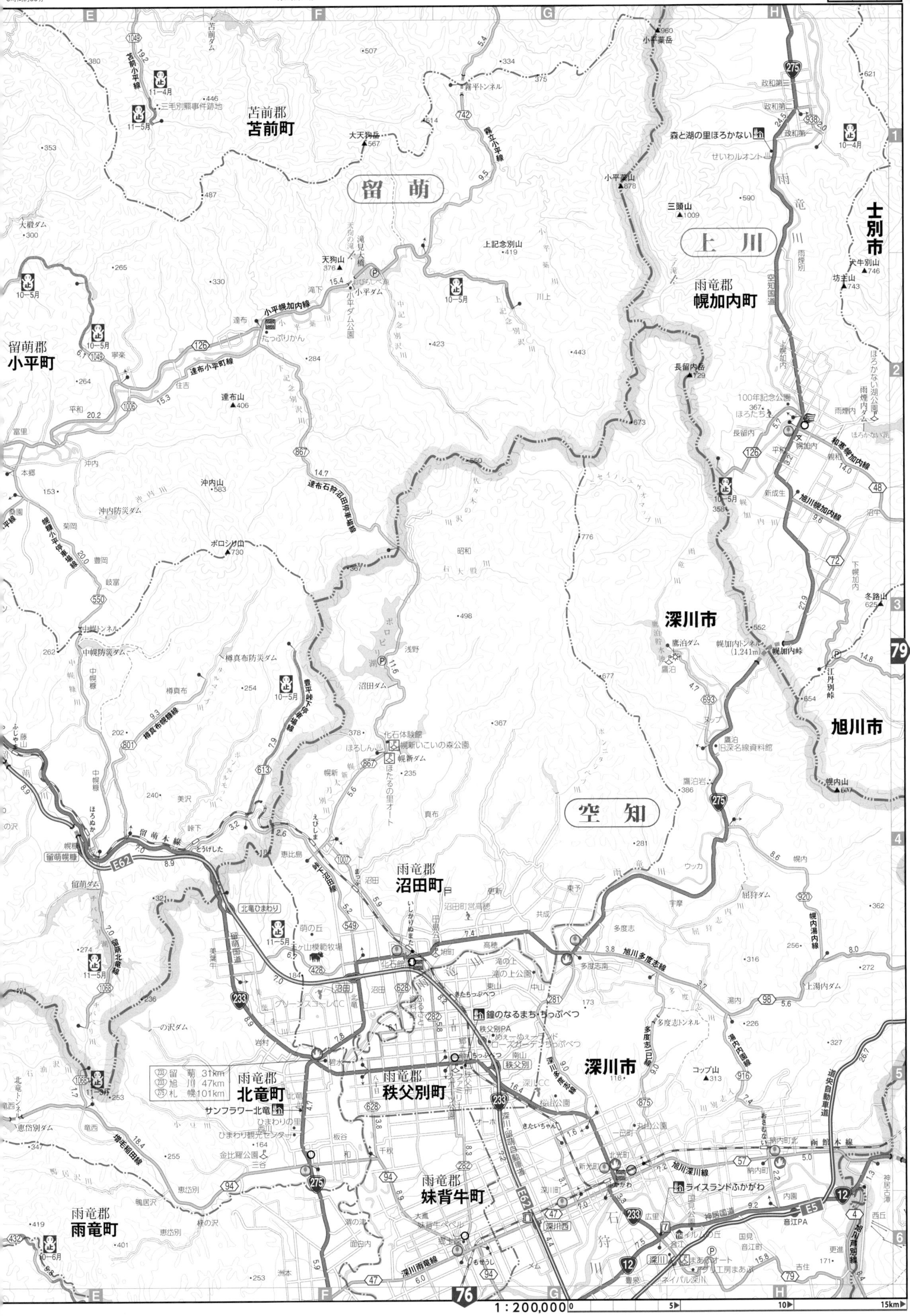

1:200,000 0 5 10 15km

39	旭川		上川（273号交点）		層雲峡温泉		大雪湖（273号交点）		石北峠		留辺蘂（242号交点）		北見（駅前）		美幌（334号交点）		網走
217.4km 約4時間41分		47.0 1:09		20.1 0:24		9.5 0:12		49.7 0:56		8.3 0:09		24.6 0:33		28.9 0:40		29.3 0:38	

40	旭川		士別（239号交点）		名寄（239号交点）		美深（275号交点）
249.8km 約4時間55分		54.7 1:09		22.4 0:31		20.9 0:29	

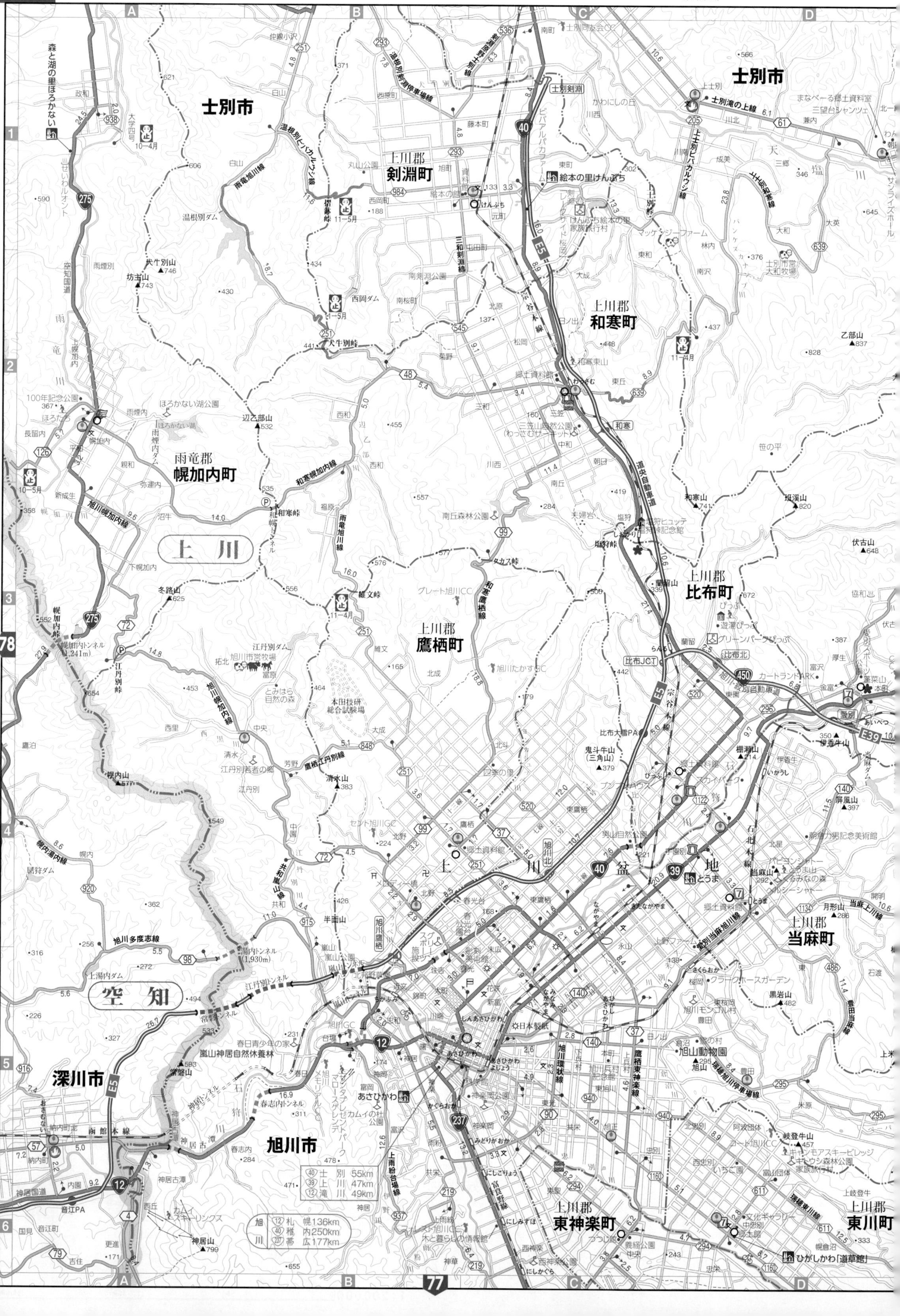

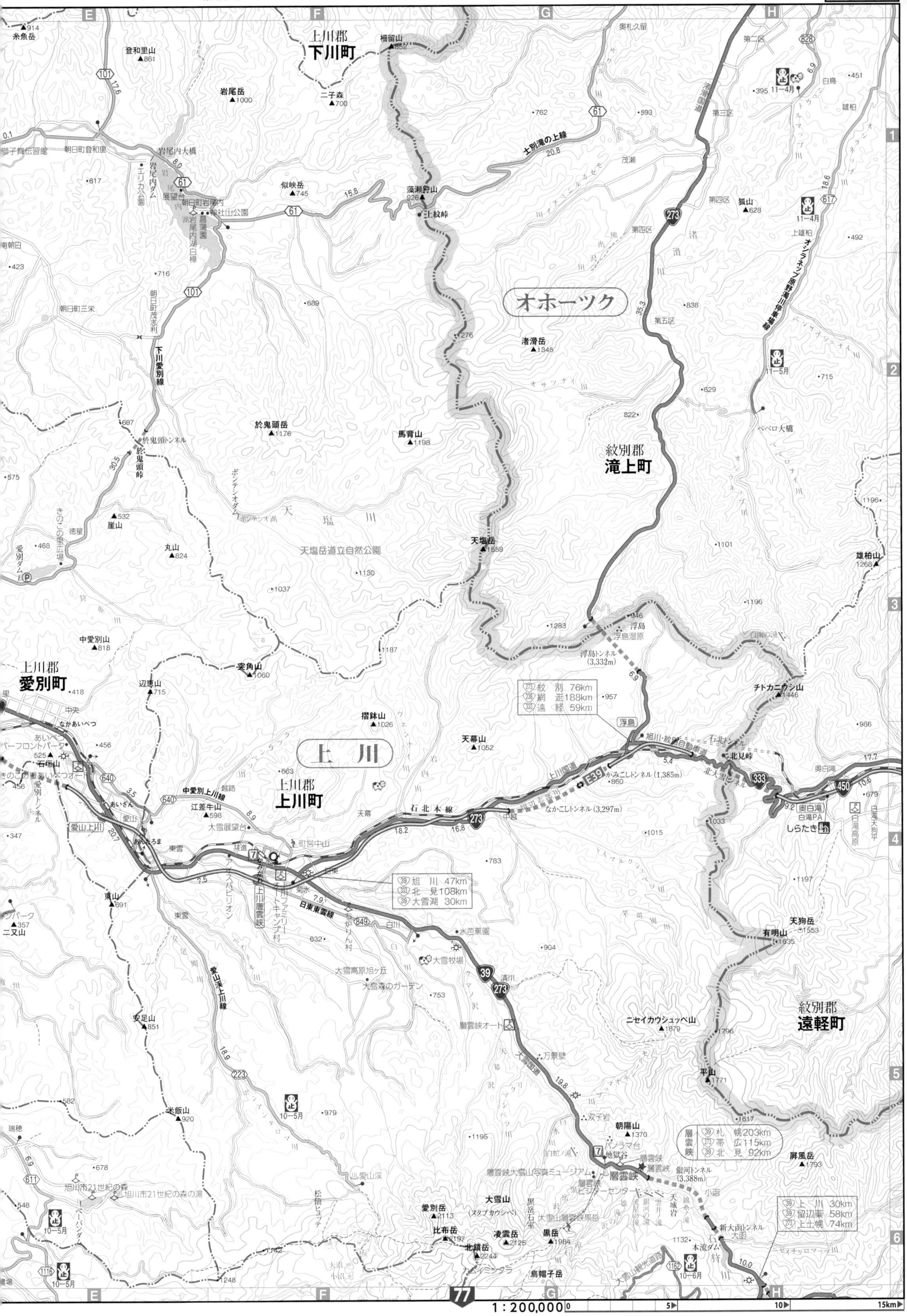

78 79
76 77
天塩 65.1 1:08
232号交点
17.1 0:17
豊富 39.4 0:45
稚内(駅前)
450
80.6km
約0時間54分
比布JCT 2.6 0:02
比布北IC 6.8 0:05
愛別IC 10.0 0:08
愛山上川IC 7.4 0:04
上川層雲峡IC 18.0 0:15
浮島IC 9.2 0:08
奥白滝IC 10.6 0:08
白滝IC 16.0 0:14
丸瀬布IC
上川郡
下川町
オホーツク
紋別郡
滝上町
上川郡
愛別町
上川
上川郡
上川町
紋別郡
遠軽町
天塩岳道立自然公園
天塩岳 1558
渚滑岳 1345
於鬼頭岳 1176
馬背山 1198
岩尾岳 1000
似峡岳 745
藻瀬狩山 926
上紋峠
樋留山 852
二子森 700
登和里山 861
糸魚岳 914
丸山 824
崖山 532
中愛別山 818
突角山 1060
辺恵山 715
摺鉢山 1026
天幕山 1052
江差牛山 598
チトカニウシ山 1446
北見峠
雄柏山 1268
狐山 628
天狗岳 1553
有明山 1635
平山 1771
ニセイカウシュッペ山 1879
朝陽山 1370
屏風岳 1793
大雪山
愛別岳 2113
比布岳 2197
北鎮岳 2244
凌雲岳 2125
黒岳 1984
烏帽子岳
安足山 851
米飯山 920
東山 691
層雲峡
層雲峡大雪山写真ミュージアム
層雲峡ビジターセンター
銀河トンネル (3,388m)
浮島トンネル (3,332m)
かみこしトンネル (1,385m)
なかこしトンネル (3,297m)
於鬼頭トンネル
浮島
浮島湿原
奥白滝
奥白滝PA
しらたき
大雪森のガーデン
大雪高原旭ヶ丘
大雪牧場
愛山上川
あいべつ
なかあいべつ
石北本線
旭川・紋別自動車道
十勝国道
上川国道
十別滝の上線
下川愛別線
中愛別上川線
愛山渓上川線
日東東雲線
岩尾内ダム
岩尾内湖
273 紋別 76km
238 網走 188km
333 遠軽 59km
39 旭川 47km
333 北見 108km
39 大雪湖 30km
層雲峡 39 札幌 203km
273 帯広 115km
39 北見 92km
39 上川 30km
39 留辺蘂 58km
273 上士幌 74km
1:200,000

懐かしの札幌駅（昭和60年）

※撮影 昭和60年8月15日

札幌高架札幌駅中央工区
北６条西４丁目
北６条西３丁目
札　幌　駅
西５丁目・樽川通
札幌駅
日本国有鉄道北海道総局
札幌鉄道管理局
札幌鉄道工事区
北海道地方資材部
札幌駅立売商会
北海道車販㈱札幌（営）
駅レンタカー札幌
有料駐車場入口
地下歩道入口
北５条西４丁目
北５条西３丁目
タクシー乗場
北５
伊藤・加藤ビルディング
付記18
読売ビル
付記2
伊藤ビル
付記19
札幌駅前合同ビル
付記13
北洋駅前ビル
付記14
成友ビル
付記12
ステーションビル
付記15
大谷ビル
付記11
札幌駅前通
北４条西４丁目
北４条西３丁目
そば徳
若林生花店
富士化学工業
加森ビル
付記1
札幌国際ビル
付記20
B1～B3 駅前ニシムラ名店街
三井生命ビルディング
付記3
札幌東急ホテル
ニュー札幌ビル
付記17
札幌日興ビル
付記16
降車専用（市）
五番館
岩手銀行札幌支店
付記10
札幌駅前（市）
北３条西４丁目
北３条西３丁目

※当時のままの状態で掲載しています。

日本リレント化粧品
北海道総合販売㈱
札幌中央販売㈱
北6条西1丁目
高架工事
北6条西2丁目
区
本 線
(財)鉄道弘済会
北海道支部札幌福祉所
札幌要員センター
札幌自動車(営)
中央支所
中央検修場
乗務員休憩室
財団法人国労札幌会館
2F
国鉄労働組合札幌地方本部
1F
国労共済札幌地方部
動労会館
北5条西2丁目
2F
札幌駅前
警察官
派出所
1Fバスターミナル
(市)・(国)・(中)・(じょうてつ)
札幌ターミナルビル
札幌そごう
ESTA
北5条西1丁目
日通札幌ビル
付記21
日本通運苗穂(支)中央倉庫課
月極駐車場
バス専用
手 稲 通
ヤンマービル
付記8
石垣ビル
付記7
北4条ビル
付記6
2F大真商事㈱
1F食事の店
かやの
上田ビル
付記5
駅前プラザ東急百貨店
北4条西2丁目
駅前駐車場
1F
喫茶
カルチェ
札幌ステーション
ホテル
5F 東京リビン
BF 味の館
コーヨー
第三ビル
付記9
高速電車さっぽろ駅構築工事
米盛部ソーコー
大橋商店
(大橋
友吉)
ソーコー
札幌駅前(中)
札幌駅前(中)
札幌駅前(中)
ホクレンビル
付記3
国鉄
札幌自動車(営)
中央支所
国鉄バス
中央支所
北4条西1丁目
一般有料駐車場
北農別館
付記4
北農会館
付記2
共済連札幌支所
共済ビル
付記1
北海道信連
札幌支所
札幌駅前(中)
北3条西2丁目
北3条西1丁目
E
F
G
H
1
2
3
4
5
6

■もくじ■

※一部の施設は、スペースの関係で地図上に表記しておりませんが
およその位置をこの索引で示しています。

国の関係機関

名称	住所	電話	索引
■内閣、内閣府			
人事院北海道事務局	中央区大通西12（札幌第3合同庁舎）	☎251-2600	39·D-2
公正取引委員会北海道事務所	中央区大通西12（札幌第3合同庁舎）	☎231-6300	39·D-2
北海道警察情報通信部	中央区北2西7	☎251-0110	39·E-1
■総務省			
北海道管区行政評価局	北区北8西2（札幌第1合同庁舎）	☎709-2311	32·F-5
北海道総合通信局	北区北8西2（札幌第1合同庁舎）	☎709-2311	32·F-5
■法務省			
札幌法務局	北区北8西2（札幌第1合同庁舎）	☎709-2311	32·F-5
北出張所	北区北31西7	☎700-3311	24·D-4
白石出張所	白石区本通1北	☎864-2021	40·G-3
南出張所	豊平区平岸1条22	☎824-7411	48·G-1
西出張所	西区発寒4条1	☎664-2251	31·E-1
江別出張所	江別市元町34	☎382-2132	28·D-2
恵庭出張所	恵庭市京町2	☎0123-32-3057	66·D-3
札幌矯正管区	東区東苗穂1条2	☎783-3911	33·E-3
北海道地方更生保護委員会	中央区大通西12（札幌第3合同庁舎）	☎261-9907	39·D-2
札幌保護観察所	中央区大通西12（札幌第3合同庁舎）	☎261-9225	39·D-2
札幌出入国在留管理局	中央区大通西12（札幌第3合同庁舎）	☎261-7502	39·D-2
千歳苫小牧出張所	千歳市美々（新千歳空港国際線旅客ターミナルビル）	☎0123-24-6439	69·H-4
法務総合研究所札幌支所	東区北28東3	☎752-5510	24·F-4
矯正研修所札幌支所	東区東苗穂1条2	☎783-3911	33·E-3
札幌刑務所	東区東苗穂2条1	☎781-2011	33·E-2
札幌刑務支所	東区東苗穂2条1	☎784-5241	33·E-2
札幌拘置支所	東区東苗穂2条1	☎781-2211	33·E-3
北海少年院	千歳市大和4	☎0123-23-3147	68·D-5
紫明女子学院	千歳市大和4	☎0123-22-5141	68·D-5
法務少年支援センターさっぽろ（札幌少年鑑別所）	東区東苗穂2条1	☎787-0111	33·E-2
札幌高等検察庁	中央区大通西12（札幌第3合同庁舎）	☎261-9311	39·D-2
札幌地方検察庁	中央区大通西12（札幌第3合同庁舎）	☎261-9313	39·D-2
●公安調査庁			
北海道公安調査局	中央区大通西12（札幌第3合同庁舎）	☎261-9810	39·D-2
■財務省			
北海道財務局	北区北8西2（札幌第1合同庁舎）	☎709-2311	32·F-5
函館税関			
札幌税関支署	中央区大通西10（札幌第2合同庁舎）	☎231-1443	39·D-2
千歳税関支署	千歳市美々（新千歳空港国際線旅客ターミナルビル）	☎0123-45-7055	69·H-4
小樽税関支署石狩出張所	石狩市新港中央1	☎0133-64-6797	5·E-2
財務総合政策研究所北海道研修支所	北区北8西2（札幌第1合同庁舎）	☎709-2311	32·F-5
●国税庁			
札幌国税局	中央区大通西10（札幌第2合同庁舎）	☎231-5011	39·D-2
札幌中税務署	中央区大通西10（札幌第2合同庁舎）	☎231-9311	39·D-2
札幌北税務署	北区北31西7	☎707-5111	24·C-4
札幌東税務署	厚別区厚別東4条4	☎897-6111	42·C-4
札幌南税務署	豊平区月寒東1条5	☎555-3900	45·E-2
札幌西税務署	西区発寒4条1	☎666-5111	31·E-1
札幌国税不服審判所	中央区大通西10（札幌第2合同庁舎）	☎231-9611	39·D-2
税務大学校札幌研修所	西区八軒5西8	☎611-0334	23·F-5
■厚生労働省			
北海道厚生局	北区北8西2（札幌第1合同庁舎）	☎709-2311	32·F-5
北海道労働局	北区北8西2（札幌第1合同庁舎）	☎709-2311	32·F-5
札幌中央労働基準監督署	北区北8西2（札幌第1合同庁舎）	☎737-1190	32·F-5
札幌東労働基準監督署	厚別区厚別中央2条1	☎894-2815	46·F-3
札幌公共職業安定所	中央区南10西14	☎562-0101	39·C-5
札幌北公共職業安定所	東区北16東4	☎743-8609	32·G-2
札幌東公共職業安定所	豊平区月寒東1条3	☎853-0101	45·E-2
江別出張所	江別市4条1	☎382-2377	28·G-1
千歳公共職業安定所	千歳市東雲町4	☎0123-24-2177	68·E-6
札幌新卒応援ハローワーク	中央区北4西5（大樹生命札幌共同ビル）	☎233-0222	32·E-6
札幌わかものハローワーク	中央区北4西5（大樹生命札幌共同ビル）	☎233-0202	32·E-6
ハローワークプラザ札幌	中央区北4西5（大樹生命札幌共同ビル）	☎242-8689	32·E-6
マザーズハローワーク札幌	中央区北4西5（大樹生命札幌共同ビル）	☎233-0301	32·E-6
ハローワークプラザ北24	北区北24西5（札幌サンプラザ）	☎738-3163	24·D-6
小樽検疫所千歳空港検疫所支所	千歳市美々（新千歳空港内）	☎0123-45-7007	69·H-4
■農林水産省			
北海道農政事務所	中央区南22西6	☎330-8800	44·F-3
横浜植物防疫所札幌支所	豊平区羊ヶ丘1	☎852-1808	50·A-2
新千歳空港出張所	千歳市美々（新千歳空港国際線旅客ターミナルビル）	☎0123-24-6154	69·H-4
動物検疫所北海道・東北支所	千歳市美々（新千歳空港国際線旅客ターミナルビル）	☎0123-24-6080	69·H-4
●林野庁			
北海道森林管理局	中央区宮の森3条7	☎622-5213	38·F-1
石狩地域森林ふれあい推進センター	中央区宮の森3条7	☎533-6741	38·F-1
石狩森林管理署	中央区宮の森3条7	☎622-5111	38·F-1
●水産庁			
北海道漁業調整事務所	北区北8西2（札幌第1合同庁舎）	☎709-2382	32·F-5
■経済産業省			
北海道経済産業局	北区北8西2（札幌第1合同庁舎）	☎709-2311	32·F-5
北海道産業保安監督部	北区北8西2（札幌第1合同庁舎）	☎709-2311	32·F-5
■国土交通省			
国土地理院北海道地方測量部	北区北8西2（札幌第1合同庁舎）	☎709-2311	32·F-5
北海道開発局	北区北8西2（札幌第1合同庁舎）	☎709-2311	32·F-5
札幌開発建設部	中央区北2西19	☎611-0192	39·B-2
札幌道路事務所	豊平区月寒東2条8	☎854-6111	45·F-3
当別分庁舎	当別町対雁43	☎0133-23-2074	8·G-4
千歳道路事務所	千歳市北斗6	☎0123-23-2191	67·H-3
国営滝野すずらん丘陵公園事務所	南区滝野247	☎594-2100	61·F-3
千歳空港建設事業所	千歳市平和	☎0123-24-7111	69·G-2
札幌北農業事務所	江別市萩ヶ岡1	☎391-0590	28·G-1
札幌南農業事務所	北広島市中央6	☎376-6030	62·F-5
札幌河川事務所	南区南32西8	☎581-3235	48·F-1
江別河川事務所	江別市高砂町5	☎382-2358	28·D-3
千歳川河川事務所	千歳市住吉1	☎0123-24-1114	68·C-4
漁川ダム管理支所	恵庭市漁平	☎0123-33-7107	76·D-3
豊平川ダム統合管理事務所	南区南32西8	☎583-8110	48·F-1
豊平峡ダム管理支所	南区定山渓7区	☎598-2621	81·G-4
定山渓ダム管理支所	南区定山渓8区	☎598-4095	76·A-5
北海道運輸局	中央区大通西10（札幌第2合同庁舎）	☎290-2711	39·D-2
札幌運輸支局	東区北28東1	☎731-7166	24·E-4
東京航空局			
丘珠空港事務所	東区丘珠町	☎781-4161	25·C-1
新千歳空港事務所	千歳市美々（新千歳空港内）	☎0123-23-4101	69·H-4
札幌航空交通管制部	東区北37東26	☎787-4011	25·D-3
●気象庁			
札幌管区気象台	中央区北2西18	☎611-6127	39·B-2
新千歳航空測候所	千歳市美々（新千歳空港内）	☎0123-45-7713	69·H-5
●海上保安庁			
第一管区海上保安本部			
千歳航空基地	千歳市平和（千歳空港内）	☎0123-23-9118	69·H-2
■環境省			
北海道地方環境事務所	北区北8西2（札幌第1合同庁舎）	☎299-1950	32·F-5
支笏湖自然保護官事務所	千歳市支笏湖温泉	☎0123-25-2350	76·A-1
■防衛省			
北海道防衛局	中央区大通西12（札幌第3合同庁舎）	☎272-7578	39·D-2
千歳防衛事務所	千歳市東雲町3	☎0123-23-3145	67·
陸上自衛隊北部方面隊			
札幌駐屯地	中央区南26西10	☎511-7116	44·
丘珠駐屯地	東区丘珠町161	☎781-8321	18·
真駒内駐屯地	南区真駒内17	☎581-3191	48·
北恵庭駐屯地	恵庭市柏木町531	☎0123-32-2101	66·
南恵庭駐屯地	恵庭市恵南63	☎0123-32-3101	66·
島松駐屯地	恵庭市西島松308	☎0123-36-8611	65·
北千歳駐屯地	千歳市北信濃724	☎0123-23-2106	68·
東千歳駐屯地	千歳市祝梅1016	☎0123-23-5131	76·
苗穂分屯地	東区苗穂町7	☎711-4251	33·
航空自衛隊千歳基地	千歳市平和	☎0123-23-3101	69·
自衛隊札幌地方協力本部	中央区北4西15	☎631-5471	39·
自衛隊札幌病院	南区真駒内17	☎581-3101	48·
■裁判所			
札幌高等裁判所	中央区大通西11（裁判所合同庁舎）	☎231-4200	39·
札幌地方裁判所	中央区大通西11（裁判所合同庁舎）	☎231-4200	39·
札幌簡易裁判所	中央区大通西12	☎221-7281	39·
札幌家庭裁判所	中央区大通西12	☎221-7281	39·
■外国公館			
アメリカ合衆国総領事館	中央区北1西28	☎641-1115	38·
ロシア連邦総領事館	中央区南14西12	☎561-3171	44·
大韓民国総領事館	中央区北2西12	☎218-0288	39·
中華人民共和国総領事館	中央区南13西23	☎563-5563	44·

警察・消防

名称	住所	電話	索引
〔警察〕			
北海道警察本部	中央区北2西7	☎251-0110	39·
自動車安全運転センター	中央区北2西7	☎219-6615	39·
札幌運転免許試験場	手稲区曙5条4	☎683-5770	15·
北海道警察学校	南区真駒内南町5	☎581-2423	53·
中央警察署	中央区北1西5	☎242-0110	39·
<交番>			
北１条東	中央区北1東7	☎251-5060	39·
北１条西	中央区北1西15	☎621-8223	39·
桑園西	中央区北4西19	☎611-1866	39·
札幌駅前	中央区北5西4	☎231-5584	32·
豊平橋	中央区南5東4	☎521-3465	39·
南３条	中央区南3西7	☎221-0761	39·
御幸	中央区南3西14	☎251-8354	39·
薄野	中央区南4西3	☎511-5583	39·
大通	中央区大通西1	☎221-1078	39·
北警察署	北区北24西8	☎727-0110	24·
<交番>			
札幌駅北口	北区北7西3	☎736-9820	32·
北20条	北区北20西5	☎746-4361	32·
新川	北区北26西17	☎756-4176	24·A
北30条	北区北30西7	☎716-3784	24·
麻生	北区北39西5	☎758-7521	24·
あいの里	北区あいの里1条6	☎778-5420	13·F
篠路	北区篠路4条7	☎771-2018	12·H
新光	北区新琴似1条12	☎762-9442	23·G
新琴似西	北区新琴似7条14	☎763-1101	16·G
新琴似	北区新琴似8条4	☎761-4567	17·B
太平	北区太平9条5	☎771-4888	17·G
屯田	北区屯田4条3	☎771-2727	17·D
茨戸	北区東茨戸46	☎771-0100	12·G
花川北	石狩市花川北3条2	☎0133-74-5092	5·G
花川南	石狩市花川南5条2	☎0133-73-0110	11·D
当別	当別町弥生53	☎0133-23-2151	8·G
<駐在所>			
石狩	石狩市親船町14	☎0133-62-3021	3·A
八幡	石狩市八幡2	☎0133-66-3278	3·C
厚田	石狩市厚田区厚田43	☎0133-78-2003	76·A
望来	石狩市厚田区望来27	☎0133-77-2303	76·B
浜益	石狩市浜益区浜益77	☎0133-79-2024	76·A
中小屋	当別町字中小屋1702	☎0133-27-2151	76·D
太美	当別町太美町1481	☎0133-26-2151	8·E
東警察署	東区北16東1	☎704-0110	32·F
<交番>			
苗穂	東区北6東19	☎741-0048	33·C
北12条東	東区北12東11	☎731-9830	33·A
北13条	東区北13東1	☎731-6655	32·F
元町	東区北24東18	☎781-4221	25·B
北26条	東区北26東6	☎711-3787	24·G
丘珠	東区北35東26	☎781-6215	25·D
栄東	東区北41東14	☎704-5392	24·H

西	東区北42東4	☎731-9611	24·F-1
苗穂	東区東苗穂1条3	☎781-6198	33·F-3
苗	東区東苗穂8条3	☎791-1141	25·H-4
石警察署	白石区菊水3条5	☎814-0110	40·B-3
交番＞			
水	白石区菊水3条1	☎811-2414	40·A-2
橋	白石区菊水上町1条3	☎821-5360	40·C-1
水元町	白石区菊水元町8条2	☎871-0110	33·H-4
郷	白石区北郷3条5	☎873-2971	41·A-2
都	白石区北郷4条13	☎871-0793	41·D-3
郷	白石区南郷通6南	☎864-3984	40·G-6
札幌	白石区東札幌4条3	☎841-0892	40·D-4
石中央	白石区本通2北	☎861-4009	40·G-4
白石	白石区本通16南	☎861-2970	46·C-2
別警察署	厚別区厚別中央2条4	☎896-0110	47·A-1
交番＞			
札幌	厚別区厚別中央1条5	☎891-0632	47·B-2
ひばりが丘	厚別区厚別中央2条2	☎891-2840	46·G-2
濃	厚別区厚別中央5条2	☎891-2527	41·H-6
林公園	厚別区厚別北4条4	☎894-5110	42·B-2
野幌	厚別区上野幌1条2	☎893-5633	47·A-5
もみじ台	厚別区もみじ台西4	☎897-7567	47·D-3
曲	北広島市大曲中央2	☎377-3047	56·B-6
広島	北広島市中央1	☎372-3151	62·F-3
広島駅前	北広島市北進町1	☎373-6495	62·E-4
駐在所＞			
の里	北広島市西の里南1	☎375-2555	51·F-1
輪厚	北広島市輪厚中央5	☎376-2151	63·G-5
平警察署	豊平区豊平7条13	☎813-0110	40·B-6
交番＞			
月寒	豊平区月寒中央通7	☎851-1026	45·E-3
東月寒	豊平区月寒東3条17	☎851-8061	46·A-5
豊平	豊平区豊平3条7	☎841-1019	40·A-4
旭	豊平区豊平8条8	☎811-1747	40·A-5
中の島	豊平区中の島1条4	☎811-4454	44·G-2
西岡	豊平区西岡4条9	☎853-3484	49·C-4
平岸	豊平区平岸3条7	☎821-0472	45·A-2
南平岸	豊平区平岸3条13	☎821-0039	45·A-4
福住	豊平区福住2条5	☎856-0110	49·E-1
美園	豊平区美園3条4	☎841-1029	40·C-6
北野	清田区北野4条5	☎881-3583	50·F-2
清田	清田区清田1条4	☎881-2151	50·D-4
中央通	清田区平岡1条5	☎882-7140	55·F-1
美しが丘	清田区美しが丘3条4	☎881-0110	55·F-3
緑ヶ丘	清田区里塚緑ヶ丘1	☎883-4600	51·A-4
警察署	中央区南29西11	☎552-0110	44·E-5
交番＞			
南9条	中央区南9西7	☎511-1062	39·E-4
幌西	中央区南11西15	☎561-3520	39·C-5
行啓通	中央区南14西10	☎511-1774	44·D-1
伏見	中央区南15西18	☎551-5474	44·B-1
山鼻	中央区南23西10	☎511-5979	44·E-3
中島	中央区中島公園1	☎531-2022	39·F-4
石山	南区石山1条3	☎591-8351	53·C-5
北ノ沢	南区川沿2条5	☎571-9520	48·A-4
藻南	南区川沿9条1	☎571-6134	53·C-2
定山渓	南区定山渓温泉東3	☎598-2151	57·B-3
澄川	南区澄川4条4	☎831-3815	48·H-2
藤野	南区藤野2条6	☎591-2188	59·D-2
真駒内	南区真駒内曙町1	☎581-2360	48·E-3
真駒内団地	南区真駒内幸町2	☎581-4661	53·F-1
警察署	西区西野2条5	☎666-0110	31·B-3
交番＞			
円山	中央区北2西24	☎611-0677	39·A-2
宮の森	中央区宮の森2条11	☎611-0687	38·F-2
二十四軒	西区二十四軒2条3	☎621-2006	31·G-4
西野	西区西野9条4	☎662-1526	37·H-1
西町	西区西町北6	☎661-0813	31·D-3
琴似駅前	西区八軒1東1	☎611-1766	31·G-2
八軒	西区八軒6西6	☎642-4621	23·G-5
発寒	西区発寒10条3	☎661-1811	23·D-5
鉄工団地	西区発寒13条5	☎663-1102	23·D-3
琴似本通	西区山の手3条1	☎621-1263	31·E-4
稲警察署	手稲区富丘1条4	☎686-0110	22·F-1
交番＞			
稲穂	手稲区稲穂3条7	☎681-2055	14·G-2
稲積	手稲区新発寒5条6	☎694-3471	15·H-5
手稲	手稲区手稲本町3条1	☎681-2151	15·D-5

手稲山口	手稲区明日風1	☎682-3713	10·C-6
西宮の沢	手稲区西宮の沢4条2	☎661-4411	22·G-4
星置	手稲区星置1条4	☎694-0110	14·G-1
前田	手稲区前田5条15	☎682-1488	15·D-2
江別警察署	江別市弥生町23	☎382-0110	28·E-2
＜交番＞			
駅前	江別市2条6	☎382-2110	28·G-1
朝日	江別市朝日町8	☎384-0066	29·B-2
大麻	江別市大麻中町26	☎386-8994	35·E-4
野幌	江別市野幌町82	☎382-3449	28·B-6
東野幌	江別市東野幌本町7	☎384-0004	28·C-6
文京台	江別市文京台27	☎387-1866	35·D-6
＜駐在所＞			
角山	江別市角山449	☎383-9090	27·A-1
新篠津	新篠津村第47線北11	☎0126-57-2100	8·G-5
千歳警察署	千歳市東雲町5	☎0123-42-0110	68·F-5
＜交番＞			
恵庭	恵庭市有明町5	☎0123-32-2028	66·D-2
恵庭駅前	恵庭市相生町1	☎0123-33-1710	66·E-3
恵み野	恵庭市恵み野西1	☎0123-36-3132	65·E-5
駅前	千歳市千代田町7	☎0123-23-3252	68·E-5
向陽台	千歳市里美2	☎0123-28-1470	69·B-4
新富	千歳市信濃2	☎0123-23-4551	68·D-4
住吉	千歳市住吉1	☎0123-42-5450	68·F-4
本町	千歳市本町4	☎0123-23-3253	69·F-1
＜派出所＞			
空港警備	千歳市美々（空港ターミナルビル内）	☎0123-45-7191	69·H-4
＜駐在所＞			
島松	恵庭市島松本町1	☎0123-36-8004	65·D-2
支笏湖	千歳市支笏湖温泉	☎0123-25-2144	76·A-1
泉郷	千歳市泉郷121	☎0123-29-2022	76·H-1

〔消防〕

札幌市消防局	中央区南4西10	☎215-2010	39·D-3
中央消防署	中央区南4西10	☎215-2120	39·D-3
＜出張所＞			
桑園	中央区北4西22	☎631-1336	39·A-1
豊水	中央区南8西2	☎518-9119	39·G-4
幌西	中央区南11西21	☎561-2419	39·B-5
山鼻	中央区南23西10	☎561-2416	44·E-3
宮の森	中央区宮の森2条11	☎642-9111	38·F-2
北消防署	北区北24西8	☎737-2100	24·C-6
＜出張所＞			
幌北	北区北15西5	☎746-1924	32·E-3
あいの里	北区あいの里2条1	☎774-0119	13·D-1
篠路	北区篠路2条4	☎771-2510	12·G-5
新川	北区新川1条3	☎761-1333	23·H-5
新光	北区新琴似1条12	☎764-8844	23·G-1
新琴似	北区新琴似8条4	☎761-0718	24·B-1
屯田	北区屯田5条10	☎771-0311	17·A-2
東消防署	東区北24東17	☎781-2100	25·B-5
＜出張所＞			
苗穂	東区北8東11	☎750-0119	33·A-4
北栄	東区北39東1	☎731-1566	24·E-2
栄	東区北46東14	☎751-1381	17·H-5
丘珠	東区北丘珠1条2	☎784-5119	18·G-4
札苗	東区東苗穂4条2	☎782-7019	33·G-1
白石消防署	白石区南郷通6北	☎861-2100	40·G-6
＜出張所＞			
菊水	白石区菊水上町1条3	☎811-1615	40·C-1
元町	白石区菊水元町8条2	☎874-9238	33·H-4
北郷	白石区北郷3条6	☎871-8235	41·A-3
東白石	白石区本通18北	☎864-9111	46·D-2
厚別消防署	厚別区厚別中央1条5	☎892-2100	47·B-2
＜出張所＞			
厚別西	厚別区厚別西3条5	☎894-3119	42·A-4
もみじ台	厚別区もみじ台北7	☎897-4119	47·E-3
豊平消防署	豊平区月寒東1条8	☎852-2100	45·F-3
＜出張所＞			
西岡	豊平区西岡4条6	☎852-5119	49·D-2
東月寒	豊平区羊ヶ丘1	☎851-2515	50·A-2
平岸	豊平区平岸1条11	☎831-3901	44·H-3
美園	豊平区美園1条12	☎831-7930	40·C-4
清田消防署	清田区平岡1条1	☎883-2100	50·E-4
＜出張所＞			
北野	清田区北野7条5	☎881-5171	46·E-5
里塚	清田区里塚1条4	☎883-1119	55·H-3

南消防署	南区真駒内上町5	☎581-2100	48·G-5
＜出張所＞			
石山	南区石山2条4	☎591-8358	60·B-1
川沿	南区川沿2条3	☎571-2002	48·C-4
定山渓	南区定山渓温泉西2	☎598-2384	57·B-2
澄川	南区澄川4条6	☎811-2611	48·H-2
藤野	南区藤野2条3	☎593-1119	59·F-2
西消防署	西区発寒10条4	☎667-2100	23·D-6
＜出張所＞			
西野	西区西野3条2	☎661-1812	31·B-4
八軒	西区八軒1東3	☎612-0119	31·H-3
平和	西区平和2条3	☎661-2822	37·G-2
手稲消防署	手稲区手稲本町2条5	☎681-2100	15·C-4
＜出張所＞			
稲穂	手稲区稲穂3条6	☎682-7477	14·H-3
西宮の沢	手稲区西宮の沢4条1	☎662-6690	22·G-4
前田	手稲区前田6条5	☎694-6119	15·H-4
曙	手稲区前田6条16	☎681-1119	15·D-1
江別市消防本部	江別市野幌代々木町80	☎382-5432	28·A-5
江別市消防署	江別市野幌代々木町80	☎382-5479	28·A-5
＜出張所＞			
江別	江別市3条1	☎382-2075	28·H-1
大麻	江別市大麻元町192	☎386-8333	35·D-3
野幌	江別市野幌代々木町80	☎382-3444	28·A-5
北広島市消防本部	北広島市北進町1	☎373-3100	62·E-4
北広島市消防署	北広島市北進町1	☎373-2322	62·E-4
＜出張所＞			
大曲	北広島市大曲2	☎377-3020	63·F-2
西の里	北広島市西の里東1	☎375-3119	51·F-1
恵庭市消防本部	恵庭市有明町2	☎0123-33-5191	66·D-2
恵庭市消防署	恵庭市有明町2	☎0123-33-0991	66·D-2
＜出張所＞			
南	恵庭市和光町4	☎0123-34-9111	66·F-4
島松	恵庭市南島松396	☎0123-36-8439	65·E-3
千歳市消防本部	千歳市東雲町4	☎0123-23-5312	68·F-6
千歳市消防署	千歳市東雲町4	☎0123-23-3062	68·F-6
＜出張所＞			
向陽台	千歳市里美2	☎0123-28-3642	69·B-4
祝梅	千歳市流通3	☎0123-23-4981	68·H-5
富丘	千歳市富丘4	☎0123-23-2415	68·E-4
西	千歳市上長都964	☎0123-27-4060	68·C-3
支笏湖温泉	千歳市支笏湖温泉10	☎0123-25-2050	76·C-4
石狩北部地区消防事務組合			
消防本部	石狩市花川北1条1	☎0133-74-5119	11·E-1
石狩消防署	石狩市花川北1条1	☎0133-74-7111	11·E-1
＜支署＞			
石狩湾新港	石狩市志美65	☎0133-62-3127	3·F-3
厚田	石狩市厚田区厚田106	☎0133-78-2131	76·A-4
浜益	石狩市浜益区浜益2	☎0133-79-3080	76·A-2
当別消防署	当別町錦町351	☎0133-23-2537	8·F-2
新篠津消防署	新篠津村第46線北12	☎0126-57-2034	8·G-5
北海道消防学校	江別市中央町16	☎382-4161	28·A-3
札幌市消防学校	西区八軒10西13	☎616-2262	23·F-3

道の関係機関

名称	住所	電話	索引
北海道庁	中央区北3西6	☎231-4111	39·E-1
石狩振興局	中央区北3西7（道庁別館）	☎231-4111	39·E-1
石狩農業改良普及センター	恵庭市西島松120	☎0123-36-8083	65·D-2
北部支所	当別町若葉17	☎0133-23-2146	8·E-2
森林室	当別町栄町192	☎0133-22-2151	8·F-4
石狩家畜保健衛生所	豊平区羊ヶ丘3	☎851-4779	49·H-2
北海道議会議事堂	中央区北2西6	☎204-5682	39·E-1
知事公館	中央区北1西16	☎611-4221	39·C-2
北海道パスポートセンター	中央区北4西5（アスティ45ビル）	☎219-3388	32·E-6
行政情報センター	中央区北3西7（道庁別館）	☎204-5094	39·E-1
札幌道税事務所			
税務管理部	中央区北3西7（道庁別館）	☎204-5084	39·E-1
自動車税部	北区北22西2	☎746-1190	32·E-1
北海道立衛生研究所	北区北19西12	☎747-2711	32·C-2
北海道江別保健所	江別市錦町4	☎383-2111	28·C-3
石狩支所	石狩市花川北7条1	☎0133-74-1142	6·A-4
北海道千歳保健所	千歳市東雲町4	☎0123-23-3175	68·C-5
北海道立精神保健福祉センター	白石区本通16北	☎864-7121	46·C-1

北海道立子ども総合医療・療育センター（コドモックル） 　手稲区金山1条1		☎691-5696	14·G-2
北海道中央児童相談所	中央区円山西町2	☎631-0301	38·F-5
北海道立心身障害者総合相談所	中央区円山西町2	☎613-5401	38·F-5
北海道立女性相談援助センター	西区西野3条9	☎661-3099	31·A-2
北海道立向陽学院	北広島市西の里1015	☎375-3737	51·G-3
北海道計量検定所	南区川沿5条1	☎572-1771	48·C-6
北海道立札幌高等技術専門学院	東区北27東16	☎781-5541	25·A-4
北海道札幌建設管理部	中央区南11西16	☎561-0201	39·C-5
千歳出張所	千歳市桂木6	☎0123-23-4191	69·C-1
当別出張所	当別町栄町192	☎0133-23-2220	8·G-3
北海道教育庁	中央区北3西7（道庁別館）	☎231-4111	39·E-1
石狩教育局	中央区北3西7（道庁別館）	☎204-5868	39·E-1
北海道立教育研究所	江別市文京台東町42	☎386-4511	35·F-6
附属情報処理教育センター	江別市文京台東町42	☎386-4524	35·F-6
附属理科教育センター	江別市文京台東町42	☎386-4534	35·F-6
北海道立特別支援教育センター	中央区円山西町2	☎612-6211	38·F-5
北海道立図書館	江別市文京台東町41	☎386-8521	35·F-5
北海道立生涯学習推進センター	中央区北2西7（かでる2·7）	☎231-4111	39·E-1

市役所・町村役場関係

名称	住所	電話	索引
●札幌市			
札幌市役所	**中央区北1西2**	**☎211-2111**	**39·F-1**
札幌市教育委員会	中央区北2西2（STV北2条ビル5階）	☎211-3825	39·F-1
大通証明サービスコーナー	中央区大通西4·B1F	☎211-3535	2·F-1
中央区役所	**中央区南3西11**	**☎231-2400**	**39·D-3**
中央区役所仮庁舎	**中央区大通西2**	**☎231-2400**	**39·F-1**
＜まちづくりセンター＞			
苗穂	中央区北1東10	☎261-3669	33·A-6
本府・中央	中央区北1西2	☎251-6353	39·F-1
円山	中央区北1西23	☎611-3367	39·A-2
桑園	中央区北7西15	☎621-3405	32·B-5
東北・東	中央区大通東6	☎241-1696	39·H-1
大通・西	中央区南2西15	☎280-7033	39·C-3
西創成	中央区南5西7	☎521-2384	39·E-3
豊水	中央区南8西2	☎521-0204	39·G-4
南円山	中央区南9西21	☎561-2472	39·B-5
曙	中央区南11西10	☎511-0116	39·D-5
幌西	中央区南11西14	☎561-3256	39·C-5
山鼻	中央区南23西10	☎511-6371	44·E-3
宮の森	中央区宮の森2条11	☎644-8760	38·F-2
北区役所	**北区北24西6**	**☎757-2400**	**24·D-6**
篠路出張所	北区篠路4条7	☎771-2231	12·H-4
＜まちづくりセンター＞			
篠路茨戸	北区篠路4条7	☎771-2231	12·H-4
鉄西	北区北10西4	☎726-5285	32·E-4
幌北	北区北17西5	☎726-6345	32·E-3
北	北区北29西7	☎726-4385	24·C-5
麻生	北区北39西5	☎757-5810	24·D-2
拓北・あいの里	北区あいの里1条6	☎778-2355	13·F-2
新川	北区新川1条4	☎762-2604	23·H-4
新琴似	北区新琴似7条4	☎761-4205	24·B-1
新琴似西	北区新琴似7条14	☎762-8767	16·G-4
太平百合が原	北区太平8条7	☎771-9180	17·G-2
屯田	北区屯田5条6	☎772-1260	17·B-2
東区役所	**東区北11東7**	**☎741-2400**	**32·H-4**
＜まちづくりセンター＞			
鉄東	東区北9東5	☎721-3105	32·G-4
北光	東区北18東5	☎721-1271	32·G-2
元町	東区北20東20	☎781-5375	33·C-1
北栄	東区北25東7	☎721-6336	24·G-5
栄東	東区北41東14	☎711-2203	24·H-1
栄西	東区北39東4	☎752-9536	24·F-2
丘珠	東区丘珠町183	☎781-4283	25·D-2
苗穂東	東区苗穂町3	☎742-4427	33·C-4
札苗	東区東苗穂7条2	☎783-3608	25·H-5
伏古本町	東区伏古3条3	☎784-5534	33·D-2
白石区役所	**白石区南郷通1南**	**☎861-2400**	**40·F-5**
＜まちづくりセンター＞			
菊水	白石区菊水7条2	☎811-9445	40·B-2
菊の里	白石区菊水元町8条1	☎871-2355	33·H-4
北白石	白石区北郷2条3	☎874-0293	40·H-2
北東白石	白石区北郷3条12	☎875-3077	41·D-4
東札幌	白石区東札幌2条4	☎811-9355	40·D-4
白石	白石区本通1南	☎861-8270	40·F-4
東白石	白石区本通13南	☎861-9262	46·B-1
白石東	白石区本通18南	☎862-0813	46·D-2
厚別区役所	**厚別区厚別中央1条5**	**☎895-2400**	**47·B-2**
＜まちづくりセンター＞			
青葉	厚別区青葉町3	☎892-8177	47·B-2
厚別中央	厚別区厚別中央4条3	☎891-3907	41·H-6
厚別東	厚別区厚別東4条4	☎897-2885	42·C-4
厚別西	厚別区厚別西2条3	☎891-4555	41·H-5
厚別南	厚別区厚別南1	☎891-1666	46·H-3
もみじ台	厚別区もみじ台北7	☎897-6121	47·E-3
豊平区役所	**豊平区平岸6条10**	**☎822-2400**	**45·B-3**
＜まちづくりセンター＞			
月寒	豊平区月寒中央通7	☎852-9288	45·E-3
東月寒	豊平区月寒東3条17	☎853-9191	46·A-5
豊平	豊平区豊平6条7	☎811-9435	40·A-4
中の島	豊平区中の島1条4	☎821-5841	44·F-2
西岡	豊平区西岡4条5	☎854-0357	49·D-1
平岸	豊平区平岸2条7	☎811-9545	44·H-2
南平岸	豊平区平岸2条14	☎814-1440	44·H-4
福住	豊平区福住1条4	☎855-6615	49·E-1
美園	豊平区美園6条5	☎811-4119	45·C-1
清田区役所	**清田区平岡1条1**	**☎889-2400**	**50·E-4**
＜まちづくりセンター＞			
北野	清田区北野4条2	☎883-0373	50·C-1
清田	清田区清田1条2	☎883-7600	50·D-3
清田中央	清田区清田6条2	☎884-7187	50·B-6
里塚・美しが丘	清田区里塚2条5	☎884-1210	55·H-3
平岡	清田区平岡7条3	☎883-7100	50·G-2
南区役所	**南区真駒内幸町2**	**☎582-2400**	**53·F-1**
定山渓出張所	南区定山渓温泉4	☎598-2191	57·B-3
＜まちづくりセンター＞			
定山渓	南区定山渓温泉東4	☎598-2191	57·B-3
藻岩下	南区南34西9	☎581-2001	48·E-1
石山	南区石山1条4	☎591-8734	60·B-1
藻岩	南区川沿8条2	☎571-6121	53·B-2
澄川	南区澄川3条2	☎821-8585	48·H-1
藤野	南区藤野2条7	☎591-7041	59·D-2
真駒内	南区真駒内幸町2	☎581-3025	53·F-1
簾舞	南区簾舞3条6	☎596-2059	58·F-2
芸術の森地区	南区石山東7	☎592-7009	60·D-4
西区役所	**西区琴似2条7**	**☎641-2400**	**31·F-4**
＜まちづくりセンター＞			
琴似二十四軒	西区琴似2条7	☎621-2508	31·E-4
西野	西区西野6条3	☎663-0360	31·A-5
西町	西区西町南9	☎661-2591	31·C-3
八軒	西区八軒1西1	☎611-2221	31·G-2
八軒中央	西区八軒6西2	☎615-9588	31·H-1
発寒	西区発寒5条7	☎664-6411	31·C-1
発寒北	西区発寒10条4	☎661-6262	23·D-5
山の手	西区山の手3条7	☎613-1929	31·D-5
手稲区役所	**手稲区前田1条11**	**☎681-2400**	**15·E-4**
＜まちづくりセンター＞			
手稲鉄北	手稲区曙7条3	☎684-0048	10·C-6
稲穂金山	手稲区稲穂3条5	☎684-4020	15·A-3
新発寒	手稲区新発寒5条4	☎684-5557	16·A-6
手稲	手稲区手稲本町3条1	☎681-2131	15·D-6
富丘西宮の沢	手稲区富丘2条2	☎685-4745	22·F-3
星置	手稲区星置2条3	☎695-3222	9·G-6
前田	手稲区前田6条9	☎683-4422	15·G-4
＜市税事務所＞			
中央市税事務所	中央区北2東4（サッポロファクトリー2条館）	☎211-3912	39·H-1
北部市税事務所	中央区北4西5（アスティ45）	☎207-3912	32·E-6
東部市税事務所	厚別区大谷地東2（交通局庁舎）	☎802-3912	46·F-4
南部市税事務所	豊平区平岸5条8（イースト平岸）	☎824-3912	45·B-2
西部市税事務所	西区琴似3条1（コトニ3·1ビル）	☎618-3912	31·F-2
＜区民センター・地区センター等＞			
中央区民センター	中央区南2西10	☎271-1100	39·D-3
旭山公園通地区センター	中央区南9西18	☎520-1700	39·B-5
北区民センター	北区北25西6	☎757-3511	24·D-5
拓北・あいの里地区センター	北区あいの里1条6	☎778-8000	13·F-2
新琴似・新川地区センター	北区新琴似2条8	☎765-5910	23·H-1
屯田地区センター	北区屯田5条6	☎772-1811	17·B-2
太平百合が原地区センター	北区太平12条2	☎770-6531	12·F-6
篠路コミュニティセンター	北区篠路3条8	☎771-3700	13·A-5
東区民センター	東区北11東7	☎742-5500	32·H-4
栄地区センター	東区北36東8	☎704-6005	24·C
ふしこ地区センター	東区伏古11条3	☎785-6323	25·E
苗穂・本町地区センター	東区本町2条7	☎784-7833	33·E
白石区民センター	白石区南郷通1南	☎861-3100	40·E
菊水元町地区センター	白石区菊水元町5条2	☎872-7600	33·C
北白石地区センター	白石区北郷3条7	☎874-8232	41·E
白石東地区センター	白石区本通16南	☎866-3000	46·C
厚別区民センター	厚別区厚別中央1条5	☎894-1581	47·E
厚別西地区センター	厚別区厚別西4条4	☎896-2000	41·H
厚別南地区センター	厚別区厚別南7（上野幌小学校）	☎896-3000	47·E
豊平区民センター	豊平区平岸6条10	☎812-7181	45·E
東月寒地区センター	豊平区月寒東3条18	☎853-2011	46·A
西岡福住地区センター	豊平区西岡4条9	☎852-4687	49·C
月寒公民館	豊平区月寒中央通7	☎851-0482	45·E
清田区民センター	清田区清田1条2	☎883-2050	50·D
里塚・美しが丘地区センター	清田区里塚2条5	☎888-5005	55·H
南区民センター	南区真駒内幸町2	☎584-2100	53·F
もいわ地区センター	南区川沿8条2	☎572-5733	53·E
藤野地区センター	南区藤野2条7	☎592-2002	59·D
すみかわ地区センター	南区澄川4条4	☎818-3035	49·A
西区民センター	西区琴似2条7	☎641-4791	31·E
西野地区センター	西区西野4条2	☎666-5550	31·B
はっさむ地区センター	西区発寒10条4	☎662-8411	23·D
はちけん地区センター	西区八軒6西2	☎611-0966	31·G
手稲区民センター	手稲区前田1条11	☎681-5121	15·E
新発寒地区センター	手稲区新発寒5条4	☎684-5571	16·A
星置地区センター	手稲区星置2条3	☎695-3220	9·G
手稲コミュニティセンター	手稲区手稲本町3条1	☎681-2133	15·D
＜図書館＞			
中央図書館	中央区南22西13	☎512-7320	44·D
図書・情報館	中央区北1西1	☎208-1112	39·F
新琴似図書館	北区新琴似7条4	☎764-1901	24·B
元町図書館	東区北30東16	☎784-0841	25·A
えほん図書館	白石区南郷通1南	☎866-4646	40·E
東札幌図書館	白石区東札幌4条4	☎824-2801	40·D
厚別図書館	厚別区厚別中央1条5	☎894-1590	47·B
西岡図書館	豊平区西岡3条6	☎852-8111	49·C
清田図書館	清田区平岡1条1	☎889-2484	50·E
澄川図書館	南区澄川4条4	☎822-3730	48·H
山の手図書館	西区山の手4条2	☎644-6822	31·E
曙図書館	手稲区曙2条1	☎685-4946	15·D
札幌市保健所	**中央区大通西19**	**☎0570-037-005**	**39·B**
中央保健センター	中央区南3西11	☎511-7221	39·D
北保健センター	北区北25西6	☎757-1181	24·D
東保健センター	東区北10東7	☎711-3211	32·H
白石保健センター	白石区南郷通1南	☎862-1881	40·E
厚別保健センター	厚別区厚別中央1条5	☎895-1881	47·B
豊平保健センター	豊平区平岸6条10	☎822-2400	45·B
清田保健センター	清田区平岡1条1	☎889-2400	50·E
南保健センター	南区真駒内幸町1	☎581-5211	53·F
西保健センター	西区琴似2条7	☎621-4241	31·E
手稲保健センター	手稲区前田1条11	☎681-1211	15·E
中央健康づくりセンター	中央区南3西11	☎562-8700	39·D
東健康づくりセンター	東区北10東7	☎742-8711	32·H
西健康づくりセンター	西区八軒1西1	☎618-8700	31·G
衛生研究所	白石区菊水9条1	☎841-2341	40·C
動物管理センター	西区八軒9東5	☎736-6134	32·B
福移支所	北区篠路町福移156	☎791-1811	8·A
平岸霊園管理事務所	豊平区平岸5条15	☎831-6980	45·A
里塚霊園管理事務所	清田区里塚468	☎881-2110	55·G
手稲平和霊園管理事務所	西区平和387	☎663-2172	37·B
里塚斎場	清田区里塚506	☎883-1561	63·B
山口斎場	手稲区手稲山口308	☎691-3636	10·B
中央区土木センター	中央区北12西23	☎614-5800	31·H
北区土木センター	北区太平12条2	☎771-4211	12·F
東区土木センター	東区北33東18	☎781-3521	25·A
白石区土木センター	白石区本通14南	☎864-8125	46·B
厚別区土木センター	厚別区厚別町下野幌45	☎897-3800	47·F
豊平区土木センター	豊平区西岡3条1	☎851-1681	45·D
清田区土木センター	清田区平岡2条4	☎888-2800	50·F
南区土木センター	南区南31西8	☎581-3811	44·F
西区土木センター	西区西野290	☎667-3201	30·H
手稲区土木センター	手稲区曙5条5	☎681-4011	15·A
水道局本局庁舎	**中央区大通東11**	**☎211-7007**	**40·A**
下水道河川局庁舎	**豊平区豊平6条3**	**☎818-3452**	**39·H**
東部下水管理センター	白石区本通20北	☎865-7121	46·D
西部下水管理センター	西区八軒9西7	☎641-8671	23·G
＜防災＞			
札幌市民防災センター	白石区南郷通6北	☎868-3535	40·G

ごみ・リサイクル>

中央清掃事務所	南区南30西8	☎581-1153	44・E-5
清掃事務所	北区屯田町990	☎772-5353	12・D-4
清掃事務所	東区丘珠町873	☎781-6653	18・D-4
石清掃事務所	白石区東米里2170	☎876-1753	26・D-5
平・南清掃事務所	南区真駒内602	☎583-8613	60・F-2
清掃事務所	西区発寒15条14	☎664-0053	23・B-1
路破砕工場	北区篠路町福移153	☎791-2516	8・A-4
石清掃工場	白石区東米里2170	☎876-1710	26・D-6
岡清掃・破砕工場	南区真駒内602	☎582-9733	60・F-2
寒清掃・破砕工場	西区発寒15条14	☎667-5311	23・C-1
口処理場	手稲区手稲山口364ほか	☎681-3337	10・A-2
み資源化工場	北区篠路町福移153	☎791-6770	8・A-5
ユースプラザ	厚別区厚別東3条1	☎375-1133	42・B-6
サイクルプラザ宮の沢	西区宮の沢1条1	☎671-4153	31・A-1
央地区リサイクルセンター	南区南30西8	☎211-2928	44・E-5
地区リサイクルセンター	北区あいの里2条6	☎211-2928	13・F-1
別地区リサイクルセンター	厚別区厚別東3条1	☎211-2928	42・B-6
地区リサイクルセンター	西区二十四軒4条1	☎211-2928	31・G-3
境プラザ	北区北8西3	☎728-1667	32・F-5
幌市交通局	**厚別区大谷地東2**	**☎896-2708**	**46・F-4**
車事業所	中央区南21西16	☎551-3944	44・C-3
会福祉総合センター	**中央区大通西19**	**☎614-2948**	**39・B-2**
体障害者更生相談所	西区二十四軒2条6	☎641-8852	31・G-5
体障害者福祉センター	西区二十四軒2条6	☎641-8850	31・G-5
央老人福祉センター	中央区大通西19（社会福祉総合センター）	☎614-1001	39・B-2
老人福祉センター	北区北39西5	☎757-1000	24・D-2
老人福祉センター	東区北41東14	☎741-1000	24・H-1
石老人福祉センター	白石区栄通6	☎851-1551	45・G-1
別老人福祉センター	厚別区厚別中央1条7	☎892-2211	47・C-1
平老人福祉センター	豊平区中の島2条3	☎811-5201	44・G-2
田老人福祉センター	清田区清田3条3	☎885-8500	50・C-4
老人福祉センター	南区石山78	☎591-3100	53・D-6
老人福祉センター	西区二十四軒4条3	☎641-4001	31・G-3
稲老人福祉センター	手稲区曙2条1	☎684-3131	15・D-3

地域包括支援センター>

央区第1	中央区南2西10	☎209-2939	2・C-2
央区第2	中央区旭ヶ丘5	☎520-3668	44・A-1
央区第3	中央区南19西8	☎205-0537	44・E-2
区第1	北区北24西5	☎700-2939	24・D-6
区第2	北区北40西4	☎736-4165	24・D-2
区第3	北区新琴似8条14	☎214-1422	16・H-4
区第1	東区北23東15	☎711-4165	25・A-5
区第2	東区本町2条5	☎781-8061	33・D-3
区第3	東区北40東15	☎722-4165	24・H-1
石区第1	白石区本通4北	☎864-4614	40・G-4
石区第2	白石区東札幌3条3	☎837-6800	40・D-4
石区第3	白石区本通17南	☎860-1611	46・C-2
別区第1	厚別区厚別町山本750	☎896-5077	41・H-2
別区第2	厚別区厚別南5	☎375-0610	47・A-5
平区第1	豊平区美園12条7	☎841-4165	45・C-3
平区第2	豊平区西岡4条3	☎836-6110	45・D-6
平区第3	豊平区月寒中央通7	☎854-7777	45・E-3
田区第1	清田区北野1条1	☎888-1717	50・B-2
田区第2	清田区清田1条1	☎887-5588	50・C-3
区第1	南区澄川3条6	☎812-9500	48・H-3
区第2	南区川沿14条2	☎572-6110	53・C-4
区第3	南区真駒内幸町2	☎588-6510	53・F-1
区第1	西区二十四軒4条5	☎611-1161	31・F-4
区第2	西区西野2条2	☎661-3929	31・C-4
区第3	西区発寒3条1	☎671-8200	31・E-2
稲区第1	手稲区前田4条10	☎695-8000	15・F-3
稲区第2	手稲区曙5条2	☎686-7000	15・D-1
童福祉総合センター	中央区北7西26	☎622-8620	38・H-1
聴覚障がい者情報センター	中央区大通西19	☎631-6747	39・B-2
ころのセンター（精神保健福祉センター）	中央区大通西19	☎622-0556	39・B-2
をつなぐ相談センターまあち（知的障害者更生相談所）	豊平区平岸4条18（子ども発達支援総合センター）	☎824-1901	45・A-5
きこもり地域支援センター	白石区平和通17	☎863-8733	46・D-1

子育て>

育て支援総合センター	中央区南3西7（資生館小学校内）	☎208-7961	39・E-3
ども発達支援総合センター（ちくたく）	豊平区平岸4条18	☎821-0070	45・A-5

就業・ビジネス・国際交流>

業サポートセンター	北区北24西5（札幌サンプラザ）	☎738-3161	24・D-6
小企業支援センター	中央区北1西2（経済センタービル）	☎231-0568	39・F-1
業振興センター	白石区東札幌5条1	☎820-3033	40・C-3
インタークロス・クリエイティブ・センター	白石区東札幌5条1	☎817-8911	40・C-3
エレクトロニクスセンター	厚別区下野幌テクノパーク1	☎807-6000	47・F-3
札幌コンベンションセンター	白石区東札幌6条1	☎817-1010	40・D-2
アクセスサッポロ	白石区流通センター4	☎865-5811	46・F-1
中央卸売市場	中央区北12西20	☎611-3111	32・A-4
札幌国際プラザ	中央区北1西3（札幌MNビル）	☎211-3670	39・F-1
札幌留学生交流センター	豊平区豊平6条6	☎817-3615	40・A-4
札幌国際交流館	白石区本通16南	☎866-3811	46・C-2

<市民活動・ボランティアなど>

市民活動サポートセンター	北区北8西3	☎728-5888	32・F-5
ボランティア活動センター	中央区大通西19	☎623-4000	39・B-2
男女共同参画センター	北区北8西3	☎728-1222	32・F-5
消費者センター	北区北8西3	☎728-2121	32・F-5
計量検査所	白石区本通7南	☎846-6681	40・H-5

<芸術・文化施設・生涯学習など>

教育文化会館	中央区北1西13	☎271-5821	39・C-2
生涯学習総合センターちえりあ ※休館中	西区宮の沢1条1	☎671-2200	31・A-1
市民ギャラリー	中央区南2東6	☎271-5471	39・H-2
カナモトホール（札幌市民ホール）	中央区北1西1	☎252-3700	39・F-1
札幌市民交流プラザ	中央区北1西1	☎271-1000	39・F-1
札幌コンサートホール・Kitara（キタラ）	中央区中島公園	☎520-2000	39・F-5
こども人形劇場 こぐま座	中央区中島公園	☎512-6886	39・F-4
こどもの劇場 やまびこ座	東区北27東15	☎723-5911	25・A-4

<スポーツ・レジャー・公園>

北方自然教育園	南区白川1814	☎596-3567	52・C-5
定山渓自然の村	南区定山渓国有林野	☎598-3100	81・G-4
青少年山の家	南区滝野247	☎591-0303	61・F-4
札幌ふれあいの森	清田区有明386	☎883-8931	61・H-1
平岡樹芸センター	清田区平岡4条3	☎883-2891	50・F-4
百合が原緑のセンター	北区百合が原公園210	☎772-3511	17・H-3
豊平公園緑のセンター	豊平区豊平5条13	☎811-6568	40・B-6
サッポロさとらんど	東区丘珠町584	☎787-0223	18・H-5

●石狩市

石狩市役所	**石狩市花川北6条1**	**☎0133-72-3111**	**5・H-4**
厚田支所	石狩市厚田区厚田45	☎0133-78-2011	76・A-4
浜益支所	石狩市浜益区浜益2	☎0133-79-2111	76・A-2
教育委員会	石狩市花川北6条1	☎0133-72-3169	5・H-4
厚田総合センター	石狩市厚田区厚田45	☎0133-78-2350	76・A-4
市民図書館	石狩市花川北7条1	☎0133-72-2000	6・A-4
花川北コミュニティセンター	石狩市花川北3条2	☎0133-74-6525	5・G-5
花川南コミュニティセンター	石狩市花川南6条5	☎0133-73-5300	11・E-5
八幡コミュニティセンター	石狩市八幡2	☎0133-66-4261	3・C-2
望来コミュニティセンター	石狩市厚田区望来27	☎0133-77-3010	76・B-5
浜益コミュニティセンター	石狩市浜益区浜益630	☎0133-79-5566	76・A-2
柏木コミュニティセンター	石狩市浜益区柏木3	☎0133-79-5566	76・B-2
川下コミュニティセンター	石狩市浜益区川下30	☎0133-79-5566	76・B-2
サン・ビレッジいしかり	石狩市新港中央1	☎0133-64-1006	5・F-2
総合保健福祉センターりんくる	石狩市花川北6条1	☎0133-72-8343	5・H-4
南地域包括支援センター	石狩市花川南7条4	☎0133-73-2221	11・D-5
花川中央地域包括支援センター	石狩市花川北3条3	☎0133-77-6371	5・G-6
北地域包括支援センター	石狩市花川北6条1	☎0133-75-6100	5・H-4
厚田地域包括支援センター	石狩市厚田区厚田45	☎0133-78-1030	76・A-4
浜益地域包括支援センター	石狩市浜益区浜益2	☎0133-79-5111	76・A-2
B&G海洋センター	石狩市花畔337	☎0133-64-6010	5・F-4
石狩市民プール	石狩市花川北3条2	☎0133-74-6611	5・G-5
浜益スポーツセンター	石狩市浜益区群別1	☎0133-79-3615	76・B-1
学び交流センター	石狩市花川北3条3	☎0133-74-8889	11・G-1
リサイクルプラザ	石狩市新港南1	☎0133-64-3196	3・E-5

●江別市

江別市役所	**江別市高砂町6**	**☎382-4141**	**28・D-3**
大麻出張所	江別市大麻中町26	☎382-4855	35・E-4
水道庁舎	江別市萩ヶ岡1	☎385-1213	28・G-2
教育委員会	江別市高砂町24	☎381-1057	28・E-3
情報図書館	江別市野幌末広町7	☎384-0202	28・A-6
えぽあホール	江別市大麻中町26	☎387-3120	35・E-4
市民会館	江別市高砂町6	☎383-6446	28・D-3
中央公民館・コミュニティセンター	江別市3条5	☎382-2376	28・G-1
大麻公民館	江別市大麻中町26	☎387-3315	35・E-4
野幌公民館	江別市野幌町13	☎382-2414	28・B-5
健康推進室保健センター	江別市若草町6	☎385-5252	28・E-1
総合社会福祉センター	江別市錦町14	☎385-1234	28・C-3
江別第一地域包括支援センター	江別市若草町6	☎389-4144	28・E-1
江別第二地域包括支援センター	江別市上江別東町7	☎389-5420	28・H-2
野幌第一地域包括支援センター	江別市中央町31	☎381-2940	28・A-3
大麻第一地域包括支援センター	江別市大麻中町2	☎388-5100	35・E-4
青年センター	江別市緑町西2	☎383-1221	28・E-1
市民体育館	江別市野幌町9	☎384-5001	28・B-5
東野幌体育館	江別市東野幌町28	☎382-5000	28・D-5
大麻体育館	江別市大麻中町26	☎887-6800	35・E-4

●北広島市

北広島市役所	**北広島市中央4**	**☎372-3311**	**62・F-4**
大曲出張所	北広島市大曲柏葉1	☎376-2530	56・C-6
西の里出張所	北広島市西の里南1	☎375-3209	51・F-1
西部出張所	北広島市輪厚中央4	☎376-2103	63・G-5
教育委員会	北広島市中央4	☎372-3311	62・F-3
図書館	北広島市中央6	☎373-7667	62・F-5
芸術文化ホール	北広島市中央6	☎372-7667	62・F-4
エコミュージアムセンター知新の駅	北広島市広葉町3	☎373-0188	62・E-5
中央公民館	北広島市朝日町5	☎373-0101	62・G-3
西の里公民館	北広島市西の里南1	☎375-4300	51・F-1
大曲会館	北広島市大曲中央2	☎376-3964	56・C-5
北広島団地住民センター	北広島市泉町1	☎372-0676	64・D-1
大曲ふれあいプラザ	北広島市大曲工業団地7	☎376-4599	63・D-2
みなみ高齢者支援センター	北広島市白樺町1	☎372-8110	64・D-1
きた高齢者支援センター	北広島市西の里347	☎375-5888	51・H-2
にし高齢者支援センター	北広島市大曲南ヶ丘1	☎370-3922	56・B-5
ひがし高齢者支援センター	北広島市朝日町5	☎211-8520	62・G-3
ふれあい学習センター（夢プラザ）	北広島市大曲370	☎370-7373	56・D-4
広葉交流センター（いこ～よ）	北広島市広葉町3	☎373-2801	62・E-5
総合体育館	北広島市共栄315	☎372-0808	62・E-3
大曲ファミリー体育館	北広島市大曲中央2	☎377-3309	56・B-5
西の里ファミリー体育館	北広島市西の里南1	☎375-2933	51・F-1
輪厚児童体育館	北広島市輪厚中央4	☎376-3380	63・G-5

●恵庭市

恵庭市役所	**恵庭市京町1**	**☎0123-33-3131**	**66・D-3**
島松支所	恵庭市島松仲町2	☎0123-36-8324	65・D-3
恵み野出張所	恵庭市恵み野北3（R.Bパークセンタービル内）	☎0123-36-8200	65・E-4
中恵庭出張所	恵庭市中央381	☎0123-33-3681	65・G-4
教育委員会	恵庭市新町10（市民会館内）	☎0123-33-3131	66・D-2
市民会館	恵庭市新町10	☎0123-33-3171	66・D-2
島松公民館	恵庭市島松本町3	☎0123-36-7503	65・D-2
夢創館	恵庭市島松仲町1	☎0123-36-6050	65・D-2
図書館	恵庭市恵み野西5	☎0123-37-2181	65・E-5
市民活動センター	恵庭市緑町2	☎0123-34-7000	66・E-3
保健センター	恵庭市緑町2	☎0123-25-5700	66・E-3
福祉会館	恵庭市末広町124	☎0123-33-9436	66・E-3
たよれーる ひがし	恵庭市黄金南5	☎0123-35-1071	66・G-2
たよれーる みなみ	恵庭市柏木町429	☎0123-34-8467	66・B-2
たよれーる 中島・恵み野	恵庭市恵み野西2	☎0123-36-0036	65・D-5
たよれーる きた	恵庭市島松本町1	☎0123-25-3100	65・D-2
総合体育館	恵庭市黄金中央5	☎0123-32-2261	66・F-1
駒場体育館	恵庭市駒場町3	☎0123-33-0342	66・E-4
島松体育館	恵庭市南島松389	☎0123-36-5658	65・E-3

●千歳市

千歳市役所	**千歳市東雲町2**	**☎0123-24-3131**	**68・E-6**
第2庁舎	千歳市東雲町2	☎0123-24-0264	67・C-4
向陽台支所	千歳市若草4	☎0123-28-6131	69・B-4
東部支所	千歳市東丘824	☎0123-21-3131	75・E-4
支笏湖支所	千歳市支笏湖温泉3	☎0123-25-2004	75・B-6
教育委員会	千歳市東雲町2	☎0123-24-0819	67・C-5
市民文化センター（北ガス文化ホール）	千歳市北栄2	☎0123-26-1151	68・E-5
市民ギャラリー	千歳市千代田町5	☎0123-42-5214	67・C-3
公民館	千歳市真町176	☎0123-23-2740	69・E-1
市立図書館	千歳市真町2196	☎0123-26-2131	69・E-1
泉沢向陽台コミュニティセンター	千歳市里美2	☎0123-28-4266	69・A-4
北コミュニティセンター	千歳市釜加362	☎0123-24-0908	75・D-5
北信濃コミュニティセンター	千歳市北信濃864	☎0123-24-9922	68・C-3
祝梅コミュニティセンター	千歳市弥生2	☎0123-23-4385	68・H-4
千歳コミュニティセンター	千歳市東雲町2（総合福祉センター内）	☎0123-24-3131	68・E-6
中央コミュニティセンター	千歳市中央539	☎0123-29-2858	75・E-5
中心街コミュニティセンター	千歳市幸町4	☎0123-24-5647	67・C-4
鉄東コミュニティセンター	千歳市青葉5	☎0123-24-6151	68・F-5
富丘コミュニティセンター	千歳市富丘4	☎0123-23-5028	68・E-4
花園コミュニティセンター	千歳市花園4	☎0123-23-7708	68・F-4
北桜コミュニティセンター	千歳市北斗5	☎0123-26-4151	68・C-4
北新コミュニティセンター	千歳市新富2	☎0123-24-0331	68・D-4
市民活動交流センター「ミナクール」	千歳市千代田町5	☎0123-24-0847	67・C-3
防災学習交流センター「そなえーる」	千歳市北信濃631	☎0123-26-9991	68・E-2
環境センター	千歳市美々758	☎0123-23-2110	75・E-6
労働会館	千歳市東雲町3	☎0123-22-4679	67・D-4

総合保健センター	千歳市東雲町2	☎0123-24-3131	68・E-6
総合福祉センター	千歳市東雲町2	☎0123-24-3131	68・E-6
西区地域包括支援センター	千歳市新富1	☎0123-42-3131	68・D-5
東区地域包括支援センター	千歳市流通3	☎0123-40-6516	68・H-5
北区地域包括支援センター	千歳市北光2	☎0123-25-8180	68・D-3
南区地域包括支援センター	千歳市大和4	☎0123-22-5188	68・D-6
向陽台区地域包括支援センター	千歳市若草4	☎0123-48-2848	69・B-4
スポーツセンター（ダイナックス アリーナ）	千歳市真町176	☎0123-22-1111	69・E-1
ふれあいセンター	千歳市あずさ1	☎0123-24-7742	68・E-3
開基記念総合武道館	千歳市あずさ1	☎0123-22-2100	68・E-3
温水プール	千歳市流通3	☎0123-49-7001	68・H-5
千歳市水道局	千歳市東雲町3	☎0123-24-4132	68・E-6
●当別町			
当別町役場	**当別町白樺町58**	**☎0133-23-2330**	**8・F-2**
太美出張所	当別町太美町1480（太美郵便局内）	☎0133-26-3190	8・E-5
教育委員会	当別町白樺町58	☎0133-23-2689	8・F-2
西当別コミュニティセンター	当別町太美町22	☎0133-26-3300	8・E-5
総合保健福祉センター「ゆとろ」	当別町西町32	☎0133-25-2661	8・F-2
地域包括支援センター	当別町西町32	☎0133-25-5152	8・F-2
白樺コミュニティセンター	当別町白樺町2792	☎0133-23-2511	8・F-2
学習交流センター（図書館）	当別町錦町1248	☎0133-23-0573	8・F-2
世紀会館	当別町園生57	☎0133-23-2896	8・G-2
総合体育館	当別町白樺町2792	☎0133-22-3833	8・F-2
●新篠津村			
新篠津村役場	**新篠津村第47線北13**	**☎0126-57-2111**	**8・H-5**
教育委員会	新篠津村第47線北13	☎0126-57-2111	8・H-5
保健センター	新篠津村第47線北13	☎0126-57-2811	8・H-5
地域包括支援センター	新篠津村第47線北13	☎0126-58-3363	8・H-5
自治センター	新篠津村第46線北12	☎0126-57-2011	8・G-5
B&G海洋センター	新篠津村第46線北15	☎0126-58-3160	8・G-5

小学校

名称	住所	電話	索引
●札幌市			
<中央区>			
大倉山小学校	中央区宮の森3条13	☎644-3984	38・E-3
幌西小学校	中央区南10西17	☎561-2201	39・B-5
幌南小学校	中央区南21西5	☎521-0214	44・F-2
三角山小学校	中央区宮の森4条11	☎643-1133	38・E-2
資生館小学校	中央区南3西7	☎204-9811	39・E-3
桑園小学校	中央区北8西17	☎611-4211	32・B-5
中央小学校	中央区大通東6	☎261-6568	39・H-1
二条小学校	中央区南2西15	☎261-6596	39・C-3
日新小学校	中央区北8西25	☎631-6361	31・H-5
盤渓小学校	中央区盤渓226	☎642-3223	43・E-1
伏見小学校	中央区南18西15	☎551-2771	44・C-2
円山小学校	中央区北1西25	☎631-3437	39・A-2
緑丘小学校	中央区南10西22	☎561-5118	39・A-5
宮の森小学校	中央区宮の森4条6	☎631-6356	38・F-1
山鼻小学校	中央区南14西10	☎511-6616	39・E-6
山鼻南小学校	中央区南29西12	☎532-8340	44・D-5
<北区>			
あいの里東小学校	北区あいの里3条7	☎778-2311	13・G-1
あいの里西小学校	北区あいの里2条3	☎778-2130	13・E-1
北九条小学校	北区北9西1	☎736-2564	32・F-4
鴻城小学校	北区あいの里3条6	☎770-5151	13・F-1
幌北小学校	北区北19西2	☎726-2461	32・E-2
ひまわり分校	北区北14西5（北大病院内）	☎716-5633	32・E-3
光陽小学校	北区新琴似5条11	☎761-2521	16・H-5
篠路小学校	北区篠路4条9	☎771-2221	13・A-4
篠路西小学校	北区篠路5条2	☎772-0275	12・F-3
新川小学校	北区新川5条15	☎762-1737	16・E-6
新川中央小学校	北区新川3条3	☎761-1511	24・A-4
新光小学校	北区新琴似1条12	☎762-7990	23・G-1
新琴似小学校	北区新琴似7条3	☎761-3178	24・B-1
新琴似北小学校	北区新琴似11条6	☎762-1736	17・C-4
新琴似西小学校	北区新琴似11条15	☎762-1127	16・H-3
新琴似緑小学校	北区新琴似10条11	☎764-4452	17・A-4
新琴似南小学校	北区新琴似1条3	☎762-3274	24・A-3
新陽小学校	北区北27西14	☎756-1538	24・B-5
太平小学校	北区篠路1条2	☎771-1131	12・F-5
太平南小学校	北区太平1条1	☎772-0641	17・E-4
拓北小学校	北区あいの里2条1	☎772-7035	13・C-1
屯田小学校	北区屯田7条6	☎771-3151	17・C-1
屯田北小学校	北区屯田9条3	☎776-3631	12・D-5
屯田西小学校	北区屯田6条10	☎773-6105	17・A-1
屯田南小学校	北区屯田5条4	☎772-0671	17・D-2
白楊小学校	北区北24西7	☎726-4158	24・D-6
茨戸小学校	北区東茨戸1条2	☎771-2410	12・G-1
北陽小学校	北区北31西9	☎716-1657	24・C-4
百合が原小学校	北区百合が原6	☎775-7680	17・H-1
和光小学校	北区北34西7	☎736-7351	24・C-3
北海道教育大学附属札幌小学校	北区あいの里5条3	☎778-0471	7・E-5
札幌三育小学校	北区拓北4条1	☎773-2608	13・B-2
<東区>			
丘珠小学校	東区丘珠町593	☎781-7753	18・F-4
開成小学校	東区北21東21	☎783-4492	33・C-1
北小学校	東区北33東4	☎731-8381	24・F-3
北園小学校	東区北25東4	☎721-5245	24・F-5
栄小学校	東区北42東10	☎731-2464	24・G-1
栄北小学校	東区北47東6	☎752-7876	17・F-5
栄西小学校	東区北39東4	☎751-1852	24・F-2
栄東小学校	東区北46東13	☎753-2670	17・H-5
栄町小学校	東区北36東13	☎752-4130	24・H-2
栄緑小学校	東区北51東10	☎753-5733	17・G-4
栄南小学校	東区北37東20	☎781-1257	25・B-2
札幌小学校	東区伏古1条2	☎781-5258	33・D-2
札苗小学校	東区東苗穂7条2	☎781-2731	25・H-5
札苗北小学校	東区東苗穂9条3	☎791-3831	25・H-4
札苗緑小学校	東区東苗穂13条4	☎792-2480	26・C-3
東光小学校	東区本町2条1	☎782-8097	33・C-2
苗穂小学校	東区北9東13	☎721-5105	33・A-4
中沼小学校	東区中沼町73	☎791-0031	19・C-2
東苗穂小学校	東区東苗穂5条2	☎781-9191	25・G-6
福移小学校	東区中沼町240	☎791-4212	8・B-4
伏古小学校	東区伏古8条5	☎783-5656	25・F-6
伏古北小学校	東区伏古11条1	☎784-3322	25・E-4
北光小学校	東区北12東6	☎721-0377	32・H-3
本町小学校	東区本町2条7	☎781-8290	33・E-3
美香保小学校	東区北18東6	☎721-5235	32・G-2
明園小学校	東区北19東14	☎742-6521	33・A-1
元町小学校	東区北25東17	☎781-8111	25・B-5
元町北小学校	東区北31東14	☎752-5902	24・H-3
<白石区>			
東橋小学校	白石区菊水8条1	☎811-8878	40・B-1
大谷地小学校	白石区本通18南	☎863-5790	46・D-3
上白石小学校	白石区菊水上町1条3	☎811-2118	40・C-1
川北小学校	白石区川北4条2	☎872-5422	41・D-1
菊水小学校	白石区菊水元町2条3	☎872-3084	33・F-6
北郷小学校	白石区北郷4条5	☎872-6467	41・A-2
北白石小学校	白石区北郷6条3	☎871-1524	41・A-1
幌東小学校	白石区菊水6条3	☎812-2350	40・B-2
白石小学校	白石区本通1北	☎861-9265	40・G-4
南郷小学校	白石区本郷通4南	☎861-9305	40・G-5
西白石小学校	白石区中央3条5	☎864-2302	40・F-2
東川下小学校	白石区川下4条3	☎875-7531	41・E-4
東札幌小学校	白石区東札幌4条5	☎821-6333	40・E-4
東白石小学校	白石区本通14南	☎864-0480	46・B-2
平和通小学校	白石区本通15北	☎863-0235	46・C-1
北都小学校	白石区北郷3条11	☎874-3014	41・C-4
本郷小学校	白石区南郷通10南	☎861-4128	45・H-1
本通小学校	白石区平和通9南	☎861-8196	41・A-5
南白石小学校	白石区南郷通2南	☎863-0701	40・F-6
米里小学校	白石区米里1条3	☎874-8661	34・A-4
<厚別区>			
厚別北小学校	厚別区厚別北2条3	☎894-3011	42・B-3
厚別通小学校	厚別区厚別西4条3	☎892-7555	41・H-4
厚別西小学校	厚別区厚別西3条1	☎892-5757	41・G-4
厚別東小学校	厚別区厚別東4条8	☎898-4650	42・D-3
大谷地東小学校	厚別区大谷地東5	☎894-7211	46・G-5
新札幌わかば小学校	厚別区厚別南7	☎891-2103	47・C-5
ノホロの丘小学校	厚別区上野幌2条4	☎893-5055	51・B-1
共栄小学校	厚別区厚別南2	☎891-4602	47・A-3
小野幌小学校	厚別区厚別東2条4	☎898-0552	42・C-5
信濃小学校	厚別区厚別中央4条3	☎891-2124	41・H-6
ひばりが丘小学校	厚別区厚別中央2条4	☎892-4802	46・H-2
もみじの丘小学校	厚別区もみじ台東4	☎805-1605	47・F-3
もみじの森小学校	厚別区もみじ台西3	☎803-7810	47・D-3
<豊平区>			
旭小学校	豊平区水車町3	☎811-4148	39・H-4
あやめ野小学校	豊平区月寒東1条11	☎855-3406	45・F-4
しらかば台小学校	豊平区月寒東4条18	☎852-4090	46・B-5
月寒小学校	豊平区月寒西2条5	☎851-9348	45・D-3
月寒東小学校	豊平区月寒東3条10	☎851-7924	45・G-3
東園小学校	豊平区豊平1条12	☎811-8138	40・C-4
豊園小学校	豊平区美園1条4	☎811-9485	40・D-5
豊平小学校	豊平区豊平5条7	☎811-9588	40・A-4
中の島小学校	豊平区中の島2条1	☎841-1561	44・H-1
西岡小学校	豊平区西岡2条9	☎851-9673	49・C-3
西岡北小学校	豊平区西岡3条6	☎855-5456	49・C
西岡南小学校	豊平区西岡4条12	☎582-6350	49・E
東山小学校	豊平区平岸4条11	☎831-6530	45・A
羊丘小学校	豊平区月寒東1条16	☎851-9353	45・G
平岸小学校	豊平区平岸2条14	☎811-8128	44・H
平岸高台小学校	豊平区平岸5条18	☎813-7751	45・A
のぞみ分校	豊平区平岸4条18	☎812-2616	45・A
平岸西小学校	豊平区平岸1条15	☎821-7971	44・G
福住小学校	豊平区福住3条5	☎854-1318	49・F
美園小学校	豊平区平岸5条7	☎811-9558	45・B
みどり小学校	豊平区美園5条2	☎812-8164	40・C
南月寒小学校	豊平区月寒西4条8	☎853-9314	45・D
<清田区>			
有明小学校	清田区有明141	☎881-2949	63・A
美しが丘小学校	清田区美しが丘2条5	☎884-9860	55・F
美しが丘緑小学校	清田区美しが丘4条5	☎886-5511	55・F
北野小学校	清田区北野3条2	☎881-8521	50・C
北野台小学校	清田区北野4条5	☎882-5281	50・E
北野平小学校	清田区北野2条3	☎881-8191	50・C
清田小学校	清田区清田1条4	☎881-2852	50・D
清田緑小学校	清田区清田7条3	☎883-3303	55・C
清田南小学校	清田区清田5条2	☎881-1975	50・B
三里塚小学校	清田区里塚2条6	☎881-2437	56・A
真栄小学校	清田区美しが丘1条1	☎882-7925	55・E
平岡小学校	清田区平岡9条2	☎883-7801	50・G
平岡公園小学校	清田区平岡公園東5	☎885-9414	51・B
平岡中央小学校	清田区平岡5条3	☎884-6541	50・G
平岡南小学校	清田区平岡2条6	☎884-1561	50・G
<南区>			
石山緑小学校	南区石山1条4	☎596-7505	60・B
北の沢小学校	南区北ノ沢1727	☎571-9620	43・H
駒岡小学校	南区真駒内143	☎584-6533	60・G
定山渓小学校	南区定山渓温泉東4	☎598-2604	57・B
澄川小学校	南区澄川5条4	☎821-1141	49・A
澄川西小学校	南区澄川2条5	☎811-7785	48・G
澄川南小学校	南区澄川5条13	☎584-2115	48・H
芸術の森小学校	南区常盤2条3	☎590-5116	60・E
藤野小学校	南区藤野2条7	☎591-4110	59・D
藤の沢小学校	南区石山528	☎591-8158	59・G
藤野南小学校	南区藤野4条6	☎592-2120	59・D
真駒内公園小学校	南区真駒内曙町2	☎581-5291	48・E
真駒内桜山小学校	南区真駒内泉町3	☎581-0221	53・F
簾舞小学校	南区簾舞1条4	☎596-2852	58・G
南小学校	南区南31西9	☎581-0188	48・E
南の沢小学校	南区南沢3条2	☎571-1096	52・H
藻岩小学校	南区川沿7条2	☎571-6011	53・C
藻岩北小学校	南区川沿2条3	☎571-3511	48・B
藻岩南小学校	南区川沿18条2	☎572-2101	53・B
<西区>			
琴似小学校	西区琴似2条7	☎611-4391	31・E
琴似中央小学校	西区八軒7東1	☎631-6306	31・H
西園小学校	西区西野1条7	☎665-3031	31・B
手稲東小学校	西区西野4条3	☎661-1516	31・B
手稲宮丘小学校	西区宮の沢3条2	☎661-7393	30・H
西小学校	西区発寒7条13	☎662-5227	23・A
西野小学校	西区西野8条4	☎662-5811	37・H
西野第二小学校	西区西野8条7	☎664-0152	30・G
二十四軒小学校	西区二十四軒2条3	☎642-2855	31・H
八軒小学校	西区八軒4西1	☎642-0155	31・G
八軒北小学校	西区八軒8西6	☎642-8603	23・G
八軒西小学校	西区八軒3西5	☎643-4352	31・F
発寒小学校	西区発寒10条4	☎661-2521	23・D
発寒西小学校	西区発寒5条7	☎661-0397	31・C
発寒東小学校	西区発寒15条2	☎663-4088	23・E
発寒南小学校	西区発寒2条4	☎662-2012	31・D
福井野小学校	西区福井6	☎664-5551	37・H
平和小学校	西区平和3条8	☎663-4384	37・E
山の手小学校	西区山の手5条6	☎621-0439	31・D
山の手南小学校	西区山の手1条9	☎621-6771	38・E
<手稲区>			
稲積小学校	手稲区前田5条7	☎685-3871	15・G
稲穂小学校	手稲区稲穂4条5	☎694-4781	14・H
新発寒小学校	手稲区新発寒2条2	☎662-7820	23・A
新陵小学校	手稲区新発寒6条6	☎682-8412	16・A
新陵東小学校	手稲区新発寒5条4	☎684-5561	16・A
手稲北小学校	手稲区手稲山口653	☎681-4182	9・G
手稲中央小学校	手稲区手稲本町3条2	☎681-3038	15・D
手稲鉄北小学校	手稲区前田2条12	☎681-2287	15・E
手稲西小学校	手稲区金山3条2	☎681-2853	14・F
手稲山口小学校	手稲区曙11条2	☎682-8167	10・C

丘小学校	手稲区富丘1条6	☎683-3791	15・F-6
宮の沢小学校	手稲区西宮の沢2条4	☎694-4291	22・G-2
置東小学校	手稲区星置2条1	☎694-7580	14・H-1
田小学校	手稲区前田6条11	☎683-3749	15・F-3
田北小学校	手稲区前田10条18	☎684-0123	10・E-5
田中央小学校	手稲区前田8条12	☎681-4811	15・F-2
石狩市			
振小学校	石狩市生振375	☎0133-64-2018	3・H-5
南小学校	石狩市花川北1条6	☎0133-74-0318	11・H-3
狩八幡小学校	石狩市八幡4	☎0133-66-3009	3・C-2
川小学校	石狩市花畔1条1	☎0133-64-5316	6・A-3
川南小学校	石狩市花川南6条5	☎0133-73-1924	11・E-5
線小学校	石狩市花川南3条1	☎0133-73-2042	11・D-2
苑台小学校	石狩市緑苑台中央3	☎0133-76-1990	12・D-1
葉小学校	石狩市花川北4条3	☎0133-74-0494	5・H-6
田学園	石狩市厚田区厚田171	☎0133-77-5356	76・A-4
益小学校	石狩市浜益区柏木1-17	☎0133-79-3124	76・B-2
江別市			
ずみ野小学校	江別市対雁113	☎381-5090	21・C-5
別第一小学校	江別市緑町西1	☎382-3016	28・F-1
別第二小学校	江別市野幌代々木町39	☎383-0015	28・A-4
別太小学校	江別市朝日町25	☎382-2580	29・C-2
麻小学校	江別市大麻宮町2	☎386-5301	35・D-4
麻東小学校	江別市大麻東町32	☎386-5361	35・F-3
麻西小学校	江別市大麻扇町1	☎386-5013	35・C-6
麻泉小学校	江別市大麻泉町27	☎386-0737	35・H-2
江別小学校	江別市ゆめみ野南町9	☎380-1122	28・H-4
央小学校	江別市向ヶ丘54	☎384-3001	28・C-3
雁小学校	江別市見晴台17	☎382-2004	28・B-1
幌小学校	江別市豊幌419	☎383-4440	75・D-2
幌小学校	江別市西野幌252	☎382-2151	70・G-3
幌若葉小学校	江別市野幌若葉町5	☎385-3131	36・B-2
野幌小学校	江別市東野幌町48	☎382-3158	28・E-6
京台小学校	江別市文京台70	☎386-7700	42・E-2
光小学校	江別市篠津805	☎383-1031	21・E-2
北広島市			
曲小学校	北広島市大曲柏葉2	☎376-2253	56・C-6
曲東小学校	北広島市大曲光2	☎377-7000	56・D-3
の台小学校	北広島市共栄町4	☎373-3500	62・E-2
部小学校	北広島市輪厚508	☎376-2104	63・G-4
ヶ丘小学校	北広島市高台町2	☎373-3330	64・C-1
部小学校	北広島市中央4	☎372-3511	62・F-4
の里小学校	北広島市西の里401	☎375-2520	51・G-2
陽香分校	北広島市西の里1015	☎375-3673	51・G-3
葉小学校	北広島市若葉町3	☎373-5665	64・E-1
恵庭市			
庭小学校	恵庭市福住町2	☎0123-32-3288	66・E-2
小学校	恵庭市文京町3	☎0123-32-3579	66・C-2
松小学校	恵庭市中島松418	☎0123-36-8967	65・F-2
恵小学校	恵庭市中央452	☎0123-32-4891	65・H-5
み野小学校	恵庭市恵み野南4	☎0123-36-7505	65・E-5
み野旭小学校	恵庭市恵み野北4	☎0123-37-1760	65・F-4
草小学校	恵庭市中島町4	☎0123-33-7101	66・E-1
光小学校	恵庭市和光町2	☎0123-32-4744	66・F-4
●千歳市			
沢小学校	千歳市柏陽2	☎0123-28-5830	69・A-5
陽台小学校	千歳市若草5	☎0123-28-2111	69・A-3
里小学校	千歳市駒里945	☎0123-23-3237	75・E-5
木小学校	千歳市自由ヶ丘7	☎0123-22-3301	68・B-4
笏湖小学校	千歳市支笏湖温泉2	☎0123-25-2729	83・B-6
濃小学校	千歳市信濃2	☎0123-23-4752	68・D-4
梅小学校	千歳市梅ヶ丘3	☎0123-23-1110	68・H-5
広小学校	千歳市富丘2	☎0123-23-4127	68・E-4
台小学校	千歳市富丘1	☎0123-23-9109	68・E-4
歳小学校	千歳市本町3	☎0123-23-2181	69・E-1
歳第二小学校	千歳市清流1	☎0123-23-2062	68・G-3
小学校	千歳市東郊824	☎0123-21-3200	75・E-4
の出小学校	千歳市日の出2	☎0123-23-2670	68・G-5
栄小学校	千歳市北栄1	☎0123-23-4138	68・D-5
進小学校	千歳市北栄1	☎0123-23-3439	68・E-5
陽小学校	千歳市北陽3	☎0123-42-3441	68・D-3
小学校	千歳市緑町4	☎0123-23-4107	68・D-5
当別町			
別小学校	当別町元町102	☎0133-23-2102	8・G-2
当別小学校	当別町太美町1481	☎0133-26-2170	8・E-5
●新篠津村			
篠津小学校	新篠津村第46線北10	☎0126-57-2179	8・H-4

中学校

名称	住所	電話	索引
●札幌市			
＜中央区＞			
柏中学校	中央区南21西5	☎521-2341	44・F-3
啓明中学校	中央区南9西22	☎561-4168	39・A-5
向陵中学校	中央区北4西28	☎611-4271	38・H-1
中央中学校	中央区北4東3	☎241-6266	32・G-5
中島中学校	中央区南12西7	☎521-3351	39・E-5
伏見中学校	中央区南16西17	☎561-0218	44・C-1
宮の森中学校	中央区宮の森1条16	☎612-1147	38・E-5
山鼻中学校	中央区南23西13	☎531-9941	44・D-3
北星学園女子中学高等学校	中央区南4西17	☎561-7153	39・B-3
札幌聖心女子学院中学校	中央区宮の森2条16	☎611-9231	38・D-4
＜北区＞			
あいの里東中学校	北区あいの里2条7	☎778-3025	13・G-1
上篠路中学校	北区篠路町上篠路116	☎773-4662	18・A-1
光陽中学校	北区新琴似4条11	☎763-0066	16・H-6
篠路中学校	北区篠路町篠路368	☎771-2810	13・A-2
篠路西中学校	北区篠路6条2	☎773-1400	12・F-3
新川中学校	北区新川4条3	☎762-7991	24・A-4
新川西中学校	北区新川4条15	☎764-1617	23・E-1
新琴似中学校	北区新琴似7条4	☎761-0108	24・B-1
新琴似北中学校	北区新琴似10条10	☎761-5122	17・B-4
太平中学校	北区太平8条2	☎772-7961	17・F-1
屯田北中学校	北区屯田9条4	☎775-5111	12・D-5
屯田中央中学校	北区屯田6条8	☎771-5981	12・B-1
北辰中学校	北区北18西2	☎716-6151	32・E-2
ひまわり分校	北区北14西5(北大病院内)	☎716-5633	32・E-3
北陽中学校	北区北34西7	☎726-4248	24・C-3
藤女子中学校	北区北16西2	☎707-5001	32・F-3
北海道教育大学附属札幌中学校	北区あいの里5条3	☎778-0481	7・E-5
＜東区＞			
丘珠中学校	東区丘珠町674	☎782-6511	18・F-4
栄中学校	東区北46東6	☎721-3237	17・F-5
栄町中学校	東区北36東14	☎712-4224	24・H-2
栄南中学校	東区北36東16	☎781-1260	25・A-2
札幌中学校	東区伏古8条1	☎781-2221	25・D-5
札苗中学校	東区東苗穂7条1	☎783-1027	25・G-4
札苗北中学校	東区東苗穂10条3	☎791-1190	26・A-4
東栄中学校	東区本町1条7	☎781-0278	33・D-4
福移中学校	東区中沼町240	☎791-4212	8・B-4
北栄中学校	東区北33東2	☎731-0264	24・F-3
美香保中学校	東区北17東6	☎711-8151	32・G-2
明園中学校	東区北22東12	☎721-5305	24・H-6
元町中学校	東区北28東20	☎782-7141	25・C-4
札幌大谷中学校	東区北16東9	☎731-2451	32・H-2
札幌光星中学校	東区北13東9	☎711-7161	32・H-3
＜白石区＞			
柏丘中学校	白石区平和通8北	☎861-9235	41・A-4
北白石中学校	白石区北郷6条3	☎871-2948	41・A-1
幌東中学校	白石区菊水6条3	☎831-6171	40・B-2
白石中学校	白石区本郷通6南	☎861-1106	40・G-6
日章中学校	白石区東札幌4条5	☎831-6196	40・E-4
東白石中学校	白石区南郷通15北	☎864-0984	46・B-2
北都中学校	白石区川下749	☎872-5201	41・D-2
米里中学校	白石区米里1条4	☎875-5711	34・A-5
＜厚別区＞			
青葉中学校	厚別区青葉町10	☎891-4351	47・C-4
厚別中学校	厚別区厚別東3条5	☎898-3257	42・D-5
厚別北中学校	厚別区厚別町小野幌774	☎895-7461	42・A-2
厚別南中学校	厚別区大谷地東7	☎894-7311	46・G-3
上野幌中学校	厚別区上野幌2条3	☎895-0531	51・A-1
信濃中学校	厚別区厚別中央3条2	☎891-2503	46・G-2
もみじ台中学校	厚別区もみじ台西1	☎897-4584	47・C-1
もみじ台南中学校	厚別区もみじ台南7	☎897-9331	47・G-5
星槎もみじ中学校	厚別区もみじ台北5	☎809-3830	47・E-2
＜豊平区＞			
あやめ野中学校	豊平区月寒東3条11	☎856-1234	45・H-3
月寒中学校	豊平区月寒東2条2	☎851-8158	45・E-1
中の島中学校	豊平区中の島2条3	☎842-3601	44・G-2
西岡中学校	豊平区西岡3条12	☎583-3560	49・B-5
西岡北中学校	豊平区西岡3条8	☎853-2422	49・C-2
八条中学校	豊平区豊平8条13	☎831-6145	45・B-1
東月寒中学校	豊平区月寒東3条18	☎853-1520	46・A-5
羊丘中学校	豊平区福住1条3	☎851-9352	45・E-6
平岸中学校	豊平区平岸1条21	☎811-9585	44・G-6
のぞみ分校	豊平区平岸4条18	☎812-2616	45・A-5
陵陽中学校	豊平区平岸6条11	☎821-1371	45・B-3
＜清田区＞			
北野中学校	清田区北野2条3	☎882-0754	50・C-2
北野台中学校	清田区北野4条4	☎882-7915	50・E-2
清田中学校	清田区清田3条3	☎881-2034	50・C-5
真栄中学校	清田区美しが丘1条1	☎884-6561	55・E-1
平岡中学校	清田区平岡2条5	☎883-3761	50・F-6
平岡中央中学校	清田区平岡5条4	☎881-6666	50・G-3
平岡緑中学校	清田区平岡公園東9	☎888-3110	51・B-4
北嶺中学校	清田区真栄448	☎883-4651	55・B-5
＜南区＞			
石山中学校	南区石山2条8	☎591-8853	59・H-2
定山渓中学校	南区定山渓温泉西1	☎598-2460	57・C-2
澄川中学校	南区澄川6条6	☎821-9203	49・A-3
常盤中学校	南区常盤2条2	☎591-1433	60・E-5
藤野中学校	南区藤野5条6	☎592-1921	59・D-3
真駒内中学校	南区真駒内幸町3	☎581-0172	53・F-1
真駒内曙中学校	南区真駒内曙町2	☎582-1642	48・E-4
簾舞中学校	南区簾舞3条3	☎596-2320	58・H-2
南が丘中学校	南区南沢2条1	☎571-3775	53・A-2
藻岩中学校	南区川沿7条3	☎571-6039	53・B-1
＜西区＞			
琴似中学校	西区山の手4条2	☎611-1351	31・E-4
西陵中学校	西区発寒15条2	☎662-9323	23・E-3
手稲東中学校	西区西野2条5	☎661-3363	31・B-3
西野中学校	西区西野8条7	☎664-0151	30・G-6
八軒中学校	西区八軒8西8	☎631-3517	23・F-5
八軒東中学校	西区八軒2東3	☎643-5050	31・H-3
発寒中学校	西区発寒5条7	☎661-0412	31・C-1
福井野中学校	西区福井6	☎663-1155	37・H-2
宮の丘中学校	西区西野3条10	☎662-6611	30・H-2
陵北中学校	西区二十四軒2条3	☎621-1225	31・H-4
＜手稲区＞			
稲積中学校	手稲区前田4条5	☎684-1430	15・G-5
稲穂中学校	手稲区稲穂4条2	☎684-4601	15・B-4
新陵中学校	手稲区新発寒5条4	☎684-6333	16・A-5
手稲中学校	手稲区富丘3条5	☎681-2557	22・E-2
手稲西中学校	手稲区金山3条2	☎681-3392	14・F-3
稲陵中学校	手稲区曙7条2	☎683-3451	10・C-5
星置中学校	手稲区星置3条5	☎686-3711	9・F-5
前田中学校	手稲区前田7条13	☎682-9511	15・F-2
前田北中学校	手稲区前田10条15	☎694-2320	10・F-6
●石狩市			
石狩中学校	石狩市志美293	☎0133-62-5004	3・F-2
樽川中学校	石狩市樽川6条3	☎0133-74-2353	11・B-3
花川中学校	石狩市花川北4条1	☎0133-74-2032	5・H-5
花川南中学校	石狩市花川南9条4	☎0133-73-6104	16・C-1
花川北中学校	石狩市花川北3条4	☎0133-74-5957	11・H-1
厚田学園	石狩市厚田区厚田171	☎0133-77-5356	76・A-4
浜益中学校	石狩市浜益区浜益50	☎0133-79-2046	76・A-2
●江別市			
江別第一中学校	江別市上江別西町40	☎383-0011	28・F-3
江別第二中学校	江別市野幌代々木町53	☎382-2456	28・B-5
江別第三中学校	江別市牧場町21	☎382-2080	28・D-1
大麻中学校	江別市大麻宮町1	☎386-5341	35・D-4
大麻東中学校	江別市大麻697	☎387-0732	35・F-1
江陽中学校	江別市萌えぎ野中央10	☎385-0851	29・C-2
中央中学校	江別市新栄台57	☎385-5581	28・A-3
野幌中学校	江別市西野幌92	☎384-3339	36・D-4
立命館慶祥中学校	江別市西野幌640	☎381-8888	76・G-4
●北広島市			
大曲中学校	北広島市大曲中央2	☎376-2354	56・B-5
広葉中学校	北広島市広葉町5	☎373-4918	62・E-5
西部中学校	北広島市輪厚中央1	☎376-2252	63・G-4
東部中学校	北広島市美咲き野1	☎372-3030	62・F-2
西の里中学校	北広島市西の里790	☎375-2843	70・G-4
陽香分校	北広島市西の里1015	☎375-3673	51・G-3
緑陽中学校	北広島市緑陽町3	☎372-2239	64・C-1
札幌日本大学中学校	北広島市虹ヶ丘5	☎375-5311	51・D-6
●恵庭市			
恵庭中学校	恵庭市文京町3	☎0123-32-3249	66・C-2
恵北中学校	恵庭市中島松230	☎0123-36-8966	65・F-1
恵明中学校	恵庭市黄金北4	☎0123-33-3001	66・F-1
柏陽中学校	恵庭市柏陽町3	☎0123-34-0551	65・C-5
恵み野中学校	恵庭市恵み野東1	☎0123-37-0331	65・F-5
●千歳市			
青葉中学校	千歳市豊里4	☎0123-23-4147	68・G-4
向陽台中学校	千歳市若草5	☎0123-28-4286	69・A-4
駒里中学校	千歳市駒里945	☎0123-23-3237	75・E-5
千歳中学校	千歳市栄町4	☎0123-23-3161	68・E-5
富丘中学校	千歳市あずさ1	☎0123-24-1188	68・E-3

名称	住所	電話	索引
東千歳中学校	千歳市幌加731	☎0123-21-3300	75・E-4
北進中学校	千歳市北栄1	☎0123-23-3439	68・E-5
北斗中学校	千歳市北斗5	☎0123-22-4151	68・C-4
勇舞中学校	千歳市勇舞3	☎0123-40-0051	68・D-2
●当別町			
当別中学校	当別町下川町125	☎0133-23-2158	8・F-3
西当別中学校	当別町獅子内5134	☎0133-26-2252	8・F-4
●新篠津村			
新篠津中学校	新篠津村第47線北7	☎0126-57-2331	8・H-6

中等教育学校

名称	住所	電話	索引
市立札幌開成中等教育学校	東区北22東21	☎788-6987	25・C-5

高等学校

名称	住所	電話	索引
●札幌市			
<中央区>			
北海道札幌西高校	中央区宮の森4条8	☎611-4401	38・E-1
北海道札幌南高校	中央区南18西6	☎521-2311	44・F-1
市立札幌旭丘高校	中央区旭ヶ丘6	☎561-1221	44・A-1
市立札幌大通高校	中央区北2西11	☎251-0229	39・D-1
北星学園女子中学高等学校	中央区南4西17	☎561-7153	39・B-3
札幌静修高校	中央区南16西6	☎521-0234	44・F-1
札幌龍谷学園高校	中央区北4西19	☎631-4386	39・B-1
札幌聖心女子学院高校	中央区宮の森2条16	☎611-9231	38・D-4
クラーク記念国際高校札幌大通キャンパス	中央区大通東8	☎233-5515	40・A-1
北海道芸術高校札幌サテライトキャンパス	中央区大通西19	☎662-5010	39・B-2
<北区>			
北海道札幌北高校	北区北25西11	☎736-3191	24・C-6
北海道札幌工業高校	北区北20西13	☎727-3341	32・B-2
北海道札幌北陵高校	北区屯田7条8	☎772-3051	12・B-5
北海道有朋高校	北区屯田9条7	☎773-8200	12・C-5
北海道札幌国際情報高校	北区新川717	☎765-2021	16・E-4
北海道札幌英藍高校	北区篠路町篠路372	☎771-2004	13・A-1
市立札幌新川高校	北区新川5条14	☎761-6111	23・F-1
藤女子高校	北区北16西2	☎707-5001	32・F-3
札幌創成高校	北区北29西2	☎726-1578	24・E-4
星槎国際高校札幌北	北区北11西4	☎700-3830	32・E-4
<東区>			
北海道札幌丘珠高校	東区北丘珠1条2	☎782-2911	18・G-4
北海道札幌東陵高校	東区東苗穂10条1	☎791-5055	25・H-3
北海道札幌東豊高校	東区東雁来町376	☎791-4171	26・C-1
札幌大谷高校	東区北16東9	☎731-2451	32・H-2
札幌北斗高校	東区北15東2	☎711-6121	32・F-3
札幌光星高校	東区北13東9	☎711-7161	32・H-3
<白石区>			
北海道札幌白石高校	白石区川北2261	☎872-2071	41・D-1
北海道札幌東高校	白石区菊水9条3	☎811-1919	40・C-2
北海道札幌白陵高校	白石区東米里2062	☎871-5500	34・G-3
クラーク記念国際高校札幌白石キャンパス	白石区平和通2北	☎867-6216	40・G-3
<厚別区>			
北海道札幌東商業高校	厚別区厚別中央3条5	☎891-2311	42・A-6
北海道札幌啓成高校	厚別区厚別東4条8	☎898-2311	42・D-3
北海道札幌厚別高校	厚別区厚別町山本750	☎892-7661	41・G-3
北星学園大学附属高校	厚別区厚別町下野幌38	☎897-2881	47・F-1
星槎国際高校本部校	厚別区もみじ台北5	☎899-3830	47・E-2
<豊平区>			
北海道札幌月寒高校	豊平区月寒東1条3	☎851-3111	45・E-2
市立札幌平岸高校	豊平区平岸5条18	☎812-2010	45・A-6
北海高校	豊平区旭町4	☎841-1161	39・H-5
北海学園札幌高校	豊平区旭町4	☎841-1161	39・H-5
北海道科学大学高校	豊平区中の島2条6	☎821-0173	44・G-3
札幌第一高校	豊平区月寒西1条9	☎851-9361	45・E-4
池上学院高校	豊平区豊平3条5	☎811-5297	40・A-4
<清田区>			
北海道札幌真栄高校	清田区真栄236	☎883-0465	55・F-5
北海道札幌平岡高校	清田区平岡4条6	☎882-8122	50・H-5
市立札幌清田高校	清田区北野3条4	☎882-1811	50・D-2
北嶺高校	清田区真栄448	☎883-4651	55・B-5
<南区>			
北海道札幌南陵高校	南区藤野5条10	☎591-2101	59・B-3
市立札幌啓北商業高校	南区石山1条2	☎591-2021	53・D-4
市立札幌藻岩高校	南区川沿3条2	☎571-7811	48・C-5
札幌新陽高校	南区澄川5条7	☎821-6161	49・A-3
東海大学付属札幌高校	南区南沢5条1	☎571-5175	52・H-1
<西区>			
北海道札幌琴似工業高校	西区発寒13条11	☎661-3251	23・C-3
北海道札幌西陵高校	西区平和3条4	☎663-7121	37・F-3
札幌山の手高校	西区山の手2条8	☎611-7301	31・D-6
<手稲区>			
北海道札幌手稲高校	手稲区手稲前田497	☎683-3311	15・H-1
北海道札幌稲雲高校	手稲区手稲本町6条4	☎684-0034	15・B-5
北海道札幌あすかぜ高校	手稲区手稲山口254	☎694-5033	10・A-4
●石狩市			
北海道石狩翔陽高校	石狩市花川東128	☎0133-74-5771	6・D-4
北海道石狩南高校	石狩市花川南8条5	☎0133-73-4181	11・D-6
●江別市			
北海道江別高校	江別市上江別444	☎382-2173	28・F-5
北海道野幌高校	江別市元野幌740	☎382-2477	27・G-4
北海道大麻高校	江別市大麻ひかり町2	☎387-1661	35・B-6
立命館慶祥高校	江別市西野幌640	☎381-8888	76・G-4
酪農学園大学附属とわの森三愛高校	江別市文京台緑町569	☎386-3111	35・F-5
●北広島市			
北海道北広島高校	北広島市共栄305	☎372-2281	62・E-3
北海道北広島西高校	北広島市西の里東3	☎375-2771	51・G-1
札幌日本大学高校	北広島市虹ヶ丘5	☎375-2611	47・D-5
星槎国際高校北広島	北広島市中の沢149	☎372-8207	62・C-4
●恵庭市			
北海道恵庭北高校	恵庭市南島松359	☎0123-36-8111	65・E-3
北海道恵庭南高校	恵庭市白樺町4	☎0123-32-2391	66・D-5
北海道文教大学附属高校	恵庭市黄金中央5	☎0123-25-5570	66・F-1
●千歳市			
北海道千歳高校	千歳市北栄1	☎0123-23-9145	68・E-5
北海道千歳北陽高校	千歳市北陽2	☎0123-24-2818	68・D-3
●当別町			
北海道当別高校	当別町春日町84	☎0133-23-2444	8・G-1

特別支援学校

名称	住所	電話	索引
●札幌市			
北海道札幌視覚支援学校	中央区南14西12	☎561-7107	39・D-6
北海道札幌聾学校	北区北26西12	☎716-2979	24・B-6
北海道札幌高等養護学校	手稲区手稲前田485	☎685-7744	10・G-5
北海道札幌稲穂高等支援学校	手稲区稲穂4条7	☎695-6922	14・G-3
北海道札幌あいの里高等支援学校	北区あいの里4条7	☎770-5511	7・G-5
市立札幌豊明高等支援学校	北区西茨戸4条1	☎774-2222	12・F-2
市立札幌みなみの杜高等支援学校	南区真駒内上町4	☎596-0451	48・F-5
北海道札幌養護学校	厚別区厚別町山本751	☎896-1311	41・G-2
北海道札幌養護学校白桜高等学園	白石区東米里2062	☎879-2530	34・G-3
北海道星置養護学校	手稲区星置3条8	☎682-5110	9・E-5
北海道星置養護学校ほしみ高等学園	手稲区手稲山口740	☎681-6500	9・E-5
北海道札幌伏見支援学校	中央区伏見4	☎520-5003	44・B-2
北海道札幌伏見支援学校もなみ学園分校	南区石山東3	☎591-8811	60・D-1
北海道真駒内養護学校	南区真駒内東町2	☎581-1782	48・H-4
北海道拓北養護学校	北区南あいの里3	☎775-2453	13・D-2
札幌市立豊成養護学校	南区南30西8	☎583-7810	44・F-5
札幌市立北翔養護学校	西区発寒11条6	☎668-5161	23・C-4
北海道手稲養護学校三角山分校	西区山の手5条8	☎633-3020	31・D-5
市立札幌山の手支援学校	西区山の手5条8	☎611-7934	31・C-5
北海道手稲養護学校	手稲区稲穂3条7	☎682-1722	14・G-2
●石狩市			
北海道星置養護学校石狩紅葉山校舎	石狩市花川北3条3	☎0133-76-1101	11・G-1
●北広島市			
北海道白樺高等養護学校	北広島市輪厚621	☎376-2353	63・H-5
北海道札幌養護学校共栄分校	北広島市共栄274	☎373-6859	62・D-2
●千歳市			
北海道千歳高等支援学校	千歳市真々地2	☎0123-23-6681	69・E-1
●新篠津村			
北海道新篠津高等養護学校	新篠津村第45線北13	☎0126-58-3280	8・F-5

大学・短大

名称	住所	電話	索引
●札幌市			
北海道大学	北区北8西5	☎716-2111	32・D-4
北海道教育大学札幌校	北区あいの里5条3	☎778-0304	7・E-5
札幌医科大学	中央区南1西17	☎611-2111	39・B-3
札幌市立大学桑園キャンパス	中央区北11西13	☎726-2500	32・C-5
札幌市立大学芸術の森キャンパス	南区芸術の森1	☎592-2300	60・D-6
札幌大学	豊平区西岡3条7	☎852-1181	49・C-2
札幌国際大学	清田区清田4条1	☎881-8844	50・B-4
札幌大谷大学	東区北16東9	☎742-1651	32・H-2
天使大学	東区北13東3	☎741-1051	32・G-3
札幌保健医療大学	東区中沼西4条2	☎792-3350	18・H-2
藤女子大学北16条キャンパス	北区北16西2	☎736-0311	32・F-3
北海道医療大学札幌あいの里キャンパス	北区あいの里2条5	☎778-8931	13・E
北星学園大学	厚別区大谷地西2	☎891-2731	46・E
札幌学院大学新札幌キャンパス	厚別区厚別中央1条5	☎386-8111	47・A
北海学園大学豊平キャンパス	豊平区旭町4	☎841-1161	39・H
北海学園大学山鼻キャンパス	中央区南26西11	☎841-1161	44・E
北海商科大学	豊平区豊平6条6	☎841-1161	40・A
日本医療大学月寒本キャンパス	豊平区月寒東3条11	☎351-6100	45・H
北海道科学大学	手稲区前田7条15	☎681-2161	15・E
東海大学札幌キャンパス	南区南沢5条1	☎571-5111	52・H
光塩学園女子短期大学	南区真駒内上町3	0120-66-1251	48・F
札幌大谷大学短期大学部	東区北16東9	☎742-1651	32・H
札幌国際大学短期大学部	清田区清田4条1	☎881-8844	50・B
札幌大学女子短期大学部	豊平区西岡3条7	☎852-1181	49・C
北星学園大学短期大学部	厚別区大谷地西2	☎891-2731	46・E
北海道科学大学短期大学部	手稲区前田7条15	☎681-2161	15・E
北海道武蔵女子短期大学	北区北22西13	☎726-3141	32・B
●石狩市			
藤女子大学花川キャンパス	石狩市花川南4条5	☎0133-74-3111	11・F
●江別市			
札幌学院大学江別キャンパス	江別市文京台11	☎386-8111	42・E
北翔大学	江別市文京台23	☎386-8011	42・E
北海道情報大学	江別市西野幌59	☎385-4411	36・D
酪農学園大学	江別市文京台緑町582	☎386-1111	35・H
北翔大学短期大学部	江別市文京台23	☎386-8011	42・E
●北広島市			
星槎道都大学	北広島市中の沢149	☎372-3111	62・C
●恵庭市			
北海道文教大学	恵庭市黄金中央5	☎0123-34-0019	66・F
日本医療大学恵み野キャンパス	恵庭市恵み野西6	☎0123-29-3171	65・E
●千歳市			
公立千歳科学技術大学	千歳市美々758	☎0123-27-6001	75・D
●当別町			
北海道医療大学当別キャンパス	当別町金沢1757	☎0133-23-1211	75・C

救急告示(けが災害)医療機関

名称	住所	電話	索
●夜間の急病センター			
一般急病患者(内科・小児科) 札幌市夜間急病センター〔毎日午後7時から翌朝7時〕	中央区大通西19	☎641-4316	39・B
江別市夜間急病センター〔毎日午後7時から翌朝7時〕	江別市錦町14 (市役所錦町別館内)	☎391-0022	28・C
北広島市夜間急病センター〔毎日午後7時から翌朝7時〕	北広島市栄町1	☎372-1101	62・E
恵庭市夜間・休日急病診療所〔毎日午後8時から翌朝7時〕	恵庭市緑町2	☎0123-25-5891	66・E
千歳市休日夜間急病センター〔毎日午後7時から翌朝7時〕	千歳市東雲町1	☎0123-25-6131	68・E
夜間の歯痛			
札幌歯科医師会・口腔医療センター〔毎日午後7時から午後11時〕	中央区南7西10	☎511-7774	39・D
中央区			
市立札幌病院	中央区北11西13	☎726-2211	32・C
斗南病院	中央区北4西7	☎231-2121	39・E
時計台記念病院	中央区北1東1	☎251-1221	39・G
愛育病院	中央区南4西25	☎563-2211	39・A
JR札幌病院	中央区北3東1	☎208-7150	32・G
札幌厚生病院	中央区北3東8	☎261-5331	33・A
札幌円山整形外科病院	中央区北7西27	☎612-1133	31・H
中村記念病院	中央区南1西14	☎231-8555	39・C
NTT東日本札幌病院	中央区南1西15	☎623-7000	39・C
札幌医科大学附属病院	中央区南1西16	☎611-2111	39・C
いとう整形外科病院	中央区南2西10	☎241-5461	39・D
中野整形外科医院	中央区南7西15	☎561-0224	39・C
札幌中央病院	中央区南9西10	☎513-0111	39・D
土田病院	中央区南21西9	☎531-7013	44・E
札幌外科記念病院	中央区南23西15	☎563-0151	44・C
北区			
北海道大学病院	北区北14西5	☎716-1161	32・E
松田整形外科記念病院	北区北18西4	☎746-3666	32・E
新川新道整形外科病院	北区新川5条4	☎763-0110	24・A
札幌北脳神経外科	北区新琴似6条17	☎766-1212	16・F
麻生整形外科病院	北区新琴似8条2	☎764-3311	24・C
北札幌病院	北区新琴似9条1	☎756-1111	24・D
東区			
整形外科北新病院	東区北8東4	☎792-1211	32・G
天使病院	東区北12東3	☎711-0101	32・G
コスモ脳神経外科	東区北21東21	☎787-5858	33・C
札幌麻生脳神経外科病院	東区北22東1	☎731-2321	24・E
石垣整形外科医院	東区北26東8	☎751-3231	24・G
愛心メモリアル病院	東区北27東1	☎752-3535	24・E

急告示医療機関

幌禎心会病院	東区北33東1	☎712-1131	24·E-3
幌東徳洲会病院	東区北33東14	☎722-1110	24·H-3
幌心臓血管クリニック	東区北49条東16	☎784-7847	17·H-4
医協中央病院	東区東苗穂5条1	☎782-9111	25·F-6
ラーク病院	東区本町2条4	☎782-6160	33·D-3

石区

海道がんセンター	白石区菊水4条2	☎811-9111	40·B-2
幌センチュリー病院	白石区菊水元町5条3	☎871-1121	33·G-5
幌北楡病院	白石区東札幌6条6	☎865-0111	40·E-4
佐会札幌病院	白石区本通9南	☎863-2101	40·H-6

別区

ヶ丘病院	厚別区青葉町3	☎351-2211	47·B-2
央病院	厚別区青葉町11	☎892-8531	47·C-2
札幌循環器病院	厚別区厚別中央2条4	☎892-1556	47·A-1
幌北辰病院	厚別区厚別中央2条6	☎893-3000	47·B-1
幌徳洲会病院	厚別区大谷地東1	☎890-1110	46·E-3
札幌豊和会病院	厚別区大谷地東2	☎893-7000	46·F-3
さっぽろ脳神経外科病院	厚別区上野幌1条2	☎891-2500	47·A-5

平区

葉脳神経外科病院	豊平区月寒東1条15	☎851-2333	45·G-5
海道病院	豊平区中の島1条8	☎831-5151	44·F-4
岡第一病院	豊平区西岡3条6	☎852-7171	49·C-1
R札幌医療センター	豊平区平岸1条6	☎822-1811	44·H-2
海道整形外科記念病院	豊平区平岸7条13	☎812-7001	45·C-4

田区

幌整形循環器病院	清田区北野1条2	☎881-1100	50·C-3
幌清田整形外科病院	清田区清田1条4	☎881-2222	50·D-4
幌美しが丘脳神経外科病院	清田区真栄4条5	☎558-2200	55·E-3
幌里塚病院	清田区美しが丘1条6	☎883-1200	55·G-3

区

輪橋整形外科病院	南区川沿2条1	☎571-2001	48·C-4
村記念南病院	南区川沿2条2	☎573-8555	48·C-5
衛隊札幌病院	南区真駒内17	☎581-3101	48·F-3
幌真駒内札幌病院	南区真駒内緑町1	☎583-2000	48·E-5
幌南整形外科病院	南区南33西11	☎581-2555	48·E-1

区

和記念病院	西区琴似1条5	☎611-1111	31·F-4
海道大野記念病院	西区宮の沢宮の沢2条1	☎665-0020	31·A-1
海道脳神経外科記念病院	西区八軒9条東5	☎717-2131	32·B-1
幌第一病院	西区二十四軒4条3	☎611-6201	31·G-3
さっぽろ病院	西区山の手3条2	☎611-6611	31·E-4
海道医療センター	西区山の手5条7	☎611-8111	31·D-5
幌宮の沢脳神経外科病院	西区西町南20	☎664-7111	31·A-1

稲区

稲渓仁会病院	手稲区前田1条12	☎681-8111	15·D-4
幌秀友会病院	手稲区新発寒5条6	☎685-3333	15·H-5

狩市

狩病院	石狩市花川北3条3	☎0133-74-8611	5·G-6
狩幸惺会病院	石狩市花川北7条2	☎0133-71-2855	6·A-4
々木整形外科医院	石狩市花川南8条3	☎0133-73-1233	11·C-5
まなす医院	石狩市花畔4条1	☎0133-64-6622	6·A-3

別市

別市立病院	江別市若草町6	☎382-5151	28·E-1
幌病院	江別市野幌町53	☎382-3483	28·B-6
別病院	江別市野幌代々木町81	☎382-1111	28·A-5
別谷藤病院	江別市幸町22	☎382-5111	28·D-4
別やまもと整形外科	江別市高砂町3	☎381-8008	28·E-3

広島市

広島病院	北広島市中央6	☎373-5811	62·F-4

庭市

にわ病院	恵庭市黄金中央2	☎0123-33-2333	66·F-3
み野病院	恵庭市恵み野西2	☎0123-36-7555	65·D-5
庭第一病院	恵庭市福住町1	☎0123-34-1155	66·E-2

歳市

立千歳市民病院	千歳市北光2	☎0123-24-3000	68·D-3
歳第一病院	千歳市東雲町1	☎0123-23-4111	68·E-6
星病院	千歳市清流5	☎0123-24-1121	68·F-3
歳豊友会病院	千歳市富士1	☎0123-24-4191	68·E-4

●その他のおもな病院

中央区

成会病院	中央区北1西18	☎631-0333	39·B-2
本病院	中央区北7西26	☎611-2351	31·H-6
園中央病院	中央区北8西16	☎621-1023	32·B-5
幌渓仁会リハビリテーション病院	中央区北10西17	☎640-7012	32·B-5
幌循環器病院	中央区北11西14	☎747-5821	32·C-4
園病院	中央区北12西15	☎716-2497	32·B-4
幌南一条病院	中央区南1西13	☎271-3711	39·C-2
田記念病院	中央区南2西1	☎231-4032	39·G-2
幌同交会病院	中央区南2西19	☎611-9131	39·B-3
成東病院	中央区南3東3	☎222-2117	39·G-2
札幌南三条病院	中央区南3西6	☎233-3711	39·E-3
札幌ススキノ病院	中央区南6西8	☎512-2000	39·E-3
南札幌病院	中央区南9西7	☎511-3368	39·E-4
川西内科胃腸科病院	中央区南11西8	☎511-2060	39·E-5
心和病院	中央区南13西20	☎551-4184	39·B-6
札幌いしやま病院	中央区南15西10	☎551-2241	44·D-1
札幌花園病院	中央区南15西15	☎561-6131	44·C-1
平松記念病院	中央区南22西14	☎561-0708	44·D-3
北海道循環器病院	中央区南27西13	☎563-3911	44·D-4
慈啓会病院	中央区旭ヶ丘5	☎561-8292	44·A-1
札幌西円山病院	中央区円山西町4	☎642-4121	38·F-6
旭山病院	中央区双子山4	☎641-7755	38·G-6
札幌明日佳病院	中央区宮の森1条17	☎641-8813	38·D-5
宮の森記念病院	中央区宮の森3条7	☎641-6641	38·F-1
宮の森病院	中央区宮の森1237	☎611-2211	38·D-2

北区

太黒胃腸内科病院	北区北11西3	☎716-9161	32·E-4
札幌マタニティ・ウイメンズホスピタル	北区北13西4	☎746-5505	32·E-3
大塚眼科病院	北区北16西4	☎747-5211	32·E-3
中江病院	北区北22西7	☎716-7181	32·D-1
長生会病院	北区北25西16	☎726-4835	24·A-5
開成病院	北区北33西6	☎757-2201	24·D-4
北海道医療大学病院	北区あいの里2条5	☎778-7575	13·F-1
荒木病院	北区篠路3条2	☎771-5731	12·F-4
札幌しらかば台篠路病院	北区篠路7条4	☎773-0711	12·G-3
五稜会病院	北区篠路9条6	☎771-5660	12·H-2
牧田病院	北区新琴似1条2	☎761-4835	24·B-3
札幌鈴木病院	北区新琴似3条1	☎709-5511	24·B-3
晴生会さっぽろ病院	北区新川1条1	☎716-8155	24·A-5
石金病院	北区新川714	☎762-4111	16·E-4
北成病院	北区新川西3条2	☎764-3021	16·C-3
小原病院	北区屯田9条12	☎771-0881	11·H-4
札幌優翔館病院	北区東茨戸2条2	☎772-9211	6·G-5
札幌百合の会病院	北区百合が原11	☎771-1501	17·H-2

東区

さっぽろ病院	東区北5東11	☎753-3030	33·A-5
誠心眼科病院	東区北15東18	☎785-3111	33·B-2
札幌道都病院	東区北17東14	☎731-1155	33·A-2
札幌東豊病院	東区北17東15	☎704-3911	33·A-2
さっぽろ神経内科病院	東区北21東21	☎780-5700	25·C-6
北光記念病院	東区北27東8	☎722-1133	24·G-4
啓生会病院	東区北27東20	☎781-9321	25·C-4
札幌東和病院	東区北30東18	☎784-1118	25·B-3
耳鼻咽喉科麻生病院	東区北40東1	☎731-4133	24·E-2
北海道泌尿器科記念病院	東区北41東1	☎711-1717	24·E-1
東苗穂病院	東区東苗穂3条1	☎784-1121	33·F-1
札苗病院	東区東苗穂7条2	☎783-3311	25·H-5
札幌佐藤病院	東区伏古2条4	☎781-5511	33·D-2
北海道消化器科病院	東区本町1条1	☎784-1811	33·B-3

白石区

札幌呼吸器科病院	白石区栄通3	☎853-5311	45·F-1
勤医協札幌病院	白石区菊水4条1	☎811-2246	40·A-2
札幌あゆみの園	白石区川北2254	☎879-5555	34·D-5
石橋胃腸病院	白石区川下3条4	☎872-5811	41·E-4
札幌トロイカ病院	白石区川下577	☎873-1221	34·E-6
長野病院	白石区中央3条5	☎861-1037	40·F-2
三樹会病院	白石区東札幌2条3	☎824-3131	40·D-4
東札幌病院	白石区東札幌3条3	☎812-2311	40·D-4
白石明日佳病院	白石区東札幌5条5	☎823-5151	40·E-4
札幌白石産科婦人科病院	白石区東札幌5条6	☎862-7211	40·E-4
札幌ロイヤル病院	白石区米里5条1	☎872-0121	34·C-2
白石中央病院	白石区平和通3北	☎861-8171	40·H-3
吉田記念病院	白石区本通2南	☎864-2125	40·G-4
恵佑会第2病院	白石区本通13北	☎863-2111	46·B-1
札幌白石記念病院	白石区本通8南	☎863-5151	40·H-5
幌東病院	白石区本郷通7南	☎861-4121	40·H-6

厚別区

厚別耳鼻咽喉科病院	厚別区厚別西5条1	☎894-7003	41·F-4
桜台明日佳病院	厚別区厚別西5条5	☎894-8181	41·H-3
札幌ひばりが丘病院	厚別区厚別中央3条2	☎894-7070	46·H-2
肛門科なかやま病院	厚別区厚別中央4条4	☎894-5555	41·H-6
新札幌パウロ病院	厚別区厚別東2条6	☎897-4111	42·D-5
新札幌聖陵ホスピタル	厚別区厚別東4条2	☎898-2151	42·C-5
記念塔病院	厚別区厚別東4条3	☎898-1521	42·C-4
新札幌整形外科病院	厚別区厚別南2	☎893-1161	46·H-3
大谷地病院	厚別区大谷地東5	☎891-3737	46·G-5

豊平区

札幌ライラック病院	豊平区豊平6条8	☎812-8822	40·A-5
仁楡会札幌病院	豊平区中の島2条7	☎814-9911	44·G-4
華岡青洲記念病院	豊平区美園3条5	☎350-5858	45·C-1
佐々木内科病院	豊平区美園7条8	☎831-5621	45·D-2
小坂病院	豊平区福住2条2	☎854-3161	49·F-1
高台病院	豊平区平岸7条12	☎831-8161	45·C-4
札幌朗愛会病院	豊平区月寒西1条10	☎853-2111	45·E-4
北樹会病院	豊平区月寒西5条8	☎856-1111	45·C-4
日本医療大学病院	豊平区月寒東3条11	☎852-6777	45·H-3
札幌しらかば台病院	豊平区月寒東2条18	☎852-8866	46·A-6
西岡病院	豊平区西岡4条4	☎853-8322	49·D-1

清田区

あしりべつ病院	清田区清田1条4	☎881-2626	50·D-4
札幌緑愛病院	清田区北野1条1	☎883-0121	50·B-2
札幌平岡病院	清田区平岡2条1	☎881-3711	50·E-4
札幌南徳洲会病院	清田区平岡5条1	☎883-0602	50·F-2
札幌清田病院	清田区真栄1条1	☎883-6111	50·D-4
美しが丘病院	清田区真栄61	☎883-8881	55·D-1
さっぽろ香雪病院	清田区真栄319	☎884-6878	55·E-4
真栄病院	清田区真栄331	☎883-1122	55·E-4

南区

林下病院	南区澄川4条5	☎821-6155	48·H-2
札幌南病院	南区石山東7	☎591-1200	60·D-4
ときわ病院	南区常盤3条1	☎591-4711	60·D-6
札幌共立五輪橋病院	南区川沿2条1	☎571-8221	48·C-4
愛全病院	南区川沿13条2	☎571-5670	53·C-3
晴生会さっぽろ南病院	南区川沿14条1	☎571-5103	53·C-4
札幌しらかば台南病院	南区藤野2条11	☎596-2621	59·B-2
北ノ沢病院	南区北ノ沢1732	☎571-7011	43·H-4
定山渓病院	南区定山渓温泉西3	☎598-3323	57·D-2

西区

北海道内科リウマチ科病院	西区琴似1条3	☎611-1371	31·F-3
中田泌尿器科病院	西区西町北5	☎661-0550	31·D-3
勤医協札幌西区病院	西区西町北19	☎663-5711	31·B-1
北祐会神経内科病院	西区二十四軒2条2	☎631-1161	31·H-4
ふかざわ病院	西区二十四軒2条4	☎611-1181	31·G-4
さっぽろ二十四軒病院	西区二十四軒2条4	☎641-2281	31·G-4
イムス札幌消化器中央総合病院	西区八軒2条西1	☎611-1391	31·G-2
坂泌尿器科病院	西区八軒2条西4	☎688-7400	31·F-1
札幌記念病院	西区八軒9条西10	☎618-2221	23·F-4
発寒中央病院	西区発寒5条6	☎661-2111	31·C-1
八木整形外科病院	西区西野3条5	☎663-3100	31·B-3
緑ヶ丘療育園	西区山の手3条12	☎611-9301	38·C-1
札幌太田病院	西区山の手5条5	☎644-5111	31·D-5
札幌山の上病院	西区山の手6条9	☎621-1200	31·C-5
札幌西の峰病院	西区平和2条5	☎661-8060	37·F-2
平和病院	西区平和2条11	☎662-2525	37·D-2
平和リハビリテーション病院	西区平和306	☎662-1771	37·D-2

手稲区

西成病院	手稲区曙2条2	☎681-9321	15·C-3
札幌宮の沢病院	手稲区西宮の沢1条4	☎685-3838	22·H-1
札幌田中病院	手稲区西宮の沢4条4	☎683-2888	22·F-3
札幌緑誠病院	手稲区西宮の沢4条4	☎683-1199	22·G-2
札幌グリーン病院	手稲区西宮の沢5条1	☎662-2338	22·G-5
手稲いなづみ病院	手稲区前田3条4	☎685-2200	15·G-5
手稲病院	手稲区前田6条13	☎683-1111	15·F-2
北海道立子ども総合医療・療育センター	手稲区金山1条1	☎691-5696	14·G-2
中垣病院	手稲区金山1条2	☎682-3011	14·F-2
イムス札幌内科リハビリテーション病院	手稲区手稲金山124	☎681-2105	14·E-4
札幌立花病院	手稲区曙11条2	☎683-8718	10·C-4
北都病院	手稲区手稲山口550	☎683-6667	9·G-5

石狩市

茨戸病院	石狩市花川東128	☎0133-74-3011	6·E-5
石狩ファミリアホスピタル	石狩市花川南7条5	☎0133-73-5201	11·E-5
花川病院	石狩市花川南7条5	☎0133-73-5311	11·D-5

江別市

友愛記念病院	江別市新栄台46	☎383-4124	27·H-2
江別すずらん病院	江別市上江別442	☎384-2100	28·E-4

北広島市

順天病院	北広島市大曲695	☎376-3451	51·E-3
北広島希望ヶ丘病院	北広島市大曲804	☎377-3301	63·F-1
西の里恵仁会病院	北広島市西の里506	☎375-3225	51·E-1
輪厚三愛病院	北広島市輪厚704	☎377-3911	63·H-4

恵庭市

恵庭南病院	恵庭市住吉町2	☎0123-32-3850	66·E-3
尾形病院	恵庭市島松仲町1	☎0123-37-3737	65·D-2
本田記念病院	恵庭市下島松619	☎0123-36-7111	65·D-1
島松病院	恵庭市西島松570	☎0123-36-5181	65·C-4

千歳市

千歳病院	千歳市桂木1	☎0123-40-0700	68·C-6
千歳桂病院	千歳市蘭越97	☎0123-23-2101	69·A-1
向陽台病院	千歳市若草1	☎0123-28-2288	69·B-3

インフォメーション

名称	住所	電話	索引
＜交通＞			
JR北海道			
電話案内センター		☎222-7111	1·D-3
札幌市交通局			
札幌市交通案内センター	地下鉄大通駅	☎232-2277	2·F-1
北海道中央バス			
札幌ターミナル	中央区大通東1	☎0570-200-600	1·F-5
ジェイ・アール北海道バス	西区二十四軒2条7	☎622-8000	31·G-5
じょうてつバス			
川沿営業所	南区川沿5条1	☎572-3131	48·C-6
道南バス札幌営業所	白石区本通20北	☎865-5511	46·D-2
日本航空(JAL)		☎0570-025-071	
ジェイエア(J-AIR)		〃	
北海道エアシステム(HAC)		〃	
フジドリームエアラインズ(FDA)		☎0570-55-0489	
全日空(ANA)		☎0570-029-222	
AIRDO (ADO)		☎707-1122	
スカイマークエアラインズ(SKY)		☎0570-039-283	
川崎近海汽船	中央区北3西4	☎050-3821-1452	1·E-4
新日本海フェリー	中央区北2西2	☎241-7100	1·F-4
太平洋フェリー	中央区北4西4	☎281-3311	1·E-4
ハートランドフェリー	中央区北3西3	☎233-8010	1·E-4
商船三井フェリー	中央区北5西6	0120-489850	1·D-3
＜忘れもの・落としもの＞			
JR北海道			
札幌駅(9～17時)	中央区北5西5	☎222-6130	1·D-3
ジェイ・アール北海道バス			
札幌営業所	中央区北4東5	☎241-3771	1·H-3
札幌市交通局			
忘れものセンター	中央区大通西2	☎241-2938	2·F-1
札幌ハイヤー協会			
タクシーサービスセンター	中央区南8西15	☎561-1173	39·C-4
※その他各バス会社、航空会社、もよりの警察署へ			
＜交通情報他＞			
日本道路交通情報センター	全国共通ダイヤル	☎050-3369-6666	
	全国高速ダイヤル	☎050-3369-6700	
	携帯短縮ダイヤル	#8011	
	北海道地方・札幌方面情報	☎050-3369-6601	
	北海道地方高速情報	☎050-3369-6760	
JAF札幌支部	豊平区月寒東1条15	☎857-7155	45·G-5
ロードサービス救援コール		☎0570-00-8139	
＜観光＞			
北海道観光振興機構	中央区北3西7	☎231-0941	1·C-4
札幌観光協会	中央区北1西2	☎211-3341	1·F-5
北海道さっぽろ観光案内所	中央区北6西4	☎213-5088	1·E-3
すすきの観光協会	中央区南8西2	☎518-2005	2·F-4
定山渓観光協会	南区定山渓温泉東3	☎598-2012	57·B-3
石狩観光協会	石狩市親船町107	☎0133-62-4611	3·A-2
江別観光協会	江別市高砂町6	☎381-1091	28·D-3
北海道きたひろ観光協会	北広島市中央4	☎372-3311	62·F-4
恵庭観光協会	恵庭市南島松828	☎0123-21-8900	65·F-6
千歳駅観光案内所	千歳市千代田町7	☎0123-24-8801	68·E-5
当別町観光協会	当別町白樺町58	☎0133-23-3129	8·G-1
新篠津村観光協会	新篠津村第47線北13	☎0126-57-2111	8·H-4
＜観光遊覧船＞			
支笏湖観光船	千歳市支笏湖温泉	☎0123-25-2031	76·C-4

博物館・美術館・展示・観光施設

名称	住所	電話	索引
※開館日・時間・入場料については、各施設にご確認下さい。			
北海道大学北方生物圏フィールド科学センター植物園	中央区北3西8	☎221-0066	39·D-1
札幌市時計台	中央区北1西2	☎231-0838	39·F-1
JRタワー展望室タワー・スリーエイト	中央区北5西2	☎209-5500	32·F-5
さっぽろテレビ塔	中央区大通西1	☎241-1131	39·G-1
旧永山武四郎邸及び旧三菱鉱業寮	中央区北2東6	☎232-0450	32·H-6
札幌市資料館(旧札幌控訴院)	中央区大通西13	☎251-0731	39·C-2
札幌市公文書館	中央区南8西2	☎521-0205	39·G-4
札幌オリンピックミュージアム	中央区宮の森1274	☎641-8585	38·D-3
札幌市埋蔵文化財センター	中央区南22西13	☎512-5430	44·D-3
札幌市天文台	中央区中島公園	☎511-9624	39·F-5
北海道立文学館	中央区中島公園	☎511-7655	39·F-5
北海道立近代美術館	中央区北1西17	☎644-6881	39·B-2
北海道立三岸好太郎美術館	中央区北2西15	☎644-8901	39·C-1
円山動物園	中央区宮ヶ丘3	☎621-1426	38·F-4
本郷新記念 札幌彫刻美術館	中央区宮の森4条12	☎642-5709	38·E-3
大倉山ジャンプ競技場	中央区宮の森1274	☎641-8585	38·C-4
札幌市民ギャラリー	中央区南2東6	☎271-5471	39·H-2
千歳鶴酒ミュージアム	中央区南3東5	☎221-7570	39·H-2
渡辺淳一文学館	中央区南12西6	☎551-1282	39·F-5
札幌市水道記念館	中央区伏見4	☎561-8928	44·B-2
もいわ山頂展望台	中央区伏見5	☎561-8177	44·C-3
屯田郷土資料館	北区屯田5条6	☎772-1811	17·B-2
札幌市下水道科学館	北区麻生町8	☎717-0046	17·D-5
北海道大学総合博物館	北区北10西8	☎706-2658	32·D-4
百合が原公園	北区百合が原公園210	☎772-4722	17·H-3
札幌村郷土記念館	東区北13東16	☎782-2294	33·B-3
サッポロビール博物館	東区北7東9	☎748-1876	33·A-5
北海道鉄道技術館	東区北5東13	☎721-6624	33·B-5
酪農と乳の歴史館	東区苗穂町6	☎704-2329	33·C-4
モエレ沼公園	東区モエレ沼公園1	☎790-1231	19·B-3
サッポロさとらんど	東区丘珠町584	☎787-0223	18·H-5
北海道博物館	厚別区厚別町小野幌53	☎898-0466	42·E-3
北海道開拓の村	厚別区厚別町小野幌50	☎898-2692	42·F-5
札幌市青少年科学館	厚別区厚別中央1条5	☎892-5001	47·A-2
サンピアザ水族館	厚別区厚別中央2条5	☎890-2455	47·A-2
平岸郷土史料館	豊平区平岸3条9	☎812-2493	45·A-3
福住開拓記念館	豊平区福住1条4	☎855-6615	49·E-1
つきさっぷ郷土資料館	豊平区月寒東2条2	☎854-6430	45·E-1
さっぽろ雪まつり資料館・羊ヶ丘展望台	豊平区羊ヶ丘1	☎851-3080	49·E-5
あしりべつ郷土館	清田区清田1条2 (清田区民センター内)	☎885-0869	50·D-3
札幌市アイヌ文化交流センター(サッポロピㇼカコタン)	南区小金湯27	☎596-5961	57·H-2
札幌市豊平川さけ科学館	南区真駒内公園2	☎582-7555	48·D-4
エドウィン・ダン記念館	南区真駒内泉町1	☎581-5064	53·F-1
札幌市交通資料館	南区真駒内東町1	☎251-0822	48·H-3
札幌芸術の森	南区芸術の森2	☎592-5111	61·B-1
国営滝野すずらん丘陵公園	南区滝野247	☎592-3333	61·F-3
ノースサファリサッポロ	南区豊滝469	☎080-1869-6443	58·A-5
定山渓郷土博物館	南区定山渓温泉東4 (定山渓小学校)	☎598-2012	57·A-3
豊平峡ダム	南区定山渓840	☎598-3452	73·G-4
定山渓ダム資料館	南区定山渓8区	☎598-2513	76·A-5
手稲記念館	西区西町南21	☎661-1017	31·A-1
白い恋人パーク	西区宮の沢2条2	☎666-1481	31·A-1
地図と鉱石の山の手博物館	西区山の手7条8	☎623-3321	31·C-5
いしかり砂丘の風資料館	石狩市弁天町30	☎0133-62-3711	3·A-2
石狩浜海浜植物保護センター	石狩市弁天町48	☎0133-60-6107	3·A-2
はまます郷土資料館	石狩市浜益区浜益77	☎0133-79-2402	84·B-2
北海道立文書館	江別市文京台東町41	☎388-3001	35·F-5
江別河川防災ステーション	江別市大川通6	☎381-9177	28·H-1
江別市旧町村農場	江別市いずみ野25	☎383-7734	21·D-6
江別市屯田資料館	江別市野幌代々木町38	☎385-4766	28·A-5
江別市ガラス工芸館	江別市野幌代々木町53	☎384-7620	28·B-5
江別市セラミックアートセンター	江別市西野幌114	☎385-1004	36·D-5
北海道埋蔵文化財センター	江別市西野幌685	☎386-3231	42·E-2
北海道立野幌森林公園自然ふれあい交流館	江別市西野幌685	☎386-5832	42·G-3
江別市郷土資料館	江別市緑町西1	☎385-6466	28·F-1
恵庭市郷土資料館	恵庭市南島松157	☎0123-37-1288	65·G-4
えこりん村	恵庭市牧場277	☎0123-34-7800	66·A-4
サッポロビール北海道工場	恵庭市戸磯542	☎0123-32-5802	66·G-5
千歳市埋蔵文化財センター	千歳市長都42	☎0123-24-4210	76·G-2
サケのふるさと千歳水族館	千歳市花園2	☎0123-42-3001	68·F-4
キリンビール北海道千歳工場	千歳市上長都949	☎0123-24-5606	68·C-3
千歳さけますの森さけます情報館	千歳市蘭越9	☎0123-23-2804	76·F-3
支笏湖ビジターセンター	千歳市支笏湖温泉	☎0123-25-2404	75·B-6
伊達記念館・伊達邸別館	当別町元町105	☎0133-22-3834	8·G-2
スウェーデン交流センター	当別町スウェーデンヒルズ	☎0133-26-2360	83·B-1

ショッピング

名称	住所	電話	索引
●デパート			
東急さっぽろ店	中央区北4西2	☎212-2211	32·F-6
札幌ロフト	中央区北5西2	☎207-6210	32·F-5
エスタ	中央区北5西2	☎213-2111	32·F-5
札幌ステラプレイス	中央区北5西2	☎209-5100	32·F-5
アピア	中央区北5西4	☎209-3500	32·F-5
大丸札幌店	中央区北5西4	☎828-1111	32·E-5
サッポロファクトリー	中央区北2東4	☎207-5000	39·H-1
IKEUCHI ZONE	中央区南1西2	☎281-6160	39·F-2
丸井今井札幌本店	中央区南1西2	☎205-1151	39·F-2
札幌パルコ	中央区南1西3	☎214-2111	39·F-2
札幌三越	中央区南1西3	☎271-3311	39·F-2
4丁目プラザ	中央区南1西4	☎261-0221	39·F-2
東急ハンズ札幌店	中央区北4西2	☎218-6111	32·F
札幌ナナイロ	中央区南2西4	☎231-9001	39·F
ピヴォ	中央区南2西4	☎219-4151	39·F
アルシュ	中央区南3西4	☎213-6000	39·F
パセオ	北区北6西2	☎213-5645	32·F
サンピアザ・デュオ	厚別区厚別中央2条5	☎890-2111	47·A
●スーパー			
イオンモール			
カテプリ	厚別区厚別中央2条5	☎890-1111	47·A
イオン			
札幌桑園店	中央区北8西14	☎204-7200	32·C
札幌麻生店	北区北39西4	☎709-2111	24·D
札幌元町店	東区北31東15	☎750-5200	25·A
札幌栄町店	東区北42東16	☎781-1147	25·A
札幌苗穂店	東区東苗穂2条3	☎780-7600	33·F
東札幌店	白石区東札幌3条2	☎824-3161	40·C
新さっぽろ店	厚別区厚別中央2条5	☎892-5121	47·A
札幌西岡店	豊平区西岡3条3	☎856-1000	45·C
札幌平岡店	清田区平岡3条5	☎889-5001	50·G
札幌藻岩店	南区川沿2条2	☎571-3100	48·C
札幌琴似店	西区琴似2条4	☎644-0011	31·F
札幌発寒店	西区発寒8条12	☎669-5000	23·B
江別店	江別市幸町35	☎384-3100	28·C
千歳店	千歳市栄町6	☎0123-24-3100	68·E
イオンスーパーセンター			
手稲山口店	手稲区明日風6	☎699-8201	10·C
石狩緑苑台店	石狩市緑苑台中央1	☎0133-75-9800	12·C
イトーヨーカドー			
屯田店	北区屯田8条3	☎775-2111	12·D
アリオ札幌店	東区北7東9	☎712-1111	33·A
福住店	豊平区福住2条1	☎856-5511	45·F
琴似店	西区琴似2条1	☎613-5411	31·F
トライアル			
屯田店	北区屯田9条12	☎775-5251	11·H
伏古店	東区伏古13条3	☎783-6161	25·F
厚別店	厚別区厚別西4条2	☎891-4456	41·G
月寒店	豊平区月寒東3条11	☎858-7071	45·G
手稲店	手稲区前田5条13	☎685-1212	15·E
手稲星置店	手稲区星置3条1	☎686-8686	10·A
江別大麻店	江別市大麻東町13	☎388-7007	35·F
野幌店	江別市東野幌本町7	☎381-8080	36·C
恵庭島松店	恵庭市島松寿町1	☎0123-36-1011	65·D
千歳清流店	千歳市清流2	☎0123-49-2060	68·F
コープさっぽろ			
植物園店	中央区北5西11	☎261-2671	32·D
北12条店	北区北12西1	☎746-4891	32·F
あいの里店	北区あいの里1条5	☎778-8247	13·F
しんことに店	北区新琴似1条12	☎762-3071	23·G
とんでん店	北区屯田5条7	☎772-8551	17·B
新道店	東区伏古11条3	☎783-1961	25·F
元町店	東区北21東16	☎781-8052	25·A
しろいし中央店	白石区中央3条3	☎826-5750	40·E
ほんどおり店	白石区本通8南	☎861-7172	40·H
Lucy (ルーシー)店	白石区栄通18	☎854-4811	46·C
川下店	白石区川下3条4	☎872-4731	41·E
菊水元町店	白石区菊水元町6条1	☎871-4997	33·G
きたごう店	白石区北郷2条4	☎871-3030	40·H
ひばりが丘店	厚別区厚別南1	☎891-7571	46·H
月寒ひがし店	豊平区月寒東4条11	☎851-7600	45·H
なかのしま店	豊平区中の島1条4	☎831-9235	44·G
美園店	豊平区美園6条7	☎821-2015	45·D
平岡店	清田区平岡公園東3	☎885-3539	51·A
Socia (ソシア)店	南区川沿5条2	☎571-5141	53·C
西岡店	南区澄川6条4	☎822-2711	49·A
藤野店	南区藤野3条6	☎591-6811	59·E
にしの店	西区西野3条3	☎662-1122	31·B
二十四軒店	西区二十四軒3条1	☎612-0931	31·H
新はっさむ店	手稲区新発寒5条5	☎694-5141	16·A
西宮の沢店	手稲区西宮の沢3条1	☎665-0051	22·H
星置店	手稲区星置1条3	☎685-7071	14·G
いしかり店	石狩市花川北3条3	☎0133-74-3531	11·H
えべつ店	江別市元江別779	☎389-8703	28·B
野幌店	江別市野幌松並町9	☎384-2211	36·A
エルフィン店	北広島市栄町1	☎376-6061	62·E
北広島店	北広島市中央3	☎372-2601	62·F
恵み野店	恵庭市恵み野西5	☎0123-37-7250	65·E
向陽台店	千歳市白樺2	☎0123-28-3511	69·B
パセオすみよし店	千歳市住吉4	☎0123-42-5511	68·G
フードセンター			
円山店	中央区大通西23	☎641-6301	39·A

林公園店	厚別区厚別北2条5	☎891-5511	42·C-3
寒中央店	豊平区月寒中央通7	☎854-0021	45·E-3
ーパーアークス			
鼻店	中央区南12西11	☎521-6677	39·D-5
24条店	北区北24西9	☎708-0333	24·C-6
クスプレス	北区新川西1条4	☎765-5600	16·B-3
琴似店	北区新琴似4条17	☎374-7155	16·F-4
ース	北区篠路3条9	☎776-3500	13·A-5
穂店	東区北7東18	☎753-2525	33·B-4
星店	東区北14東3	☎712-0112	32·G-3
苗穂店	東区東苗穂8条1	☎791-8288	25·G-4
水店	白石区菊水3条5	☎837-5757	40·B-3
ースト	厚別区厚別中央2条2	☎896-6600	46·H-2
寒東店	豊平区月寒東3条8	☎851-5115	45·F-3
野店	清田区北野3条2	☎881-1550	50·C-1
寒店	西区発寒14条4	☎666-1212	23·D-3
の沢店	手稲区西宮の沢5条2	☎684-5678	22·F-4
置店	手稲区手稲山口478	☎686-2300	9·H-5
麻店	江別市大麻ひかり町30	☎387-5557	42·C-1
曲店	北広島市大曲幸町6	☎377-2056	56·A-6
歳店	千歳市日の出1	☎0123-26-6660	68·G-5
都店	千歳市勇舞8	☎0123-23-7667	68·C-2
別店	当別町樺戸町106	☎0133-23-3888	8·H-2
·ビッグ			
クスプレス栄町店	東区北41東17	☎781-8700	25·A-1
クスプレスモエレ店	東区東苗穂13条2	☎791-6070	26·A-2
雁来店	東区東雁来10条3	☎790-1141	26·C-4
クスプレス白石中央店	白石区本通2北	☎863-4680	40·G-4
平店	豊平区豊平4条9	☎823-7077	40·B-5
クスプレス平岸店	豊平区平岸2条2	☎823-2320	45·A-1
岡店	豊平区西岡3条7	☎855-0077	49·C-2
山店	南区石山2条9	☎594-2910	59·G-2
クスプレス前田店	手稲区前田8条10	☎684-3666	15·G-2
別店	江別市野幌町10	☎391-0330	28·B-5
友			
ケ丘店	中央区南8西25	☎563-2111	39·A-5
町北24条店	東区北24東20	☎782-2111	25·C-5
別店	厚別区厚別西4条6	☎893-5111	42·A-3
岸店	豊平区平岸2条10	☎813-2111	44·H-3
住店	豊平区福住1条3	☎836-3111	45·E-6
田店	清田区平岡1条1	☎883-2111	50·D-5
町店	西区西町南6	☎664-2111	31·D-3
の沢店	西区宮の沢1条1	☎671-3111	31·A-1
稲店	手稲区前田1条11	☎684-3111	15·E-4
イイチ			
石神社前店	白石区本通13北	☎860-5566	46·B-1
田店	清田区清田2条3	☎888-6788	50·C-5
軒店	西区八軒10東5	☎708-4567	32·B-1
寒中央駅前店	西区発寒10条3	☎668-5678	23·E-6
み野店	恵庭市恵み野里美2	☎0123-35-2288	65·D-5
光ストア			
線6条店	中央区南6西15	☎552-0109	39·C-4
啓通店	中央区南14西9	☎531-6176	39·E-6
ロム山鼻店	中央区南22西12	☎512-1093	44·D-3
山店	中央区北1西24	☎623-1093	39·A-2
ッポロファクトリー店	中央区北1東4	☎207-1093	39·G-1
の森店	中央区北5西29	☎622-0109	38·G-1
麻生店	北区北40西4	☎706-1093	24·D-2
あいの里店	北区あいの里1条5	☎778-0109	13·F-2
区役所駅前店	東区北12東7	☎771-6605	32·H-3
香保店	東区北24東7	☎741-1150	24·G-5
栄店	東区北27東1	☎753-0109	24·E-5
石ターミナル店	白石区南郷通1南	☎861-1093	40·E-5
郷7丁目店	白石区南郷通6南	☎862-1093	45·G-1
郷13丁目店	白石区南郷通13南	☎865-0109	46·A-2
郷18丁目店	白石区南郷通18北	☎868-1090	46·C-3
谷地店	厚別区大谷地東3	☎895-0109	46·F-4
平店	豊平区豊平6条9	☎822-1435	40·A-5
岸ターミナル店	豊平区平岸2条7	☎812-1620	44·H-2
栄店	清田区真栄4条2	☎883-3109	55·D-2
岡店	清田区平岡7条2	☎881-4109	50·G-2
衛隊駅前店	南区澄川3条6	☎824-1109	48·H-2
藤野店	南区藤野2条4	☎592-8109	59·F-2
駒内店	南区真駒内幸町2	☎588-1093	53·F-1
平和店	西区平和2条1	☎663-0109	37·G-1
北広島店	北広島市栄町1	☎373-0109	62·E-5
ィナーベル			
ススキノ南7条店	中央区南7西6	☎531-0622	39·E-4
北大前店	北区北16西5	☎738-0109	32·E-3
新道西店	北区北32西10	☎707-0109	24·C-4
ビッグハウス			
新川店	北区新川6条14	☎769-6116	16·F-6
太平店	北区太平4条1	☎773-0180	17·E-2
白石店	白石区平和通3北	☎868-0730	40·H-3
ウエスト	西区発寒7条9	☎661-2330	23·B-5
エクストラ	豊平区平岸1条22	☎815-7778	48·G-1
里塚店	清田区美しが丘1条7	☎883-0800	55·G-3
サウス	南区川沿15条1	☎578-3300	53·C-4
花川店	石狩市樽川6条1	☎0133-72-6006	11·C-3
元江別店	江別市元江別本町22	☎385-5567	28·C-2
野幌店	江別市東野幌本町35	☎380-6811	36·C-1
恵庭店	恵庭市本町210	☎0123-33-1122	66·D-3
フレッティ琴似店	西区八軒5東1	☎631-3048	31·H-1
ホクレンショップ			
グリーンコート	中央区北5西2	☎213-2106	32·F-5
フードファーム屯田8条店	北区屯田8条10	☎775-1131	12·A-5
フードファーム49条店	東区北49東15	☎733-2661	17·H-4
フードファーム平岡公園通り店	清田区里塚緑ケ丘5	☎882-7520	51·B-5
中ノ沢店	南区中ノ沢2	☎573-2560	48·A-5
フードファーム新発寒店	手稲区新発寒4条1	☎665-8050	23·B-1
前田店	手稲区前田6条15	☎683-4275	15·D-2
フードファーム大麻北町店	江別市大麻北町519	☎387-5551	35·F-1
ゆめみ野店	江別市ゆめみ野東町2	☎391-1660	28·H-3
元江別店	江別市元江別本町1	☎385-5870	28·C-2
東郊店	千歳市東郊2	☎0123-22-5411	68·F-4
新しのつ店	新篠津村第47線北11	☎0126-39-3131	8·H-5
ラッキー			
篠路店	北区篠路3条4	☎772-7111	12·G-4
新琴似四番通店	北区新琴似8条10	☎769-7777	17·A-5
北49条店	東区北49東7	☎731-3451	17·F-4
菊水元町店	白石区菊水元町3条2	☎872-5411	33·F-5
西岡店	豊平区西岡3条11	☎583-6031	49·B-4
清田店	清田区清田2条2	☎882-0351	50·C-4
川沿店	南区川沿12条2	☎572-1601	53·C-3
発寒店	西区発寒8条13	☎668-3077	23·A-4
山の手店	西区山の手1条7	☎631-6336	38·E-1
星置駅前店	手稲区星置1条2	☎688-1777	14·G-1
花川南店	石狩市花川南9条4	☎0133-74-2611	16·C-1
千歳錦町店	千歳市錦町4	☎0123-27-7676	68·D-5
ラッキーマート西野店	西区西野8条8	☎664-1711	30·G-5
マックスバリュ			
マルヤマクラス店	中央区南1条西27	☎614-4147	38·H-3
南15条店	中央区南15西14	☎520-2301	44·C-1
北1条東店	中央区北1東6	☎223-5500	39·H-3
北32条店	北区北32西13	☎700-2871	24·B-3
北店	北区北25西4	☎716-8121	24·D-5
新琴似店	北区新琴似10条2	☎769-5701	17·C-5
エクスプレス新道店	東区北34東16	☎784-5321	25·A-2
光星店	東区北13東7	☎743-3611	32·H-3
元町店	東区北17東16	☎782-1811	33·B-2
北26条店	東区北26東15	☎750-5511	25·A-4
北40条店	東区北40東1	☎748-6600	24·E-2
菊水店	白石区菊水2条2	☎841-6860	40·A-2
北郷店	白石区北郷2条7	☎874-7172	41·A-4
東札幌店	白石区東札幌4条1	☎820-6700	40·C-3
厚別東店	厚別区厚別東1条1	☎809-5611	47·C-1
厚別店	厚別区厚別南5	☎896-7111	47·B-5
月寒西店	豊平区月寒中央通2	☎859-2200	45·D-2
エクスプレス中の島店	豊平区中の島1条1	☎831-3100	44·G-1
平岸店	豊平区平岸3条13	☎812-4511	45·A-4
北野店	清田区北野7条3	☎889-3639	46·D-5
澄川店	南区澄川4条2	☎813-0881	48·H-1
エクスプレス発寒南駅前店	西区西町北8	☎666-6551	31·D-2
八軒5条店	西区八軒5条西4	☎632-5330	23·G-6
琴似店	西区琴似2条4	☎641-3961	31·F-3
琴似3条店	西区琴似3条7	☎633-0611	31·E-4
上江別店	上江別442	☎391-5311	28·E-4
北広島店	北広島市美沢4	☎373-8882	62·E-4
恵庭店	恵庭市恵央町11	☎0123-33-2600	66·D-1
ラルズストア			
平岸店	豊平区平岸5条8	☎822-3963	45·B-2
大麻駅前店	江別市大麻中町26	☎387-2345	35·E-4
ラルズマート			
中島公園店	中央区南11条西7	☎552-3456	39·E-5
啓明店	中央区南11西21	☎530-5500	39·B-5
16条店	中央区南16西8	☎511-3223	44·E-1
伏見店	中央区南18西17	☎530-2345	44·C-2
北35条店	東区北35東4	☎712-3338	24·F-3
伏古店	東区伏古6条3	☎786-6770	33·E-1
新ほくと店	白石区川下4条1	☎879-2002	41·D-3
美園店	豊平区美園2条1	☎817-0123	40·C-5
西岡店	豊平区西岡4条1	☎852-6250	45·D-5
石山店	南区石山東4	☎592-2655	60·D-2
真駒内店	南区真駒内幸町1	☎583-6668	53·F-1
真駒内上町店	南区真駒内上町3	☎585-2345	48·F-5
山の手店	西区山の手2条6	☎621-6719	31·E-5
花川南店	石狩市花川南4条3	☎0133-71-2121	11·E-4
恵み野店	恵庭市恵み野西3	☎0123-36-2980	65·E-6
島松店	恵庭市島松旭町1	☎0123-39-7777	65·E-2
当別駅前店	当別町園生55	☎0133-22-2222	8·F-2
●ホームセンター			
DCMサンワ北広島店	北広島市中央3	☎372-2200	62·F-3
スーパービバホーム			
白石本通店	白石区本通20南	☎868-9911	46·D-3
清田羊ヶ丘通店	清田区真栄52	☎888-8411	55·D-1
手稲富丘店	手稲区富丘2条2	☎686-8811	22·F-3
ビバホーム			
あいの里店	北区あいの里1条6	☎775-9911	13·F-2
新琴似店	北区新琴似1条7	☎764-7011	23·H-2
豊平店	豊平区豊平6条9	☎818-3311	40·A-5
平岸店	豊平区平岸1条22	☎837-1811	48·G-1
DCMホーマック			
旭ケ丘店	中央区南9西22	☎552-6791	39·A-5
桑園店	中央区北10西16	☎633-3801	32·B-5
篠路店	北区篠路1条1	☎773-1496	12·F-5
新琴似店	北区新琴似8条16	☎762-1496	16·G-3
光星店	東区北9東5	☎711-5101	32·G-4
元町店	東区北17東20	☎784-1496	33·C-2
北栄店	東区北49東7	☎751-1496	17·F-5
東苗穂店	東区東苗穂3条2	☎789-0710	33·F-1
東雁来店	東区東雁来10条3	☎790-5011	26·B-5
菊水元町店	白石区菊水元町3条5	☎871-1496	33·G-6
厚別西店	厚別区厚別西3条6	☎893-7511	42·A-4
厚別東店	厚別区厚別東5条1	☎809-5000	42·B-5
西岡店	豊平区西岡1条8	☎858-1700	49·B-2
真栄店	清田区真栄4条2	☎882-1600	55·D-2
平岡店	清田区平岡公園東3	☎885-1496	51·A-2
北野通店	清田区北野3条2	☎883-1496	50·C-1
川沿店	南区川沿3条1	☎571-1496	48·C-5
藤野店	南区藤野2条4	☎591-1496	59·F-2
西野店	西区西野4条7	☎665-1496	31·A-3
発寒店	西区発寒14条4	☎664-1496	23·D-3
発寒追分通店	西区発寒9条14	☎669-3600	23·A-3
山の手店	西区山の手1条7	☎622-5553	31·E-6
手稲前田店	手稲区前田5条11	☎685-1496	15·F-3
花川店	石狩市花川南1条6	☎0133-74-7700	11·G-4
上江別店	江別市上江別430	☎381-5911	28·F-4
元江別店	江別市元江別785	☎389-3361	28·B-1
恵庭店	恵庭市恵み野里美2	☎0123-34-5600	65·D-4
住吉店	千歳市住吉3	☎0123-27-1496	68·F-4
富士店	千歳市富士4	☎0123-27-6811	68·D-3
ホダカ元町店	東区北16東19	☎780-7722	33·C-2
ホダカ手稲前田店	手稲区前田5条11	☎699-1351	15·F-3
ホダカ江別店	江別市野幌松並町26	☎391-0511	36·A-1
ジョイフルエーケー			
屯田店	北区屯田8条5	☎775-7777	12·D-5
大麻店	江別市大麻198	☎351-3333	35·C-3
大曲店	北広島市大曲工業団地7	☎370-5555	63·D-1
ホーマックニコット			
当別店	当別町白樺町59	☎0133-23-4000	8·F-1
太美店	当別町太美町1447	☎0133-25-3100	8·E-5
●家具			
スイートデコレーション			
栄町店	東区北43東16	0120-510-180	17·H-6
なんごう店	白石区南郷通19北	0120-510-180	46·C-3
新はっさむ店	手稲区新発寒4条1	0120-510-180	23·A-1
メガアウトレット西岡店	豊平区西岡4条3	0120-510-180	45·D-6
メガアウトレット琴似店	西区八軒1東1	0120-510-180	31·G-2
メガアウトレット千歳店	千歳市勇舞8	0120-510-180	68·C-2
ニトリ			
デコホームマルヤマクラス店	中央区南1西27	0120-014-210	38·H-3
ニトリEXPRESS札幌エスタ店	中央区北5西2	0120-014-210	32·F-5
麻生店	北区新琴似7条1	0120-014-210	24·C-1
新道店	東区北34東23	0120-014-210	25·C-3
デコホームラソラ札幌店	白石区東札幌3条11	0120-014-210	40·C-3
厚別店	厚別区厚別中央3条4	0120-014-210	46·H-1
美園店	豊平区美園3条3	0120-014-210	40·C-6
平岡店	清田区平岡1条6	0120-014-210	55·F-1
川沿店	南区川沿5条1	0120-014-210	48·C-6
宮の沢店	手稲区西宮の沢4条2	0120-014-210	22·G-4

●カー用品

名称	住所	電話	索引
イエローハット			
新道店	東区北31東19	☎ 784-3540	25·B-3
札幌白石店	白石区本通7南	☎ 863-6236	40·H-5
厚別西店	厚別区厚別西2条6	☎ 802-1031	42·A-4
札幌里塚店	清田区里塚2条7	☎ 883-3221	56·A-4
羊ヶ丘通西岡店	豊平区西岡2条3	☎ 859-6781	45·C-6
八軒店	西区八軒6西4	☎ 622-0001	23·G-5
手稲ほしが丘店	手稲区星置3条1	☎ 699-3003	9·H-6
恵庭恵央店	恵庭市恵央町11	☎ 0123-39-5000	66·C-1
千歳店	千歳市住吉3	☎ 0123-26-0588	68·F-4
オートバックス			
札幌石山通り店	中央区南19西10	☎ 512-5077	44·E-2
環状通·光星店	東区北14東7	☎ 743-5588	32·H-3
札幌北47条店	東区北47東1	☎ 753-3977	17·E-5
札幌白石	白石区中央3条6	☎ 860-3000	40·F-3
新札幌	厚別区厚別東5条1	☎ 898-7000	42·B-5
西岡店	豊平区西岡1条3	☎ 854-2241	45·C-5
平岡店	清田区平岡7条1	☎ 889-0001	50·F-2
SA SAPPORO	西区西町南13	☎ 662-8055	31·B-2
石狩花川	石狩市樽川7条1	☎ 0133-72-8602	11·C-4
江別店	江別市幸町15	☎ 384-1161	28·C-4
恵庭店	恵庭市恵み野里美2	☎ 0123-32-8602	65·D-5
千歳豊里店	千歳市豊里5	☎ 0123-42-8602	68·G-5
ジェームス			
百合が原店	東区北49東16	☎ 780-1313	17·H-4
厚別通店	厚別区厚別西5条3	☎ 801-3161	41·G-3
札幌ドーム前店	豊平区月寒東1条16	☎ 858-3636	49·H-1
石山店	南区石山1条5	☎ 593-2211	60·A-1
琴似店	西区山の手6条1	☎ 632-5151	31·E-4

●釣具

名称	住所	電話	索引
アメリカ屋漁具	中央区北5東2	☎ 221-5355	32·G-5
つり具センター			
屯田店	北区屯田8条2	☎ 775-3703	12·E-5
伏古店	東区伏古14条5	☎ 768-7763	25·G-3
新札幌店	厚別区厚別東2条1	☎ 898-3700	42·C-6
西岡店	豊平区西岡4条1	☎ 853-3700	45·D-5
フィッシュランド			
太平店	北区太平5条1	☎ 773-9650	17·E-2
環状通北郷店	白石区北郷3条1	☎ 874-6131	40·G-1
美しが丘店	清田区平岡1条4	☎ 889-2388	55·F-1
石山店	南区石山1条9	☎ 592-5974	59·G-2
手稲店	手稲区富丘2条6	☎ 685-2020	22·E-1
江別店	江別市幸町4	☎ 391-3088	28·C-4

●スポーツ用品

名称	住所	電話	索引
アルペン千歳店	千歳市富士3	☎ 0123-26-2107	68·D-4
アルペンアウトドアーズフラッグシップストア札幌発寒店	西区発寒9条12	☎ 671-5800	23·B-4
スポーツデポ			
光星店	東区北9東4	☎ 721-1565	32·G-4
厚別東店	厚別区厚別東4条3	☎ 899-3771	42·C-5
宮の沢店	手稲区西宮の沢4条2	☎ 665-6140	22·G-4
大曲店	北広島市大曲幸町2	☎ 377-1477	56·A-4
ゴルフ5			
南13条店	中央区南13西10	☎ 521-7400	39·D-5
光星店	東区北9東4	☎ 721-1580	32·G-4
厚別東店	厚別区厚別東4条3	☎ 899-5666	42·C-5
手稲前田店	手稲区前田6条13	☎ 691-2441	15·E-2
大曲店	北広島市大曲幸町2	☎ 377-1252	56·A-4
石井スポーツ			
札幌店	中央区北11西15	☎ 726-2288	32·B-4
札幌西インター店	西区宮の沢1条1	☎ 688-7636	31·A-1
宮の沢店	西区宮の沢1条1	☎ 676-8360	23·A-6
スーパースポーツゼビオ			
札幌太平店	北区太平6条2	☎ 771-4501	17·F-2
ドーム札幌月寒店	豊平区月寒東3条11	☎ 859-6670	45·G-4
札幌新発寒店	手稲区新発寒4条1	☎ 665-5778	23·B-2
ゼビオスポーツエクスプレス			
アリオ札幌店	東区北7東9	☎ 743-9211	33·A-4
スポーツハウス札幌スポーツ館			
本店	中央区南3西3	☎ 222-5151	39·F-2
サツエキBridge店	北区北6西5	☎ 200-5588	32·E-5
スポーツハウス札幌ゴルフ館			
ニュー真駒内店	南区川沿3条1	☎ 573-8888	48·C-5

●家電

名称	住所	電話	索引
コジマ×ビックカメラ			
イオン西岡店	豊平区西岡3条3	☎ 857-3000	45·C-5
ケーズデンキ			
札幌麻生店	北区北36西10	☎ 708-7835	24·C-2
東苗穂店	東区東苗穂1条3	☎ 789-7220	33·F-3
厚別店	厚別区厚別東5条8	☎ 802-6532	42·C-2
月寒店	豊平区月寒東5条13	☎ 826-6645	45·H-3
発寒店	西区発寒13条14	☎ 676-6655	23·B-2
江別店	江別市上江別430	☎ 391-3130	28·F-4
インターヴィレッジ大曲店	北広島市大曲幸町6	☎ 377-9955	56·A-6
恵庭店	恵庭市恵み野里美2	☎ 0123-25-8866	65·D-5
100満ボルト			
東苗穂店	東区東苗穂3条2	☎ 789-1001	33·G-1
札幌清田店	清田区真栄56	☎ 889-6100	55·D-1
ベスト電器			
川沿店	南区川沿5条2	☎ 573-4147	53·C-1
マツヤデンキ			
元町店	東区北23東21	☎ 785-5454	25·C-5
札苗店	東区東苗穂9条1	☎ 791-7120	25·G-4
イオンタウン江別店	江別市野幌町10	☎ 381-5454	28·B-5
千歳店	千歳市住吉1	☎ 0123-24-7007	68·F-4
キャデン			
平岸店	豊平区平岸2条11	☎ 841-5454	44·H-3
ヤマダ電機			
家電住まいる館YAMADA札幌本店	中央区北1西8	☎ 205-8001	39·E-1
テックランド札幌北33条店	北区北33西5	☎ 708-4147	24·D-4
テックランド札幌屯田店	北区屯田7条3	☎ 775-3911	17·D-1
テックランド札幌苗穂店	東区東雁来2条1	☎ 784-6700	33·G-3
テックランド札幌白石店	白石区本通15北	☎ 827-8822	46·C-1
テックランド札幌厚別店	厚別区厚別東4条8	☎ 898-1200	42·C-2
テックランド札幌月寒店	豊平区月寒東1条12	☎ 857-8600	45·F-5
家電住まいる館YAMADA清田店	清田区清田1条1	☎ 887-4440	50·C-3
テックランド札幌南川沿店	南区川沿5条2	☎ 205-3500	48·C-4
テックランド札幌琴似店	西区二十四軒2条1	☎ 622-8803	31·H-4
テックランド札幌発寒店	西区発寒11条14	☎ 663-6600	23·A-2
テックランド石狩店	石狩市花川南6条1	☎ 0133-73-5454	11·C-3
テックランド北広島店	北広島市中央3	☎ 398-9461	62·E-3
テックランド恵庭店	恵庭市北柏木町2	☎ 0123-25-9907	65·C-5
テックランド千歳店	千歳市新富1	☎ 0123-24-8600	68·D-5
ヨドバシカメラ			
マルチメディア札幌	北区北6西5	☎ 707-1010	32·E-5
ビックカメラ札幌店	中央区北5西2	☎ 261-1111	32·F-5

飲食店

●レストラン等

名 称	住 所	電 話	索 引
むぎの里			
札幌新道東店	東区北31東19	☎ 785-1313	25·B-3
札幌西岡店	豊平区西岡4条10	☎ 855-0505	49·C-4
札幌八軒店	西区八軒6西7	☎ 613-6811	23·F-5
ガスト			
札幌桑園店	中央区北8西14	☎ 272-5510	32·C-5
札幌狸小路店	中央区南3西4	☎ 223-7703	39·F-2
札幌石山通店	中央区南8西10	☎ 530-0711	39·D-4
札幌新琴似店	北区新琴似1条13	☎ 768-5666	16·F-6
札幌元町店	東区北24東18	☎ 780-6736	25·B-5
札幌栄町店	東区北49東8	☎ 750-3661	17·F-4
札幌厚別店	厚別区厚別東4条4	☎ 809-1802	42·C-4
札幌豊平店	豊平区豊平3条11	☎ 820-6733	40·B-5
札幌福住店	豊平区福住3条1	☎ 850-3331	45·G-6
札幌美しが丘店	清田区美しが丘4条7	☎ 889-3883	55·G-4
札幌藻岩店	南区南37西10	☎ 585-3663	48·D-3
札幌西野店	西区西野3条3	☎ 669-1985	31·B-4
札幌手稲店	手稲区前田4条11	☎ 688-2766	15·E-4
石狩店	石狩市緑苑台中央1	☎ 0133-76-1715	12·C-1
江別幸町店	江別市幸町23	☎ 391-8301	28·D-4
恵庭店	恵庭市恵央町11	☎ 0123-35-4350	66·C-1
千歳店	千歳市千代田町7	☎ 0123-40-6122	67·C-3
COCO'S			
札幌宮の森店	中央区宮の森4条10	☎ 640-3930	38·E-2
札幌本町店	東区本町2条3	☎ 789-4115	33·C-2
平岸店	豊平区平岸5条10	☎ 820-2770	45·B-3
札幌石山店	南区石山2条9	☎ 594-7881	59·G-2
富丘店	手稲区富丘3条2	☎ 699-3935	22·F-3
恵庭店	恵庭市京町44	☎ 0123-35-3920	66·D-3
サイゼリヤ			
札幌すすきの交差点店	中央区南4西4	☎ 252-2581	39·F-3
札幌駅北口店	北区北7西2	☎ 700-5655	1·E-2
イオン札幌麻生店	北区北39西4	☎ 700-5260	24·D-2
イトーヨーカドー屯田店	北区屯田8条3	☎ 776-3131	12·D-5
アリオ札幌店	東区北7東9	☎ 750-1850	33·A-5
イオン札幌元町店	東区北31東15	☎ 750-1780	25·A-3
イオンモール札幌苗穂店	東区東苗穂2条3	☎ 789-1655	33·F-3
ラソラ札幌店	白石区東札幌3条1	☎ 818-7067	40·C-3
白石ガーデンプレイス店	白石区南郷通1南	☎ 860-1722	40·E
CAPO大谷地店	厚別区大谷地東3	☎ 890-5115	46·F
新札幌駅ビル店	厚別区厚別中央2条5	☎ 890-2696	47·A
イオン札幌西岡店	豊平区西岡3条3	☎ 858-9710	45·C
ナムコワンダーシティ札幌店	西区西町北13	☎ 669-2861	31·C
札幌トライアル手稲店	手稲区前田5条13	☎ 686-7060	15·E
インターヴィレッジ大曲店	北広島市大曲幸町6	☎ 370-3250	56·A
イオン千歳店	千歳市栄町6	☎ 0123-40-7731	67·C
ヴィクトリアステーション			
山鼻店	中央区南21西12	☎ 551-1366	44·D
南円山店	中央区南4西18	☎ 530-3861	39·E
北5条店	中央区北5西22	☎ 640-5881	39·A
栄町店	東区北42東14	☎ 750-5861	24·H
厚別店	厚別区厚別中央3条4	☎ 801-2751	47·A
旭町店	豊平区旭町2	☎ 820-2651	39·H
月寒店	豊平区月寒中央通4	☎ 859-2681	45·E
西岡店	豊平区西岡2条8	☎ 836-3177	49·B
清田店	清田区真栄1条2	☎ 889-2571	50·E
発寒店	西区発寒13条2	☎ 669-2691	23·E
石狩樽川店	石狩市樽川9条1	☎ 0133-71-2320	11·B
千歳店	千歳市千代田町4	☎ 0123-27-4121	67·C
ビッグボーイ伏古店	東区伏古8条2	☎ 780-2671	25·D
暖龍			
宮の森店	中央区宮の森2条11	☎ 644-7366	38·F
新琴似店	北区新琴似7条6	☎ 769-4066	17·E
新道店	東区北33東18	☎ 783-0079	25·B
イオンモール札幌苗穂店	東区東苗穂2条3	☎ 788-2704	33·F
厚別店	厚別区厚別東5条2	☎ 899-0012	42·B
平岸店	豊平区平岸4条10	☎ 824-3531	45·A
美しが丘店	清田区美しが丘4条5	☎ 398-7797	55·F
イオンモール札幌平岡店	清田区平岡3条5	☎ 398-8543	50·G
川沿店	南区川沿1条1	☎ 571-5566	48·C
イオンモール札幌発寒店	西区発寒8条12	☎ 661-6000	23·B
とんでん			
南16条店	中央区南16西11	☎ 511-3811	44·D
宮の森店	中央区宮の森3条1	☎ 615-5588	31·G
篠路店	北区篠路1条1	☎ 774-3880	12·F
麻生店	北区北40西6	☎ 747-3901	24·C
北12条店	東区北12東8	☎ 712-0707	32·H
厚別店	厚別区厚別中央2条4	☎ 893-3355	46·H
月寒店	豊平区月寒中央通6	☎ 853-0520	45·E
清田店	清田区真栄1条1	☎ 883-7080	50·D
川沿店	南区川沿5条2	☎ 571-0565	48·C
手稲前田店	手稲区前田5条10	☎ 685-4770	15·F
江別店	江別市野幌町3	☎ 382-8871	28·C
恵庭店	恵庭市戸磯616	☎ 0123-34-0771	66·F
びっくりドンキー			
大通地下店	中央区大通西3	☎ 207-6065	39·F
狸小路店	中央区南3西3	☎ 219-1281	39·F
すすきの南5条店	中央区南5西2	☎ 520-7621	39·F
石山通り店	中央区南7西11	☎ 520-1141	39·D
札幌駅前通り店	中央区北2西3	☎ 252-0520	1·E
麻生店	北区新琴似7条1	☎ 700-2216	24·C
ファーム太平店	北区太平9条1	☎ 770-2182	17·E
伏古店	東区伏古10条4	☎ 780-2379	25·F
美香保店	東区北22東8	☎ 750-2921	24·G
白石中央店	白石区中央2条6	☎ 860-8850	40·F
南郷通店	白石区南郷通9北	☎ 860-6070	45·H
新札幌デュオ店	厚別区厚別中央2条5	☎ 801-2162	47·A
ひばりヶ丘店	厚別区厚別南2	☎ 801-2045	47·A
西岡店	豊平区西岡4条4	☎ 859-2155	49·D
ミュンヘン大橋店	豊平区平岸1条22	☎ 837-5701	48·F
清田店	清田区清田2条1	☎ 889-2089	50·B
藤野店	南区石山1条9	☎ 592-7777	59·G
琴似店	西区琴似2条1	☎ 640-3064	31·G
西野店	西区西野3条3	☎ 669-2263	31·B
手稲富丘店	手稲区富丘3条1	☎ 699-2362	22·F
手稲前田店	手稲区前田5条13	☎ 699-7601	15·E
ファーム野幌店	江別市野幌松並町9	☎ 389-6666	36·A
恵庭店	恵庭市住吉町2	☎ 0123-39-2171	66·E
千歳店	千歳市北栄2	☎ 0123-49-2281	68·E
ロイヤルホスト			
麻生店	北区北37西4	☎ 726-1276	24·D
美香保店	東区北25東8	☎ 702-5391	24·G
平岸店	豊平区平岸3条8	☎ 831-3801	45·A
宮の森店	西区二十四軒1条7	☎ 644-7115	31·H
江別店	江別市野幌町27	☎ 385-1722	28·C

食店

ファーストフード等

ンタッキーフライドチキン

の森店	中央区宮の森2条10	☎ 631-3227	38·F-2
山店	中央区大通西27	☎ 644-7101	38·H-3
すきのノルベサ店	中央区南3西5	☎ 208-3260	2·E-2
幌エスタ店	中央区北5西2	☎ 232-5605	1·F-3
ッポロファクトリー店	中央区北2東4	☎ 218-5250	1·H-4
幌篠路店	北区篠路3条1	☎ 773-8301	12·F-4
24条店	北区北24西4	☎ 758-0110	24·D-6
幌麻生店	北区北40西4	☎ 717-5234	24·D-2
トーヨーカドー屯田店	北区屯田8条3	☎ 774-5000	12·D-5
リオ札幌店	東区北7東9	☎ 751-1234	33·A-4
幌環状通東店	東区北15東14	☎ 752-1124	33·A-2
幌元町店	東区北23東20	☎ 781-8388	25·C-5
オン札幌元町店	東区北31東15	☎ 753-6656	25·A-3
オンモール札幌苗穂店	東区東苗穂2条3	☎ 789-3334	33·F-3
郷18丁目店	白石区栄通19	☎ 851-3935	46·C-3
石店	白石区南郷通1南	☎ 862-7821	40·E-5
ンピアザ店	厚別区厚別中央2条5	☎ 892-6041	47·B-1
友厚別店	厚別区厚別西4条6	☎ 891-0122	42·A-3
寒店	豊平区月寒中央通10	☎ 854-3932	45·E-4
岸店	豊平区平岸3条8	☎ 822-2010	45·A-2
幌ドーム店	豊平区羊ヶ丘1	☎ 857-1006	49·G-1
オンモール札幌平岡店	清田区平岡3条5	☎ 886-5401	50·G-5
駒内店	南区真駒内幸町2	☎ 581-3176	53·F-1
オン札幌藻岩店	南区川沿2条2	☎ 578-5557	48·C-4
似店	西区琴似1条5	☎ 644-2729	31·F-3
軒店	西区八軒1西1	☎ 611-8588	31·G-2
オンモール発寒店	西区発寒8条12	☎ 669-7500	23·B-4
友手稲店	手稲区前田1条11	☎ 699-2020	15·E-4
幌前田店	手稲区前田4条10	☎ 685-8860	15·E-4
別店	江別市野幌町41	☎ 385-1121	28·B-5
広島大曲店	北広島市大曲幸町6	☎ 370-3260	56·A-6
み野店	恵庭市恵み野西1	☎ 0123-37-0070	65·D-5
歳店	千歳市栄町7	☎ 0123-22-6007	67·C-2

クドナルド

ーロラタウン店	中央区大通西1	☎ 231-3315	1·F-6
幌南2条店	中央区南2西2	☎ 242-8033	2·F-2
幌すすきの店	中央区南4西4	☎ 218-3325	2·F-2
幌日生ビルチカホ店	中央区北3西4	☎ 252-7716	1·E-4
幌アピア店	中央区北5西3	☎ 209-1256	32·F-5
5西20店	中央区北5西20	☎ 612-9288	39·A-1
イオン札幌桑園店	中央区北8西14	☎ 280-8340	32·C-5
あいの里生協店	北区あいの里1条5	☎ 770-4222	13·F-2
幌ヨドバシカメラ店	北区北6西5	☎ 738-6180	32·E-5
新川店	北区北23西14	☎ 747-9019	32·B-1
イオン札幌麻生店	北区北39西4	☎ 708-5161	24·D-2
新琴似店	北区新琴似2条7	☎ 764-5599	23·H-2
屯田イトーヨーカドー店	北区屯田8条3	☎ 775-6042	12·D-5
イオンモール札幌苗穂店	東区東苗穂2条3	☎ 782-3964	33·F-3
幌アリオ店	東区北7東9	☎ 711-3501	33·A-4
イオン札幌元町店	東区北31東15	☎ 742-2355	25·A-3
北49条店	東区北49東8	☎ 748-5750	17·F-4
環状通伏古店	東区伏古1条5	☎ 787-8072	33·D-3
275東雁来店	東区東雁来9条4	☎ 791-3569	26·C-5
厚別通り川下店	白石区川下5条4	☎ 873-0556	41·E-3
札幌インター店	白石区菊水元町7条1	☎ 879-6530	33·G-4
白石ルーシー店	白石区栄通18	☎ 859-5622	46·C-4
白石南郷通店	白石区南郷通2南	☎ 862-6715	40·F-5
12号新札幌店	厚別区厚別中央2条4	☎ 896-9191	47·A-1
新さっぽろカテプリ店	厚別区厚別中央2条5	☎ 802-6621	47·A-1
厚別西友店	厚別区厚別西4条6	☎ 890-0571	42·A-3
札幌平岡店	厚別区上野幌3条2	☎ 801-3457	51·A-2
札幌月寒ゼビオ店	豊平区月寒東3条11	☎ 858-6624	45·G-4
福住イトーヨーカドー店	豊平区福住2条1	☎ 856-5655	45·F-5
平岸店	豊平区平岸2条10	☎ 842-2681	44·H-3
西岡出光SS店	豊平区西岡1条2	☎ 859-3735	45·C-5
36号里塚店	清田区里塚2条7	☎ 888-1050	56·A-4
イオンモール札幌平岡店	清田区平岡3条5	☎ 889-6242	50·G-5
羊ヶ丘通清田店	清田区真栄47	☎ 802-6720	55·D-1
西岡生協店	南区澄川6条4	☎ 820-7850	49·A-2
230藤野店	南区藤野3条4	☎ 592-2824	59·F-2
西町店	西区西町北2	☎ 699-5277	31·D-3
イオンモール札幌発寒店	西区発寒8条12	☎ 669-5497	23·B-4
宮の沢ターミナルビル店	西区宮の沢1条1	☎ 669-3570	23·A-6
札幌新発寒店	手稲区新発寒5条5	☎ 699-2626	16·A-6
手稲星置店	手稲区星置3条1	☎ 215-7164	10·A-6
手稲西友店	手稲区前田1条11	☎ 699-2215	15·E-4
花川ビッグハウス店	石狩市樽川6条1	☎ 0133-71-2218	11·C-3
イオン江別店	江別市幸町35	☎ 380-2163	28·C-5
上江別高台ショッピングセンター店	江別市上江別427	☎ 381-2720	28·F-4
36号恵庭店	恵庭市黄金南6	☎ 0123-39-3336	66·G-1
イオン千歳店	千歳市栄町6	☎ 0123-49-2283	67·C-3
36号千歳店	千歳市錦町3	☎ 0123-40-8781	67·B-4

ミスタードーナツ

大通駅ショップ	中央区大通西4	☎ 207-5333	2·F-1
すすきのショップ	中央区南4西3	☎ 512-3118	2·F-3
エスタ札幌ショップ	中央区北5西2	☎ 221-9600	1·F-3
宮の森ショップ	中央区北5西29	☎ 644-4510	38·G-1
イオン札幌桑園ショップ	中央区北8西14	☎ 280-8333	32·C-5
イオン札幌麻生ショップ	北区北39西4	☎ 728-5133	24·D-2
北24条駅前ショップ	北区北23西4	☎ 737-4104	24·E-6
JR札幌ショップ	北区北6西4	☎ 232-0760	1·E-3
アリオ札幌ショップ	東区北7東9	☎ 750-5300	33·A-4
イオン元町ショップ	東区北31東15	☎ 712-8667	25·A-3
イオンモール札幌苗穂ショップ	東区東苗穂2条3	☎ 780-7588	33·F-3
南郷13丁目ショップ	白石区南郷通13南	☎ 860-3552	46·A-2
ルーシー大谷地ショップ	白石区栄通18	☎ 856-0555	46·C-4
新札幌デュオショップ	厚別区厚別中央2条5	☎ 801-1273	47·A-1
コーチャンフォーミュンヘン大橋ショップ	豊平区中の島1条13	☎ 817-2800	44·F-6
イオンモール札幌平岡ショップ	清田区平岡3条5	☎ 889-6233	50·G-5
コーチャンフォー美しが丘ショップ	清田区美しが丘1条5	☎ 889-2800	55·G-2
藻岩ショップ	南区川沿2条2	☎ 571-2762	48·C-4
西町西友ショップ	西区西町南6	☎ 669-3533	31·D-3
イオンモール札幌発寒ショップ	西区発寒8条12	☎ 666-1880	23·B-4
手稲駅前ショップ	手稲区手稲本町1条4	☎ 682-3033	15·D-4
西友手稲ショップ	手稲区前田1条11	☎ 691-8778	15·E-4
イオン石狩緑苑台ショップ	石狩市緑苑台中央1	☎ 0133-75-6661	12·C-1
イオン江別ショップ	江別市幸町34	☎ 380-2601	28·C-5
千歳ショップ	千歳市栄町6	☎ 0123-23-1157	67·C-3

みよしの

狸小路店	中央区南3西2	☎ 231-3440	2·F-2
日劇店	中央区南5西4	☎ 511-0040	2·F-3
山鼻店	中央区南18西10	☎ 512-3440	44·E-2
新琴似中央店	北区新琴似7条4	☎ 766-3440	17·B-6
北24条店	北区北24西3	☎ 757-3440	24·E-6
環状光星店	東区北14東9	☎ 748-5678	32·H-3
栄町店	東区北42東14	☎ 752-9850	24·H-1
東雁来店	東区東雁来10条3	☎ 792-3441	26·B-5
南郷20丁目店	白石区南郷通20北	☎ 861-3440	46·D-3
厚別東店	厚別区厚別東4条4	☎ 809-3440	42·C-4
中の島店	豊平区中の島2条2	☎ 822-0619	44·G-1
美園店	豊平区美園3条6	☎ 812-3440	45·D-1
清田店	清田区清田2条3	☎ 886-0407	50·C-4
イオン札幌藻岩店	南区川沿2条2	☎ 573-3441	48·C-4
澄川店	南区澄川4条2	☎ 824-2482	48·H-1
琴似店	西区琴似1条2	☎ 641-9824	31·F-3
八軒店	西区八軒5条西4	☎ 643-3440	23·G-6
西野店	西区西野3条5	☎ 665-7440	31·B-4
手稲前田店	手稲区前田6条13	☎ 699-3456	15·E-2
手稲稲穂店	手稲区稲穂3条7	☎ 691-3441	14·G-2
恵庭店	恵庭市黄金南7	☎ 0123-39-3440	66·G-1
千歳店	千歳市信濃4	☎ 0123-40-3440	68·D-4

モスバーガー

札幌大通西14丁目店	中央区大通西14	☎ 271-7100	2·A-1
札幌四番街店	中央区南3西4	☎ 241-0471	2·F-2
札幌伏見店	中央区南16西19	☎ 563-4622	44·B-1
札幌エスタ店	中央区北5西2	☎ 200-7031	1·F-3
札幌新琴似店	北区新琴似7条17	☎ 763-9666	16·G-3
北大正門前店	北区北9西3	☎ 708-5858	1·E-2
札幌北24条店	北区北24西3	☎ 716-6079	24·E-6
札幌麻生店	北区北40西4	☎ 747-8779	24·D-2
北12条東15丁目店	東区北12東15	☎ 704-1233	33·B-3
札幌北48条店	東区北49東8	☎ 752-7228	17·F-5
厚別中央店	厚別区厚別中央3条6	☎ 896-2424	42·B-6
札幌豊平店	豊平区豊平6条9	☎ 820-1368	40·A-5
札幌ドーム店	豊平区羊ヶ丘1	☎ 850-6371	49·G-1
札幌北野店	清田区北野3条2	☎ 888-6124	50·C-2
川沿ソシア店	南区川沿5条2	☎ 578-8711	53·C-1
札幌琴似店	西区琴似2条4	☎ 640-6060	31·F-3
札幌西野店	西区西野3条3	☎ 665-8388	31·B-4
手稲前田店	手稲区前田2条11	☎ 215-5781	15·E-4
江別店	江別市野幌町81	☎ 389-5887	28·A-6
北広島店	北広島市美沢4	☎ 372-5222	62·E-4
恵庭店	恵庭市中島町6	☎ 0123-39-3666	65·E-6
千歳サーモンパーク店	千歳市東郊1	☎ 0123-22-3232	67·E-1
新千歳空港店	千歳市美々	☎ 0123-23-2255	69·H-4

吉野家

大通西10丁目店	中央区大通西10	☎ 208-1129	2·C-1
札幌狸小路店	中央区南3西4	☎ 252-5050	2·F-2
札幌エスタ店	中央区北5西2	☎ 596-0161	1·F-3
札幌駅APIA店	中央区北5西4	☎ 209-1516	1·E-3
札幌麻生店	北区北40西5	☎ 792-5787	24·C-1
231号線篠路店	北区篠路2条1	☎ 770-2104	12·F-4
新琴似４番通店	北区新琴似8条17	☎ 768-1888	16·G-3
環状通東店	東区北15東17	☎ 780-2284	33·B-2
札幌伏古店	東区伏古11条4	☎ 790-7757	25·F-5
南郷通6丁目店	白石区南郷通6北	☎ 860-7671	45·G-1
12号線厚別東店	厚別区厚別東4条3	☎ 809-2284	42·C-5
環状通美園店	豊平区美園4条6	☎ 841-2866	45·D-1
羊ヶ丘通清田店	清田区清田2条3	☎ 889-2284	50·C-4
230号線藻岩店	南区南35西10	☎ 588-2104	48·E-2
札幌西町店	西区西町南11	☎ 669-3115	31·C-2
手稲前田店	手稲区前田5条6	☎ 686-4681	15·G-4
千歳店	千歳市北栄2	☎ 0123-40-7755	67·C-2
新千歳空港店	千歳市美々	☎ 0123-45-2977	69·H-4

ロッテリア

札幌オーロラタウン店	中央区大通西1	☎ 222-0505	1·F-6
札幌中央店	中央区南3西4	☎ 221-1013	2·F-2
札幌アピア店	中央区北5西4	☎ 209-3540	1·E-3
サッポロファクトリー店	中央区北2東4	☎ 252-5001	1·H-5
JR札幌店	北区北6西4	☎ 232-0796	32·F-5
札幌篠路店	北区篠路3条4	☎ 774-3633	12·G-5
札幌新琴似四番通店	北区新琴似7条5	☎ 762-6535	17·B-6
イオン東札幌店	白石区東札幌3条2	☎ 822-0505	40·C-3
新さっぽろデュオ店	厚別区厚別中央2条5	☎ 890-2547	47·A-1
大谷地キャポ店	厚別区大谷地東3	☎ 893-0505	46·F-4
イオン札幌藻岩店	南区川沿2条2	☎ 596-6781	48·C-4
西町西友店	西区西町南6	☎ 669-6671	31·D-3
札幌山の手店	西区山の手1条6	☎ 614-4885	38·E-1
イオンタウン江別店	江別市野幌町10	☎ 384-3381	28·B-5

●回転寿司等

トリトン

円山店	中央区北4西23	☎ 633-5500	39·A-1
北8条光星店	東区北8東5	☎ 374-8666	1·H-2
栄町店	東区北38東15	☎ 731-3333	24·H-2
伏古店	東区伏古7条2	☎ 782-5555	25·D-6
厚別店	厚別区厚別東4条3	☎ 898-7777	42·C-5
豊平店	豊平区豊平4条6	☎ 817-7788	40·A-4
平岸店	豊平区平岸2条15	☎ 818-3366	44·H-4
清田店	清田区里塚1条4	☎ 889-6777	55·H-3
江別店	江別市高砂町25	☎ 381-0800	28·D-3

根室花まる

大同生命札幌ビル miredo店	中央区北3西3	☎ 218-7870	1·E-4
JRタワーステラプレイス店	中央区北5西2	☎ 209-5330	1·E-3
南25条店	中央区南25西14	☎ 512-8003	44·D-4
南郷店	白石区南郷通19南	☎ 868-0870	46·C-3
西野店	西区西野2条2	☎ 671-8700	31·C-4
手稲前田店	手稲区前田7条11	☎ 685-8700	15·F-3

町のすし家四季花まる

すすきの店	中央区南4西2	☎ 520-0870	39·F-3
時計台店	中央区北1西2	☎ 231-0870	39·F-1
PASEO店	北区北6西2	☎ 213-5870	32·F-5

海天丸

北23条店	東区北23東18	☎ 787-0770	25·B-5
北郷店	白石区北郷3条7	☎ 874-0770	41·A-3

北々亭千歳店	千歳市東郊1	☎ 0123-22-0770	67·E-1

スシロー

札幌苗穂店	東区本町2条6	☎ 789-4900	33·D-3
札幌白石店	白石区本通11北	☎ 868-5517	41·A-6
豊平西岡店	豊平区西岡3条9	☎ 859-5251	49·C-3
札幌清田店	清田区清田236	☎ 887-5031	50·D-6
札幌山の手店	西区山の手6条1	☎ 632-6851	31·D-3
新発寒店	手稲区新発寒5条3	☎ 699-7175	23·A-1
江別店	江別市野幌町55	☎ 391-3111	28·B-5

とっぴ～桑園店	中央区北10西15	☎ 615-0611	32·C-5

なごやか亭

新琴似店	北区新琴似2条13	☎ 766-7575	16·G-6
屯田店	北区屯田6条3	☎ 776-5656	17·D-1
白石本通店	白石区本通6南	☎ 861-7575	40·H-5
福住店	豊平区福住3条4	☎ 836-5550	49·F-1
北野店	清田区北野5条5	☎ 886-7575	50·F-1
栄通20丁目店	清田区北野7条2	☎ 885-2233	46·D-4
発寒店	西区発寒6条9	☎ 661-2233	31·B-1
イオン発寒店	西区発寒8条12	☎ 671-5533	23·B-4
八軒店	西区八軒5西10	☎ 612-7585	23·F-5

まつりや			
山鼻店	中央区南13西10	050-5267-7015	39·D-6
新琴似店	北区新琴似2条8	050-5267-7014	23·H-2
菊水元町店	白石区菊水元町6条3	050-5851-0335	33·G-5

●菓子店

きのとや			
大通公園店	中央区大通西3	233-6161	39·F-1
KINOTOYA BAKEポールタウン店	中央区南2西3	0120-24-6161	2·F-2
丸井今井店	中央区南1西2	204-6161	39·F-2
大丸店	中央区北5西4	252-6161	32·E-5
東苗穂工場直売店	東区東苗穂5条3	786-6161	33·H-1
白石本店	白石区東札幌3条5	813-6161	40·D-5
新さっぽろ店	厚別区厚別中央2条5	895-6161	47·A-1
ファーム店	清田区清田1条4	889-6161	50·D-4
琴似店	西区八軒5西3	621-6161	31·G-1
新千歳空港店	千歳市美々	0123-29-6161	69·H-4
新千歳空港ファクトリー店	千歳市美々	0123-29-6161	69·H-4
くるみや札幌山鼻店	中央区南17西11	563-2638	44·D-2
コートドール			
レストランプラザ札幌店	中央区南4西5	513-7355	39·F-3
平岸本店	豊平区平岸6条9	824-7355	45·B-2
パールモンドール			
南6条店	中央区南6西23	551-4811	39·A-4
二十四軒店	西区二十四軒1条4	643-4811	31·H-5
不二家			
西洋菓子舗不二家丸井今井札幌本店	中央区南1西2	205-1151	39·F-2
アークス山鼻店	中央区南12西11	511-4288	39·D-5
アークス北24条店	北区北24条西9	757-1228	40·B-3
アークス菊水店	白石区菊水3条5	820-3638	40·B-3
ビッグハウス白石店	白石区平和通3北	846-8228	40·H-3
厚別西3条店	厚別区厚別西3条3	801-5720	41·H-4
札幌工場直売所	豊平区月寒東1条14	836-4350	45·F-5
ミュンヘン大橋店	豊平区平岸1条22	820-7566	48·G-1
アークス星置店	手稲区手稲山口478	686-2300	9·H-5
花川南店	石狩市花川南8条3	0133-74-5201	11·C-6
スーパーアークス大曲店	北広島市大曲幸町6	377-2483	56·A-6
北広島店	北広島市新富町西2	373-9228	62·F-6
千歳新富店	千歳市新富3	0123-27-3801	67·B-1
もりもと			
丸井今井札幌店	中央区南1西2	205-2072	39·F-2
マルヤマクラス店	中央区南1西27	641-4181	38·H-3
エスタ店	中央区北5西2	213-2184	32·F-5
イトーヨーカドー屯田店	北区屯田8条3	776-4181	12·D-5
イオンモール札幌苗穂店	東区東苗穂2条3	781-4181	33·F-3
札幌北15条店	東区北15東3	711-4181	32·G-3
イオン札幌元町店	東区北31東15	742-4181	25·A-3
イオン東札幌店	白石区東札幌3条2	842-4181	40·C-3
南郷通店	白石区南郷通7南	868-4181	45·G-1
厚別ひばりが丘店	厚別区厚別中央2条2	893-4181	46·G-2
イトーヨーカドー福住店	豊平区福住2条1	854-4180	45·F-5
ミュンヘン大橋店	豊平区平岸1条22	817-4181	48·F-1
イオンモール札幌平岡店	清田区平岡3条5	882-4180	50·G-5
イオンモール札幌発寒店	西区発寒8条12	668-4181	23·B-4
札幌山の手店	西区山の手3条6	612-4181	31·D-5
イオン江別店	江別市幸町35	391-4191	28·C-5
恵み野店	恵庭市恵み野西2	0123-37-4181	65·D-5
千歳本店	千歳市千代田町4	0123-26-0218	67·C-4
イオン千歳店	千歳市栄町6	0123-40-4181	68·E-5
ちとせモール店	千歳市勇舞8	0123-22-4180	68·C-2
新千歳空港店	千歳市美々	0123-46-4181	69·H-4
柳月			
丸井今井店	中央区南1西2	252-3336	39·F-2
三越札幌店	中央区南1西3	222-8792	39·F-2
札幌エスタ店	中央区北5西2	251-5898	32·F-5
大丸札幌店	中央区北5西4	252-3366	32·E-5
イオン桑園店	中央区北8西14	280-7036	32·C-5
新琴似店	北区新琴似8条5	768-2100	17·B-6
札幌店	東区北16東16	785-1121	33·B-2
コープさっぽろルーシー店	白石区栄通18	858-3366	46·C-4
新さっぽろサンピアザ店	厚別区厚別中央2条5	896-3636	47·A-2
月寒店	豊平区月寒中央通5	850-3366	45·E-2
コープさっぽろ平岡店	清田区平岡公園東3	889-3955	51·A-2
コープさっぽろソシア店	南区川沿5条2	578-5536	53·C-1
イオン札幌琴似店	西区琴似2条4	633-6363	31·F-3
西友西町店	西区西町南6	667-3366	31·D-3
イオンモール札幌発寒店	西区発寒8条12	668-7600	23·B-4
ビッグハウス野幌店	江別市東野幌本町34	391-3377	36·C-1
六花亭			
札幌本店	中央区北4西6	261-6666	1·D-3
丸井今井札幌店	中央区南1西2	0120-12-6666	39·F-2
三越札幌店	中央区南1西3	0120-12-6666	39·F-2
円山店	中央区南2西27	612-6666	38·H-3
東急店	中央区北4西2	0120-12-6666	39·F-6
札幌エスタ店	中央区北5西3	0120-12-6666	32·F-5
大丸札幌店	中央区北5西4	0120-12-6666	32·E-5
イオン桑園店	中央区北8西14	0120-12-6666	32·C-5
神宮茶屋店	中央区宮が丘474	622-6666	38·G-3
北大エルム店	北区北21西8	709-6666	32·D-1
札幌北店	北区北31西4	299-6666	24·D-4
イオン札幌麻生店	北区北39西4	0120-12-6666	24·D-2
東光ストアあいの里店	北区あいの里1条5	0120-12-6666	13·F-2
イトーヨーカドーアリオ店	東区北7東9	0120-12-6666	33·A-4
イオン元町店	東区北31東15	0120-12-6666	25·A-3
百合が原店	東区北50東15	752-6666	17·H-3
イオン苗穂店	東区東苗穂2条3	0120-12-6666	33·F-4
イオン東札幌店	白石区東札幌3条2	0120-12-6666	40·C-3
イオン新さっぽろ店	厚別区厚別中央2条5	0120-12-6666	47·A-1
森林公園店	厚別区厚別東5条4	898-6666	42·C-4
西友厚別店	厚別区厚別西4条6	0120-12-6666	42·A-3
東光ストア豊平店	豊平区豊平6条9	0120-12-6666	40·A-5
福住店	豊平区福住2条5	853-6666	49·E-1
ダイイチ清田店	清田区清田2条3	0120-12-6666	50·C-5
東光ストア平岡店	清田区平岡7条2	0120-12-6666	50·G-2
マックスバリュ澄川店	南区澄川4条2	0120-12-6666	48·H-1
真駒内六花亭ホール店	南区真駒内上町1	581-6666	48·E-5
イオン札幌藻岩店	南区川沿2条2	0120-12-6666	48·C-4
イオン発寒店	西区発寒8条12	0120-12-6666	23·B-4
西友宮の沢店	西区宮の沢1条1	0120-12-6666	31·A-1
西友手稲店	手稲区前田1条11	0120-12-6666	15·E-4
イオン石狩店	石狩市緑苑台中央1	0120-12-6666	12·C-1
イオン江別店	江別市幸町35	0120-12-6666	28·C-5
ダイイチ恵み野店	恵庭市恵み野里美2	0120-12-6666	65·D-5
イオン千歳店	千歳市栄町6	0120-12-6666	68·E-5
ロイズ			
札幌丸井今井店	中央区南1西2	0570-050-612	39·F-2
札幌大丸店	中央区北5西4	0570-070-612	32·E-5
あいの里公園店	北区あいの里3条9	0570-002-612	7·H-5
屯田公園店	北区屯田9条5	0570-003-612	12·C-5
東苗穂店	東区東苗穂3条3	0570-001-612	33·G-2
厚別西店	厚別区厚別西3条6	0570-004-612	42·A-3
福住店	豊平区福住3条1	0570-017-612	45·F-5
西宮の沢店	手稲区西宮の沢4条4	0570-005-612	22·G-3
上江別店	江別市上江別437	0570-067-612	28·E-4
ふと美工場直売店	当別町ビトエ640	0570-015-612	83·B-1
新千歳空港店	千歳市美々	0570-020-612	69·H-4
ロイズチョコレートワールド	千歳市美々	0570-030-612	69·H-4

宿泊施設

名称	住所	電話	索引
●札幌市			
ホテルリソルトリニティ札幌	中央区大通西5	241-9269	2·E-1
ベストウェスタン札幌大通公園	中央区大通西8	208-1311	1·C-5
札幌ビューホテル大通公園	中央区大通西8	261-0111	2·D-1
東急ステイ札幌	中央区南1西1	222-0109	2·G-1
GARDENS CABIN	中央区南1西4	522-8585	2·E-1
ホテルオークラ札幌	中央区南1西5	221-2333	2·E-1
札幌クラッセホテル	中央区南1西7	281-3800	2·D-1
中殿ホテル	中央区南1西7	231-4717	2·D-1
アパホテル札幌大通公園	中央区南1西9	261-8111	2·C-1
ホテルハミルトン札幌	中央区南1西15	632-0080	2·A-1
ホテルWBF札幌中央	中央区南2西1	290-3000	2·G-2
リッチモンドホテル札幌大通	中央区南2西4	208-0055	2·E-2
東急ステイ札幌大通	中央区南2西5	200-3109	2·E-2
ネストホテル札幌大通	中央区南2西5	242-1122	2·E-2
ラ・ジェント・ステイ札幌大通	中央区南2西5	200-5507	2·E-2
石狩の湯ドーミーインPREMIUM札幌	中央区南2西6	232-0011	2·E-2
ホテルアベスト札幌	中央区南2西6	251-2511	2·E-2
アパホテル札幌	中央区南2西7	281-8111	2·D-2
Tマークシティホテル札幌大通	中央区南2西7	219-3300	2·D-2
ホテルブーゲンビリア札幌	中央区南2西7	222-1010	2·D-2
テンザホテル&スカイスパ・札幌セントラル	中央区南2西8	272-0555	2·D-2
ホテルリブマックスPREMIUM札幌大通公園	中央区南2西9	219-4400	2·C-2
札幌プリンスホテル	中央区南2西11	241-1111	2·B-2
ホテルハシモト	中央区南2東2	231-1123	2·G-1
ホテルWBFフォーステイ札幌	中央区南3西2	211-0412	2·F-2
ホテルリーネルすすきの	中央区南3西2	210-8111	2·F-2
THE KNOT SAPPORO	中央区南3西3	200-5545	2·F-2
ホテルニューバジェット札幌	中央区南3西6	261-4953	2·D-2
狸の湯ドーミーイン札幌ANNEX	中央区南3西6	232-0011	2·
ホテルビスタ札幌大通	中央区南3西5	233-3151	2·
からくさホテル札幌	中央区南3西5	204-6602	2·
THE STAY SAPPORO NAGOMI	中央区南3西8	222-0753	2·D
札幌グランベルホテル	中央区南3西8	522-5541	2·D
ホテルテトラスピリット札幌	中央区南3西9	272-0005	2·C
ホテルラフィナート札幌	中央区南3西9	280-1777	2·C
北海道教育会館ホテルユニオン	中央区南3西12	561-6161	2·B
ダイワロイネットホテル札幌すすきの	中央区南4西1	530-0755	2·G
スマイルホテルプレミアム札幌すすきの	中央区南4西1	251-7055	2·G
アパホテル札幌すすきの駅前	中央区南4西2	511-4111	2·F
メルキュールホテル札幌	中央区南4西2	513-1100	2·F
東横INN札幌すすきの交差点	中央区南4西3	207-1045	2·F
札幌東急REIホテル	中央区南4西5	531-0109	2·E
アパホテル札幌すすきの駅西	中央区南4西7	511-9111	2·D
フェアフィールド・バイ・マリオット札幌	中央区南4東1	242-0111	2·G
コンフォートホテル札幌すすきの	中央区南5西1	513-4111	2·G
すすきのグランベルホテル	中央区南5西2	218-7717	2·F
ANAホリディ・イン札幌すすきの	中央区南5西3	512-5533	2·F
ホテルルートイン札幌中央	中央区南5西5	518-6111	2·E
ベッセルホテルカンパーナすすきの	中央区南5西6	531-8112	2·D
フレイムホテル札幌	中央区南5西7	530-0001	2·D
プレミアホテルCABIN札幌	中央区南5西7	512-8512	2·D
ホテルロンシャンサッポロ	中央区南5東1	561-1131	2·G
アパホテル札幌すすきの	中央区南6西1	551-0811	2·G
スーパーホテル札幌・すすきの	中央区南6西2	521-9000	2·F
センチュリオンホテル札幌	中央区南6西3	512-6611	2·F
クインテッサホテル札幌すすきの	中央区南6西4	530-6611	2·F
ホテルバランザック札幌S6	中央区南6西5	552-5001	2·E
ランドーレジデンスすすきのスイーツ	中央区南6西5	563-8120	2·D
スワンキーホテル・オートモ	中央区南6西6	513-1166	2·D
ホテルウィングインターナショナル札幌すすきの	中央区南6西6	533-2100	2·E
ホテルローヤルステイ・サッポロ	中央区南6西8	512-5800	2·D
TAKETO STAY S6W12	中央区南6西12	206-6767	2·B
東横INN札幌すすきの南	中央区南6東2	551-1045	2·G
レッドプラネット札幌すすきの南	中央区南7西1	211-4448	2·G
アパホテル札幌すすきの駅南	中央区南7西1	511-7211	2·G
ジャスマックプラザホテル	中央区南7西3	551-3333	2·F
ホテルネッツ札幌	中央区南7西4	522-2111	2·E
ホテルannex	中央区南7西5	520-5000	2·E
Tマークシティホテル札幌	中央区南7西5	511-7531	2·E
ホテルマイステイズ札幌すすきの	中央区南7西5	520-1500	2·E
レンブラントスタイル札幌	中央区南7西5	522-5746	2·E
ホテルリブマックス札幌すすきの	中央区南7西6	552-9200	2·E
ホテルクラッセステイ札幌	中央区南8西2	596-8255	2·F
イビススタイルズ札幌	中央区南8西3	530-4055	2·F
ホテルJALシティ札幌中島公園	中央区南8西3	521-2580	2·F
ティアラホテル札幌すすきの	中央区南8西3	513-8181	2·F
ホテルリリーフ札幌すすきの	中央区南8西3	520-6550	2·F
札幌オリエンタルホテル	中央区南8西4	562-6001	2·E
札幌エクセルホテル東急	中央区南8西5	533-0109	2·E
クインテッサホテル札幌	中央区南8西5	512-8500	2·E
ホテルアンワインド札幌	中央区南8西5	530-6050	2·E
ホテルライン	中央区南8西6	521-3371	2·E
ホテルノースシティ	中央区南9西1	512-9748	2·F
ホテルマイステイズプレミア札幌パーク	中央区南9西2	512-3456	2·F
ホテル翔SAPPORO	中央区南9西3	511-2221	2·F
ホテルリブマックス札幌	中央区南9西3	532-0500	2·F
ホテルリソル札幌中島公園	中央区南9西4	562-9269	2·E
ホテルビスタ札幌中島公園	中央区南9西4	552-2333	2·E
ベッセルイン札幌中島公園	中央区南9西4	522-5246	2·F
ホテルライフォート札幌	中央区南10西1	521-5211	2·F
札幌パークホテル	中央区南10西3	511-3131	2·F
プレミアホテル中島公園札幌	中央区南10西6	561-1000	2·E
ビジネスインノルテ	中央区南11西1	511-1222	39·G
ホテル牧	中央区南13西7	521-1930	39·E
ホテルマイステイズ札幌中島公園別館	中央区南11西1	563-6700	2·G
ホテルマイステイズ札幌中島公園	中央区南14西1	531-0550	39·G
札幌すみれホテル	中央区北1西2	261-5151	1·F
KOKO HOTEL札幌駅前	中央区北1西3	261-3489	1·E

幌グランドホテル	中央区北1西4	☎261-3311	1·E-5
テル札幌ガーデンパレス	中央区北1西6	☎261-5311	1·D-5
イトン札幌	中央区北1西11	☎271-2711	1·B-5
ューオータニイン札幌	中央区北2西1	☎222-1111	1·F-4
テルモントレエーデルホフ札幌	中央区北2西1	☎242-7111	1·F-4
パホテルTKP札幌駅前	中央区北2西2	☎252-3167	1·E-4
イン札幌北2条	中央区北2西2	☎212-1256	1·F-4
コスホテル札幌	中央区北2西2	☎272-0010	1·E-4
ストホテル札幌駅前	中央区北2西2	☎222-6611	1·F-4
テル時計台	中央区北2西3	☎222-7211	1·E-4
テル法華クラブ札幌	中央区北2西3	☎221-2141	1·E-4
テルクラビーサッポロ	中央区北2東3	☎242-1111	1·G-4
Aクラウンプラザホテル札幌	中央区北3西1	☎221-4411	1·F-4
横INN札幌駅南口	中央区北3西1	☎222-1045	1·F-4
ッチモンドホテル札幌駅前	中央区北3西1	☎218-8555	1·F-4
イン札幌駅南口	中央区北3西1	☎231-8111	1·F-4
&Bホテル札幌北3西2	中央区北3西2	☎210-1515	1·E-4
テルフォルツァ札幌駅前	中央区北3西2	☎222-3555	1·E-4
テルパールシティ札幌	中央区北3西2	☎222-0511	1·E-4
村屋旅館	中央区北3西7	☎241-2111	1·C-4
テルグレイスリー札幌	中央区北4西4	☎251-3211	1·E-3
ラリア西鉄ホテル札幌	中央区北4西5	☎208-5555	1·D-4
テルポールスター札幌	中央区北4西6	☎330-2531	1·D-4
ーパーホテル札幌・北5条通	中央区北4西12	☎555-9000	1·A-3
テルルートイン札幌北四条	中央区北4西13	☎204-7122	1·A-3
テルモントレ札幌	中央区北4東1	☎232-7111	1·F-3
タワーホテル日航札幌	中央区北5西2	☎251-2222	1·E-3
ンチュリーロイヤルホテル	中央区北5西5	☎221-2121	1·D-3
イン札幌	中央区北5西6	☎233-3008	1·D-3
井ガーデンホテル札幌	中央区北5西6	☎280-1131	1·D-3
井ガーデンホテル札幌ウエスト	中央区北5西6	☎218-2231	1·D-3
王プラザホテル札幌	中央区北5西7	☎271-0111	1·C-3
横INN札幌駅北口	北区北6西1	☎728-1045	1·F-3
幌ハウスセミナーセンター	北区北6西6	☎726-4235	1·D-3
テル京阪札幌	北区北6西6	☎758-0321	1·D-3
テルリブマックス札幌駅前	北区北6西7	☎747-2010	1·C-3
テルサンルート札幌	北区北7西1	☎737-8111	1·F-2
東日本ホテルメッツ札幌	北区北7西2	☎729-0011	1·F-2
テルルートイン札幌駅前北口	北区北7西4	☎727-2111	1·E-2
王プレリアホテル札幌	北区北8西4	☎205-8111	1·E-2
テルマイステイズ札幌アスペン	北区北8西4	☎700-2111	1·E-2
横INN札幌駅西口北大前	北区北8西4	☎717-1045	1·E-2
テルマイステイズ札幌駅北口	北区北8西4	☎729-4055	1·E-2
パホテルTKP札幌駅北口EXCELLENT	北区北10西3	☎756-7733	1·E-1
ジネスインノルテⅡ	北区北10西4	☎707-0066	1·E-1
幌クラークホテル	北区北13西4	☎716-7772	32·E-4
テルサッポロメッツ	北区北17西5	☎726-5511	32·E-2
海道第一ホテルサッポロ	北区北23西4	☎726-3232	24·E-6
幌サンプラザ	北区北24西5	☎758-3111	24·D-6
ャトレーゼ ガトーキングダムサッポロ	北区東茨戸132	☎773-2211	6·G-4
蓉館	東区北7東3	☎711-8762	1·G-2
ーバンホテルマルコー札幌	東区北17東1	☎704-7111	32·F-2
テルユキタ	東区北36東15	☎751-3500	25·A-2
テルPOTMUM	白石区菊水1条1	☎826-4500	40·A-2
テルルートイン札幌白石	白石区北郷4条2	☎873-2727	40·G-1
テルアセントイン札幌	白石区東札幌3条2	☎820-2800	40·C-3
テルエミシア札幌	厚別区厚別中央2条5	☎895-8811	47·B-1
さっぽろアークシティホテル	厚別区厚別中央2条5	☎890-2525	47·A-1
レミアホテルTSUBAKI札幌	豊平区豊平4条1	☎821-1111	39·H-3
富旅館	豊平区豊平4条8	☎811-7747	40·A-4
幌国際ユースホステル	豊平区豊平6条6	☎825-3120	40·A-4
パホテル&リゾート札幌	南区川沿4条2	☎0570-010-111	48·C-5
幌ホテルヤマチ	西区琴似1条3	☎644-5555	31·F-3
テルコトニ札幌	西区琴似2条5	☎633-2222	31·F-3
似グリーンホテル	西区琴似3条1	☎615-3344	31·F-2
稲ステーションホテル	手稲区手稲本町1条4	☎681-7000	15·D-4
<小金湯温泉>			
元旬の御宿まつの湯	南区小金湯24	☎596-2131	57·H-2
元小金湯	南区小金湯25	☎596-2111	57·H-2
<定山渓温泉>			
AKURA 定山渓 膳	南区定山渓温泉西1	☎211-1272	57·C-2
籠屋 定山渓商店	南区定山渓温泉西2	☎598-2929	57·B-2
山亭倶楽部定山渓	南区定山渓温泉西2	☎595-2001	57·B-2
テル鹿の湯	南区定山渓温泉西3	☎598-2002	57·B-3
山渓第一寶亭留翠山亭	南区定山渓温泉西3	☎598-2141	57·B-2
翠山	南区定山渓温泉西3	☎598-5555	57·B-3
もみじ	南区定山渓温泉西3	☎598-2002	57·B-3
敷島定山渓別邸	南区定山渓温泉西3	☎595-3800	57·B-2
翠蝶館	南区定山渓温泉西3	☎595-3330	57·B-2
ぬくもりの宿ふる川	南区定山渓温泉西4	☎598-2345	57·B-3
定山渓ビューホテル	南区定山渓温泉東2	☎598-3339	57·B-2
悠久の宿 白糸	南区定山渓温泉東2	☎598-3351	57·C-2
定山渓鶴雅リゾートスパ 森の謌	南区定山渓温泉東3	☎598-2671	57·C-3
章月グランドホテル	南区定山渓温泉東3	☎0570-026575	57·B-3
シャレーアイビー定山渓	南区定山渓温泉東3	☎595-2088	57·B-3
定山渓万世閣ホテルミリオーネ	南区定山渓温泉東3	☎0570-08-3500	57·B-3
グランドブリッセンホテル定山渓	南区定山渓温泉東4	☎598-2214	57·B-3
佳松御苑	南区定山渓857	☎598-2661	74·G-6
●石狩市			
石狩天然温泉 番屋の湯	石狩市弁天町51	☎0133-62-5000	3·A-2
●江別市			
龍門旅館	江別市3条6	☎382-2278	28·G-1
ビジネスホテル野幌	江別市野幌町61	☎382-2869	28·B-6
ホテルリボーン野幌	江別市東野幌本町6	☎391-8677	28·C-6
●北広島市			
札幌北広島クラッセホテル	北広島市中の沢316	☎373-3800	62·B-5
竹山高原温泉	北広島市富ヶ岡896	☎373-2827	64·B-3
●恵庭市			
えにわビジネスホテルSG	恵庭市泉町111	☎0123-33-5611	66·D-3
えにわステーションホテル	恵庭市黄金中央2	☎0123-34-2400	66·F-2
●千歳市			
千歳第一ホテル	千歳市幸町4	☎0123-27-2000	67·C-4
クイーンズホテル千歳	千歳市幸町5	☎0123-26-0001	67·C-4
ホテルエリアワン千歳	千歳市幸町6	☎0123-26-1156	67·C-3
ホテルリブマックス千歳	千歳市清水町3	☎0123-23-8100	67·C-4
JRイン千歳	千歳市末広6	☎0123-25-8357	67·D-3
ホテルウィングインターナショナル千歳	千歳市千代田町2	☎0123-24-2111	67·C-4
ベストウェスタンプラスホテルフィーノ千歳	千歳市千代田町3	☎0123-40-0033	67·C-4
ホテルルートイン千歳駅前	千歳市千代田町5	☎0123-40-1100	67·C-3
千歳エアポートホテル	千歳市千代田町6	☎0123-26-1155	67·C-3
千歳ステーションホテル	千歳市千代田7	☎0123-49-3000	67·C-3
トイロンズホテル千歳	千歳市錦町1	☎0123-22-4100	67·C-5
ビジネスホテル ホーリン	千歳市錦町2	☎0123-23-1166	67·B-4
エアターミナルホテル	千歳市美々(新千歳空港ターミナルビル内)	☎0123-45-6677	69·H-4
ポルトムインターナショナル北海道	千歳市美々(新千歳空港国際線旅客ターミナルビル内)	☎0123-45-6012	69·H-4
ANAクラウンプラザホテル千歳	千歳市北栄2	☎0123-22-2311	67·C-2
ホテルかめや	千歳市本町1	☎0123-23-2002	67·C-5
ホテルグランテラス千歳	千歳市本町4	☎0123-22-1121	67·C-5
<支笏湖温泉>			
レイクサイドヴィラ翠明閣	支笏湖温泉	☎0123-25-2131	72·A-5
しこつ湖鶴雅リゾートスパ 水の謌	支笏湖温泉	☎0123-25-2211	72·A-5
しこつ湖鶴雅別荘 碧の座	支笏湖温泉	☎0120-25-6006	72·A-5
休暇村支笏湖	支笏湖温泉	☎0123-25-2201	72·B-1
支笏湖第一寶亭留翠山亭	支笏湖温泉	☎0123-25-2323	72·A-5
丸駒温泉旅館	千歳市幌美内7	☎0123-25-2341	72·A-1
●当別町			
北海屋旅館	当別町弥生117	☎0133-22-3777	8·F-2
ビジネスホテルANDO	当別町弥生117	☎0133-22-2525	8·F-2
富士屋旅館	当別町弥生2385	☎0133-23-2007	8·F-2
みくにや旅館	当別町園生416	☎0133-23-3928	8·F-2

スポーツ施設

名称	住所	電話	索引
<体育館>			
道立総合体育センター「北海きたえーる」	豊平区豊平5条11	☎820-1703	40·B-5
北ガスアリーナ札幌46	中央区北4東6	☎251-1815	32·H-5
中島体育センター	中央区中島公園	☎530-5906	39·F-6
北区体育館	北区新琴似8条2	☎763-1522	24·C-1
美香保体育館	東区北22東5	☎741-1972	32·G-1
東区体育館	東区北27東14	☎751-5250	25·A-4
白石区体育館	白石区南郷通6北	☎861-4014	40·G-6
厚別区体育館	厚別区厚別中央2条5	☎892-0362	47·A-2
豊平区体育館	豊平区月寒東2条20	☎855-0791	50·B-1
清田区体育館	清田区平岡1条5	☎882-9500	55·F-1
南区体育館	南区川沿4条2	☎571-5171	48·C-5
西区体育館	西区発寒5条8	☎662-2149	31·C-1
手稲区体育館	手稲区曙2条1	☎684-0088	15·D-3
<競技場>			
真駒内セキスイハイムアイスアリーナ	南区真駒内公園	☎581-1972	48·E-4
真駒内セキスイハイムスタジアム	南区真駒内公園	☎581-1961	48·D-5
月寒屋外競技場	豊平区月寒東1条8	☎851-1972	45·F-3
厚別公園競技場	厚別区上野幌3条1	☎894-1144	46·H-6
円山総合運動場	中央区宮ヶ丘3	☎641-3015	38·F-3
白旗山競技場	清田区真栄502	☎884-9355	70·E-6
宮の沢屋内競技場	西区宮の沢490	☎664-6363	30·F-1
大倉山ジャンプ競技場	中央区宮の森1274	☎641-8585	38·C-4
<ドーム>			
札幌ドーム	豊平区羊ヶ丘1	☎850-1000	49·G-1
コミュニティドーム「つどーむ」	東区栄町885	☎784-2106	18·B-6
農試公園屋内広場(ツインキャップ)	西区八軒5西6	☎615-3680	23·F-6
<プール>			
サンプラザ	北区北24西5	☎758-3124	24·D-6
東温水プール	東区北16東16	☎785-6812	33·B-2
白石温水プール	白石区平和通1南	☎846-0004	40·G-3
札幌国際交流館	白石区本通16南(リフレサッポロ)	☎866-3811	46·C-2
厚別温水プール	厚別区厚別中央2条6	☎896-1861	42·B-6
豊平公園温水プール	豊平区美園6条1	☎813-6556	40·B-6
平岸プール	豊平区平岸5条14	☎832-7529	45·B-4
清田温水プール	清田区平岡1条5	☎882-9500	55·F-1
西温水プール	西区発寒5条8	☎662-2149	31·C-1
手稲曙温水プール	手稲区曙2条1	☎683-0676	15·D-3
ていねプール(夏のみ)	手稲区前田1条5	☎682-6588	15·G-5
<野球場>			
円山球場	中央区宮ヶ丘	☎641-3015	38·F-3
麻生球場	北区麻生町7	☎736-1461	24·D-1
<サッカー場>			
東雁来公園サッカー場	東区東雁来12条4	☎791-9900	26·C-4
札幌ドームホヴァリングサッカーステージ	豊平区羊ヶ丘1	☎850-1000	49·G-1
宮の沢白い恋人サッカー場	西区宮の沢2条2	☎666-1481	22·H-6
<スケート場>			
円山スケート場(屋外)	中央区宮ヶ丘	☎641-3015	38·F-3
美香保体育館	東区北22東5	☎741-1972	32·G-1
月寒体育館	豊平区月寒東1条8	☎851-1972	45·E-3
真駒内セキスイハイムアイスアリーナ	南区真駒内公園	☎581-1972	48·E-4
真駒内セキスイハイムスタジアム	南区真駒内公園	☎581-1961	48·D-5
星置スケート場(屋内)	手稲区星置2条1	☎681-8877	9·H-6
<カーリング場>			
どうぎんカーリングスタジアム	豊平区月寒東1条9	☎853-4572	45·F-3
<公園>(電話は管理事務所等)			
滝野すずらん丘陵公園	南区滝野247	☎592-3333	61·F-3
真駒内公園	南区真駒内公園	☎581-1961	48·D-5
野幌森林公園	厚別区厚別町小野幌53	☎898-0456	42·E-3
野幌総合運動公園	江別市西野幌481	☎384-2166	36·C-5
道民の森	当別町栄町192	☎0133-22-3911	8·F-4
大通公園	中央区大通西1～12	☎251-0438	39·E-2
創成川公園	中央区北1条～南4西1	☎221-4100	39·G-2
旭山記念公園	中央区界川4	☎200-0311	43·H-1
中島公園	中央区中島公園	☎511-3924	39·F-5
円山公園	中央区宮ヶ丘	☎621-0453	38·F-4
屯田西公園	北区屯田4条9～10	☎771-0219	17·A-2
百合が原公園	北区百合が原公園210	☎772-4722	17·H-3
モエレ沼公園	東区モエレ沼公園	☎790-1231	19·B-4
川下公園	白石区川下2651	☎879-5311	41·E-1
厚別公園	厚別区上野幌3条1	☎894-1144	46·H-6
月寒公園	豊平区美園10～12条7・8・月寒西2・3条4	☎818-3150	45·C-3
西岡公園	豊平区西岡487	☎582-0050	54·B-2
平岡公園	清田区平岡公園	☎881-7924	50·H-3
五天山公園	西区福井	☎662-2424	37·F-4
宮丘公園	西区西野	☎662-2424	30·G-2
農試公園	西区八軒4・5条西6	☎615-3680	23·F-6
前田森林公園	手稲区手稲前田591	☎681-3940	10·G-4
手稲稲積公園	手稲区前田1条5	☎685-1010	15·G-5
藻南公園	南区川沿9～11条1・真駒内柏丘7・8・12	☎578-3361	53·D-2
石山緑地	南区石山78	☎578-3361	53·D-6
青葉公園	石狩市新港南3	☎0133-64-0555	3·D-5
紅葉山公園	石狩市花川北2条3	☎0133-74-7417	11·G-1
花川南公園	石狩市花川南6条5	☎0133-73-6917	11·E-5
飛鳥山公園	江別市緑町西2 (問)江別市青年センター	☎383-1221	21·E-6
緑葉公園	北広島市山手町1	☎372-0147	62·D-6
ルルマップ自然公園ふれらんど	恵庭市西島松275	☎0123-37-5333	65·B-3

地名INDEX

新富町東	しんとみちょうひがし	62
高台町	たかだいちょう	64
中央	ちゅうおう	62
輝美町	てるみちょう	62
富ヶ岡	とみがおか	62·64
中の沢	なかのさわ	56·62·64
虹ヶ丘	にじがおか	47·51
西の里	にしのさと	47·51·62
西の里北	にしのさときた	47·51
西の里東	にしのさとひがし	47·51
西の里南	にしのさとみなみ	51
仁別	にべつ	63
東共栄	ひがしきょうえい	62
東の里	ひがしのさと	62
北進町	ほくしんちょう	62
松葉町	まつばちょう	62·64
美咲き野	みさきの	62
美沢	みさわ	62
三島	みしま	75
南町	みなみちょう	64
南の里	みなみのさと	64
山手町	やまてちょう	62·64
緑陽町	りょくようちょう	62·64
若葉町	わかばちょう	62·64
輪厚	わっつ	56·63·64
輪厚工業団地	わっつこうぎょうだんち	63
輪厚中央	わっつちゅうおう	63
輪厚元町	わっつもとまち	63

■恵庭市

相生町	あいおいまち	66
有明町	ありあけちょう	66
漁太	いざりぶと	75
漁町	いざりまち	66
泉町	いずみまち	66
恵南	えなみ	66
大町	おおまち	66
柏木町	かしわぎちょう	66
春日	かすが	75
上山口	かみやまぐち	65·66
北柏木町	きたかしわぎちょう	65·66
北島	きたしま	75
京町	きょうまち	66
恵央町	けいおうちょう	66
黄金北	こがねきた	66
黄金中央	こがねちゅうおう	66
黄金南	こがねみなみ	66
駒場町	こまばちょう	66
幸町	さいわいちょう	66
栄恵町	さかえまち	66
桜町	さくらまち	66
桜森	さくらもり	65·67
島松旭町	しままつあさひまち	65
島松寿町	しままつことぶきちょう	65
島松仲町	しままつなかまち	65
島松東町	しままつひがしまち	65
島松本町	しままつほんまち	65
島松沢	しままつざわ	75
下島松	しもしままつ	64·65
白樺町	しらかばちょう	66
新町	しんまち	66
末広町	すえひろまち	66
住吉町	すみよしちょう	66
中央	ちゅうおう	65
戸磯	といそ	66
中島町	なかじまちょう	65·66
中島松	なかしままつ	65
西島松	にししままつ	65
柏陽町	はくようちょう	65·66
林田	はやしだ	75
盤尻	ばんじり	66·76
福住町	ふくずみちょう	66
文京町	ぶんきょうちょう	66
穂栄	ほえい	75
牧場	まきば	66
美咲野	みさきの	66
緑町	みどりまち	66
南島松	みなみしままつ	65
恵み野北	めぐみのきた	65
恵み野里美	めぐみのさとみ	65
恵み野西	めぐみのにし	65
恵み野東	めぐみのひがし	65
恵み野南	めぐみのみなみ	65
本町	もとまち	66
和光町	わこうちょう	66

■千歳市

青葉	あおば	68
青葉丘	あおばおか	68
旭ヶ丘	あさひがおか	68
朝日町	あさひちょう	68·69
あずさ	あずさ	68
泉郷	いずみさと	75
泉沢	いずみさわ	69
稲穂	いなほ	68
梅ヶ丘	うめがおか	68
奥潭	おくたん	75
長都	おさつ	75
長都駅前	おさつえきまえ	68
柏台	かしわだい	68·69
柏台南	かしわだいみなみ	69
春日町	かすがちょう	68
桂木	かつらぎ	68·69
釜加	かまか	75
上長都	かみおさつ	68
北信濃	きたしなの	68
協和	きょうわ	75
幸福	こうふく	68
寿	ことぶき	68
駒里	こまさと	75
幸町	さいわいちょう	68
栄町	さかえちょう	68
桜木	さくらぎ	68
里美	さとみ	69
支笏湖温泉	しこつこおんせん	75
支寒内	しさむない	72
信濃	しなの	68
東雲町	しののめちょう	68
清水町	しみずちょう	68
自由ヶ丘	じゆうがおか	68
祝梅	しゅくばい	68
白樺	しらかば	69
新星	しんせい	69
真町	しんちょう	69
新富	しんとみ	68
末広	すえひろ	68
住吉	すみよし	68
水明郷	すいめいきょう	75
清流	せいりゅう	68
高台	たかだい	68
中央	ちゅうおう	75
千代田町	ちよだちょう	68
東郊	とうこう	68
富丘	とみおか	68
豊里	とよさと	68
新川	にいかわ	75
錦町	にしきちょう	68
西森	にしもり	72
根志越	ねしこし	68
柏陽	はくよう	69
花園	はなぞの	68
東丘	ひがしおか	75
日の出	ひので	68
日の出丘	ひのでおか	68
美々	びび	69
美笛	びふえ	72
福住	ふくずみ	69
富士	ふじ	68
藤の沢	ふじのさわ	72
文京	ぶんきょう	69
平和	へいわ	69
北栄	ほくえい	68
北斗	ほくと	68
北陽	ほくよう	68
北光	ほっこう	68
幌加	ほろか	75
幌美内	ほろびない	75
本町	ほんちょう	69
真々地	ままち	69
みどり台北	みどりだいきた	68
みどり台南	みどりだいみなみ	68
緑町	みどりちょう	68
都	みやこ	68
モラップ	もらっぷ	72
紋別	もんべつ	75
大和	やまと	68·69
弥生	やよい	68
勇舞	ゆうまい	68
蘭越	らんこし	68·69
流通	りゅうつう	68
若草	わかくさ	69

■当別町

青山	あおやま	76
青山奥	あおやまおく	76
青山奥三番川	あおやまおくさんばんがわ	
青山奥二番川	あおやまおくにばんがわ	
青山奥四番川	あおやまおくよんばんがわ	
大沢	おおさわ	
春日町	かすがちょう	
金沢	かなざわ	
樺戸町	かばとちょう	
上当別	かみとうべつ	
川下	かわしも	
川下通	かわしもどおり	
幸町	さいわいちょう	
栄町	さかえまち	
獅子内	ししない	
下川町	しもかわちょう	
白樺町	しらかばちょう	
スウェーデンヒルズ	すうぇーでんひるず	
末広	すえひろ	
園生	そのお	
高岡	たかおか	
田の沢	たのさわ	
対雁	ついしかり	
当別太	とうべつぶと	
中小屋	なかごや	
錦町	にしきまち	
西町	にしまち	
東裏	ひがしうら	
東町	ひがしまち	
ビトエ	びとえ	
太美スターライト	ふとみすたーらいと	
太美町	ふとみまち	
太美南	ふとみみなみ	
弁華別	べんけべつ	
北栄町	ほくえいちょう	
美里	みさと	
緑町	みどりまち	
元町	もとまち	
茂平沢	もへいざわ	
弥生	やよい	
六軒町	ろっけんちょう	
若葉	わかば	
蕨岱	わらびたい	

■新篠津村

第35線北～第48線北		
第35線南～第48線南		
袋達布	ふくろたっぷ	

この地図及び一覧表に掲載した情報は、令和３年８月までに収集した資料に基づき編集したものです。